임종조념 왕생성불

[臨終三大要 · 飭終須知 · 臨終助念答問]

정종수행淨宗修行 중요법문

무량수여래회 편역

일러두기

이 책은 정공법사淨空法師 전집 웹싸이트에서 제작된 자료로《어떻게 염불해야 왕생하여 물러나지 않고 성불할 것인가?》에서 석세료 스님이 저술하신《칙종수지飭終須知》와 정공법사(淨空法師)께서 강설하신 법문 중에 조념과 관련된 내용을 화장정종학회(華藏淨宗學會) 경전 강설 기록팀에서 정리한《임종조념답문(臨終助念答問)》을 주 텍스트로 편집하였다. 아울러 시작하는 법문으로 인광대사의《임종삼대요臨終三大要》를 싣고, 맺는 법문으로 조념왕생 사례와 자재왕생 사례를 각각 실었다.

이 책의 발행은 2013년 양정자 연우님의 발원에서 비롯되어 여러 정토행자님들의 정성과 원력이 모여 가능했음을 밝힙니다. 무량공덕을 수희찬탄 합니다.

阿彌陀佛與諸聖眾接引圖

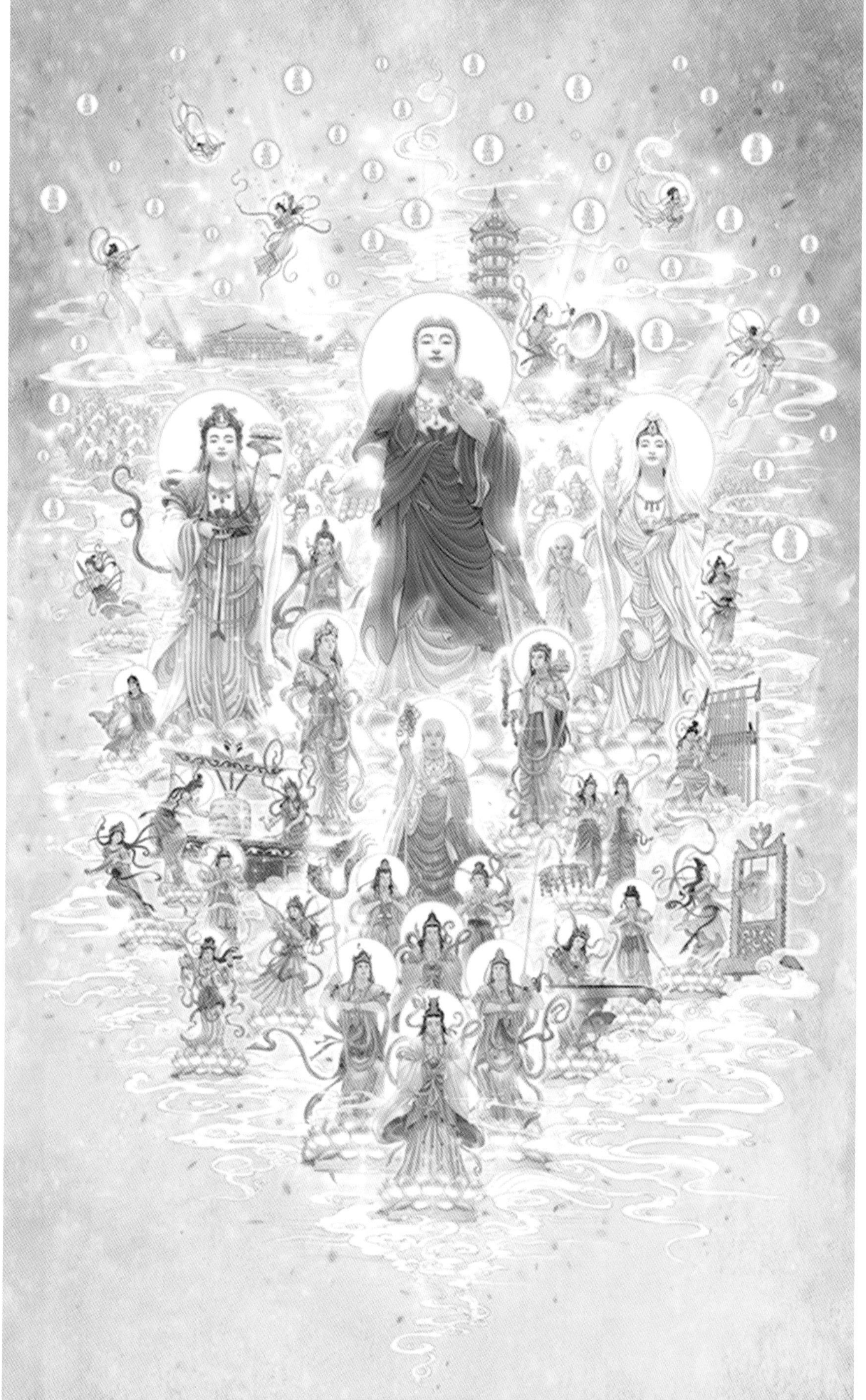

왕생성불의 기연機緣

친애하는 대덕 여러분, 이 소책자는 정종淨宗에서 가장 중요한 법문입니다.

"어떻게 염불해야 왕생하여 불퇴전의 지위에 올라 성불할 것인 가?"

그 기연機緣이 각자 눈앞에 펼쳐져 있습니다. 이 법문을 믿고 이해하여 가르침에 따라 수행한다면 "만 사람이 닦아, 만 사람이 왕생할 수" 있으니, 소중하고 또 소중합니다!

저와 함께 염불수행하시는 모든 동륜同倫 여러분, 다 같이 노력하시길 바랍니다.

정업학인 淨業學人
석정공 釋淨空
머리 숙여 절하며 권진勸進합니다

목 차

임종삼대요臨終三大要
(임종시 해야 할 세 가지 중요한 일)

인광印光대사

세상에서 가장 참혹한 것으로 죽음보다 더한 것이 없고, 세상에 그 누구도 운 좋게 죽음을 면하는 사람은 없습니다. 그래서 스스로를 이롭게 하고 남을 이롭게 하고자하는 마음이 있는 사람은 이 때문에 빨리 이를 헤아려 생각하지 않으면 안 됩니다. 사실 죽음(死)이란 글자는 가명假名으로, 과거 생에 감득한 한 기간의 과보가 다하여 이 몸을 버리고 다시 다른 종류의 몸을 받는 것일 뿐입니다.

불법을 모르는 사람들은 정말 어찌할 방도를 몰라 단지 지은 업에 따라 이리저리 떠돌게 될 뿐입니다. 이제 여래께서 중생을 널리 제도하는 정토법문을 들었으니, 마땅히 믿음을 내어 발원하고 염불하여 왕생할 자량을 마련하고, 생사윤회의 환幻 같은 괴로움을 면하기 위해 열반상주涅槃常住의 진실한 즐거움을 증득하여야 합니다.

부모형제 및 여러 권속들 중에서 만약 중병에 걸려 낫기 어렵게 된 사람이 있으면 마땅히 효순·자비의 마음을 내어서, 그에게 염불하여 서방극락에 태어나길 구하라 권유하고, 아울러 조념助念(도움염불)을 해야 합니다. 병자가 이로써 죽음을 마치고 정토에 태어나게 해 준다면 그 이익을 어떻게 표현할 수 있겠습니까?

　지금 열거할 세 가지 중요한 일은 임종을 맞이하는 사람이 왕생을 성취하는 근거로 말이 비록 거칠지라도 뜻은 부처님의 경전을 바탕으로 한 것이니 이 인연을 만난 사람은 빠짐없이 실행해 주시기 바랍니다. 세 가지 중요한 일은 다음과 같습니다.

　첫째, 병자를 선교방편善巧方便으로 일깨워주고 위로하여, 바른 믿음(正信)이 생기도록 한다.

　둘째, 조념하는 사람은 반을 나누어 바꾸어 가며 염불하여, 병자를 도와 정념淨念1)을 이어가도록 한다.

　셋째, 절대 망자를 옮기거나 움직이지 말고 소리내어 울지 않도록 경계하여, 일을 망치는 일이 없도록 막아야 한다.

　만일 이 세 가지 법에 따라 그대로 행하면 틀림없이 과거 생에 지은 업을 없애고, 정인淨因이 늘어나고 부처님께서 접인하심을 입어 서방극락에 왕생할 수 있습니다. 한번 왕생하게 되면 범부를 뛰어넘어 성인의 경지에 들어가 삶을 끝맺고 죽음을 벗어나며, 조금씩 정진 수행하여 반드시 불과佛果를 원만히 이룬 후에야 마칩니다.

　이런 이익은 전부 육친권속이 조념하는 힘에 의지합니다. 이와 같이 행할 수 있으면 부모님께는 진실한 효도가 되고, 형제자매에게는 진실한 우애가 되고, 자식에게는 진실한 사랑이 되고, 친구나 다른 사람에게는 진실한 의리나 진실한 은혜가 됩니다.

　이처럼 자신에게는 정인淨因을 기르고, 동수에게는 믿고 따름(信嚮)을

---

1) 《능엄경 대세지보살 염불원통장》에 이르시길, "육근을 모두 거두어 들여 정념을 이어가서 삼마지를 얻는다(都攝六根 淨念相繼 得三摩地)." 하셨다.

일깨우며 오랜 시일이 지나가면, 어찌 서로 배우면서 염불하는 풍조를 만드는 것이 어렵겠습니까?

이제 하나하나씩 설명하는 것은 어떻게든 임종시에 이르러 어찌할 바를 몰라 하지 않도록 하기 위해서입니다.

🪷

첫째, 병자를 선교방편善巧方便으로 일깨워주고 위로하여, 바른 믿음(正信)이 생기도록 한다.

부디 병자가 일체를 내려놓고 일심으로 염불하도록 권하십시오. 만일 인계해야 할 일이 있으면 빨리 인계하도록 하고, 인계한 후에는 그 일을 상관하지 말고 곧바로 「나는 지금 부처님을 따라 불국토에 왕생하겠다. 이 세상의 모든 재산과 즐거움, 육친권속, 갖가지 육진경계(塵境)는 모두 장애가 되고 재앙과 손해를 받게 하는 것이다. 그래서 일념도 매이고 미련을 갖는 마음을 내지 않겠다.」고 생각해야 합니다.

모름지기 자신의 일념 진성真性에는 본래 죽음이란 없는 것이고, 죽음이라 함은 이 몸을 버리고 다른 몸을 받는 것일 뿐이라 알아야 합니다. 만약 염불하지 않으면 선업과 악업의 힘에 따라 다시 선도와 악도에 다시 태어나게 됩니다. (선도란 인간 세상과 천상이고, 악도란 축생 아귀 지옥입니다. 수라는 선도이기도 하고 악도이기도 하는데, 저 닦은 인因과 감득한 과果가 나란히 선과 악이 뒤섞여 있기 때문입니다.)

임종을 맞이할 때 일심으로 「나무아미타불」을 염하면 정성을 다해 염불하는 마음으로써 반드시 부처님을 감동시켜 자비를 크게 발하여 몸소 손을 드리우고 접인하여 왕생하게 하십니다.

또한 「나는 업의 힘에 매인 범부인데 어찌 잠깐 염불한 것을 가지고 생사를 벗어나 서방극락정토에 왕생할 수 있겠는가?」 의심하지 마십시오. 부처님의 대자비는 십악十惡·오역五逆의 지극히 무거운 죄를 지은 사람도 임종시 지옥의 모습이 이미 나타났다고 해도 만약 선지식이 염불을 가르쳐 혹 열 번 소리내어 염하거나 혹 한 번만 소리내어 염불해도 부처님께서 접인하심을 입어 서방극락에 왕생함을 알아야 합니다. 이런 사람도 이처럼 몇 마디 염불하여 왕생하거늘 어찌 업의 힘이 무겁고 염불 횟수가 적은 것을 가지고 의심을 합니까?

모름지기 우리가 본래 갖추고 있는 진성眞性과 부처님은 둘이 아니지만, 미혹과 업장이 깊고 무거워 받아쓸 수 없음을 알아야 합니다. 이제 이미 부처님께 귀명하였음은 아들이 아버지에게 나아가듯이 곧 나에게 본래 있던 고향 집으로 돌아가는 것이거늘, 어찌 분에 넘치는 일이라 하겠습니까?

또 부처님께서는 옛적에 발원하시길, "시방세계 중생이 저의 명호를 듣고서 지극한 마음으로 믿고 좋아하여 … 내지 십념에 저의 국토에 태어나지 못한다면 정각을 성취하지 않겠나이다." 하셨습니다. 그래서 일체중생은 임종시 지성심을 발하고 염불하며 서방극락에 태어나길 구하면 한 사람도 손을 드리워 접인하지 않는 사람이 없을 것입니다.

절대 의심해서는 안 되니, 의심은 곧 자신을 그르치는 것으로 그 재앙이 적지 않습니다. 하물며 이 고해의 사바세계를 떠나 저 극락세계에 태어남은 지극히 마음에 드는 일이니 마땅히 환희심을 내야지 절대 죽음을 두려워해서는 안 됩니다. 죽음을 두려워한다고 해서 죽지 않을 수 있는 것이 아니고 오히려 서방극락에 태어나는 연분이 없게 되는 것입니다. 자심自心과 부처님과 서로 어긋나는 까닭에 부처님께서 비록 대자비심을 갖고 계실지라도 또한 부처님의 가르침에 의지하지 않는 중생은 어찌할 수가 없습니다.

아미타부처님의 온갖 덕을 갖춘 위대한 명호(萬德洪名)는 마치 큰 용광로와 같고, 우리가 이전에 수많은 생을 살며 지은 죄업은 마치 공중에 흩날리는 한 조각 눈에 지나지 않기에 업의 힘에 매인 범부라 할지라도 염불한 까닭에 마치 용광로에 떨어진 한 조각 눈처럼 바로 사라져 찾을 수 없습니다. 게다가 업력이 사라지면 모든 선근도 저절로 늘어나 수승하거늘 어찌 왕생할 수 있을지, 부처님께서 와서 접인하시지 않을지 그것에 의심할 수 있겠습니까? 이처럼 이리저리 상세하게 설명해 일깨워주고 위로해주면 병자에게 저절로 바르게 믿는 마음이 생길 수 있으니, 이것이 병자를 위해 일깨워주는 것입니다.

자신이 효도를 다하고 정성을 다해야 하는 것도 마찬가지로 오직 이에 있으니, 세속의 정에 따라 신에게 구한다든지 의사에게 진찰을 받는다든지 하는데, 이는 절대로 해서는 안 됩니다. 천명이 막 다하려고 하는데, 귀신과 의약품으로 어찌 죽지 않게 할 수 있겠습니까? 이런 무익한 일에 정을 들이면 염불한 일에 그 간절한 정성이 분산되어 부처님과 감응이 통하지 않게 됩니다.

수많은 사람들이 부모님이 임종을 맞이함에 재물을 아끼지 않고 수많은 의사를 불러 진료하도록 하는데, 이는 효를 파는 행동으로 세상 사람들이 내가 부모님께 효도를 다한다고 칭찬하기를 바라는 것으로, 천지 귀신들이 그 마음을 자세히 들여다보고 있다는 것을 모르는 것입니다. 그래서 무릇 부모님 장례 등과 같은 일에 지나치게 신경을 쓰면 천재天災가 있지 않다고 하더라고 반드시 인재人災가 있게 마련입니다.

자식 된 사람은 마땅히 부모님의 신식(神識; 영혼)이 알맞은 자리를 얻는 것을 중시해야지, 세상 사람들에게 칭송을 받는 것은 당연히 눈 밝은 이에게 한바탕 웃음거리도 못되거늘, 하물며 온갖 궁리를 다해 얻으려고 하는 것은 실로 불효라는 큰 허물을 만나는 것이 아니겠습니까?

둘째, 조념하는 사람은 반을 나누어 바꾸어 가며 염불하여, 병자를 도와 정념淨念을 이어가도록 한다.

앞에서 이미 병자에게 바른 믿음이 생기도록 일깨웠으나 병자는 심약합니다. 평소 염불을 전혀 하지 않았던 사람은 염불을 오래 이어가기 어렵고, 이전에 줄곧 염불을 해오던 사람이라도 죽음에 이르면 전부 다른 사람의 도움에 의지해야 비로소 염불하는 힘을 얻게 됩니다. 그래서 집안 육친권속들은 함께 효순·자비의 마음을 내어서 그를 위해 부처님 명호를 조념해야 합니다.

만일 병자가 아직 마지막 순간에 이르지 않았으면 반을 나누어 염불하여야 합니다. 반은 3개 반으로 나누고, 반마다 인원수는 몇 사람으로 한정하여야 합니다. 한 반에 몇 명씩 정해 3반으로 나누어야 합니다. 1반이 소리내어 염불하면 2·3반은 마음속으로 지념持念하는 식으로 각각 1시간 동안 염불하고, 2반이 다시 이어서 소리내어 염불하면 1·3반이 마음속으로 지념합니다. 작은 일이 생기면 소리내지 않고 지념할 때 처리하고, 당번이 되면 단연코 자리를 떠서는 안 됩니다. 2반이 염불을 마치면 3반이 이어서 염불하고, 끝나면 다시 시작하는데 1시간 염불하고 2시간 쉬어서 설사 밤낮 이어서 염불해도 그렇게 힘들지는 않습니다.

모름지기 다른 사람이 정념을 이어가 왕생하도록 기꺼이 돕는다면 나 또한 다른 사람이 조념해주는 과보를 얻음을 알아야 합니다. 게다가 부모님께 효도를 다하기 위해서 이와 같이 해야 한다고 말하지 마십시오. 만약 다른 사람을 위해서 하면 또한 자신의 복전을 일구고 자신의 선근을 기르니, 실로 자신을 이롭게 하는 도이지 한갓 남을 위해서 하는 것만은 아닙니다.

조념염불로 한 사람을 정토에 왕생시킴은 바로 한 중생을 부처가 되게 함이니, 이런 공덕을 어찌 생각으로 헤아릴 수 있겠습니까?

세 반이 서로 이어가 염불소리가 끊어지지 않는다면, 병자가 염불할 힘이 있으면 그 소리를 따라 작은 소리로 염불할 것이고, 염불할 수 없으면 귀를 기울여 자세히 듣고 마음에 딴 생각이 없으면 저절로 부처님과 상응하게 됩니다!

염불소리는 너무 높아도 안 되는데, 너무 높으면 기가 상해 오래 지념하기 어렵습니다. 너무 낮아도 안 되는데, 병자가 또렷하게 들을 수 없게 됩니다. 너무 빨라도 안 되고 너무 느려도 안 됩니다. 너무 빠르면 병자가 따라할 수 없고 또한 또렷하게 듣기 어렵습니다. 너무 느리면 숨이 넘어가서 또한 이익을 얻기 어렵습니다. 모름지기 높지도 낮지도 않게 하고, 느리지도 빠르지도 않게 하여, 한 자 한 자 분명하게 한 마디 한 마디 뚜렷하게 하여 병자로 하여금 한 자 한 자 분명하게 귀에 들어가 마음에 두도록 하면 곧 쉽게 염불할 수 있는 힘을 얻을 수 있습니다.

염불 법기로는 오로지 인경引磬2)만 쓰고 다른 것은 일체 쓰지 않습니다. 인경소리는 맑아 듣는 사람의 마음자리를 청정하게 합니다. 목어소리는 탁하여 임종조념에 쓰지 않습니다.

또한 마땅히 「아미타불」 넉자 부처님 명호를 염해야 합니다. 처음 염할 때는 「나무아미타불」 육자를 몇 마디 염하고, 이후는 「아미타불」 넉자를 전념하고 「나무」는 염하지 않습니다. 글자 수가 적으면 염불하기 쉽기 때문입니다. 병자가 염불을 따라 하거나 마음을 거두어 들을 때 모두 병자의 심력心力을 살펴야 합니다.

집안의 육친권속이 이렇게 염불하고 밖에서 불러온 선우들도 또한 이렇게 염불하되, 인원수가 많든 적든 이렇게 염불해야지 모두 함께 염불하고 잠시 쉬었다가 또 염불하는 식으로 해서 병자의 염불이 끊어지게 해서는 안 됩니다. 밥 먹을 시간이 되면 반을 바꿀 때 먹고, 염불소리가 끊어져서는 안 됩니다. 만일 병자가 숨이 끊어지려고 하면 세 반이 모두 함께 숨이 거둔 이후까지 줄곧 염불해야 하고, 또한 다시 세 반이 함께 3시간을 더 염불해야 합니다. 그런 후에 잠시 쉬고 정리하고 안치하는 등의 일을 처리해야 합니다.

염불할 때는 친한 벗들이 와서 병자 앞에서 안부를 묻거나 위로를

---

2) 인경은 작은 종 모양에 손잡이를 붙여 손에 잡고 의식을 집행하거나 무리를 이끌어 가는데 사용한다. 경쇠소리는 범종·운판·요령·징소리와 함께 동물의 마음을 감화시키는 쇳소리의 하나라고 한다. 우리나라에서는 놋쇠로 주발과 같이 만들어 복판에 구멍을 뚫고 자루를 달아 노루뿔 따위로 쳐서 소리를 내는 불전의 기구로 사용하였으며, 법식을 행할 때에 부전스님이 쳐서 대중이 일어서고 앉는 것을 인도한다.

해서는 안 됩니다. 감정을 가지고 보러 왔다면 마땅히 얼마라도 따라 염불하는 것이 진실한 정이고 실다운 사랑이며, 병자에게 이익이 있습니다. 만일 세속적인 정으로 정말로 고해로 밀어 넣는다면 그 정은 비록 느낄 수 있지만 그 일은 참으로 가슴 아픈 일입니다.

이 일을 주관하는 사람이 이치에 밝아 미리 사람들에게 잘 설명하느냐에 완전히 달려 있으니, 인정에 끌리어 병자에게 해를 끼쳐 마음을 분산시켜 왕생할 수 없도록 만들어서는 안 됩니다.

셋째, 절대 망자를 옮기거나 움직이지 말고 소리내어 울지 않도록 경계하여, 일을 망치는 일이 없도록 막아야 한다.

병자가 막 임종하려고 할 때 바로 범부·성인·사람·귀신을 판가름하는 시기는 마치 머리카락 한 가닥으로 삼만 근이나 되는 매우 무거운 물건을 매어 두듯이 너무나 중요하고 긴박한 상황이기 때문에 오로지 부처님의 명호로써 그의 신식(영혼)을 일깨워주어야지 절대로 씻거나 옷을 바꿔 입히거나 앓아누운 병상을 옮겨서는 안 됩니다.

병자가 어떻게 앉든지 누워있든지 그대로 내버려두고 병자의 몸짓에 따를 뿐 조금도 옮겨서는 안 되고, 또한 그를 마주하고서 슬퍼하는 모습을 보이거나 소리내어 울어서는 안 됩니다. 이때는 몸을 스스로 가눌 수가 없기 때문에 한 번 움직이면 손발이나 몸뚱이가 모두 구부러지고 꺾이며 비틀리는 종류의 고통을 겪습니다. 고통을 느끼면 성내는 마음이 생겨 염불을 그만두게 되고 성내는 마음에 따라가 대부분 독을 지닌 부류에 떨어지게 되니, 더할 나위 없이 두렵습니다.

만일 비통해 하며 소리 내어 우는 모습을 보면 애정이 생겨 부처님에 대한 염이 곧 멈추기 때문에 애정을 갖는 마음을 따라가 세세생생 해탈을 얻지 못하게 됩니다. 이때 가장 이로운 것은 일심으로 염불하는 것보다 더 나은 것이 없고 가장 해로운 것은 망령되이 병자를 움직이거나 소리내 어 우는 것보다 더한 것은 없습니다. 만일 망령되이 움직이거나 소리내어 울면 성내며 원망하는 마음이나 애정을 갖는 마음이 생기게 되어 서방극 락에 태어나고자 하는 생각이 아주 사라져버립니다.

또 사람이 막 죽으려고 하면 따뜻한 기운이 아래서 위로 올라가면 선도善道에 태어나는 모습이고 위에서 아래로 내려가면 악도惡道에 떨어지 는 모습입니다. 그래서 「정수리에 따뜻한 기운이 있으면 성인으로 태어나 고, 눈에 있으면 천도에 태어나고, 사람은 심장, 아귀는 배, 짐승은 무릎에서 기운이 떠나고, 지옥으로 떨어지는 사람은 발바닥으로 기운이 나간다」는 말이 있습니다.

그러나 여러분이 지극 정성으로 조념을 해주면 저절로 서방극락으로 바로 왕생하니, 부디 자주 살펴봐서는 안 됩니다. 신식(영혼)이 아직 떠나지 않아서 혹 자극을 받아 급격하게 움직여 마음에서 번뇌와 고통이 생겨나면 왕생할 수 없게 됩니다. 이런 죄과는 실로 무량무변합 니다. 원컨대 여러 친한 벗들께서는 각자 간절하게 염불하여 따뜻한 기운이 어디에 있는지, 나중에 어디에서 식는지 살필 필요가 없길 바랍니다. 자식된 도리를 하는 사람은 이런 일에 주의함이 진실로 효도하는 것입니다.

만일 세간의 갖가지 세속적인 정에 따라 일을 처리하면 즉시 부모님을 거리낌 없이 고해로 밀어 넣는 것이며, 아무 것도 모르는 일반 사람들을 초대하여 군중이 그를 칭찬하는 것으로 효도를 다할 수 있다면, 그 효도란 나찰녀의 사랑과 꼭 같습니다. 경전에 이르시길, "나찰녀가 사람을 잡아먹으며 말하길, 「나는 너를 사랑한다. 그래서 너를 잡아먹는다」" 하셨습니다. 그 아무것도 모르는 사람은 효를 이렇게 행합니다! 부모님께서 즐거움을 잃고 괴로움을 얻게 한다면 그것은 나찰녀의 사랑과 똑같지 않겠습니까?

제가 이 말씀을 드린 것은 인정을 다하지 말라는 뜻이 아니고, 사람들마다 각자 실질적인 방법을 강구하여 망자는 왕생을 기약하고, 살아 있는 사람은 복을 얻어 효성 깊고 슬기로운 자손들의 일편단심 혈육에 대한 정성을 이루라는 말입니다. 저도 모르는 사이에 말이 좀 격해진 것 같지만, 진실로 부모님을 사랑하는 분이라면 반드시 양해해 주실 수 있을 것입니다.

「정수리에 따뜻한 기운이 있으면 성인으로 태어난다」함은 사람의 숨이 이미 끊어져 온몸이 차가워졌는데 오직 머리 정수리에만 열이 있는 사람은 반드시 범부를 벗어나 성인의 흐름에 들어가 나고 죽는 것을 벗어난 것입니다. 「눈에 있으면 천도에 태어난다」함은 만일 눈과 이마에만 열이 있으면 천도天道에 태어난다는 것입니다.

「사람은 심장, 아귀는 배」라 함은 심장 있는 곳만 열이 있으면 인도人道에 태어난다는 것이고, 배에 열이 있으면 아귀로 태어난다는 것입니다. 「짐승은 무릎에서 기운이 떠난다」함은 무릎에만 열이 있으면 축생도畜生道에 태어난 것을 말합니다. 「지옥으로 떨어지는 사람은 발바닥으로 기운이 나간다」함은 발바닥에만 열이 있으면 지옥도地獄道에 태어난 것입니다.

　이는 사람이 살아 있을 때 지은 선악의 두 가지 업으로 말미암아 여기에 이르러 이와 같이 감득하여 나타나는 것이지, 어떤 바깥 세력으로써 임시적으로 조작된 것이 아닙니다. 이때 만일 병자가 지극 정성으로 염불할 수 있고, 덧붙여 육친권속과 선우들이 조념한 공덕의 힘이 가해지면 틀림없이 업을 지닌 채 왕생하여 범부를 벗어나 성인의 흐름에 들 것입니다. 오로지 왕생한 징험을 찾는 것을 일삼아 하다가 일을 그르치지 마십시오. 지극히 부탁하고 지극히 빌어마지 않습니다!

제1부 : 임종시 알아야 할 사항

[칙종수지飭終須知]

묘진妙眞스님 감정監定 /석세료釋世了스님 경술敬述

법문을 여는 게송

인광대사

중생의 일념심성은 부처님과 동일하나

미혹하여 등졌기에 쉬지않고 윤회하니

여래세존 자비심에 근기따라 설법하여

두루중생 길을나서 고향집에 돌아가네

衆生心性 與佛同儔 由迷背故 輪迴不休

如來慈悲 隨機說法 普令含識 就路還家

어찌할까 모든존재의 근성은 같지않아

출격장부 아니고는 세속벗기 어렵구나

이에 여래께서 정토법문 특별히 열어

상중하의 일체근기 두루널리 섭수하네

無奈根性 萬有不齊 非出格人 決難出離

因茲特開 淨土法門 普攝一切 上中下根

오역십악 지은사람 지옥모습 나타날때

일념정성 아미타불 곧피안에 올라서고

등각보살 지혜복덕 부처님과 같건마는

오 히 려 왕생해야 무상보리 증득하네

五逆十惡 地獄相現 一念投誠 卽登彼岸

等覺菩薩 德與佛齊 尙須往生 方證菩提

십신이하 박지범부 온갖번뇌 지녔거늘

염불하려 하지않아 어찌하면 좋겠는가

세인에게 말하노니 함께믿고 발원하여

부처명호 굳게지녀 한결같이 변치마세

博地凡夫 具足煩惱 不肯念佛 如何是好

寄語世人 同生信願 執持佛號 始終莫變

임종때가 되거들랑 아미타불 접인받고

오탁악세 단박나와 구품연화 올라서서

견불하고 법문들어 무생법인 증득하고

미타대원 수레타서 두루중생 제도하세

待至臨終 蒙佛接引 頓出五濁 直登九品

見佛聞法 親證無生 乘大願輪 普度有情

들어가는 말

여래께서는 일대사인연一大事因緣을 위해 세상에 출현하셨으니, 이른바 부처님의 지견을 열어(開) 중생에게 보여주시고(示) 중생으로 하여금 깨닫게 하시고(悟) 보리도에 들게(入) 하셨습니다. 그러나 **부처님의 지견을 개시오입開示悟入 하려면 반드시 방편이 있어야 합니다.** 그래서 삼장三藏 12부 경전과 팔만사천법문이 있게 되었습니다. 그것이 구경에 돌아가는 극치(歸極)는 모두 부처님의 지견을 개시오입하기 위함이고, 모두 이 일대사인연을 위함입니다.

《법화경》에서 이르시길, "나는 지혜의 힘으로 중생들의 성품과 욕망을 알아서 방편으로 제법을 설하여 모두 다 기쁨을 얻게 하리라(我以智慧力 知衆生性欲 方便說諸法 皆令得歡喜)."하셨고, 또 이르시길, "지금 나는 기쁘고 두려움이 없나니, 모든 보살에게 곧바로 방편을 버리고 다만 무상도를 설하노라(今我喜無畏 於諸菩薩中 正直捨方便 但說無上道)."하셨습니다. 방편으로 제법을 설하셨으니, 제법은 방편이기에 곧바로 방편을 버려야 곧 진실입니다. 방편문을 열어 진실상을 보이니, 법화경은 경·율·논 삼장三藏 가운데 홀로 왕입니다. 정토법문은 방편 중에 제일 방편이고, 요의了義 중에 위없는 요의이며, 원돈圓頓 중에 가장 지극한 원돈입니다. 우익대사蕅益大師께서 이르시길, "제불께서 중생들을 불쌍히 여기시어 기연機緣에 따라 교화를 베푸시니, 비록 근원으로 돌아감에는 둘이 없지만, 방편의 문은 무수히 많다. 일체 방편 가운데 지극히 곧장 질러가고 지극히 원만하고 단박에 깨치는 법문을 구하려면 염불하여 정토에 태어나길 구하는 것만한 것이 없다.”

이로써 정토법문은 실로 법화와 함께 일미一味가 되니, 곧 방편이고 곧 진실임을 알 수 있습니다. **인조(印祖; 인광대사)께서 항상 말씀하시길, "구법계九法界 중생들은 이 법을 여의면 위로 불도를 원만히 성취할 수 없고, 시방제불께서 이 법을 버리시면 아래로 중생을 널리 이롭게 할 수 없다.” 하셨습니다.**

정토법문의 공용功用은 이와 같습니다. 그래서 시방 제불께서 함께 찬탄하시고, 구법계 중생들이 함께 돌아가며, 모든 경전에서 함께 천양하고 모든 논서에서 함께 선양합니다. **정토법문의 수학修學에 관해서 가장 중요한 것은 진실한 믿음과 간절한 발원을 갖추어 오로지 명호를 집지함(專持名號)에 있지만, 임종시 한 생각(臨終一著)이 특히 절박하고 중요합니다.**

예전에 인조께서 《임종진량臨終津梁3)》이란 책 한권을 판각 인쇄하여 멀고 가까운 곳 가릴 것 없이 널리 유통하여 그 이익을 입은 사람들이 매우 많았습니다. 지금 서진西震스님, 세료卋了스님 등이 두루 널리 유통하기 위해 부녀자도 아이들도 모두 이해할 수 있도록 다시 《칙종수지飭終須知》를 지었습니다. 문장은 비록 알기 쉽게 쓰여 있을지라도 그 뜻은 실로 상세합니다. **만약 이것을 깊고 간절히 강구하여 법문에 따라 시행한다면 망자가 틀림없이 서방에 왕생할 수 있으니, 그 이익됨을 무엇으로 헤아리겠습니까?**

정토법문에 담긴 뜻에 관해서 비록 무수한 경전과 논서에서 남김없이 드러내어 밝혔다고 할지라도 아직도 의심하는 사람이 있다면 또한 이를

---

3) 나루터와 다리라는 뜻으로 물을 건널 수 있는 시설, 즉 가교 또는 선도해 이끄는 역할을 하는 방법 또는 수단을 말함. 안내하는 책자를 뜻함.

해석하지 않으면 안 됩니다.

첫째, 어떤 사람은 염불할 때 여섯 자 위대한 명호(六字洪名)인 「나무아미타불」을 염하지 말고 마땅히 실상불實相佛을 염해야 한다고 합니다. 이는 미혹입니다!

무릇 실상實相이란 (심성 능변能變에서) 일체의 상을 여의고 (십법계 의정장엄 소변所變에서) 일체의 법에 즉함입니다. 고요함과 비춤은 둘이 아니며, 몸과 국토도 둘이 아니며, 성덕性德과 수덕修德도 둘이 아니며, 진신과 응화신도 둘이 아니어서4) 실상이 아님이 없으니, 어찌 여섯 자 위대한 명호인 「나무아미타불」을 여의고서 달리 실상을 구할 수가 있겠습니까? 이 때문에 위대한 명호를 들어야 법계가 탁 트여 밝고, 육자 명호를 굳건히 지녀야 미묘한 체가 전체 그대로 드러나지만, 저 실상과 위대한 명호로 갈려서 둘이 되는 사람은 때마침 보더라도 그것이 실상인지 알 수 있는 것은 아닙니다.

둘째, 어떤 사람은 아미타불을 염하지 말고 마땅히 비로자나불을 염해야 한다고 말합니다. 비로자나란 법신불이고 아미타란 응신불應身佛입니다. 이것도 미혹입니다!

법신·보신·응신의 삼신은 즉 하나이면서 셋이고, 즉 셋이면서 하나이니, 즉 비로자나불 및 아미타불이고, 즉 아미타불이고 즉 비로자나불이지만, 이것이 다시 갈려서 둘이 되어 때마침 보더라도 그것이 비로자나불

---

4) 「진응眞應」은 무엇을 말합니까? 진眞은 제불보살이고, 응應은 응화應化입니다. 중생에게 감感이 있으면 불보살에게 응應이 있어 감응도교感應道交합니다. 《불설아미타경요해》(비움과소통)

인지 알 수 있는 것은 아닙니다.

셋째, 또 어떤 이는 서방극락세계에 태어나길 구하지 말고 마땅히 상적광토에 태어나길 구해야 한다고 말합니다. 이것 또한 미혹입니다!

무릇 상적寂光 · 실보實報 · 방편方便 · 동거同居 이름은 비록 네 가지가 있지만 그 본체는 하나입니다. 아직 견사혹(見思)을 끊지 못하였다면 범성동거토에 태어나고, 이미 견사혹을 끊었다면 방편유여토에 태어나며, 무명無明을 끊었다면 실보장엄토에 태어나서 적광寂光을 부분적으로 증득(分證)합니다. 무명을 완전히 끊었다면 구경의 적광寂光입니다. 또한 상적광토는 태어남도 없고 태어나지 않음도 없으니, 어찌 태어나길 구하겠습니까? 저 (번뇌장과 소지장을) 끊고 (진여본성을) 증득하는 공덕 수행(功行)과 진수進修의 차제행위(次位)를 전체 그대로 살피지 못한다면 망녕되이 적광寂光으로 이 극락을 깨뜨리게 됩니다. 또 극락세계에서 범성이 함께 거하는 지금 이 자리(當下)가 적광寂光임을 알지 못하고 망녕되이 적광을 가지고 극락에 더한다면 또한 때마침 보더라도 그것이 적광인지 알 수 있는 것은 아닙니다.

넷째, 또한 어떤 이는 마음이 곧 국토이고 마음이 청정하면 국토 또한 청정하니, 다만 자심(自心)의 극락에 태어나길 구하지 왜 타방의 극락에 태어나길 구하려는가? 말합니다. 이것 또한 미혹입니다!

무릇 마음이란 곧 법계이니, 극락세계가 십만 억 국토 바깥에 있을지라도 원래 법계를 여읜 적도 없고, 자심을 여읜 적도 없습니다. 이에 지금 억지로 육진六塵에 반연하는 그림자(緣影)를 자심으로 삼아서 육진에 반연하는 그림자의 망심 가운데 극락세계를 받아들이고자 하고 게다가 태어나길 구한다면, 어찌 잘못이 아니겠습니까!

무릇 이러한 모든 미혹들은 모두 단지 말(名辭)만 듣고 담긴 뜻을 참구하지 않아 들음이 없는 어두운 깨달음5)의 어리석음을 헛되이 드러내어 어찌 쥐가 찍찍6)거리고 새가 공공7)거린다는 꾸지람을 면치 못하겠습니까? 지혜 있는 사람들은 마땅히 그 미혹된 견해에 빠지지 마십시오!

이러한 여러 가지 이유들로 인해 오늘날 사람들은 범하기 쉬운 병에 걸리고, 비현실적이고 허황된 꿈을 꾸며, 이름을 좇느라 실상을 잃어버리고 마는 까닭에 글이 간결하지 못해짐을 무릅쓰고 계속해서 비슷한 말을 언급하오니 배우는 사람들께서 살펴주시길 바랍니다!

임종시 조념염불(助念)의 의의 및 그 방법에 관해서 글 중에 매우 상세히 서술한 까닭에 다시 논하지 않겠습니다.

1954년 음력 10월

묘진妙眞 상해上海 홍화사弘化社

---

5) 선정(禪定)만 좋아하면서 법문은 연구하지도 않고 스스로 도를 깨친 체하여 평범한 사람과 성인을 무시하고 비난하기 잘 하는 선객을 가리킴.

6) 번뇌가 곧(卽) 보리이고 생사가 곧 열반이라는 즉卽을 흉내 내는 것을 비유함이다. 묘유(妙有)의 이치를 알지 못함을 비유함이다.

7) 모든 법이 공(空) 하다는 공(空)의 이치를 흉내만 내는 것을 비유함이다. 진공眞空의 이치를 알지 못함을 비유함이다.

서문 自序

세상에서 가장 슬프고 고통스러운 일로 죽음보다 더한 것은 없습니다. 죽음에 관해서 모르는 사람도 없고, 죽음을 피할 수 있는 사람도 없습니다. 만약 죽음이 슬프고 고통스럽다는 사실만 알고서 **불법을 배워 삼계를 벗어나 영원히 죽음을 피할 수 있다**는 사실을 모른다면 아무런 이익도 없으니, 어찌 그 헛된 수고에 비통하지 않겠습니까? 설사 법문을 구할 수 있어도 만약 근기에 맞지 않아 닦음은 있으나 증득은 없어 육도에서 윤회한다면 이 또한 아무런 이익도 없으니, 어찌 그 헛된 수고에 비통하지 않겠습니까?

그래서 우리의 부처님이신 석가모니 부처님께서는 3천 년 전에 《대집경大集經》 가운데 설명하시길, "말법시대, 수억 명의 사람들은 단지 자기 자신이 닦은 계정혜의 힘에 의지해 수행하여 번뇌와 업과 미혹을 제거하고 성인의 자리인 도과道果를 증득할 수 있는 사람은 매우 적으니라. **단지 믿음을 내어 발원하고 염불하는 법문에 의지하고 동시에 아미타불 본원의 힘에 의지하여 서방극락에 태어나길 구해야만 비로소 생사고해를 벗어날 수 있으리라.**" 하셨습니다. 또한 연종 제13조이신 소주 영암사 인광대사께서 말씀하시길, **"구법계 중생들이 이 염불법문을 여의면 불도를 원만히 성취하기 매우 어렵고, 시방제불도 이 염불법문을 없애고서 중생을 널리 이롭게 하기가 쉽지 않다."** 하셨습니다.

이렇듯 부처님과 조사께서 하염없는 자비심으로 우리들 말법시대

중생이 선근이 천박하고 지혜가 비루하기 짝이 없어 때를 알지 못하고, 법문을 잘못 써서 닦아도 얻는 바가 없으며, 헛되이 마음만 낭비하고 한평생 잘못 되는 모습을 너무나 불쌍히 여기신 까닭에 이렇게 말씀하셨음을 마땅히 알아야 합니다.

믿음을 내어 발원하고 염불하는 정토법문이야말로 온갖 근기를 두루 거두나니, 출가인과 속인, 남녀노소, 총명한 이와 우둔한 이, 발심이 빠른 이와 늦은 이, 죄업이 가벼운 이와 무거운 이 등 갖가지 사람을 막론하고 **만약 진실한 믿음과 간절한 발원을 갖추어 착실히 염불하면서 서방극락에 태어나길 구하여 몸이 다하도록 물러서지 않은 사람은** 임종에 이르러 반드시 빠짐없이 부처님 본원의 가지력에 힘입어 접인을 받고 서방극락세계에 왕생할 것임을 알아야 합니다.

설사 평상시 믿음을 내어 발원하고 염불하여 서방극락에 태어나길 구하는 것을 아직 모르는 사람일지라도 임종시에 만약 선지식을 만나면, 그를 일깨워 믿음을 내어 발원하고 염불하여 서방극락에 태어나길 구하고, 가족들도 모두 큰 소리로 슬피 울지 않고, 이것저것 물어서 일을 그르치는 갖가지 방해를 하지 않는데다가 **여법하게 도와서 조념염불을 하면 이 사람은 반드시 서방극락에 태어나게 됩니다. 서방극락에 왕생하는 관건은 비록 본인 자신이 최후의 일념을 주관할 수 있느냐에 달려있을지라도 여법하게 조념염불을 하는 것이 중요함을 알아야만 합니다.**

슬픕니다! 어찌 세상의 재가자들은 임종시 조념염불 하는 방법을 아직 제대로 이해하지 못하여, 어리석게도 어떤 사람이 임종을 맞이할 때 그 가족들이 왕왕 조념염불로써 망인의 신식神識이 서방극락세계 거룩한 길로 왕생해 가도록 배웅하면 영원히 온갖 즐거움을 누림을 알지 못하고, 오히려 큰 소리로 슬피 울부짖어 망인의 신식을 밀어 지옥·아귀·축생 삼악도에

떨어지게 하여 오랜 세월 고초를 받게 하렵니까?

그래서 서진 스님께서 자비심이 너무나 간절하여 세상의 재가자들이 부처님 공부를 많이 하지 못해 임종시 조념하는 방법에 쇠를 금으로 만드는 미묘한 쓰임(妙用)이 있음을 알지 못함을 불쌍히 여겨, 곳곳을 다니며 선전하면서 목숨이 마칠 때 임해 알아야 할 사항과 아울러 **임종조념단을 조직하여 조념하는 방법을 배우고, 정업행인(淨業行人; 정업을 닦는 수행인)[8]을 위해 임종시 서방극락세계에 왕생하는 일대사인연을 어떻게 돕는지 설명하였습니다.**

또한 《임종진량臨終津梁》과 《인생 최후의 일(人生之最後)》, 두 책의 글에 담긴 뜻이 너무 깊어 쉽게 배울 수 없으므로 서진법사 등께서 고덕의 임종법어를 수집하여 일상적인 백화문으로 작성하여 학습자료를 삼을 것을 재삼 당부하셨습니다.

부족한 배움으로 인해 고뇌하며 비록 몇 편의 원고를 수집하고 편집하여 겨우겨우 해냈습니다. 그러나 문장에 담긴 뜻에 오류가 있어 불법을 어지럽히고 중생을 그르쳐서 비록 선심이지만 오히려 큰 죄를 짓지나 않을까 매우 두렵습니다. 이 때문에 먼저 원고를 국내 저명한 고승대덕께 교정을 청한 후에야 비로소 감히 인쇄하였습니다.

각처에 같은 원을 세우신 연우님들께서 두루 기도해주십시오! 이 글을 읽고서 문장력이 짧고 비루하다 싫어하지 마시길 바랍니다. **만약 그 실제의 뜻에 의지하여 실행에 옮기실 수 있다면 누구나 왕생하여 일제히 사바세계를 벗어나 생사고뇌를 길이 여의고 모두 안양세계에 올라 영원히**

---

8) "저 극락세계에 태어나고자 하는 이는 마땅히 삼복三福을 닦아야 하느니라. …… 이와 같은 세 가지 일을 정업淨業이라 이름하느니라."《정토오경일론》(무량수여래회 편역)에서 《관무량수경》

열반의 묘락妙樂을 누릴 것입니다.

불력2981(1954)년 가을날 달,
부처님 환희하시는 날
정업후학 세료世了가
삼가 향림 일행정사香林一行精舍에서 서문을 쓰다.

제1장
임종시 왕생하는 이치와 왕생하지 못하는 이치

　　석가모니 부처님께서는 사위국 기수급고독원에 계실 때 《아미타경阿彌陀經》을 설하시어, 서방극락세계의 의보장엄과 정보장엄을 찬탄하시고 모든 중생에게 왕생하길 발원할 것을 권하셨습니다. 경전 가운데 설하시길, "내가 지금 아미타부처님의 불가사의한 공덕 이익을 찬탄하는 것처럼 동방에도 아촉불 등이 계시며, 남방에도 일월등불 등이 계시며, 서방에도 무량수불 등이 계시며, 북방에도 염견불 등이 계시며, 하방에도 사자불 등이 계시며, 상방에도 범음불 등이 계시며 다함께 광장설상을 내미시어 참되고 실다운 말씀으로 설하시길, 「너희 중생들은 《칭찬불가사의공덕일체제불소호념경》을 믿을지니라.」 하셨습니다. 서방극락세계에 왕생하는 것이 일대사인연으로 시방제불께서 다 같은 목소리로 찬탄하십니다. 무릇 믿음을 내어 발원하고 염불하여 극락세계에 태어나길 구하면 반드시 왕생할 수 있습니다. 이는 (제법의) 실사實事이고 실리實理이니, 각자 마땅히 진실로 믿어야 합니다!

　　[질문] 염불인은 전부 다 서방극락에 왕생할 수 있다고 말한다면, 내가 보기에 왜 수많은 출가자들과 재가자들이 평상시에 항상 염불하여 서방극락세계에 태어나길 구해라고 말하지만, 왕왕 임종 때에 정신이 흐릿한 상태로 죽어서 정말로 서방극락에 왕생할 수 있는 사람은 몇

사람 없는데, 이는 어쩐 이치입니까?

[대답] 정업행인이 임종 때에 인연을 갖추지 않았기 때문입니다. 임종 때에 만약 인연을 갖추었다고 말할 수 있다면 열 사람이 염불하면 열 사람이 왕생하고, 백 사람이면 백 사람이 왕생하며, 천만 사람이면 천만 사람이 왕생할 것입니다.

[질문] 무엇이 인연입니까?

[대답] 정업행인은 평소 진실한 믿음과 간절한 발원으로 염불하여 서방극락세계에 태어나길 구하면 임종을 맞이하는 때에 이르러 평소와 같이 진실한 믿음과 간절한 발원으로 염불할 것입니다. 이러한 마음이 바로 자력의 인因입니다. 평상시 아직 믿고 발원하며 염불하여 서방극락에 태어나길 구하는 일을 모르다가 임종 때에 이르러, 그를 일깨워주는 선지식을 만나 그로 하여금 믿음을 내고 발원하여 왕생을 구하도록 한다면 이러한 믿음과 발원으로 왕생을 구하는 마음도 자력의 인因입니다. 서방극락세계의 교주이신 아미타부처님 및 그 온갖 덕을 갖춘 위대한 명호(萬德洪名)는 중생으로 하여금 극락에 왕생하게 할 수 있는데, 이것은 타력의 연緣입니다. 임종시 선지식을 만나 조념을 해주는 것도 타력의 연입니다.

[질문] 정업행인이 임종 때에 인연을 갖추면 극락세계에 왕생할 수 있다는데, 왜 그렇습니까?

[대답] 정업행인이 임종시 진실한 믿음과 간절한 발원으로 염불하면 염불하는 대상인 부처님은 타력의 연緣이 되고 염불하는 주체인 마음은 자력의

인因이 됩니다. 바로 이런 진실한 믿음·간절한 원·염불이 있을 때 **염불하는 주체인 마음으로 염불하는 대상인 부처를 염하면 염불하는 주체인 마음이 현현하여 염불하는 주체인 마음이 염불하는 대상인 부처로 인해 청정해집니다.** 이때 바로 자력과 타력이 감응도교感應道交하고, 인연이 화합하여서 서방극락세계에 왕생할 수 있습니다. 이는 틀림없는 이치입니다.

🪷

[질문] 정업행인이 임종 때에 어떻게 해서 **인과 연을 갖출 수 없으면** 서방극락세계에 왕생할 수 없습니까?

[대답] 정업행인이 평소 때에 믿음·발원·염불공부가 아직 무르익지 못하고 임종 때에 이르러 비록 믿음과 발원으로 서방극락에 태어나길 구하는 **마음은 있지만**(자력의 인이 있음), 병고와 갖가지 번뇌에 시달려서 염불하는 마음이 일어나지 않고 선지식이 일깨워주지도, 위로해주지도 조념염불 해주지도 않으며**(타력의 연이 없음)**, 또한 무지한 가족들을 만나 큰 소리로 슬피 울고, 게다가 갖가지 일로 방해합니다. 그러면 병자의 마음에는 수많은 번뇌가 일어나므로 가족들에게 큰 소리로 슬피 울며 방해하지 말라 하고 그를 도와 염불하여 서방극락에 태어나도록 배웅해 달라 말하고 싶지만 말할 수 없습니다. 그러면 병자의 마음은 더욱더 괴로움에 시달리게 됩니다. 임종 때에 이르러 저 식심識心은 본래 아미타부처님의 청정장엄 불국토에 왕생하여 가서 영원히 온갖 즐거움을 받고 불도를 원만히 이루어 중생을 널리 제도할 수 있지만, 가족들이 큰 소리로 슬피 울고 갖가지 일로 방해하는 연고로 그 마지막 일념의 마음은 번뇌를 따라 가서 어느 악도에 떨어질지 모릅니다. 이는 자력의 인은 있지만 타력의 연은 없는 관계로 서방극락세계에 왕생할 수 없습니다.

또 한 부류의 사람이 있으니, 평상시 믿음·발원·염불이 모두 아직 절실하지 않았지만 임종 때에 이르러 도와주는 연이 매우 좋고, 조념염불을 해 줄 선지식(**타력의 연이 있음**) 등등도 있습니다. 또한 가족들이 모두 슬피 울지도 갖가지 일로 방해하지도 않습니다. 정업행인은 자기 마음이 전도되어 세간의 애정과 욕망에 미련을 갖고 자손과 재산 등의 일에 애착하여 염불해서 서방극락에 태어나길 바라는 마음을 내지 않습니다(**자력의 인이 없음**). 임종에 이르러 마지막 일념의 마음이 아직도 애정과 욕망에 따라가 선악도 가운데 뛰어듭니다. 이것이 타력의 연은 있지만 자력의 인은 없는 관계로 서방극락세계에 왕생할 수 없습니다.

또 한 부류의 정업행인이 있으니, 평소 염불할 때 오로지 가족을 보살펴주길, 그저 좋은 일만 생기길, 오래 장수하길 등을 구하다가 임종 때에 이르면 단지 죽음을 두려워할 뿐입니다. 만약 병이 아직 위중하지 않을 때 비록 염불해도 그는 병든 몸이 빨리 낫길 구하고 서방극락에 태어나길 바라는 마음을 내지 않아(**자력의 인이 없음**), 병이 위중해 아픈 고통이 발생할 때면 염불할 수 없고, 단지 하늘과 땅을 부르든가 아버지와 어머니를 찾을 뿐입니다. 만약 가족들이 불법을 믿지 않고 혹 불법을 믿을지라도 아직 불경의 의리를 명백히 알지 못한다면 일깨워주고 조념염불을 해줄 수 없을 뿐만 아니라(**타력의 연이 없음**), 대성통곡하고 갖가지 일로 방해하니 병자의 마음 속 번뇌와 아픈 고통은 이루다 말할 수 없습니다. 이것은 우물에 빠진 사람에게 돌을 떨어뜨리는 것이니 더욱더 많은 고통에 시달리게 합니다. 이런 종류의 사람에 대하여 목숨이 다하는 마지막 일념의 마음은 틀림없이 번뇌와 악독한 생각을 따라가서 삼악도에 떨어집니다. 이는 자력의 인도 없고 타력의 연도 없는 관계로 서방극락세계에 왕생할 수 없습니다.

이상으로 세 가지 부류의 사람은 임종할 때에 첫째 자력의 인은 있지만 타력의 연이 없거나, 둘째 타력의 연은 있지만 자력의 인이 없거나, 셋째 자력의 인도 없고 타력의 연도 없어 감응도교를 이룰 수 없어 자력의 인과 타력의 연이 화합할 수 없는 연고로 서방극락세계에 왕생할 수 없는 이치를 간략하게 설명하였습니다.

🪷

[질문] 정업행인은 임종 때에 어떻게 해야 **인과 연을 갖출 수 있으며,** 서방극락세계에 왕생할 수 있습니까?

[대답] 첫째 대근기를 지닌 한 부류의 사람이 있으니, 그는 평소 때에 진실한 믿음과 간절한 발원으로 염불하였습니다. 믿음과 발원이 이미 매우 진실하고 간절하며, 염불공부 또한 무르익어서 임종 때에 옆 사람이 조념할 필요도 없이 **그는 저절로 평소처럼 믿고 발원하며 염불하여 조금의 움직이는 상**(動相)**, 고요한 상**(靜相)**, 일어나는 상**(起相)**, 멈추는 상**(止相)**, 괴로운 상**(苦相)**, 즐거운 상**(樂相)**, 수순하는 상**(順相)**, 거스르는 상**(逆相) **없이 염념마다 마음이 아미타부처님의 위대한 명호**(여래과해如來果海의 실상實相을 체득한 정정正定9)) **가운데 안온히 머물 수 있습니다.** 《아미타경》에서 이르시길, "일심에 이르러 산란하지 않는다면 즉시 왕생할 수 있느니라(一心不 亂 即得往生)." 하셨습니다. 이런 사람은 반드시 극락세계에 왕생하게 됩니다. 왜냐하면 염불하는 마음은 자력으로 감응하는 주체인 인因이고 부처님 경계는 타력으로 감응하는 대상인 연緣이기 때문입니다. **이러한 사람은**

---

9) 여래과해의 실상實相을 체득하여 마음이 산란하지 않은 정정正定의 상태에 도달함을 말한다. 이병남 거사께서는 《불설아미타경의온佛說阿彌陀經義蘊》에서 말씀하시길, "여섯 자 위대한 부처님 명호는 본래 여래과해의 실상으로 위없이 깊고 깊다(六字洪名 本如來果海實 相 無上甚深)." 하셨다.

일심(一心: 因)으로 미타의 경계(境: 緣)에 오로지 집중할 수 있으므로, 당연히 인과 연이 갖추면 곧 바로 상응하게 됩니다. 이는 자력의 인과 타력의 연을 갖춘 관계입니다.

둘째, 또 한 부류의 범상치 않은 사람이 있으니, 그는 평상시 진실한 믿음과 간절한 발원으로 염불하지만 공부가 아직 무르익지 않았습니다. 그는 임종 때에 이르러 믿고 발원하여 서방극락에 태어나길 구하는 마음이 평상시에 비해 간절해져서 어떠한 병고를 막론하고 갖가지 번뇌가 나타나더라도 서방극락에 왕생하길 바라는 마음을 시종일관 바꾸지 않습니다. 설사 염불하기 어렵다 하더라도 분발하여 그 가족들이 모두 지식이 있어 임종 때 알아야 할 사항을 잘 숙지해 모두 슬픔에 젖거나 갖가지 일로 방해하지 않습니다. 게다가 선지식이 일체를 일깨워주고 조념염불을 해줍니다. 그러면 병자의 마음은 염념마다 「아미타불」 위대한 명호에 의지하여 목숨이 다할 때 최후 염불하는 그 일념의 마음(자력으로 감응하는 주체인 인)이 염불하는 대상인 부처님(타력으로 감응하는 대상인 연)을 따라 서방극락에 왕생할 수 있습니다. 이는 자력의 인과 타력의 연을 갖춘 관계입니다.

셋째, 또 한 부류의 사람이 있으니, 그는 평소 때에 믿고 발원하며 염불하여 서방극락에 태어나길 구하는 일을 전혀 모릅니다. 임종 때에 이르러 그를 일깨워 주는 선지식을 만나, 혹 서방극락세계 청정장엄의 즐거운 일을 말해주어 병자로 하여금 환희심이 생겨 즐겁게 구하게 하고, 또한 아미타부처님께서 48원으로 중생을 접인하시는 본원공덕을 말해주어 병자로 하여금 올바른 믿음을 내어 서방극락에 태어나길 구하도록 한다면, 병자는 이를 듣고서 환희심이 생겨 믿고 받아들여서 염불하여 틀림없이 서방극락세계 왕생을 구하게 됩니다. 가족들이 모두 다 선지식의 지도를 듣고 모두 다 큰 소리로 슬피 울며 갖가지 일로 방해하지 않습니다. 이런 사람은 목숨이 장차 마치는 때에 염념마다 아미타부처님(타력으로 감응하는 대상인 연)을 염(자력으로 감응하는 주체인 인)하여 아이가 인자한 어머니를 그리워하듯이 또 간절해져서, 목숨이 다하는 즉시 부처님의 자비원력으로 접인하심을 입어 서방극락세계에 왕생하니, 이는 자력의 인과 타력의 연을 갖춘 관계입니다.

이상으로 세 가지 부류의 사람은 임종할 때에 자력과 타력을 갖추어 저절로 감응도교를 이룰 수 있고, 자력의 인과 타력의 연이 화합하여 서방극락세계에 왕생하는 이치를 간략하게 설명하였습니다.

✿

[질문] 평상시 믿음·발원·염불을 전혀 알지 못하는 사람이 임종에 이르러 자신을 일깨워주는 선지식을 만나 이 사람이 듣고 난 후 환희심이 생겨 믿고 받아들여 발원하고 염불하여 서방극락에 태어나길 구할 때, 가족들이 모두 큰 소리로 슬피 울거나 갖가지 일로 방해하지 않고 게다가 조념염불까지 해준다면 이 사람은 목숨이 다해도 서방극락세계에 왕생할 수 있으니, 어찌 이렇게 쉬운 일이 있겠습니까?

[대답] 아! 위 여섯 절 문장에서 정업행인이 임종시 서방극락세계에 쉽게 왕생하는 경우와 쉽지 않은 경우를 변론하였는데 더 명백하게 설해 달라 말씀하시니, 당신은 어떻게 아직도 의심이 듭니까? 이러한 부류의 사람들이 평상시 믿음·발원·염불로 서방극락에 태어나길 구하면 이는 알지 못하는 연고이기 때문입니다. 임종 때에 이르러 자신을 일깨워주는 선지식으로 말미암아 이 사람이 듣고서 즉시 환희심이 생기는 것은 바로 그 사람이 숙세에 선근이 있음을 표현한 것입니다. 평상시 보통 일반 사람과 비교해서 보면 크게 다릅니다. 또한 이렇게 믿고 받아들여 염불하고 서방극락에 태어나길 구하는 마음을 내는 것은 **인(因)이 수승한 것입니다.** 그리고 선지식이 일깨워주고 가족들이 조념염불 하는

것은 **연緣이 강렬한 것입니다. 또한 아미타부처님의 자비원력으로 접인하심이 있으니, 이는 인과 연이 화합하는 것입니다.** 정업행인이 목숨이 다할 때 틀림없이 서방극락에 왕생하니, 다시 무엇을 의심할 수 있겠습니까?

[질문] 저희들은 각자 자신의 부모님과 가족들을 위하여 임종 때에 조념염불을 하여 그가 서방극락에 왕생하도록 배웅하고 싶습니다. 설사 선지식을 청할 수 없어도 저희들 재가자는 불법의 이치에 대해 아직 잘 몰라, 비록 그를 일깨워주려고 하여도 어떻게 일깨워줄지 알지 못하고, 조념하는 방법도 제대로 알지 못하니, 조념하는 방법을 풀어서 설명한 경서가 있는지 여쭙습니다. 문자가 조금 평이하여 쉽게 보고 이해할 수 있고 쉽게 배울 수 있어 우리들에게 와서 차근차근 배우라고 하면 어찌 좋지 않겠습니까!

[대답] 여러분이 만약 진실로 마음이 있어 **자비**慈悲·**효순**孝順·**친애**親愛 **의 대도**大道**를 행하고자** 자신의 부모님과 가족들을 위하여 영원히 생사 등의 괴로움을 제거하고 서방극락세계의 청정장엄한 불국토에 왕생하여 항상 온갖 즐거움을 누리고 내지 불도를 원만히 성취하여 중생을 널리 제도할 사람이라면 단지 이 책의 내용에 따라 각 절에 담긴 의미를 간절히 실행한다면 임종을 맞이하는 사람은 틀림없이 서방극 락세계에 왕생할 수 있을 것입니다.

제2장
가족들이 주의해야 할 갖가지 사항

1. 부모님께서는 우리들 한 사람 한사람을 낳으시고 길러주신 큰 은인이시니, 마땅히 효도하고 그 뜻을 따라야(孝順) 합니다. 형제자매와 부부는 마땅히 서로 아끼고 사랑해야(親愛) 합니다. 아들과 딸, 손자와 손녀에게는 응당 자애로운 사랑(慈愛)을 베풀어야 합니다. **어떻게 해야 효순 · 친애 · 자애하는 것입니까? 어떻게 해야 효순 · 친애 · 자애하지 않는 것입니까? 이 일에 대해 철저히 알아야 합니다.** 만약 이것이 두리뭉실하면 효순 · 친애 · 자애의 마음이 변하여 크게 거역하고 크게 잔혹한 일을 저지를 것입니다. 여러분들은 각자 이러한 위험을 피하기 위해서는 아래 설명되어 있는 사항에 대해 상세히 학습하여야 합니다.

2. **평범한 사람은 임종 때에 한 세대(一世)[10]의 최후를 맞이합니다. 우리들은 (그 사람의) 한 집안 사람이 되어서, 마땅히 매우 짧은 임종시간에 될 수 있는 한 병자에 대하여 진실로 효순 · 친애 · 자애의 마음을 표현하여야 합니다.**

---

10) 세世는 삼지창처럼 세 갈래로 뻗어 있는 나뭇가지에 잎이 붙어 있는 모습에서 나온 글자다. 따라서 본디 뜻은 '잎'이다. 잎이 떨어지면 새 잎이 난다. 그것은 부모가 죽으면 자식이 태어나는 것과도 같다. 여기에서 옛사람들은 부모와 자식 간의 관계도 낙엽과 같다고 하여 '세'라고 불렀다. 그런데 옛날에는 평균 수명이 짧았으므로 대체로 30년을 전후해 가장이 바뀌었다. 그래서 예기를 보면 30년을 '일세一世'라고 했다. 이때부터 일세는 조상의 '한마디'를 뜻하게 되었다.

매순간 잘 간호하여야 하고, 어떤 일이든 간에 낱낱이 병자의 마음에 조금의 번뇌도 일어나지 않도록 병자의 뜻에 따라야 합니다.

3. 평범한 사람은 **임종할 때에** 반드시 조념단에 단원 몇 분이 오셔서 **염불을 도와달라고 청해야 합니다.** 조념단원이 자신의 집에 방문하면 가족 전원은 빠짐없이 그가 지도하는 내용을 귀담아 듣고 조금도 어겨서는 안 됩니다. 조념단의 단원은 내 피붙이의 신식神識을 제도하여 서방극락세계에 왕생하도록 도와주는 분들임을 알아야 합니다. 그래서 가족 전원은 한 사람 한 사람 모두 은혜에 감사하여야 하고, 마음을 다해 그들을 초대하여야 합니다. 가령 조념단원이 일 때문에 가거나 일시에 모시기가 어렵다면 자신의 가족들이 여법하게 염불을 도와도 괜찮습니다. 그러나 반드시 이 책자의 조념방법에 따라 실행할 뿐, 그 방법을 조금도 바꾸어서는 안 됩니다. 그렇게 한다면 틀림없이 서방극락세계에 왕생할 수 있습니다. 또한 가족 전원이 채식을 하고, 절대로 살생을 금지하며, **병자의 복을 빌어주어야 합니다.** 남에게 조념을 해줄 것을 청할 때 이르러 병자는 틀림없이 중병을 앓고 있는 상태이므로 **이때는 일심으로 병자를 위해 염불하여 그분이 서방극락에 왕생하도록 도와주어야 합니다.** 한편으로는 남에게 조념해줄 것을 청하면서 다른 한편으로는 병자를 위해 강심제 주사를 놓거나, 고려인삼이나 보약 등을 절대로 먹여서는 안 됩니다. 이렇게 하면 병자의 고통이 더욱 증가되고 그가 서방극락에 왕생하는 데 지장을 초래합니다. 이는 대단히 가슴 아픈 일입니다. 한 집안 사람이 되기를 희망한다는 점을 분명히 하고, 자신의 가족을 해롭게 해서는 안 됩니다.

4. 평범한 사람이 **임종 때에 이르면, 곧 병자가 서방극락의 거룩한 길**(聖道)**로 갈 것인지, 천상·인간·아수라의 즐거운 길**(樂道)**로 갈 것인지, 아니면 축생·아귀·지옥의 괴로운 길**(苦道)**로 갈 것인지 그 길이 나뉘는 때입니다.** 가족들이 만약 병자가 염불하도록 도와준다면 그것은 바로 그의 신식神識을 서방극락의 거룩한 길에 가도록 배웅하여 무량한 묘락妙樂을 누리게 하는 일입니다. 만약 병자에 대하여 슬피 흐느끼거나 울부짖으면 그것은 바로 그의 신식을 축생·아귀·지옥의 세 가지 괴로운 길로 밀어 영원히 고통을 받도록 하는 짓입니다. 한 집안 사람이 됨을 알아야 바로 이 부분에서 효순할지 효순하지 않을지, 친애할지 친애하지 않을지, 자애할지 자애하지 않을지 또렷이 분별할 수 있을 것입니다.

5. 마땅히 불경에서 설한 것은 믿어야 합니다. **만약 축생·아귀·지옥의 삼악도에 떨어지면 그 받는 괴로운 고통은 정말 이루 다 말할 수 없고** 너무나 긴 시간 동안 고통을 받을 것입니다. 지옥에서는 하루 낮 하루 밤, 일만 차례 죽고, 일만 차례 태어나는 가장 괴로운 고통을 받게 됩니다. 아귀의 고통은 백천만겁 오랜 세월 줄곧 밀가루를 푼 물(漿水)[11])이란 이름조차도 들을 수 없거늘 하물며 먹을 수 있겠습니까? 축생 또한 고통을 받으니, 내장을 꺼내고 배를 갈라서 사람에게 입과 배를 채울 먹을거리가 제공됩니다. 오천 개 대겁의 죄로 인한 고통을 다 받은 이후에야 겨우 벗어날 수 있으니, 이렇게 언제 고통이 끝날지 모릅니다.

---

11) 산둥山東 논촌 지방의 옛 풍습으로 사람이 죽으면 그 자손들이 '흰 상복(孝服)'을 입고 선향(線香)·종이·'밀가루를 푼 물(漿水)'을 가지고 '토지묘(土地庙)'에 아침·낮·저녁 세 차례 가서 '토지신(土地爺)'의 주위에 '밀가루를 푼 물'을 뿌리고 고두(叩頭)하고 돌아왔다고 함.

서방극락에 태어나면 매일 아미타부처님께서 경전을 강설하고 설법하시는 것을 듣고, 관세음보살, 대세지보살과 함께 좋은 벗이 되며, 눈으로 보는 것은 모두 장엄한 묘색(妙色)이고, 귀로 듣는 것은 모두 미묘한 정악(雅音)이며, **온갖 즐거움을 누리는 일은 정말 이루 다 말할 수 없습니다.** 또한 모두 온갖 신통도력을 구족하여, 여러분의 가족들을 제도하기 위해 오려고 하면 오고 가려고 하면 가서 모두 뜻대로 자재합니다. 게다가 **이번 생에 성불할 수 있습니다.**

그래서 우리들은 각자 상세히 생각해 보면 서방극락에 이러한 무궁무진한 즐거움이 있는데, 그 누가 **기꺼이 발심하여 자신의 부모님과 가족 등이 염불하는 것을 도와서 서방극락으로 배웅해드려 온갖 즐거움을 누리도록 하지 않겠습니까!** 축생 · 아귀 · 지옥에도 이러한 무량무변의 고뇌가 있으니, 그 누가 기꺼이 독한 마음으로 자신의 부모님과 가족들에게 **큰소리로 슬피 울어 축생 · 아귀 · 지옥의 삼악도로 밀어 떨어뜨려 고통을 받도록 하겠습니까?** 우리들은 각자 모두 알아야 합니다. 평범한 사람이 임종을 맞이하는 때에 서방극락에 태어나느냐, 축생 · 아귀 · 지옥에 떨어지느냐, 그 책임은 대부분 가족에게 달려 있습니다.

6. 무릇 병자가 평상시 염불하여 서방극락에 태어나길 원하는 마음이 있다면 가장 좋습니다. 만약 신심이 없어 염불하여 서방극락에 태어나길 구하는 것을 이해하지 못한다면 우리가 한 집안 사람이 되어 응당 마땅히 병자에게 다음과 같이 명백히 말해주어야 합니다.

"사람이 되었다고 해서 영원히 사람이 되는 일은 없고, 육도윤회하며 태어나고 죽은 일도 있습니다. 지옥 · 아귀 · 축생 삼악도는

매우 고통스럽고, 그곳에 가장 쉽게 떨어집니다. 거듭 말하건대 서방극락은 가장 즐거운 곳입니다. 서방극락세계에는 지옥·아귀·축생 삼악도가 없고, 육도윤회하며 태어나고 죽은 일도 없습니다. 서방극락세계 사람들은 연꽃 안에서 태어나는데, 그 앉아 있는 연꽃은 또 부드럽고, 향기롭고 정결하며, 또 꽃송이가 크고, 보기 좋으며, 광명이 찬란합니다. 서방극락세계 사람들은 무언가 가장 좋은 음식을 먹으려고 하면 무언가 가장 좋은 음식이 생깁니다. 무언가 가장 좋은 옷을 입으려고 하면 무언가 가장 좋은 옷이 도착합니다. 서방극락세계 사람들이 누리는 즐거움은 정말 말로 다하지 못합니다. 만약 발심하여 아미타부처님 명호를 염하고 간절하게 발원하여 서방극락에 태어나길 간절히 구하면 임종 때에 이르러 아미타부처님께서 연꽃 큰 송이를 손에 쥐고 당신 앞에 내영하여 당신이 서방극락으로 왕생하도록 접인하시고, 서방극락에 태어나면 다 누릴 수 없는 즐거움이 생깁니다. 당신이 기꺼이 발심하여 염불하면 틀림없이 서방극락에 왕생할 수 있습니다."

한 집안 사람이 되어 이렇게 병자에게 날마다 세 차례 말해주어야 합니다. 말해주는 방식은 조급하게 서두르지 말고 편안하게 권유해야 합니다. 병자의 마음은 매우 쉽게 요동쳐 괴로워하고, 매우 두려워하고 번뇌하며, 병자가 이미 믿었다면 거듭 권유할 수 없음을 알아야 합니다. 그런 다음 오직 전적으로 **그에게 일심으로 염불하여 서방극락에 태어나길 구하라고 권하면 됩니다.**

🪷

7. 무릇 병자에게 집안일이나 기타 중요한 일이 있지만 평상시 가족에게 설명하지 못한 경우 가족들에게 반드시 병자의 심식心識이 맑을 때

이야기하기 전에 먼저 분명히 물어봐야 합니다. 만약 병자의 심식이 혼미하여 이야기할 수 없거나 벌써 물어보았다면 병자에게 거듭 집안일과 세상사 이야기를 말해서는 안 되고, 병자의 정념正念을 그르치고 어지럽히는 것을 피해야 합니다. **(정념은 곧 불념佛念이기 때문입니다.)** 병자의 심식이 맑은 경우 한 집안 사람이 되어 병자에게 마땅히 말해 주어야 합니다.

"○○○님! 일체 집안일은 저희가 모두 맡아서 할 테니 일체 염려하시지 말고, 한 마음 한 뜻으로 아미타불을 염하여 서방극락에 태어나길 구하십시오."

이와 같은 말을 단 한 차례만 말하고 이후에는 그에게 일심으로 염불하여 서방극락에 태어나길 구하도록 단단히 따끔하게 일깨워주어야 합니다. **동시에 자신이 손가락으로 서방을 가리키며 병자에게 말해 줍니다.**

"서방극락이 바로 당신 앞에 있으니, 당신은 일심으로 염불하여 자신이 서방극락에 왕생한다고 생각하십시오."

한 집안 사람이 되어 병자에게 매일 이렇게 여러 차례 따끔하게 일깨워주어야 합니다. **병자의 심식이 혼미한 이후에는 경책警策해서는 안 되고, 단지 전적으로 큰 소리로 조념염불을 해주어야 합니다.**

8. 만약 가까운 일가친척과 친구가 병문안을 오면 한 집안 사람이 되어 먼저 손님들에게 양해를 구하고 다른 방으로 모셔서 손님에게 설명을 드립니다.

"무릇 사람이 임종시에 가장 중요한 일은 병자가 염불하도록 돕는 것입니다. 이는 크게 이익되는 일입니다. 만약 병자를 보고서 큰 소리로 슬피 운다면 이는 크게 방해되는 일입니다."

이렇게 그들에게 말하고서, 한편으로는 손님에게 마음에 의심을 일으키지 않게 하고, 또 한편으로는 병자 앞에서 비탄에 잠겨 마음을 괴롭혀 정념正念을 방해하지 않도록 하여야 합니다. 또한 손님에게 병자가 염불하여 서방극락에 왕생할 수 있도록 도와줄 것을 권하여야 합니다. 이렇게 한다면 진정으로 크게 감동할 것입니다.

9. 병자 중 어떤 사람은 업장이 현전하여 남이 그를 대신하여 염불하는 것을 좋아하지 않고, 남이 염불하는 것을 싫어하며, 다른 사람이 염불하는 것을 듣고서 마음속으로 괴로워합니다. **어떤 사람은 억울하게 죽은 귀신이 원수를 갚으러 오는 것을 보는 경우도 있습니다.** 이는 모두 그의 업장이 나타나는 것으로 왕생에 장애가 됩니다. 가족들에게 간절히 부처님 전에서 그를 대신하여 염불참회[12]하고, 그의 업장을 소멸시켜 정토에 왕생하도록 하여야 합니다.

---

12) 모든 기도의 전제조건은 참회이다. 참회 없는 기도란 있을 수 없다. 사람들은 기도하면 모든 것이 다 이루어지리라 생각하지만 기도해보라. 참회 없는 기도 있는지. 궁극의 기도는 참회 이후에 일어난다. 도둑이 자기가 지은 죄는 참회하지 않고 기도하면 된다 해서 하는 기도, 과연 이루어지겠는가. 만약 가피가 있었다면 전생에 부어놓은 선한 적금 깨서 받은 돈일 뿐이다. 도둑질한 순간 깨먹은 것이지만. 참회는 그만큼 중요하다. 나쁜 짓을 많이 한 사람은 선정과 지혜를 수행할 수 없으리. 먼저 참회의 가르침을 닦아야 하리. 왜냐하면 이런 사람은 전생으로부터 악한 마음을 익혔기 때문에 금생에도 반드시 악을 짓게 마련이어서 무거운 죄를 범할 것이 뻔하기 때문이다. 《점찰선악업보경》

　작년에 어떤 거사님께서 그의 모친이 죽을병에 걸려서 조념단에게 집에서 모친을 대신하여 염불을 해줄 것을 청하였습니다. 그의 모친은 다른 사람이 염불하는 것을 듣고 마음속으로 괴로움을 느끼기 시작하여 조념단에게 염불하지 말라고 했습니다. 당시 이 거사님이 귀의한 스승님께서 이런 업장이 나타났음을 알고서 그의 모친을 대신하여 지장경을 몇 부 염송하였고, **그 거사님도 부처님 전에 모친을 대신하여 매우 간절히 참회를 올렸습니다.** 그 뒤 다시 그의 모친을 대신하여 염불하자 그의 모친이 환희심을 느껴 결과적으로 서방극락에 왕생하셨다고 합니다. 위에서 《지장경》 염송은 업장을 소멸시킬 수 있다고 말하였습니다. 《지장경》을 염송할 수 없는 경우에는 지장보살 명호를 염해도 가능합니다.

　또 어떤 거사님께서는 그의 부친께서 죽을병에 걸리셨는데 여자 한 사람과 개 한마리가 그에게 달려와 목숨을 빼앗는 것을 보고서 그 거사님은 그의 부친을 대신하여 염불참회를 드렸더니 여인과 개가 더 이상 보이지 않았답니다. 그 뒤 그의 부친도 두 분 스님을 보았다고 합니다. 이 두 분 승려는 그의 부친에게 말하길, "당신이 전생에 우리들이 왕생하는 것을 가로막은 적이 있었다. 그래서 지금 우리들은 당신이 왕생하는 것을 가로막으려고 한다." 하였답니다. 그 거사님께서는 부친을 대신하여 염불참회하고 두 분 스님에게 기도드려서 그의 부친을 서방극락에 왕생시켰다고 합니다. 그의 부친은 서방극락에 왕생할 수 있고, 장차 틀림없이 두 분 스님을 도와서 함께 서방극락에 왕생하여서, 과거 자신이 왕생을 가로막은 잘못을 사과할 것입니다. 이리하여 두 분 스님들도 더 이상 보이지 않았다고 합니다. 나중에 그의 부친은 또 한 분 노스님을 보았는데, 그에게 말하길, "당신의 원업은 이미 소멸되었고, 다시 3·7일이 지나면 왕생할 수 있을 것이네. 당신의 자리는 5등급일세." 했답니다. 또 말하길, "이른바 3·7은 당신 자식이 알 것일세." 했답니다. 그래서 모두들 3·7은

21일로 수많은 날 동안 조념하느라 매우 지쳐 있었는데, 지금 또 21일 계속해야 한다면 매우 곤란하다고 느꼈습니다. 알고 보니 단지 21시간이 지나서, 그의 부친은 왕생하셨습니다. 5등급이란 대개 중품중생中品中生을 말한 것이었습니다. 이렇게 보면 **한 집안 사람이 되어서 병자를 대신하여 염불참회하거나 《지장경》 또는 지장보살 명호 등을 염송하여 주면 병자에게 크나큰 이익이 있습니다.**

10. **무릇 병자의 숨이 끊어지려 할 때** 조념하는 사람들이 많다면 가족들이 모두 부처님 전을 향해 무릎 꿇고 염불하거나 절하며 염불하면서 지극정성으로 간절히 망자의 신식을 접인하여 서방극락에 왕생하도록 해달라고 부처님께 자비를 구합니다. 조념하는 사람들이 적다면 가족들은 병자의 곁에서 염불을 도와주되, 병자와 얼굴을 마주보지 않도록 합니다. **이때 가까운 일가친척을 만나면 슬픔과 애정의 마음이 일어나지 않는 것이 어렵고 정념正念을 방해하게 된다는 점을 알아야 합니다. 그래서 좌우로 앉거나 뒤쪽에 앉는 것이 가장 알맞습니다.** 염불하는 소리는 절대로 슬퍼서는 안 됩니다. 큰 소리로 우는 것처럼 염불하면 병자는 듣고서 마음에 틀림없이 슬픔과 애착의 생각이 일어날 것이고, 만약 마음이 이러하면 정념을 잃게 되고 정념을 잃으면 서방극락에 태어나지 못하게 됩니다. 그래서 이때에 우리는 한집안 사람이 되어 특별히 신중해야하고, 특별히 주의해야 합니다. **절대로 슬픔에 젖어서는 안 되고, 큰 소리로 염불하되 한 마디 한 마디 염불이 분명해야 하고, 한 글자 한 글자 염불이 또렷해야 합니다.** 염불할 때에 마음속으로 아울러 부처님께 망자를 보살펴 주시어 심신이 안락하고 정념이 분명해져서 빨리 서방극락에 왕생할 수 있도록 부처님의 자비 원력을 구해야 합니다.

❀

11. 무릇 병자의 숨이 끊어진 이후, 몸이 아직 전부 완전히 차가워지기 전 이 단계 중간에 한집안 식구가 되어 더욱더 주의를 기울여서 슬픔을 멈추고 발심하여 큰 소리로 염불을 도와야 합니다. 또한 동시에 파리, 모기, 벌레들이 몸에 붙지 않도록 매순간 망자의 얼굴이나 몸을 잘 살펴야 합니다. 망자의 숨이 비록 끊어졌을지라도 몸의 열기가 완전히 차가워지지 않았다면 그 신식은 몸에서 완전히 떨어지지 않았으므로 만약 어떤 물건이 망자의 몸에 접촉이 있으면 망자는 고통을 느끼게 됩니다. 어떤 사람이 망자의 몸에 열기가 어디에 있는지 자주 살펴야 한다고 줄곧 생각한다면 이는 망자에게 크게 해로울 뿐이고 조금도 이롭지 않습니다. 만약 10시간 가량 지난 후에 만약 망자의 열기가 완전히 차가워졌는지 아직 완전히 차가워지지 않았는지 살피고자 한다면 상당한 지식이 있는 사람에게 청하여 천천히 살펴보아야 합니다. 이때에 가족이 되는 사람은 틀림없이 모두 조념단원의 지도에 따라야 하고 망자에게 잘못 해를 끼치지 않도록 삼가해야 합니다. 조념단원의 지도가 없으면 틀림없이 조념염불 방법에 따라서 실행해야 합니다. 조념단원에 관해서는 이끄는 사람의 지도를 들어야 하고 망자의 몸을 함부로 만져서는 안 됩니다. 부디 저 세속의 근거 없는 미신 설법을 들어서는 안 되니, 그들은 말하길, "무릇 사람이 죽으면 몸에 아직 열이 있고 뼈마디가 부드러운 때를 봐서 옷을 갈아입혀야 한다." 하던가, "사람이 죽으면 일찍 침상을 옮겨서 침대 빚을 지지 말라." 하던가, "곡을 하여야 합니다. 곡을 하지 않으면 흉한 별에 떨어질지도 모른다." 합니다. 이와 같은 미신적 가르침이 전해져 내려오면서 그들로부터 해침을 받아 무수히 많은 망자들이 억울하게 큰 고뇌를 받았고 축생·아귀·지옥의 삼악도에 떨어졌습니다.

옛날 아기달阿耆達 왕이 있었는데, 한평생 불법을 믿고 받들어 탑사를 조성하여 공덕이 높고 컸습니다. 목숨이 다해 마침 숨이 끊어지려 할 때 그를 모시던 시관侍官이 여러 날 잠을 자지 못한 까닭에 그의 얼굴을 따라 손으로 부채를 흔들었더니 이때 통증에 성내는 마음이 일어나 임종시에 신식이 이 성내는 마음을 따라가 뱀의 몸에 들어가 뱀이 되었습니다. 다행히 아기달 왕이 한평생 불법을 믿고 공경하며 탑사를 조성한 공덕의 연이 있었기 때문에 후에 만난 스님이 그에게 설법하여 이 뱀이 불법 공덕을 귀담아 들은 인연 때문에 삼일 후에 죽어서 뱀의 몸을 벗고 신식이 천상에 태어났다고 합니다.

또 옛날 어떤 부부가 있었는데 너무나 서로 아끼고 사랑하여 한평생 불법을 함께 믿고 재계齋戒를 받들어 수지하였습니다. 하루는 남편이 죽자 이 부인이 슬픔에 젖어 소리내 울었습니다. 그 남편의 몸은 비록 죽었지만 신식은 아직 몸을 떠나지 않아서 자기 부인이 슬피 우는 소리를 듣고 애정의 마음이 생겨서 이 신식에 이 일념의 애정을 따라 부인의 몸으로 들어가서 콧구멍의 벌레가 되었습니다. 이 부인이 부군의 죽음에 눈물을 흘리며 슬피 울었습니다. 이때 콧구멍에서 벌레 한 마리가 떨어져서 부인이 그 벌레를 밟으려 하자, 스님께서 "당신 남편을 상하게 하지 마십시오." 라고 말했습니다. 이 부인은 깜짝 놀라 그 이유를 물으니 그 스님께서 이르길, "당신 남편이 한평생 재계를 받들고 수지하여 응당 하늘에 올라가야 하는데, 당신이 큰 소리로 슬피 운 까닭에 당신 남편이 이를 듣고서 애정의 마음이 생겨 심식이 이 애정의 마음을 따라 당신 몸에 들어가 콧구멍의 벌레가 되었소" 했습니다. 그 부인이 참회하고 스님께 벌레에게 설법을 해달라고 청하니, 그 벌레는 불법을 귀담아 들은 연고로 말미암아 다시 벌레의 몸을 벗고 신식이 천상에 태어났다고 합니다.

  이러한 옛이야기는 모두 경전에 설해진 것으로 모두 근거가 있습니다. 세속 상의 이러한 잘못 전해지는 미신적 설법은 근거가 없는 것입니다. 우리들은 틀림없이 이러한 미신적 설법을 쓸어버려서 후대의 망자가 다시는 억울하게 큰 고뇌를 받아 축생·아귀·지옥에 떨어지는 일이 없어야 할 것입니다. 그래서 **망자가 숨이 끊어질 때 아직 몸이 전부 식기 전에 우리들은 한집안 식구처럼 틀림없이 곡소리를 내지 않고 망자의 몸에 접촉하는 것을 막아서 망자에게 해를 끼쳐 서방극락에 왕생하지 못하도록 하는 일이 없어야 할 것입니다.** 한마디로 말해서 모든 것을 다 조념단원의 지도를 따라야 하고, 조념단원의 지도가 없다면 가족들은 천천히 신중히 그 몸을 살피고 전부 완전히 차가워진 이후에 다시 목욕하고 옷을 갈아입히는 것을 준비하여야 합니다. (목욕하고 옷을 갈아입히는 방법은 제12장에서 다시 설명할 것입니다.)

제3장
조념에 대한 질문과 답변

[질문] 조념助念 이 두 글자는 무슨 뜻입니까?

[대답] 「조助」는 돕는다는 뜻이고, 「념念」은 정념正念을 말합니다. 합쳐서 설명하면, **임종을 맞이하는 사람을 도와 정념이 염념마다 현전하게 한다는 뜻입니다.**

[질문] 「정념正念」이란 무엇입니까?

[대답] 「정념正念」은 또한 「청정한 념(淨念)」이라고 합니다. 이 정념과 청정한 념은 동시에 염불하는 마음입니다. **염불하는 마음이기 때문에 성불하는 정인正因입니다. 그래서 정념正念이라고 합니다. 또한 염불하는 마음은 육진(六塵; 색성향미촉법의 여섯 가지 감각세계)과 상대하는 것이 아니라 그 마음이 청정한 까닭에 청정한 념이라고 합니다. 이 청정한 념은 또한 극락정토에 왕생하는 청정한 인(淨因)입니다.** 정념正念의 뜻은 대략 이와 같습니다.

[질문] 임종을 맞이하는 사람은 무슨 까닭에 제3자의 조념이 필요합니까?

[대답] 평범한 사람이 임종을 맞이하는 아주 중요한 시기에

이르면 사대(四大; 땅·물·불·바람의 네 가지 육체를 이루는 요소)가 분리되어 모든 고통이 교차하면서 허둥지둥 갈피를 못 잡으니, 비유컨대 바닷게가 끓는 물에 떨어지는 것과 같은 고통을 느낍니다.

평상시 염불한 공부가 아직 무르익지 않았다면 임종 때에 이르러 제3자의 조념이 필요 없는 사람이 누가 있겠습니까? 평소 6분 내지 7분가량 염불공부를 하였다 해도 임종 때에 이르면 2분 내지 3분도 염불에 마음 쓰기가 어렵습니다. 하물며 평상시 전혀 염불공부를 하지 않은 사람은 임종 때에 이르러 제3자의 조념이 필요 없다고 할 수 있겠습니까? **평범한 사람은 임종 때에 스스로 조금도 주인이 되기가 어렵다는 것을 알아야 합니다. 완전히 제3자에게 의지하여 그가 염불하는 것을 돕고 그를 대신하여 거들어서 주인이 되게 하여야 합니다.**

[질문] 병자가 이미 죽었는데 여전히 염불하는 것을 돕는다고 해서 무슨 효과가 있습니까?

[대답] 병자가 지금 막 숨이 끊어져 비록 죽었다 하더라도 그의 신식은 아직 완전히 몸에서 떨어지지 않아 그의 다음 세상, 선악으로 태어나는 장소는 아직 결정되지 않았습니다. 이때 그가 염불하도록 도와주면 가장 크고 수승한 미묘한 효과(妙用)가 있습니다. 평범한 사람은 죽음에 임할 때에 이르면 곧바로 거룩한 길(聖道)·선한 길(善道)·악한 길(惡道)의 갈림길에 서게 됨을 알아야 합니다. 우리들은 사람이 되어 세세생생 이래로 지은 바 선업과 악업이 무량무변으로 많아 마음속에 나타나는 선한 생각과 악한 생각이 상속되어 끊어지지 않습니다. 대다수 생각들은

모두 악한 마음으로, 선한 마음은 매우 적습니다.

평범한 사람이 죽음에 임할 때에 마지막 일념의 마음이 만약 악惡이라면 이때 악한 마음속에 지옥·아귀·축생의 악한 경계가 나타나서 이 일념의 마음으로 목숨이 다하면 이러한 악한 경계를 따라 악한 길에 다시 태어납니다. 마지막 일념의 마음이 선善이라면 선한 마음속에 천상·인간의 선한 경계를 따라서 선한 길에 다시 태어납니다. **마지막 일념의 마음이 만약 염불이고 서방극락에 왕생하길 원한다면 이때 염불하여 왕생을 원하는 마음속에 서방극락세계 아미타부처님과 여러 성중께서 앞에 오셔서 접인하시니, 목숨이 다할 때 이 일념의 마음이 아미타부처님을 따라가서 서방극락세계의 거룩한 길에 왕생하게 됩니다.**

평범한 사람이 죽음에 임할 때 그가 염불하도록 돕는 이치는 바로 죽음에 임하는 사람을 위해 마지막 일념의 마음이 염불이어야 한다는 것을 알아야 합니다. 마지막 일념의 마음이 부처님을 염하면 아미타부처님께서 죽는 사람 자신이 염불하는 마음속에 현전하여 접인하시면 죽는 사람은 바로 자신이 염불한 마음속에 부처님을 따라 서방극락에 왕생합니다. 서방극락에 태어나면 이 사바세계의 생사가 영원히 끊어지며 영원히 온갖 즐거움이 무량합니다. 죽음에 임하는 사람이 **염불하도록 도와주면 이처럼 가장 크고 수승한 미묘한 효과가 있습니다.**

제4장
임종시 일념으로 서방극락에 왕생하는 까닭

[질문] 서방극락세계는 십만억 불토나 멀리 떨어져 있는데, 염불인이 임종시 일념의 마음으로 어떻게 극락에 태어날 수 있습니까?

[대답] 염불인이 임종시에 일념의 마음으로 서방극락세계에 왕생하는 것은 세 가지 불가사의한 힘이 융합된 연고입니다.

첫째, 불력佛力으로, 아미타부처님께서는 대자대비하셔서 48 대원의 마음(大願心)으로 믿고 발원하여 염불한 중생을 거두어 들여 서방극락에 왕생시키는 불력은 불가사의합니다.

둘째, 심력心力으로, 우리 중생들 각자에게 현전하는 일념의 마음(一念心)입니다. 일념의 마음에는 세 가지 뜻이 있습니다.

(1) 심체心體로, 이 일념심의 본체는 제불諸佛과 같아서 조금도 차별이 없습니다. 제불께서는 항상 깨어있어 미혹하지 않아 세속의 번뇌를 등지고 부처님의 깨달음에 합하니(背塵合覺), 그 마음은 청정하고 무량한 공덕과 지혜를 구족하고 있습니다. 그러나 우리들 각자는 항상 미혹하여 깨닫지 못하여 부처님의 깨달음을 등지고 세속의 번뇌에 합하니(背覺合塵), 이 마음은 더럽고 무량한 번뇌와 혹업惑業을 구족하고 있습니다. 우리들 각자가 발심하여 아미타부처님을 염할 수 있다면, 마침 염불할 때에 지금 이 자리에서 바로 미혹을 돌이켜 깨달음으로 돌아가 세속의 번뇌를

등지고 부처님의 깨달음에 합할 것입니다. 이 무량한 번뇌와 혹업은 완전히 청정해지고, 이 무량한 공덕과 지혜가 완전히 드러나서 염불하는 마음은 당체가 제불과 같습니다. 그래서 고덕古德께서 말씀하시길, **"일념이 부처님의 명호와 상응하면 일념이 부처님이고, 염념마다 상응하면 염념마다 부처님이다(一念相應一念佛 念念相應念念佛)."** 하셨습니다. 바로 성인과 평범한 사람은 동일한 심체로, 제불과 중생은 다 같이 하나의 심원心源인 연고입니다. 염불하여 성불하는 것은 예컨대 쌀을 익혀 밥을 짓는 것이니, 이는 당연한 일입니다.

(2) 심량心量으로, 이 일념의 심량은 광대무변합니다. 경전에서 설하시길, "마음은 태허를 감싸고, 그 심량은 항하사 세계에 두루 하느니라(心包太虛 量周沙界)." 하셨습니다. 이는 바로 심량이 광대무변함을 말합니다. 어떤 것이 광대합니까? 《화엄경》에 설하시길, 태허 속에는 말할 수 없는 불찰 미진수의 세계종(世界種)[13]이 있고, 중앙에 하나의 세계종이 있으니, 보조시방식연보광명(普照十方熾然寶光明; 시방에 두루 비치는 치성한 보배 광명)이라 합니다. 이 세계종에는 20층의 세계가 있는데, 우리가 사는 이 사바세계와 십만억 국토 바깥의 극락세계는 이 보조시방식연보광명 세계종의 제13층에 함께 있습니다. 하나의 세계종이 이와 같이 큰데, 하물며 불찰 미진수의 세계종이겠습니까? 이렇게 대단히 많은 세계종은 여전히 태허 속에 있고, 이 태허는 여전히 우리들 각자 일념의 심량 속에 있으니, 이것은 우리들 각자 일념의 심량이 실제로 광대무변하다고 볼 수 있습니다. 그래서 "마음은 태허를 감싸고, 그 심량은 항하사 세계에 두루 하느니라." 하셨습니다. 여러분은 스스로 일념의 심량이 이렇게 광대무변하다는 것을 잘 알 수 있다면 이렇게 염불인이 임종시 일념의 마음으로 극락세계에 왕생하는 것에 대하여 저절로 의심하지 않을 것입니다.

---

13) 여러 세계를 그 속에 다 가지고 있는 한 덩어리를 세계종世界種이라고 한다.

(3) 심구心具**로,** 이 일념의 마음은 부처·보살·연각·성문과 천상·인간·아수라·축생·아귀·지옥의 십법계를 구족하고 있고, 이 십법계는 또한 일념의 마음이 지어 이루는 것입니다. 우리들 각자 이 일념의 마음으로 열 가지 악업을 짓는다면 바로 축생·아귀·지옥의 삼악도를 짓습니다. 우리들 각자 이 일념의 마음으로 만약 열 가지 선업을 짓는다면 바로 천상·인간·아수라의 삼선도를 짓습니다. 우리들 각자 이 일념의 마음으로 아미타부처님을 염하면 바로 부처를 짓습니다. 《관무량수경》에서 설하시길, **"이 마음 그대로 부처를 이루고 이 마음 그대로 부처이니라(**是心作佛 是心是佛**)."** 하셨습니다. **한마디로 바꿔 말하면 이 마음이 중생이 되면 이 마음이 바로 중생입니다. 그래서 우리들 각자 이 일념의 마음으로 염불하면 바로 부처가 되는 것입니다.** 이 염불하는 마음의 당체가 바로 부처님입니다. 우리들 각자가 이 일념의 마음이 본래 부처님의 공덕과 지혜를 구족하고 있고 일념의 마음으로 염불하면 바로 부처님임을 알아야 합니다. 이것이 심구(心具; 마음이 구족함)·심조(心造; 마음이 지음)의 이치입니다. 가령 여러분이 각자 이와 같은 뜻을 알 수 있다면 염불하여 성불할 수 있다는 이치에 대해 저절로 믿지 않을 수 없을 것입니다.

이상의 심체心體·심량心量·심구心具를 말하여 세 가지 이치가 있을지라도 실제로는 전부 분리할 수 없는 것입니다. 우리들은 다들 각자 스스로 이 일념의 마음에 이와 같이 무궁무진한 크고 미묘한 효과가 있는 연고로 비로소 중생심의 힘은 불가사의하다고 말할 수 있습니다.

셋째, 법력法力**으로,** 믿고 발원하여 염불하여 감응도교感應道交**하는 법력은 불가사의합니다. 무릇 진실하게 믿고 간절히 발원하여 지성심으로 아미타부처님의 위대한 명호를 염불하면 불력·법력·중생심력, 이 세 가지의 불가사의한 힘은 모조리 한마디「아미타불」위대한 부처님 명호 속에 융합되어 있습니다.**

이 세 가지 불가사의한 힘이 일념에 융합되어 있는 연고로 그래서 임종시 일념의 마음으로 곧 서방극락세계에 왕생할 수 있습니다. 고인께서 말씀하시길, "세 가지 힘이 동시에 모이면 일념을 간직하게 된다." 하셨습니다. 바로 이와 같은 이치입니다.

南無阿彌陀佛
나무아미타불

서방극락에 태어나면 매일 아미타부처님께서
경전을 강설하고 설법하시는 것을 듣고,
관세음보살, 대세지보살과 함께 좋은 벗이 되며,
눈으로 보는 것은 모두 장엄한 묘색妙色이고,
귀로 듣는 것은 모두 미묘한 정악雅音이며,
온갖 즐거움을 누리는 일은 이루 다 말할 수 없습니다.
또한 모두 온갖 신통도력을 구족하여,
여러분의 가족들을 제도하기 위해
오려고 하면 오고 가려고 하면 가서
모두 뜻대로 자재합니다.
게다가 이번 생에 성불할 수 있습니다.
-칙종수지飭終須知

제5장
조념하는 사람이 잘 알아야 할 몇 가지 사항

1. 발심하여 타인을 도와 염불하여 서방극락에 왕생시키는 일은 바로 여래를 대신해서 중생을 교화하여 생사를 완전히 벗어나도록(了脫) 하는 막중한 책임을 맡는 것입니다. 우리들은 중생을 구제하는 큰 사업을 집행하기 위해서 반드시 간절하고 진지한 자세로 일해야 하며, 일을 성의가 없이 적당히 하여 다른 사람의 생사를 완전히 벗어나도록 하는 일대사인연을 그르쳐서는 안 됩니다. 신중하고 또 신중하여야 합니다!

2. 무릇 병자의 집에 조념하러 가면 먼저 가까운 일가 친척을 소집하여 설명해주어야 합니다. 평범한 사람이 임종시 극락에 왕생하느냐(超升) 삼악도에 떨어지느냐(墮落)의 가장 중요한 갈림길에서 그 책임은 당신들 가족 친척 전체에 달려 있으니, 당신들은 한 집안 사람이 되어 병자를 삼악도에 떨어지지 않고 극락에 왕생시키려면 반드시 하나하나 우리들 조념단원의 지도를 귀담아 듣고 일체 위반해서는 안 됩니다. 그렇게 한다면 임종을 맞이하는 사람은 틀림없이 극락세계에 왕생하게 됨을 보증합니다.

3. 조념하는 사람은 병자의 방안에 도착하면 **병자를 대하는 태도에**

정성이 담겨야 하고, 말씨는 온화하여야 하며, 병자가 듣고 보고서 마음속에 의심을 품지 않도록 하여야 합니다. **먼저 병자가 베푼 평소의 선행을 찬탄하여 병자의 마음에 환희심을 일으키고,** 그 다음에는 다시 갖가지 선교방편을 써서 말해주며, **병자의 마음이 안락하여 서방극락에 태어나길 구하는 바른 믿음을 일으키도록 하여야 합니다.** 조념하는 사람이 병자를 보면 **그를 응당 자기의 가까운 일가친척으로 생각하도록 하여야 하고** 이번 생에는 진실로 일가친족은 아닐지라도 일이삼 여러 생 이전에 아마도 일가친척이 된 적이 있을 수 있어 전혀 없다고 말할 수 없음을 알아야 합니다. 조념하는 사람이 병자를 자신의 일가친척이라고 생각한다면 **그를 도와 염불하는 마음이 훨씬 친절해질 것입니다.**

4. 병실 안에서는 병자에게 법문하는 것을 제외하고는 그 나머지 **다른 사람은 일체 다른 말로 병자와 면담은 허락되지 않습니다.** 병실 안에서 **한담과 잡담은 허락되지 않는데,** 이는 병자가 듣고서 마음이 나누어져 정념正念을 잃어버리기 때문입니다. 만약 일가친척이나 이웃 사람들이 병문안을 **오고 싶다고 한다면** 조념하는 사람은 반드시 그들에게 물어보아야 합니다.

"병문안 오시면 병자를 도와 염불하겠습니까?"

만약 좋다고 말하면 조념하는 사람의 지도를 귀담아 들어야 하고 지장을 주는 일을 일으켜서는 안 됩니다. 만약 조념염불을 하러 온 것이 아니라면 **수시로 가족에게 설명하여, 손님을 다른 곳으로 초대하고 병자를 만나 정념情念을 일으켜서 병자의 정념正念에 지장을 주지 않도록 해야 합니다.** 이것은 조념하는 사람이 책임져야 할 부분으로 정 때문에 난처하지 않을까 겁내서는 안 됩니다. 만약 안면을 봐서 인정 때문에 병자에게 지장을 주는 바람에 정념을 잃어버려 왕생을 얻지 못한다면 바로 우리 부처님께서 중생을 제도하시는 본회(本懷; 근본의도)를 거스르는 것으로 조념의 종지에 부합하지 않습니다.

🪷

5. **염불할 때 혹 「나무아미타불」 육자로 할 것인지, 「아미타불」 넉자로 할 것인지, 혹 빠르게 할 것인지, 느리게 할 것인지, 높게 할 것인지 낮게 할 것인지 반드시 병자 자신은 어떤 것이 좋은지 물어봐야 합니다.** 만약 병자가 입을 열어 말하지 못한다면 너무 빠르게 염불해서는 안 되는데, 만약 빠르게 염불하면 똑똑히 듣지 못합니다. 또한 너무 느리게 염불해서도 안 되는데, 느리게 염불하면 숨이 차서 숨을 잇지 못할 뿐만 아니라 쉽게 몽롱해질 것입니다. 또한 너무 큰 목소리로 해서도 안 되는데, 너무 높으면 조념하는 사람이 어려워서 오랫동안 할 수 없습니다. 너무 낮은 목소리로 해서도 안 되는데, 낮은 목소리로 염불하면 분명하게 들리지 않습니다. 그래서 **병자에게 가장 맞은 염불은 빠르지도 느리지도 않고, 높지도 낮지도 않으며, 마디마디 분명하게, 한 자 한 자 또렷하게 염불하여 병자로 하여금 마디마디 귀에 들어가고 한 자 한 자 마음에 새겨지도록 하는 이러한 염불이 진정으로 조념하는 것입니다.** 부디 자기 뜻대로 빠르게 하면 빠르게, 느리게 하면 느리게, 높게 하면 높게, 낮게 하면 낮게 염불하지 마십시오. 만약 이와 같이 염불하면 비록 조념할지라도 병자는 이익을 얻기가 어렵습니다. **조념은 병자의 임종 때에 원기가 극도로 쇠약하여 스스로 염불을 할 수 없는 연고로 전적으로 다른 사람에게 의지하여 아미타불의 위대한 명호를 분명하고 또렷하게 염불하여 병자의 마음이 염념마다 한마디 「아미타불」 위대한 부처님 명호로 돌아가도록 하여야 합니다. 언제나 모든 사정을 잘 보살펴야 하고 병자의 마음을 동요케 해서는 안 됩니다.** 병자의 정념正念이 염념마다 계속 이어지면 목숨이 마치는 마지막 일념의 마음이

염불하는 대상인 부처님을 따라 서방극락에 왕생하도록 할 것입니다. 이것이 우리들 조념하는 사람이 여래를 대신하여 중생을 교화하여 생사를 완전히 벗어나도록 하는 책임을 맡은 진실한 목적입니다.

❀

6. 혹 조념을 한지 여러 시간이 경과하면서 병자가 갑자기 의식이 좋아지기 전에 말을 할 수도, 탄식할 수도 있으며, 그밖에 신체활동에 갖가지 정황이 나타날 수도 있습니다. 이 경우 조념하는 사람은 각별히 주의하여야 하는데, 절대로 병자의 상태가 좋아지는 것으로 보지 말아야 합니다. 병자에게 만약 이와 같은 정황이 나타나는 경우 두 시간을 채 넘기지 못하고 숨이 끊어질 것입니다. 비유하자면 등잔불에 기름이 천천히 떨어지면서 불빛이 서서히 어두워져 기름이 완전히 떨어질 때가 되면 불빛이 갑자기 밝아졌다가 순식간에 꺼져 버립니다. 무릇 병자가 장차 숨이 끊어지려 할 때 이런 종류의 정황이 많습니다. 왕왕 이런 말을 듣습니다.

"조념을 여러 날 하면 병자는 갑자기 정신이 좋아져서 말을 할 수도 탄식할 수도 갖가지 정황이 나타날 수도 있습니다. 이 경우 조념하는 사람이 상당한 경험과 식견이 없으면 병자가 좋아지는 것으로 보아서 조념을 정지하는데, 병자는 두 시간을 넘기지 못하고 곧 숨이 끊어집니다."

그래서 이와 같은 경계에 대하여 우리들 조념하는 사람은 잘 인식하여야 합니다.

❀

7. 조념하는 사람이 비로소 도착하였는데, 병자의 숨이 막 끊어지려하거나 또는 숨이 1시간, 2시간, 3시간 지나서 끊어지는 이와 같은 정황에 있으면 조념하는 사람은 절대로 별로 중요하지 않다고 보아서는 안 됩니다. 이때야말로 가장 중요한 시기로 먼저 큰 소리로 망자를 한번 일깨우고서 그런 다음 이어서 조념하는 것이 가장 좋습니다. 왜냐하면 병자가 숨이 끊어진 후에는 친척이 울부짖든지 말든지 그의 마음은 반드시 괴롭고 어지럽습니다. 이때 만약 큰 소리로 일깨워주면 망자의 마음이 즉시 알아차릴 수 있습니다. 지각을 일깨운 까닭에, 첫째 망자의 마음은 곧 (부처님 명호 소리가 분명하여) 귀의할 대상이 있어 지금 이 자리에서 번뇌에 휩싸여 혼란한 상태(慍懬)에서 고요하게 안정된 상태(正定)로 됩니다. 둘째 발원하여 서방극락에 태어나길 구할 줄 알게 됩니다. (마음이 기뻐서 부처님 명호를 들을 줄 알면 곧 서방극락에 태어나겠다는 발원입니다.) **망자에게 일깨워 주는 말을 할 때는 큰 소리가 알맞고, 언어는 간단명료하여야 합니다.**

"○○○님! 당신이 과거에 행한 모든 선한 일이나 악한 일들은 모두 다 생각하지 마십시오. 집안의 자손이나 재산 걱정일랑 모두 내려놓으시고, 조금도 미련을 갖지 마십시오. 오직 한 마음 한뜻으로 아미타불 염불하여 서방극락에 태어나길 구하십시오. 우리는 당신을 도와 염불하겠으니, 당신은 마음으로 오로지 우리가 염불하는 소리를 듣고서, 염념마다 이 한마디 「아미타불」 부처님 명호에 의지하여 서방극락에 태어나길 구하십시오! 당신은 마음으로 오로지 우리가 염불하는 소리를 듣고서, 염념마다 이 한마디 「아미타불」 부처님 명호에 의지하여 서방극락에 태어나길 구하십시오!"

(「당신의 마음」에서 「서방극락에 태어나길 구하십시오」까지 두 번 불러야 합니

다.)

　이렇게 일깨워 주는 말을 한 후 즉시 조념을 시작하십시오. **이때에 조념은 반드시 큰 소리로 오직 「아미타불」 넉자 부처님 명호로 염불해야 합니다.** 만약 망자가 평소 믿음과 발원으로 서방극락에 태어나길 구하는 마음이 있었다면 꼭 서방극락에 태어날 것입니다. 만약 평소 믿음과 발원으로 서방극락에 태어나길 구하는 마음이 없었다면 임종시 부처님 명호를 들은 공덕은 불가사의합니다. 《지장경》에서 설하시길, **"임종을 맞이하는 사람이 한 부처님의 명호를 들으면 다섯 무간 대지옥의 중죄도 소멸되느니라**(臨命終的人 聽到一佛名號 消滅五無間大地獄的重罪)." 하셨습니다. 그래서 임종시 다른 사람을 도와 염불하는 공덕은 정말 대단히 큽니다.

제6장
조념하는 사람의 가장 수승한 인과

인因이 있으면 반드시 과果가 있고, 과果가 있으면 반드시 인因이 있습니다. 우리가 만약 발심하여 다른 사람을 도와 염불하여 서방극락에 왕생시킬 수 있다면 장래 우리 자신이 임종시에 저절로 발심한 사람이 와서 우리를 도와 서방극락에 왕생시킬 것입니다. 다른 사람은 내가 그를 도와 염불하여 서방극락에 태어나게 한 연고로 장래 그는 틀림없이 서방극락에서 아미타부처님을 모시고 함께 와서 접인하고, 위신력으로 우리를 가호加護해 우리가 정념正念을 잃지 않도록 하여 서방극락세계에 왕생하게 합니다. 또한 우리가 언제든지 다른 사람을 도와 염불하여 서방극락에 왕생하게 하면 임종의 이해관계에 대해 반드시 가장 상세하고 또렷하게 알게 될 것입니다. 장래 자신이 임종을 맞이하는 때에 반드시 과거의 경험을 살려서 일체를 여법如法하게 하고, 일체 여법하지 않은 사정이 발생하는 일이 없어 틀림없이 서방극락세계에 왕생할 것입니다.

우리는 여래께서 세상에 오신 이유가 바로 일체중생을 제도 해탈시켜 각자 성불하도록 함에 있음을 잘 알아야 합니다. 석가모니여래께서 49년 동안 설법하신 것은 곧 이 일대사를 위해서이고, 아미타부처님께서 48대원을 발하시고 서방극락세계를 장엄하신 것도 이 일대사를 위해서입니다. 일체 (많은 사람이 걷는) 큰길의 교리는 자력을 믿고 수행하는 것으로 반드시 수행자는 완전히 번뇌를 끊어야만 비로소 생사를 벗어날 수 있으니,

이는 행하기 어려운(難行) 법문입니다. 그러나 정토법문은 아미타부처님께서 원력으로 접인하심을 믿고 서방극락세계에 왕생하여 번뇌를 끊지 않고 곧 생사를 벗어나서 이번 생에 불도를 원만히 이루니, 이는 행하기 쉬운(易行) 법문입니다. **우리가 지금 다른 사람을 도와 염불하여 서방극락에 왕생시키는 것은 여래를 대신하여 책임지고 중생을 제도 해탈시키는 것입니다. 우리에게 조념을 받은 사람이 서방극락세계에 왕생하도록 하는 행하기 쉬운 법문을 따라 아미타부처님의 원력을 우러러 믿고서 매우 빨리 생사를 벗어나서 불도를 원만히 이루니, 이는 가장 큰 공덕의 하나입니다. 이러한 최대의 공덕이 곧 우리들이 성불하는 인因입니다. 장래 우리 자신은 곧 이러한 공덕을 믿을 수 있고, 극락세계에 왕생하여 생사를 벗어나고 불도를 원만히 이룰 것입니다.** 성불의 인因으로 성불의 과果에 감응하니, 이는 필연적인 이치입니다.

제7장
병실 안의 청결문제에 관하여

병자의 방안은 깨끗하게 청소하여 무릇 일체 옮길 수 있는 잡다한 물건들은 전부 치우는 것이 가장 좋습니다. 그래서 한편으로는 병자의 마음을 흔들어 방해하지 못하도록 하고, 다른 한편으로는 조념하는 이가 출입하는데 불편하지 않도록 합니다. 병자의 심식心識이 또렷이 깨어 있으면 언제나 병자에게 반드시 얼굴을 서방으로 돌리도록 지도하여 마음속으로 서방극락에 왕생하는 생각을 갖게 하고, 오른쪽 옆구리를 바닥에 대고 길상와吉祥臥 자세로 눕도록 해야 합니다. 병자에게 병고가 닥쳐와서 마음이 불안정하면 융통성 있게 처리해야 합니다. 만약 병자가 스스로 이렇게 해야 마음이 안정할 수 있고, 이렇게 해야 정념正念에 쉽게 들 수 있다고 느낀다면 모두 병자의 뜻에 수순하여야 합니다.

병자의 침대 앞에 반드시 서방삼성西方三聖 불상이나 아미타불 단존상單尊像를 설립하여야 하고, 불상 앞에 반드시 향, 꽃 등 물품을 공양하여야 하며, 불상은 반드시 병자의 얼굴을 향하게 하여, 병자로 하여금 공경하고 우러러보는 마음을 내도록 하여야 합니다. 병자의 몸이 똥오줌으로 더러워지는 경우 즉시 친척에게 깨끗이 옷을 깔끔히 갈아입히고 빨라고 가르칩니다. 병자가 머지않아 숨이 끊어지려는 때에 이르면 몸이 똥오줌으로 더럽혀지더라도 옷을 갈아입히고 빨아서는 안 됩니다. 오로지 조념염불하는 마음만을 낼 뿐, 설사 악취가 나더라도 **조념하는 이는 「조념助念」이 여래께서**

중생을 제도하여 생사를 벗어나게 하는 책임을 맡는 것임을 알아야 하니, 어찌 악취가 난다는 이유로 자기 책임을 저버릴 수 있겠습니까? 하물며 우리들 각자 임종을 맞이하는 때 그 누가 이 분단생사分段生死14)의 몸에 똥오줌의 더러움이 없도록 다 지켜낼 수 있겠습니까? 이와 같이 생각한다면 이런 마음은 저절로 악취에 신경 쓰지 않을 것입니다. 병자의 몸이 똥오줌으로 더러워진 경우 반드시 숨이 끊어지고 온몸이 차가와진 후까지 기다려서 비로소 옷을 갈아입히고 빨 수가 있습니다. **침대 앞에 공양 올린 불상은 악취로 인해 더럽혀짐이 있어서는 안 되지만, 곧 숨이 끊어진 병자의 정념正念을 고려해서 병자의 왕생대사往生大事를 그르치지 않도록 악취가 있어도 옷을 갈아입히고 빨아서는 안 됩니다. 이때 옷을 갈아입히고 빨지 않는 것은 부득이 한 것으로 설사 악취로 인해 더럽혀짐이 있더라도 죄과가 없습니다.**

14) 생과 사를 서로 떨어진 분단分段의 세계로 생각하는 생사관을 말한다. 생사가 서로 격절된 세계가 아니고 단지 몸만 바뀌어 변화된 세계라고 보는 생사관을 「변역생사變易生死」라고 한다.

제8장
의심의 장애를 타파하다

병자의 병이 심해지는 경우 병자를 따끔하게 일깨워주어야 합니다.

"아직도 마음에 걸리는 걱정거리가 있습니까?"

설령 마음에 걸리는 일이 있다 하더라도 반드시 기회를 봐서 병자가 말하기 전에 조금 일찍 걱정거리를 없애주어 서방극락에 왕생하는데 장애가 되지 않도록 해주어야 합니다. 만약 병자가 마음에 걸리는 일이 전혀 없다면 한번 묻고 나서 이후로는 다시 묻지 말아서 병자의 마음이 나뉘지 않아 정념正念을 잃지 않도록 해주어야 합니다. 이 점에 주의하고 또 주의하십시오!

병자가 의심하여 "제 경우는 발심하여 염불한지 시간이 결코 오래되지 않았고 또한 죄업도 매우 무거울까봐 두렵습니다. 그래서 서방극락에 태어날지 어떨지 모르겠습니다." 라고 말하면 조념하는 이는 그에게 이렇게 말해주어야 합니다.

"발심하여 염불한지 이르든지 늦든지 간에 괜찮습니다. 가장 중요한 것은 발심한 때부터 임종 때까지 물러서지 않는 것을 표준으로 삼습니다. 바로 임종 때에 이르러 선지식이 일깨워줌을 받은 후에야 비로소 발심하여 염불할 줄 알아도 좋습니다. 불경에

서 말씀하시길, 「평상시 죄업을 너무 많이 지었고 또한 죄업이 무거운 사람은 임종 때 이르러 선지식이 일깨워줌을 받은 후에야 비로소 발심하여 염불할 줄 알아도 서방극락에 태어날 수 있느니라」 하셨습니다. 또 불경에서 말씀하시길, 「한마디 아미타불 부처님 명호를 염하면 능히 팔십억 대겁에 태어나고 죽는 중죄를 소멸시킬 수 있느니라」 하셨습니다. 그래서 발심하여 염불한지 결코 오래되지 않거나 죄업이 아무리 무거워도 모두 다 의심하지 말고 단지 일심으로 염불하여 굳게 마음을 먹고 서방극락에 왕생하길 발원하기만 하면 목숨이 다할 때 이르러 반드시 아미타 부처님께서 현전하여 접인하시는 모습을 직접 볼 것이니, 의심할 바 없이 서방극락에 왕생할 것입니다."

만약 병자가 육친권속과 재산에 연연하는 생각이 있다면 조념하는 사람은 그에게 이렇게 말해 주어야 합니다.

"이 세상 사람들은 숱한 고초를 겪나니, 늙어서도 괴롭고, 병들어서도 괴로우며, 죽음을 맞이해서도 괴롭습니다. 이러한 고초는 정말로 말로 다하지 못합니다.[15] 그러나 서방극락세계 사람들은 온갖 즐거움을 누리나니, 영원히 늙지도 않고, 병들지도 않으며, 죽지도 않습니다. 이러한 즐거움은 정말 말로 다하지 못합니다. 그러므로 당신은 서방극락에 태어나길 구하여야 하고, 또한 당신의 육친권속도 제도하여 서방극락에 태어나서 함께 온갖 즐거움을 누리고자 해야 합니다. 당신의 육친권속과 재산에 연연하는 생각은 당신이 서방극락에 왕생할 수 없도록 가로막는 장애가 될 뿐이니 빨리 모두 다 내려놓고, 일심으로 염불하여 자기 자신이

---

15) "그대들은 마땅히 알지니, 시방세계 사람들이 오랜 겁 이래 육도윤회의 바퀴를 굴리면서 근심 고통을 끊지 못하여 태어날 때 고통을 겪고, 늙을 때 또한 고통을 겪으며, 병들어 극심한 고통을 겪고, 죽을 때 극심한 고통을 겪느니라."《무량수경》

먼저 서방극락에 태어나도록 해야 합니다. 서방극락에 태어나면 온갖 신통도력이 생겨서 본원의 수레를 타고 다시 와서 당신의 육친권속을 제도하여 한 사람 한 사람 서방극락세계에 함께 태어나 함께 아미타부처님의 보리권속(法屬)16)이 되어 영원히 함께 온갖 즐거움을 누리게 됩니다. 지금 이후로 다시 육친권속이나 재산에 연연하는 생각이 든다면 당신은 이렇게 자신을 호되게 꾸짖어야 합니다. 「이 세계에는 이렇게 숱한 고초가 있지만, 저 서방극락에는 이렇게 온갖 즐거움이 있는데, 나는 무슨 연고로 여전히 이러한 뒤바뀐 생각에 내 육친권속과 재산에 연연하여 나 자신도 서방극락에 왕생할 수 없도록 가로막고 또한 세세생생 육친권속들도 잘못되게 하여 제도할 사람이 아무도 없단 말인가?」 이렇게 생각하면 이후로는 일심으로 염불하여 서방극락에 태어나길 구할 수 있습니다."

무릇 병자가 의심하여 "저는 염불하고 있는데, 어째서 부처님을 친견할 수 없습니까?" 또 의심하여 "제가 목숨이 다할 때 이르러 아미타부처님께서 (절 접인하러) 오실지 어떨지 모르겠습니다."라고 말한다면 조념하는 이는 병자에게 이렇게 말해 주어야 합니다.

"무릇 현재 부처님을 친견했어도 친견하지 못했어도 아무런 관계가 없습니다. 설사 현재 부처님을 친견하지 못했어도 임종에 이르면 반드시 부처님을 친견하게 될 것입니다. 무엇보다 중요한 것은 바로 당신 스스로 이 한마디 「아미타불」 부처님 명호가 염념마다 현전하는 것을 표준으로 삼아야 합니다. 임종을 맞이하는 때에 이르면 아미타부처님께서 저절로 당신의 염불하는 마음 가운데 현현하여 당신을 접인하시니, 당신도 염불하는 마음 가운

---

16) 부처님의 진리를 따르고 향하는 공동체. 원친재주들과 신중들도 여기에 포함된다.

데 부처님을 따라 서방극락에 왕생하게 됩니다. 당신의 마음이 염불에 머무르게 하되, 부디 다시는 의심하는 마음을 내어서는 안 됩니다. 만약 의심이 생기면 당신의 마음이 아미타부처님의 마음과 사이가 벌어져 자신이 서방극락에 왕생하지 못하도록 방해합니다. 만약 의심이 생기지 않고 일심으로 염불한다면 당신의 마음은 아미타부처님의 마음과 감응도교하여 반드시 서방극락에 왕생할 것이니, 조금도 의심하지 말아야 합니다. 정업행인이 임종시 아미타부처님께서 현전하여 접인하시는 시간은 이른 경우도 있고 늦은 경우도 있음을 마땅히 알아야 합니다. 이른 경우는 혹 하루 이틀 전에 보기도 하고 혹 몇 시간 전에 보기도 하며, 내지 몇 십 분이나 몇 분 전에 보기도 하는 등 같지가 않습니다. 만약 늦은 경우는 정업행인이 막 명근命根17)이 끊어지려는 최후 일찰나에, (신식이 몸에서 분리되는 때) 부처님께서 비로소 그의 염에 응하여 현전하시니, (감응도교하여) 부처님께서 현전하시는 때가 곧 정업행인이 부처님을 친견하고서 서방극락에 왕생하는 때입니다."

무릇 병자는 밤 시간이나 낮 시간에, 혹 염불삼매 중에, 혹 꿈속에서 무언가 나쁜 형체를 보거나 무언가 나쁜 소리를 듣고서 놀라고 두려운 마음이 생겨 정념正念을 방해하면 조념하는 이는 병자에게 이렇게 말해주어야 합니다.

---

17) 불상응행법不相應行法의 하나. 구사종俱舍宗에서는 수명을 말한다. 명命은 활活, 수壽는 기한의 뜻. 중생이 일정한 기간에 생존하는 것은 수명이라는 한 물체가 있어서 난(煖; 체온)과 식(識; 정신)을 유지하고 있기 때문이라 한다. 유식종唯識宗에서는 주지住持하고 결정한다는 뜻이라 한다. 곧 제8식의 명언종자名言種子 중에는 생식生識·주식住識의 작용이 있는데, 주식의 작용은 제8식으로 하여금 일정한 기간에 상속시키는 작용이다. 제8 총보總報의 과체果體를 상속시키는 것을 가정적으로 명근이라 이름하였다. 따로 명命의 실체가 있는 것은 아니라고 한다. /불교사전

"이런 나쁜 형체나 나쁜 소리는 세세생생 이래로 당신에게 살해당한 원가채주怨家債主입니다. 그들은 당신이 발심하여 염불해서 틀림없이 서방극락에 왕생할 줄 알고서 특히 이러한 흉악한 경계를 나타내어 당신에게 두려운 마음이 생기도록 하여 당신이 염불하여 서방극락에 왕생할 수 없도록 가로막는 것입니다. 당신의 마음은 그것에 전혀 놀라고 두려워해서는 안 됩니다. 그것을 보지도 말고, 듣지도 말며, 오직 한마디 「아미타불」 부처님 명호에 마음을 한곳에 모아 신경을 써서 염념마다 간절한 마음, 지성심으로 일념도 끊어짐이 없어야 합니다. 그와 같은 마귀나 원가채주는 의지해 설 곳이 없으므로 저절로 사라집니다."

만약 자신의 가족 중 돌아가신 육친권속 중에 할아버지 조상, 할머니나 부모님 등이 보이면서 당신을 데려가려고 하는 경우 이 할아버지 할머니와 아버지 어머니 등은 모두 지옥·아귀·축생 삼악도에 있는 귀신이 변화하여 온 것으로 당신을 속여서 지옥 등 삼악도로 데려가 괴로운 과보를 받게 합니다. 당신은 그들에 대해 절대 아랑곳하지 말며, **오직 자기 자신의 한마디 「아미타불」 부처님 명호만 향하여 염념마다 쉬지 않으면 귀신이 변화한 부모님 등의 사람은 저절로 사라 질 것입니다.** 혹 어떤 천상의 사람이나 귀신이 보이면 당신을 데리고 가서 천상에 나거나 귀신이 되게 하니, 당신은 부디 신중해야 합니다.

당신의 마음은 조금도 그것에 동요되어서는 안 되고 단지 서방극락의 아미타부처님이나 관세음보살 대세지보살만이 당신을 접인하러 오신다면 비로소 가도 됩니다. 아미타부처님 또한 당신 자신이 염불한 마음에 감득한 것으로 비롯함을 알아야 합니다.

당신의 마음이 염념마다 염불한다면 서방극락의 아미타부처님께서 당신 자신이 염불한 청정심 가운데 현현하여 당신을 접인하시고, 당신 또한 자신이 염불한 청정심 가운데 부처님을 따라 서방극락에 왕생하게 됩니다. **이 점에 주의하고 또 주의하십시오!**

윤회 벗어나 생사해탈 하는 절체절명의 시기
왕생극락 위해서는 임종도움염불(助念) 중요

범부가 임종의 중요한 시기에 이르면 육체를 이루는 사대(四大:땅·물·불·바람)가 분리되어 모든 고통이 교차하면서 허둥지둥 갈피를 못 잡으니, 바닷게가 끓는 물에 떨어지는 것과 같은 고통을 느낍니다. 평상시 염불공부가 아직 무르익지 않았다면 임종 때에 이르러 제3자의 조념(도움염불)이 필요 없는 사람이 누가 있겠습니까? 평소 6~7분 가량 염불공부를 하였다 해도 임종 때에 이르면 2분 내지 3분도 염불에 마음 쓰기가 어렵습니다. 범부는 임종 때에 <u>스스로 털끝만큼도 주인이 되기가 어렵다는</u> 것을 알아야 합니다. 완전히 제3자에 의지하여 그가 염불하는 것을 돕고 그를 대신하여 거들어서 주인이 되게 하여야 합니다.
－칙종수지飭終須知

제9장
임종 법문

당신은 이 세계에서 어떤 사람이든 간에 병고와 죽음, 이 두 가지 사건은 모두 피할 수가 없음을 알아야 합니다. 당신에게 만약 병고가 있다면 마음속으로 병고를 염려하지 말고, **마음을 한곳에 모아 신경을 써서 「아미타불」 부처님 명호를 염하여 염념마다 자기 자신이 염불하는 음성을 따라 서방극락에 왕생한다고 생각해야 합니다. 그러면 병고는 그 순간 그 자리에서 대부분 가벼워집니다.**

우리 염불인은 임종 때에 이르러 **어떤 일이든 간에 모두 빠짐없이 놓아버리고 마음속이 청정하여 단지 한마디 「아미타불」 부처님 명호만 또렷이 밝고, 염념마다 한마디 「아미타불」 부처님 명호를 꼭 붙잡아 지닌 채 3일, 5일, 7일 내맡겨 모두 다 왕생하면 좋습니다. 저는 오직 이렇게 염불하여 서방에 태어나길 구하는 이 생각만 있을 뿐, 처음부터 끝까지 변함이 없습니다.** 만약 당신이 저의 이러한 말에 의지할 수 있다면 당신은 틀림없이 서방극락에 왕생할 것임을 보증합니다.

부디 (임종에 대해) 아무런 지식이 없는 부류의 사람과 닮아서는 안 됩니다. 임종 때에 병고가 있어 아버지 어머니를 부르고, 신(유일신교, 범신교)이나 신선(도교)이나 귀신(무속)에게 보살펴달라고 기도하는 것은 크나큰 잘못입니다. 우리 염불인은 임종시 병고가 있든지 없든지 간에 모두 아미타부처님께서 자비원력으로 일찍 와서 접인하여 주시길 구해야 합니다. 신이나 신선이나 귀신은 자기 자신도 여전히 육도에서 윤회하며 태어나고 죽는데, 당신을 구제하여 생사로부터 벗어나게 할 수 있는 힘이 어디 있겠는가? 오직 아미타부처님의 자비심, 48대원과 갖가지 신통도력이 있어야 당신을 구제하여 영원이 생사고륜苦輪으로부터 벗어날 수 있습니다. 당신이 신이나 신선이나 귀신에게 보살핌을 구하는 생각이 있다면 어서 내려놓고 일심으로 염불하여 서방에 태어나길 구해야 합니다.

만약 당신의 수명이 다하면 당신도 틀림없이 서방극락에 태어날 것입니다. 당신이 병이 낫길 구하고 서방극락에 태어나길 구하지 않으면 당신의 수명이 응당 다하면 서방극락에 태어날 수 없고, 혹 수명이 아직 다하지 않아도 당신의 병은 일시에 또한 낫기 어렵고 낫기 어려울 뿐만 아니라 병고가 증가할 뿐입니다. 당신은 알아야 합니다. 우리 모두 이 세계에서 사람이 되어 겪은 고뇌가 얼마나 많았습니까? 만약 서방극락에 태어나게 된다면 누리는 즐거움이 얼마나 많겠습니까? 당신이 하느님이나 신선과 귀신에게 보살핌을 구하는 마음이 있다면, 죽음을 두려워하는 마음이 있습니다. 죽음을 두려워하는 마음이 있어 당신의 마음이 아미타부처님의 본원심과 격리되어 서방극락에 태어날 수 없으면 영원히 생사고해에 있어 벗어날 기약이 없습니다. 만약 죽음을 두려워하는 마음이 있다면 이렇게 자신을 호되게 꾸짖어야 합니다.

"나는 발심하고 염불하여 틀림없이 서방극락에 태어나도록 해야 하거늘, 어떻게 이처럼 죽음을 두려워하는 마음이 생겨서 자기 자신이 서방극락에 왕생하지 못하도록 가로막겠는가?"

이후로는 매우 간절히 일심으로 염불하여 부처님께서 자비원력으로 일찍 오셔서 접인해달라 구하십시오. **임종시 병고가 나타나는 것은 당신 자신이 세세생생 이래로 지은 악업에 감득한 것이거나 세세생생 이래로 당신에게 살해당한 원가채주가 일제히 와서 빚을 독촉하는 것입니다.** 그래서 갖가지 병고가 나타나서 당신의 마음이 번뇌가 생겨서 당신이 염불하여 **왕생할 수 없도록 가로막습니다.** 당신이 이러한 뜻을 명백히 안다면 당신의 마음은 이러한 번뇌로 인해 구르지 않고 더욱더 지성심으로 간절히 염불하여 염념마다 느슨하지 않고 온 마음을 쏟아 이 한마디 「아미타불」 부처님 명호에 의지하여 서방극락세계에 왕생할 수 있습니다.

제10장
임종시 병고에 대한 의심을 풀어주다

(중국 정토종 제 13조이신 인광대사께서 말씀하셨습니다.)

염불인이 임종에 이르러 만약 중대한 병고가 나타나면 부디 의심하지도 놀라지도 말아야 합니다. 당나라 시대 현장玄奘법사께서도 임종시에 큰 병고가 있었는데, 하물며 우리 모두 번뇌에 묶여 있는 평범한 사람(具縛凡夫)이거늘, 어찌 병고가 없을 수 있겠습니까! 이러한 병고는 당신이 전생에 지은 악업에 감득한 것임을 알아야 합니다.

당신이 염불을 하지 않았으면 이러한 악업에 감득하여 후세에 지옥이라는 무거운 과보를 불러왔을 텐데, 다행히 (전생에) 큰 선근을 심어 (금생에) 염불법문을 알게 된 공덕으로, 이러한 악업이 아미타부처님께서 자비원력으로 가호하심에 의지하여 당신이 후세에 받을 지옥의 무거운 과보가 현재 이러한 병고의 가벼운 과보로 바뀌게 된 것입니다.

병고는 일시적인 것이어서 이러한 병고를 치르고 나면 즉시 서방극락으로 왕생하니, 당신은 온 힘을 다해 이 한마디 「아미타불」 부처님 명호를 들어 염념마다 한마디 「아미타불」 부처님 명호에 의지해야지, 부디 일념一念을 병고에 빼앗겨서는 안 됩니다. 당신은 이때가 서방극락에 태어나느냐 혹은 지옥에 태어나느냐의 갈림길임을 알아야 합니다. **당신의 마음이 병고의 번뇌를 따라가면 지옥에 환생하고, 당신의 마음이 「아미타불」**

부처님 명호를 따라가면 서방극락에 왕생합니다. 이 점에 신중하고 또 신중해야 합니다!

당신의 원기(元氣; 심신의 힘)가 짧고 급박하여 「아미타불」 넉 자를 들지 못한다면 「불佛」 자 한 자만 염해도 괜찮습니다. 당신은 마음으로 염념마다 이 「불佛」 자를 따라 자신이 서방극락에 왕생한다고 생각하십시오. 만약 정말 고칠 수 없는 중병이 심신을 핍박하는 연고로 계속 이 「불佛」 자조차도 들지 못할 경우 당신은 마음으로 아미타부처님께서 자신 앞에 진실로, 확실히 계시고, 아미타부처님께서 자비의 손을 드리워 나를 접인하여 주실 것이며, 당신이 마음으로 염념마다 자신이 서방극락에 왕생한다고 생각하면 목숨이 다할 때 틀림없이 서방극락에 태어나길 원하는 마음(願生心)을 따라 서방극락에 왕생할 것입니다.

고덕古德께서는 이렇게 말씀하셨습니다.

"임종 때에 부처님을 관觀하고 부처님을 염念할 수 없다면 다만 극락왕생하려는 뜻(生意)을 지어 부처님께서 계시다는 것만 알아도 이 사람은 목숨이 다할 때 서방극락에 왕생하느니라. 《법고경 法鼓經》에서 이와 같이 설하였다."

(위 말씀을) 간략히 풀이해보겠습니다.

무릇 평상시 관상觀想염불이나 관상觀像염불을 닦는 사람으로 삼매를 얻는 공부가 없었고, 무릇 지명持名염불을 닦는 사람으로 일심불란一心不亂의 경지를 얻는 공부가 없었는데, 어느 날 돌연히 임종을 맞는 때에 이르러 병고가 핍박하여 심신을 안정시킬 수 없고, 갖가지 장애로 관상觀想염불이나 관상觀像염불, 그 어느 것으로도 할 수 없으며, 지명염불도 또한 할 수가 없습니다.

　만약 자신의 면전에 진실로 아미타부처님께서 자비의 손을 드리워 접인해 주신다고 생각할 수 있고, 염념마다 자신이 서방극락에 왕생한다고 생각할 수 있으며, **마지막 일념에 왕생을 바라는 마음이 있으면 이 일념에 왕생을 바라는 마음을 따라 서방극락에 왕생하게 됩니다.** 이는 세존께서 《법고경》에서 금구성언金口誠言으로 친히 하신 말씀입니다.

南无阿弥陀佛

곧 실상實相이다
나무아미타불이

무릇 실상實相이란
일체의 상을 여의고
일체의 법에 즉即함입니다.
고요함과 비춤은 둘이 아니며,
몸과 국토도 둘이 아니며,
성덕性德과 수덕修德도 둘이 아니며,
진신과 응화신도 둘이 아니어서
실상이 아님이 없으니,
어찌 여섯 자 위대한 명호인
「나무아미타불」을 여의고서
달리 실상을 구할 수가 있겠습니까?
이 때문에 위대한 명호를 들어야
법계가 탁 트여 밝고,
육자 명호를 굳건히 지녀야
미묘한 체가 전체 그대로 드러나지만,
저 실상과 위대한 명호로 갈려서
둘이 되는 사람은 때마침 보더라도
그것이 실상인지 알 수 있는 것은 아닙니다.
-칙종수지飭終須知

제11장
조념하는 방법

조념하는 일에 대해 말하자면, 먼저 병자의 병세가 어떠한지 살펴보아야 합니다. 만약 병세가 느리게 진행되고 가벼우면 연지찬蓮池讚 1편·아미타경 1권·왕생주 3편(21회가 가장 좋음)·찬불게(아미타불 금색신) 여덟 마디를 염송하고, 이어서 「나무서방극락세계 대자대비 아미타불」 한마디를 염하며, 「나무아미타불」 육자 위대한 명호로 열 마디 염한 뒤 「아미타불」 넉자 위대한 명호로 바꾸어 염불합니다. 병세가 빠르게 진행되고 위중하면 「아미타불」 넉자 위대한 명호를 염합니다.

이때 사용하는 법기로는 단지 인경引磬만 사용하고 목탁은 소리가 너무 탁하므로 사용해서는 안 됩니다. 조념단은 낮에는 두 반으로 나누고, 밤에는 세 반으로 나눕니다. 반별로 인원수는 최소 2명 이상으로 하고, 1시간마다 배정하여 반을 바꿉니다.

염불하는 방법은 낮에는 1반이 소리 내어 염불할 때 2반은 마음속으로 지념하여, 1시간 염불하고, 2반이 소리 내어 염불할 때 1반은 마음속으로 지념하여, 또 1시간 염불합니다. 이렇게 돌아가면서 반을 바꿉니다. 밤에는 1반이 소리 내어 염불할 때 2반 3반은 묵념이나 호흡으로 염불하여 1시간 염불하고, 2반이 소리 내어 염불할 때 1반 3반은 묵념이나 호흡으로 염불하여 1시간 염불하며, 3반이 소리 내어 염불할 때 1반 2반은 묵념이나 호흡으로 또 1시간 염불합니다.

이와 같이 돌아가면서 반을 바꾸면 3일이든 5일, 7일, 보름, 한 달이라도 오래 지속할 수 있습니다. 무릇 반별로 차례로 돌아가면서 1반부터 시작하여 2반, 3반 순서대로 내려가고, 무릇 반수를 다 마쳤으면 다시 1반부터 시작합니다. 이와 같이 마치고 다시 시작하여 낮과 밤 동안 염불소리가 계속 이어지도록 합니다. 매일 세끼 식사시간에는 모두 다음 반 사람으로 반을 바꿉니다. 만약 식사 후 교대할 시간이 아직 되지 않았을 경우는 반을 바꾸어주고 잠을 자거나 휴식을 취하여 정신을 회복시킬 수 있도록 해야 합니다.

조념할 때 틀림없이 먼저 병자에게 이렇게 이야기해주어야 합니다.

"당신이 만약 사람들과 함께 염불할 수 있다면 사람들과 함께 염불하십시오. 그러나 원기가 쇠약하여 따라할 수 없다면 신경을 써서 사람들이 염불하는 소리를 들어도 마찬가지입니다. 그러나 귀로는 틀림없이 한 마디 한 마디, 한 글자 한 글자 또렷하게 듣고, 마음속으로도 한 마디 한 마디, 한 글자 한 글자 또렷하게 기억하여, 당신의 온 마음과 뜻은 전부 아미타불 명호의 소리로 녹아들어가야 합니다."

이와 같이 말하고 난 후 조념을 시작합니다. **혹시라도 병자가 혼침에 빠져 마치 잠을 자는 것처럼 「아미타불」 염불소리를 알아듣지 못하는 표정이면 반이 돌아와 조념하는 사람은 반드시 인경을 사용하여 병자의 귀 가까이에 대고 한번 치거나 여러 번 치고, 동시에 「아미타불」 염불소리를 몇 번 크게 소리 내어서 병자가 마음으로 염념마다 혼미하지 않도록 해주어야 합니다.**

무릇 병자가 곧 숨이 끊어지려할 때 조념하는 대중이 많은 경우 육친권속 사람들은 모두 불전을 향하고 무릎 꿇고 염불하거나 절하며 염불하며, 동시에

각자 마음속으로 아미타부처님께서 큰 광명을 놓아 망자를 접인하시며, 망자가 부처님 광명 가운데 합장한 채 서방극락에 왕생한다고 관상觀想하는 것이 가장 바람직합니다.

이때에 전체 조념하는 사람들은 2개 반으로 나누어 각반마다 돌아가면서 30분간 염불하고 **이때부터 일어서서 모두 큰 소리로 염불해야 합니다.** 숨이 끊어진 후 3시간 염불하고 다시 종전과 마찬가지로 돌아가면서 계속 이어서 큰 소리로 조념합니다.

병자가 곧 숨이 끊어지려 하지만 아직 숨이 끊어지지 않았을 때 반이 돌아와 조념하는 사람은 반드시 병자의 상황에 신경을 써야 합니다. 무릇 병자의 얼굴에 땀이 나거나 혹은 얼굴에 우울한 빛을 보이며, 머리나 손, 몸과 다리 부위가 안정되지 않으면 이는 병고의 현상입니다. 혹은 마치 잠을 자는 것처럼 느끼지도 알지도 못합니다. 만약 이러한 갖가지 상황이 나타나서 병자가 평상시 염불한 공부가 평범한 수준이라면 이때에 정념正念을 마음대로 주관하기란 정말 어렵습니다. 그렇게 조념하는 사람은 마땅히 병자 가까이 그를 향해 큰 소리로 따끔하게 일깨워 줘야 합니다.

"○○○님! 서방극락이 바로 당신 앞에 있으니, 「아미타불」 부처님 명호 넉자를 온힘 다해 부르면 틀림없이 서방극락에 태어나십니다! ○○○님! 서방극락이 바로 당신 앞에 있으니, 「아미타불」 부처님 명호 넉자를 온힘 다해 부르면 틀림없이 서방극락에 태어나십니다!"

이렇게 연이어 두 번 부르고 다시 병자의 입술과 얼굴을 보고서 만약 종전과 마찬가지로 움직이지 않으면 종전과 같이 다시 한 번 부르고, (병자의 견해가 깊다면 서방극락은 「아미타불」 부처님 명호 속에 있다고 외칩니다) 아무리 많아도 세 번 남짓이고, 이후로는 단지 큰 소리로 염불합니다.

무릇 병자가 숨이 끊어진 이후 신체가 완전히 차가워지기 이전, 이 단계 중간에 반을 돌아 조념하는 사람은 특별히 주의하여 **절대로 망자의 몸을 더듬지 못하도록 하고, 육친권속들은 곡소리를 내지 않도록 하며, 단지 다들 각자 발심하여 큰소리로 염불할 뿐입니다.** 반드시 하루 낮, 하루 밤을 지나서야 지식과 경험이 상당히 많은 사람을 청하여 망자의 몸을 천천히 느리게 더듬어 전부 차가워진 이후에 조념을 비로소 멈출 수 있습니다. 그리고 곧 불전을 향해 망자를 대신하여 서방극락에 왕생할 것을 회향합니다. **전부 차가워지지 않았다면 다시 하루, 이틀, 사흘 동안 다들 발심하여 계속해서 큰 소리로 조념해야 합니다.**

조념하는 사람들은 한 사람 한 사람 모두 여래를 대신하여 중생을 제도하여 생사를 완전히 벗어나도록 하는 것이 바로 이때 다른 것을 잘 알아야 합니다. 부디 이렇게 매우 짧은 시간의 **수고를 할 수 없어 실수하여 망자의 신식이** 서방극락에 왕생할 수 없도록 해서는 안 됩니다. 우리 모두 각자 반드시 발심하여 큰소리로 염불해야 하며 망자의 온 몸이 차가워진 이후에야 비로소 조념을 멈출 수 있습니다. **이렇게 조념하는 것이 진정한 보리심을 발하고, 보살도를 행하는 실제적인 표현입니다.**

제12장
목욕하고 옷을 갈아입히는 시간

망자의 몸이 전부 차가워진 이후 다시 2시간 안치하고 비로소 목욕하고 옷을 갈아입힐 수 있습니다. 혹시나 굽은 관절이 경직되어 있으면 더운물로 적신 낡은 천으로 굽은 관절 부분을 덮고서 몇 분간 지나면 부드러워집니다. 눈을 감고 있지 않을 때도 더운 물로 적신 낡은 천으로 눈 부위를 덮고서 몇 분간 지나면 닫히게 될 것입니다.

망자의 의복을 입히는 일에 대해 평상시 입는 옷을 입혀주는 것이 가장 좋고, 수의는 지나치게 많거나 좋을 필요가 없습니다. 망자를 사랑한다면 서방극락에 왕생하도록 하여 큰 안락을 얻게 하는 것이 가장 좋은 것임을 알아야 합니다. 오직 망자로 하여금 서방극락에 왕생하도록 할 수 있어야만 진정으로 효순孝順이고, 친애親愛이며, 자애慈愛라고 할 수 있습니다.

그저 체면 살리기에 급급하여 단지 다른 사람의 칭찬을 받으려고 겉모습을 치장하는 데만 힘써 성대하게 염殮하고 성대하게 장사지내어, 장례를 거창하게 치르고자 할 뿐, 망자 본인의 진실한 이익을 전혀 고려치 않는다면 이는 매우 큰 잘못입니다.

제13장
망자에게 천도재를 올리는 가장 좋은 방법

　　망자가 서방극락에 왕생한 이후 망자에게 천도재薦度齋[18])를 올리는 등의 일은 염불과 채식을 위주로 해야 합니다. (술·육류·생선·오신채를 모두 삼가야 합니다.) 만약 그 공덕을 크게 하고 절약하기 위해서는 몇 분 승려들에게 와서 염불을 도와 달라 청하는 것이 가장 바람직합니다. 천도재를 드리는 날수의 많고 적음도 또한 자신의 경제상황이 어떠한지 살펴서 결정합니다. 염불로 망자에게 천도재를 올리는 경우 가족들이 많이 참가할수록 좋습니다. 왜냐하면 가족들은 애정이 있는 관계로 염불이 다른 사람들에 비해 조금 더 친밀하고 간절하기 때문입니다.

　　염불은 출가한 스님이든 재가의 속인이든 간에 간절하고 지극정성의 마음만 있다면 공덕은 큽니다. 매일 염불한 공덕을 전부 영전에 망자를 대신하여 서방극락에 왕생하길 발원하며 회향합니다. 그러면 망자가

---

18) 천도재의 천薦은 천거함을 의미하고, 도度는 죽은 영혼이 내생來生의 좋은 곳에 다시 태어나는 길을 안내하고 그 방법을 가르쳐 주며 이끌어 주는 법도를 말하고, 재齋는 집을 의미하지만 의식행위를 말한다. 사람은 누구나 죽지 않을 수 없고 죽으면 모든 것이 끝나고 모든 것이 없어진다고 생각하지만 육체는 곧 없어지지만 영혼은 없어지지 않고 그대로 남아 업식業識에 따라 이 몸에서 저 몸으로 몸만 바꾸어 환생하면서 끝없이 윤회하는데, 이 영혼을 하나의 개체라고 인정하여 영기靈駕라고 부른다. 천도재는 진언으로 영기를 불러 이승의 미련이나 집착을 끊어 버리라는 내용인 무상법문無常法門을 들려주고 선신善神의 위신력과 부처님의 가피력으로 왕색극락토록 안내하고 기원하는 의식이다.

이미 서방극락에 태어났다면 또한 연화대의 품위를 높일 수 있습니다. 혹시 아직 왕생하지 못했다면 이 염불한 공덕의 힘에 의지할 수 있는 연고로 또한 서방극락에 왕생할 수 있습니다.

세속 사람들 대다수는 모두 경전을 외면서 예배참회[19]하며 아귀에게 시주(焰口)[20]하는 등의 일은 기묘하고 특별하지만 염불은 평범하다고 생각하는데, 이는 모두 불법의 이치를 모르는 사람입니다.

《관무량수경》에서 말씀하시길, "한마디 「아미타불」 부처님 명호를 염하면 팔십억(팔백만) 대겁의 태어나고 죽는 중죄를 소멸시킬 수 있느니라." 하셨으니, 누가 감히 염불이 평범하다고 말하겠습니까? 또 《관무량수경》「하품상생(下品上生)」 경문에서는 설하시길, "12부 경전의 제목 이름자를 듣기만 해도 일천 겁의 지극히 무거운 악업을 소멸시키고, 한마디 「아미타불」 부처님 명호를 염하여도 오백만 대겁의 태어나고 죽는 죄를 소멸시키느니라." 하셨습니다. 또한 말씀하시길, "단지 「아미타불」 부처님 명호를 듣기만 하여도 무량대겁의 태어나고 죽는 죄를 소멸시키느니라." 하셨습니다. 이는 경전에 근거해 증명하고 있는 것으로 헛된 말이 아닙니다. 이렇게 비교해서 보면 염불의 공덕이 가장 크다는 것을 잘 알 수 있습니다.

무릇 경전을 외면서 예배참회하며 아귀에게 시주하는 등의 갖가지 불사(法事)는 지극한 정성의 마음이 있어야 공덕이 매우 큰데, 애석하게도 지금 사람들은 지극한 정성의 마음이 매우 작습니다.

---

19) 옛날에는 승려를 청해 경전을 독송하고 예배하여 다른 사람을 위해 죄과를 참회하여 재앙을 없애주고 화를 면하게 하였다.

20) 염구(焰口)는 불교에서 행하는 의식으로, 일종의 아귀를 구제하는 다라니경에 의거하여 거행되는 아귀에게 먹을 것을 베푸는 불사(法事)이다. 염구를 베풀면 아귀가 전부 천도 받을 수 있으며 죽은 사람을 천도하는 불사의 하나이기도 하다.

인광조사印光祖師께서 말씀하시길, "오늘날 스님들은 여법하지 못하여 대충 마치는 이들이 많아 단지 외관상만 보기 좋고 헛되이 형식적인 의례만 짓는다. 오로지 염불만하고 사람마다 모두 염불을 잘하면 그 공덕은 또한 광대하고 또한 절실합니다. **만약 염불공덕을 법계중생에게 회향하여 서방극락에 함께 태어나면 그 공덕은 더욱 증가하여 훨씬 광대하므로 망자가 얻는 이익의 경우 훨씬 광대하고 많다.**" 하셨습니다.

망자가 서방극락에 태어난 이후 육친권속 사람들은 49일 이내에 반드시 채식하고 염불하면서 오계(五戒; 살생하지 말 것, 도둑질 하지 말 것, 삿된 음행하지 말 것, 거짓말 하지 말 것, 술을 마시지 말고 오신채를 먹지 말 것)를 청정히 지킨다면 살아 있는 자와 망자 모두 다 매우 큰 이익을 얻습니다.

제14장
중음中陰에 관한 질문과 답변

[질문] 평범한 사람이 죽은 후에 그 가족이 49일 동안 채식 염불하여 갖가지 공덕을 지어 죽은 사람에게 회향해 주어야 한다는데, 무슨 뜻입니까?

[대답] 죽은 사람이 확실히 서방극락에 왕생한 것 같으면 그 가족이 49일 동안 채식 염불하여 공덕을 지어 망자에게 회향하면, 한편으로는 그 사람이 오르는 연화대의 품위를 높일 수 있고, 또 한편으로는 가족 개개인마다 무량한 복을 얻게 됩니다. 설사 서방극락에 왕생하지 못하고 죽었을지라도 아직 어디로 가서 환생할지 결정하지 못하고 중음中陰에 들어가는 시기입니다. 이때 가족이 그 사람을 위해 염불하여 갖가지 공덕을 지어 그 사람이 정토에 왕생하는 선근을 계발하고 그 사람이 중음 시기에 믿음을 내어 발원하고 염불하여 서방극락에 왕생하길 구하게 됩니다. 가족과 그 사람이 정토에 왕생하는 믿음·발원·염불의 삼자량三資糧을 갖추기만 하면 반드시 부처님의 접인을 입어 서방극락에 왕생할 수 있습니다.

[질문] 중음中陰이란 무슨 뜻입니까?

[대답] 한 사람이 죽어서 그의 신식이 몸을 벗어난 이후 아직 환생하기

이전에 예컨대, 이 방에서 나가 저 방에 들어가지 않고 아직 중간에 있는 시기가 중음의 뜻입니다. 염불인은 죽으면 바로 그 자리에서 서방극락에 왕생하고, 혹 선인은 바로 천상에 태어나며, 악인은 바로 무간지옥에 떨어집니다. 이들 몇 부류의 사람들은 중음을 거치지 않습니다. 보통 사람들은 지극히 악하지도 지극히 선하지도 않아서 모두 중음 시기를 거쳐야 합니다. 중음으로 몸을 받을 때, 빠르면 손가락 퉁기는 짧은 순간에 곧 선악의 육도를 향해 가고, 늦으면 혹 49일까지인 경우도 있고 49일을 넘는 경우도 있어 같지 않습니다.

❁

[질문] 평범한 사람이 이미 죽은 후에 왜 환생하지 못하고 다시 중음으로 들어가 49일을 보내고서야 환생하는지, 이는 무슨 까닭입니까?

[대답] 죽은 사람이 세세생생 이래 지은 선악 등의 업이 정해지지 않은 까닭입니다. 저 무명 업식의 망심으로 일념은 선한 마음, 일념은 악한 마음이 생하고 멸하고, 멸하고 생하여 선악의 업이 때때로 정해지지 않았습니다.

만약 선업이 정해지면 저 마음은 선이 지극하여 선한 마음 가운데 천인·인간·아수라의 선한 경계가 발현됨으로 인해, 저 식심識心이 천인·인간·아수라의 선한 경계에 따라 환생하는데, 이는 선한 마음도 상품선·중품선·하품선이 있는 연고로 저 감득한 바가 천인·인간·아수라의 세 가지 선도善道가 있어 같지 않기 때문입니다.

만약 악업이 정해지면 저 마음은 악이 지극하여 악한 마음 가운데 축생·아귀·지옥의 악도 경계가 발현됨으로 인해, 저 식심이 축생·아귀·지옥의 악한 경계에 따라 환생하는데 이는 선한 마음도 상품악·중품악

· 하품악이 있는 연고로 저 감득한 바가 축생 · 아귀 · 지옥의 세 가지 악도惡道가 있어 같지 않기 때문입니다.

바로 이와 같은 관계가 있기 때문에 저 가족은 49일 동안 반드시 채식하고 염불하여 망자를 대신해 공덕을 지어 망자로 하여금 이러한 채식하고 염불한 공덕의 역량에 기대어 죄악을 제거하고 복과 선을 증장시켜 서방극락에 왕생하거나 혹은 천도天道로 상승하거나 인도人道로 가게 될 것임을 알아야 합니다.

만약 가족이 발심하여 채식하고 염불하여 공덕을 짓지 않고, 거꾸로 제멋대로 살생하고 삿된 음행을 하는 등 갖가지 악업을 지으며, 제멋대로 술과 고기, 생선과 오신채를 먹는다면, 망자의 숙업이 본래 선한 것이라도 잃을 수 있고 악업으로 바뀌며, 숙업이 본래 악한 것이라면 악업 위에 더욱 악업이 더해집니다. 악업 위에 악업이 더한 것이 바로 상품의 악업이면 틀림없이 지옥에 떨어지고 영원히 큰 고통을 받게 됨을 알아야 합니다.

[질문] 만약 가난하고 집안 살림이 어려워 49일 동안 채식하고 염불하여 또한 공덕을 지으면 그 사람의 생활을 어떻게 유지하여 나갈 수 있습니까?

[대답] 공덕을 짓는 일 중에 염불한 공덕이 가장 크므로 만약 집안 살림이 어려우면 비구니들을 청할 필요가 없고 자기 가족 · 육친권속 전체가 채식하고 염불하는 공덕이 가장 큽니다.

매일 염불하는 시간을 정하여 아침염불을 마치는 즉시 망자의 위패 앞을 향하여 회향한 후에 다시 아침식사를 합니다. 점심에는 식사를 하기 전에 염불하거나 식사를 한 후 염불하고, 자신의 일이 정해진 것에 지장을 주는지, 주지 않는지 살핍니다. 저녁에 저녁식사를 한 후 비로소 염불하고 염불을 마친 후 위패 앞에서 회향합니다. **매일 규칙적으로 세 차례 염불하고 세 차례 회향하고 그 나머지 시간에 일하며 마음과 입으로 부처님 명호를 소리 없이 염합니다.**

이와 같은 염불로 망자를 제도하는 방법은 살림살이 면에서도 절약이고 방법도 간편하여 생활에 지장을 주지 않습니다. 공덕 또한 커서 또한 가정도 화목하고 평안할 수 있으며, 육친권속 한 사람 한 사람이 복을 얻습니다. 죽은 사람도 크나 큰 이익을 얻는데, 이것은 살아있는 사람과 죽은 사람 양쪽 모두 이익을 얻는 가장 바람직한 방법입니다.

제15장

《지장경 이익존망품》의 핵심법문을 인용하여 매듭지음

대변장자大辯長者는 합장하고 공경스럽게 지장보살께 여쭙길, "대사님이시여! 이 남염부제 중생이 목숨을 마친 뒤에 대소 육친권속이 그를 위해 공덕을 닦거나 내지 재齋를 차리고 (염불·채식·지계·삼보공양 등등) 여러 가지 선한 인을 지어 주면 이 임종한 사람은 큰 이익을 얻어 (생사를) 벗어나지 않겠나이까?"

지장보살께서 답하여 말씀하시길, "장자여! 미래와 현재의 **모든 중생들이 임종을 맞이하는 날, 한 부처님 명호나 한 보살님 명호나 한 벽지불의 명호만 들어도 죄가 있든 없든 간에 다 생사를 벗어날 수 있느니라.** (서방극락 세계에 왕생하리라)."

또 말씀하시길, "무상無常이라는 큰 귀신이 아무런 예고도 없이 닥쳐오면, 저승을 떠도는 신식神識이 자신의 죄와 복을 알지 못한 채 49일 동안 바보 같고 귀머거리 같아서, 혹 (저승의) 여러 관아에서 (판관들에게) 그의 업과를 변론하고 심사하여 결정한 뒤에야 그의 업에 근거하여 생을 받나니, 아직 업과를 재지 않은 사이에도 수많은 근심과 고통이 있거늘 하물며 여러 악취에 떨어지는 등이겠는가?

임종한 사람은 아직 생을 받지 못하는 49일 동안 염념의 순간마다 피를 나눈 모든 육친권속이 그를 위해 복력福力을 지어 고통에서 구해

주기를 바라고 있습니다. (49)일이 지난 후 업을 따라 과보를 받게 되니, 만약 (가벼운) 죄를 지은 사람이라면 천백 년의 세월을 보낸다 할지라도 (항상 지옥·아귀·축생의 세 가지 악도 가운데 고통을 받아) 벗어날 날이 없을 것이요, 만약 5무간無間의 (무거운) 죄를 지어 큰 지옥에 떨어진다면 천겁 만겁토록 (일대겁은 인간세상의 햇수로 13억44백만 년에 해당한다) 영원히 온갖 고통을 받게 될 것이니라."

또 말씀하시길, **"만약 육신이 죽은 뒤에 49일 동안 (염불·채식·지계·삼보공양 등등) 온갖 선을 지을 수 있다면 이 모든 중생들로 하여금 영원히 (지옥·아귀·축생의) 악취를 여의고 인간이나 천인으로 태어나 수승한 묘락妙樂을 받게 할 것이고, 살아있는 현재 육친권속들에게도 이익이 무량하게 할 것이니라."**

부록

문답2칙 答問二則

[질문] 어떤 사람이 평상시 믿고 발원하여 염불하였으나 임종시에 중풍에 걸려 말을 못하고 신식이 혼미할 때에 그를 위해 조념한다면 효과가 있습니까? 효과가 있다면 본인은 이미 신식이 혼미하여 알지도 못하는데 어떻게 효과가 있습니까? 효과가 없다면 본인이 평상시 믿고 발원하여 염불한 공덕이 어찌 헛되지 않겠습니까?

[대답] 염불한 공덕은 불가사의합니다. 어떤 사람이 평상시 믿고 발원하여 염불하였으나 임종시에 중풍에 걸려 말을 못하고 신식이 혼미할지라도 그를 위해 조념하는 선지식을 만나면 그 사람이 얻은 바 이익도 또한 헤아리기 어렵습니다. 본인의 신식神識이 아직 몸을 떠나기 전에 깨어나는 자는 염불소리(佛聲)를 들을 수 있으면 평상시 믿고 발원하여 염불하는 마음을 낼 수 있어 임종시에 반드시 불력佛力으로 접인을 입어 의심할 것 없이 서방극락에 왕생할 것입니다! 설사 혼미한 채로 죽음에 이르러도 그 신식은 몸을 떠나 아직 본인의 숙세와 현재의 업이 정해지지 않아 아직 중음을 거쳐야 하므로 중음기간에 육친권속이나 선지식이 그를 위해 염불하면 망자는 이때 평상시 믿고 발원하여 염불한 마음을 기억할 수 있어 부처님의 접인을 입고 서방극락에 왕생하게 됩니다. 만약 또한 이와 같이 할 수 없다면 단지 선지식 등 염불하는 좋은 인연을 만나 설령 왕생하지 못하더라도 또한 내세에 정토의 선근이 늘어날

수 있습니다. 경전에 의하면, 부처님께서 세상에 계실 적에 한 노인이 호랑이를 만나 나무 위로 피하고서 두려운 마음에 「나무불」이라 한번 소리내어 염불하였습니다. 이 선근으로 이후 부처님을 만나 제도를 받았다고 합니다. 하물며 평생토록 믿고 발원하여 염불한 사람이겠습니까? 이와 같이 관하여 **염불한 공덕을 충분히 증명하였으니 절대로 헛되지 않습니다.**

[질문] 청각 장애인이 임종시에 비록 그를 위해 조념하는 사람이 있어도 염불소리를 듣지 못하면 조념이 어떤 효과가 있습니까?

[대답] 청각 장애인은 숙세에 이근耳根이 지은 업으로 인해 이 과보를 겪습니다. 청각 장애인은 비록 염불소리를 듣지 못할지라도 임종시 조념하는 사람이 있다면 또한 왕생하게 됩니다. 무슨 까닭입니까? 청각 장애인은 단지 이근이 손상되어서 들을 수 있는 능력을 잃었을 뿐입니다. 본인의 자심自心이 똑똑히 깨어 있어 믿음과 발원이 견고하여 한뜻으로 서방극락에 태어나길 구한다면 임종시에 반드시 감응하여 부처님께서 그를 맞이하러 오셔서 접인하십니다. 또한 선지식이 있어 그를 위해 조념한다면 중생의 심력이 불가사의하고 아미타부처님의 위대한 명호 공덕 또한 불가사의한 즉 그 사람은 마치 순풍에 돛을 달고 가벼운 수레를 몰고 길을 나서는 것처럼 서방극락에 왕생하게 됩니다! **또한 그 사람이 임종시에는 전생의 몸과 마음(前有)은 막 지려하고 내생의 몸과 마음(後有)은 아직 생기지 않아 오직 제 8식만 작용하여 그 사람이 생전에 업장으로 이근을 얻지 못해 청각이 없지만, 이때 이르러 전생의 과(前果)는 이미 진 즉, 제 8식이 절로 능히 깨닫고 능히 인식할 수 있습니다.**

끝맺는 말

경전에서 이르시길, "삼악도를 여의면 사람 몸 얻기 어려우니라(離三惡道 得人身難)." 하셨습니다. 지금은 더 나아가 우리 모두 비록 사람 몸을 얻을지라도 백년을 살기 어렵다고 말합니다. 곧 이 사대(四大)로 이루어진 색신(色身)이 마침내 돌아가 흩어져 사라져서, 오직 일념 신식만이 존재하여 다시 업연 따라 생을 받게 됩니다. 마치 빚을 진 사람처럼 강한 업에 의해 먼저 당겨 갑니다.21) 그래서 설사 한평생 쌓은 선업의 힘이 강할지라도 계율과 선정을 함께 닦아야 합니다. 사후에 천도에 태어나면 수명이 만겁이지만 천복을 다 누리면 여전히 타락해야 하므로 결국은 구경이 아닙니다.

부처님께서 입멸하신지 오래고 성인이 가신 때 아득합니다. 대다수 뜻이 같은 동륜(同倫)들은 업장이 깊고 무거우며, 근기는 얕고 엷습니다. 비록 선교(禪敎)의 묘리가 있어도 수습(修習)할 수 있는 사람이 드뭅니다. 설사 수습할 수 있어도 과증을 획득하기 어렵습니다. 생사를 완전히 벗어나고 평범한 사람을 넘어 성인에 들고자 한들 어찌 가능하겠습니까? 그래서 《불설대집경佛說大集經》에서 이르시길, **"말법시대에는 무수 억의 사람이 수행해도 한 사람도 도를 얻지 못하니, 오직 염불에 의지해야만 생사를 제도할 수 있느니라**(末法億億人修行 罕一得道 唯依念佛得度)**."** 하셨습니다.

---

21) 《치문緇門》에 나오는 글귀로, "심식은 업을 따라가니, 마치 빚을 진 사람처럼 강한 업에 의해 먼저 당겨 갑니다(識心隨業 如人負債 强者先牽)."

이로써 미루어 보면 **석가여래께서는 3천년 전에 미리 아시고 철저한 자비심으로 중생을 불쌍히 생각하여, 보통 삼승三乘의 가르침 안에서 별도로 삼근을 두루 가피하는 정토 특별법문을 설하고, 중생에게 발심하여 수습할 것을 두루 가르쳤습니다.** 곧 묘관妙觀을 전수專修하고 혹 부처님 명호를 집지執持하여 능력에 따라 모든 공덕을 닦고 서방극락에 발원회향하면 임종시 부처님께서 접인하심에 기대어 모두 왕생극락을 할 수 있습니다. **연꽃에 화생化生하여 수명이 무량하고 극락에서 정진 수행하여, 영원히 퇴전함이 없이 바로 성불에 이르러 마칩니다. 이와 같이 정토법문은 곧바로 질러감이 온당한 수승한 묘문으로 방편 가운데 방편이요 지름길 중에 지름길이라 합니다.** 예로부터 지금까지 이 법문을 닦아 왕생하는 자는 오랜 세월에 걸쳐 헤아려도 그 수를 알기 어렵습니다.

혹 염불하였는데 아직 왕생하지 못한 사람은 모두 갖가지 인연이 아직 갖추어져 있지 않고 여러 가지 잘못으로 정념正念을 잃어 부처님과 서로 멀리 떨어져 왕생을 하지 못한 것이지 부처님께서 접인하시지 않음이 아닙니다. 혹 한평생 비록 발심하여 염불하였을지라도 단지 복을 바라고 구하였을 뿐, 서방극락에 태어나길 구하는 발원을 알지 못했기 때문이며, 혹 평상시 믿음과 발원이 진실로 간절하지 못하여 항상 염불을 하지 않았기 때문입니다. 혹 임종시 여법하게 잘 지켜주는 청정한 스님(淨侶)의 조념이 없었기 때문이며, 혹 청정한 스님의 조념이 있어도 딴 사람의 쓸데없는 말로 싫어하는 마음이 일어나 불안하기 때문입니다. 혹 육친권속이나 친한 벗이 큰 소리로 슬피 울어 정념과 애착에 휘말려 떨어지기 아쉬워하기 때문입니다.

혹 망자가 떠나려 할 때 그가 다시 살아나길 원해 의사를 청해 주사를 놓아 고통을 받게 하였기 때문이며, 혹 숨이 끊어졌어도 몸은 아직 완전히 차가워지지 않았고 신식이 아직 완전히 떠나지 않았는데, 살아있는 사람들이 손으로 자주 망자를 만지고 건드려 몸의 온기를 살폈기 때문이며, 혹 망자가 숨을 거둔 직후 그의 몸에 아직 온기가 있는 틈에 목욕시키고 옷을 갈아입히고는 무리하게 책상다리로 하였기 때문입니다.

이상과 같이 갖가지 인연이 아직 갖추어지지 못해 여러 가지 잘못으로 모두 정념을 잃게 하고 왕생을 할 수 없도록 만듭니다. 무릇 염불하는 자는 이를 모두 다 알고 있어야 합니다.

옛날 《임종진량臨終津粱》이란 책이 있어 매우 상세하게 안내하였으나, 그 글의 뜻이 너무 깊어 지식이 얕은 사람들은 이해할 수 없었습니다. 지난해에 온주溫州의 서진西震스님 등이 세료世了스님에게 청하여 알기 쉽게 백화문으로 한 권의 책을 따로 저술하여 《칙종수지飭終須知》라 이름붙이니, 마음 씀이 세밀합니다.

저술을 완성한 후 다시 홍화사弘化社 묘공妙公화상에게 청해서 교정 조판하여 인쇄하고 서문을 지었습니다. 초판 2천 권을 인쇄하고, 몇 권 안 되지만 증정하여 여러 사람들이 기뻐하며 읽었습니다.

이제 자금을 모아 다시 인쇄하려고 편지를 보내 발문을 써줄 것을 청하였습니다. 제가 아는 것이 없어 글을 보충하여 도울 수 없음을 부끄럽게 생각하였습니다. 그래서 몇 십 년 동안 친히 직접 보고 들은 여러 가지 사실들 중에서 몇 가지를 간략하게 서술하여 이를 빌려 증명하니 이 글을 읽는 사람들로 하여금 깊이 믿고 의심이 없기를 바랍니다. 또한 이 글을 서로 전해 훗날 극락왕생을 하지 못하도록 그르치는 일을 면하게 하고자 할 뿐입니다.

🪷

저는 옛날 모모 거사님께서 신해혁명 이후 청나라 때 강소江蘇의 무대撫台에 부임하고 난 다음에 발심하여 출가하였다고 들었습니다. 작은 절에 머물면서 영암靈岩과 가까이 지냈습니다. 그의 이모와 부인 또한 불교를 잘 믿어서 항상 공양을 올리며 그가 집으로 돌아올 것을 권했습니다. 말하길, "당신은 지금 이미 출가한 보살입니다. 응당 중생을 제도해야 하니 홀로 닦지 마십시오. 당신이 집으로 돌아온다면 일체 필요한 것을 비교적 쉽고 편하게 원하는 대로 모두 섬기겠습니다." 누차 권고를 받아서 후한 정을 물리치기 어려웠습니다. 또 마을이 매우 평온하지 못해 소동이 일어날까 두려워 항상 불안해했습니다. 이러한 위험 때문에 마침내 집으로 돌아왔습니다. 다행히 편안한 마음으로 염불할 수 있도록 부인의 완전한 보살핌을 받았습니다.

하루는 부인을 향해 휴가를 신청해 이르길, "아미타부처님께서 나를 접인하러 오셨으니, 나는 서방극락으로 돌아가야만 합니다." 부인이 그를 향해 예배하고 곡하여 말하길, "보살님, 당신이 지금 가버리면 의지할 사람이 누구입니까?" 갑자기 부인의 정념과 애착에 휘말려 벗어나기 어렵게 되고, 그 사람은 지금 그 자리에서 정념을 잃고 함께 눈물을 흘렸습니다. 다시 아미타부처님을 바라보았으나 곧 보이지 않았습니다. 이 일은 옛날 호송년胡松年 거사께서 나에게 직접 말하는 것을 들은 것입니다.

또한 호관상護關常 청사淸師가 그의 부친께서 여러 해 채식을 하였다고 직접 말하는 것을 들었습니다. 다만 발심하여 염불하면서 복을 바라고 구할 뿐 서방에 태어나길 구하는 발원을 알지 못했습니다. 청사는 아홉 살 때 부친이 돌아가시자 가족들이 그를 목욕시키고 옷을 갈아입혀

주었으나 아직 입관하지 않았습니다. 다음날 부친의 누님이 와서 그의 귓가에서 곡을 하자 청사는 부친의 두 눈에서 눈물이 흐르는 것을 보았습니다.

이 두 가지 사례를 살펴보면 망자는 바야흐로 죽을 때 그리고 죽은 후 식識이 아직 돌아가지 않아 몸이 아직 차가워지지 않았을 때 육친권속들이 그가 정념과 애착에 휘말려 정념을 잃고 왕생할 수 없도록 그를 향해 울어서는 안 됩니다. 설사 울음을 참지 못하고 또 피할 수 없을지라도 절대로 망자 가까이 있어서는 안 됩니다. **서방극락에 태어나는 인연은 백천만겁에 만나기 어려우니 이는 지극히 중요합니다. 가족을 위해 기꺼이 발심하여 그 사람을 대신하여 염불하고 그 사람이 왕생하는 것을 도와서 괴로움을 여의고 즐거움을 얻게 하는 것이 출세간의 참된 효라 이름합니다. 이는 세간의 효가 미치지 못합니다.**

🪷

또한 생각건대, 사후 화장은 책 본문에서 완전히 언급하지 않았습니다. 화장하는 사람은 재가 거사의 경우 또한 언제나 있었고 출가한 스님의 경우 두말할 필요가 없기 때문입니다. 대총림大叢林에서는 망자에게 불을 붙여주는데, 대부분 7일에 한정하고 그 나머지는 각각 작은 암자마다 모두 일정하지 않아 심지어 오전에 사망하여 오후에 화장하는 사람까지도 있습니다. 그래서 반드시 상세히 언급하여 하고, 사람에게 끼치는 해가 더 심해지지 않도록 지금 분별하여 말하겠습니다.

사람이 이 세상을 떠날 때 어느 때는 춥고 어느 때는 더운 등 날씨가 똑같지 않습니다. 만약 날씨가 추울 때를 만나면 7일 안에는 여전히 몸의 색깔이 변하지 않습니다. 그래서 만 7일이 되지 않았는데 고인의 몸에 불이 닿으면 아마도 고인이 여전히 고통을 느낄 수 있으므로 반드시 만 7일까지 기다려야 합니다. 반대로 만약 날씨가 더울 때면 하루 24시간이 지나면 모든 구멍에서 피 등이 흘러나와 7일이 지나게 되면 심하게 썩어 문드러지게 됩니다. 따라서 이러한 상황에서는 비록 아직 만 7일이 되지 않았더라도 불에 태우면 고통을 알지 못합니다.

제가 처음 출가한 때 강서江西 광창廣昌 용봉암龍鳳庵에 원명상인圓明上人이 계셨는데 모년 4월 모일 상오에 원적圓寂에 드셨던 걸로 기억합니다. 여러 스승들께서 곧 그를 목욕시키고 옷을 갈아입혀 주고는 의자 위에 단정하게 앉혔습니다. 그에게 있는 것이라곤 황금색 가사뿐이었습니다. 역본曆本을 보면서 "오늘 우리 스승은 화장化身하기 좋습니다." 라고 말했습니다. 점심 식사 후에 의자 채로 화장터까지 옮기고 곧 불을 붙여서 화장하였습니다. 그때 때마침 나는 대승사大乘寺를 지나 수일 내 돌아가는 길이었는데, 불에 막 탈 때 스님의 양손이 점점 위를 향해 들어 올려지는 것을 보았다고 들었습니다. 후에 남창南昌 승은사承恩寺에 있을 때 모년 8월 15일 오후, 모모 스님이 원적에 드시는 것을 마주쳤습니다. 감원監院 현무사賢茂師는 임종시 목판으로 관 하나에 못을 박고 안에 땔나무를 넣고 모 비구의 입관을 마치고 관을 봉한 후 밤에 반을 돌아가며 염불하였습니다. 다음 날 아침 죽을 먹은 후 제상을 차리고 성 바깥 황무지에 옮겨 화장을 하였습니다. 저는 대중을 따라 산문 바깥으로 배웅하고 함께 돌아온 후에 감원 현무사께서 다음과 같이 말씀하시는 것을 들었습니다. "막 불에 탈 때 스님의 양손이 갑자기 관 양쪽 가를 향해 일제히 펼쳐지는 것을 보고서 틀림없이 통증을 느꼈을 것이라 생각했다."

이 두 가지 사례를 살펴보면 만약 더운 날이 아니면 만7일을 채우지 못하고 태우면 고통을 느낀다는 것을 알 수 있습니다. 비단 서방극락에

왕생하지 못할 뿐만 아니라 그 일념의 성내고 원망함이 그 사람으로 하여금 오히려 악도에 떨어지게 하지 않을까 두려우니 무릇 자비심이 있는 사람은 누군들 연민하여 괴로워하지 않겠습니까?

또한 백장산百丈山에 있을 때 명약德若이란 이름의 한 스님을 만났습니다. 혼자말로 '지난해 나는 여천黎川 조림암藻林庵에서 큰 병이 걸려 한차례 의식을 잃어 여러 스승께서 나에게 목욕시키고 옷을 갈아입혀서 잠깐 침대 위에 눕힌 후 주야로 반을 돌아가며 염불하는 은혜를 입었다. 다음날 나는 홀연히 깨어났다.'

저는 물었습니다. "어떤 경계를 보셨습니까?"

답하되, 한 사람이 홀로 강변 바로 위로 온 것 같았습니다. 갑자기 저를 부르는 소리가 들렸는데, "돌아왔으니 가지 말라"고 말했습니다. 저는 이 소리에 깨어났습니다. 그때 여러 스승님들은 바로 저를 대신하여 염불하였는데, 제가 의식을 회복하는 것을 보고 모두 기뻐하셨습니다. 그리고 "그대가 죽은 지 하루 밤이 지난 것을 알고 있는가?"라고 말해주었습니다.

또 보타불정산普陀佛頂山에 있을 때 강서江西성 영도寧都현 연화산蓮花山의 유승사惟崇師께서 (평상시 그를 마왕이라 불렀다고 함) 모년 10월에 죽은 지 6일이 되었습니다. 처음에는 뜻대로 잘 요장寮裝하여 3일간 안치해두었습니다. 뒤에 대중이 화장터로 보내 가마 안에 밀봉하여 3일간 놔두었습니다. 6일차 한밤 중, 오직 가마 안에서 갑자기 의식을 회복하였는데 아무도 알지 못하였습니다. 7일차에 그를 위해 불을 붙이는 통혜사通慧師 등이 일제히 함께 화장터에 와서 막 불을 붙이려 했습니다. 그러자 갑자기 가마 안에서 "나는 이미 죽었으니, 태울 수가 없소."라고 외치는 소리를 들었습니다. 통혜사 등은 이 소리를 듣고 깜짝 놀라 "마왕이여, 그대는 사람을 놀라게 하지 말라!" 말했습니다. 그러자 "통혜사여, 나는 실은 죽지 않았으니 또 태울 수가 없소."라고 답할 뿐이었습니다. 여러 사람들이 이 소리를 듣고 곧 가마입구를 뜯어 열고서 부축하고 절로 돌아가 몸조리를 하고서 오래지 않아 건강을 회복하였습니다. 7년이 지나서 6월, 친히 보타산에 찾아 주신데다, 등산하여 왕림하셨습니다. 저는 위의 일을 물었더니 "하나하나 모두 사실입니다." 라고 답하셨습니다.

저는 "어떤 경계를 보셨습니까?" 하고 물었습니다.

답하되, "큰 문이 보였고, 많은 사람들이 그 문을 따라 들어가고 있었는데, 저도 사람들을 따라 들어갔죠. 그때 문을 지키는 사람이 저를 막고서 따라 들어가는 것을 허락하지 않더군요. 저는 깜짝 놀라서 깨어났는데, 등 위가 매우 차가움을 그 자리에서 느꼈습니다. 손으로 사방을 더듬으니 모두 목판이었고, 또 밑바닥을 찾았더니 모두 장작뿐이더군요. 그때서야 제가 가마 안에 앉아 있음을 알아챘죠. 여러 스승님들이 부축하여 돌아가시는 은혜를 입었고 또한 고통을 다 받지 못했음이 부끄러웠습니다."

이 두 가지 사례를 살펴보면 만약 더운 날이 아니면 부당하게 죽은 사람은 7일 이내에 저승에서 되돌려주면 다시 살아날 수 있음을 알 수 있습니다. 그리고 유승사는 의식을 회복한 후 몇 년을 더 살았다고 들었습니다. 그래서 일찍 화장하면 다시 살아나는 것 또한 헛수고이니 조심하지 않을 수 있겠습니까!

　　대체로 위의 전체 글은 염불행자가 말 후의 일을 전부 서술하였으니, 승려와 속인을 불구하고 모두 반드시 이를 알아야 하므로 《**임종수지**(臨終須知; **임종시 알아야 할 사항**)》**라 이름합니다. 만약 이름에 담긴 의미를 생각하고, 법에 따라 주장하며, 장래 동료들이 염불하도록 할 수 있다면 사람마다 사바세계를 벗어나서 함께 극락에 왕생할 것입니다.** 이는 진실로 세료(世了)법사의 뜻을 저버리지 않고 한바탕 자비가 드러난 것입니다.

불력 2982(1955)년 을미년 7월 지장보살 성탄일

영암靈岩에 빌붙어 죽과 밥만 축내는 중 요연了然, 삼가

불해천佛海泉 진도원珍桃園 불토관방不退關房에서 발문을 쓰다

제2부 : 임종조념 질의응답

(臨終助念答問)

정공스님 강설 / 화장정종학회 기록정리

들어가는 말

임종을 앞둔 사람들을 위한 호스피스 활동은 불문佛門에서 정종淨宗의 조사와 대덕들께서 조념왕생助念往生을 제창하신 이래로 오늘날 점점 사회 대중들이 중시하고 있습니다. 현재 대만에는 대만대학병원, 장경병원 등 대형 병원에 조념실助念室이 마련되어 있으며, 중국 대륙의 많은 도량에서도 임종을 맞이한 사람을 위해 조념하는 전문 시설이 있습니다. 이는 평상시 정업淨業을 닦은 사람에게 도움을 주고, 설사 염불공부로 아직 득력得力하지 못했을지라도 임종시 선지식이나 정토법문을 함께 닦는 동참同參 도우道友들이 여법하게 이치대로 조념하면, 순조롭게 정토에 왕생할 수 있기 때문입니다. 또한 정토법문을 닦지 않는 일반인일지라도 조념해 주면, 업장을 소멸하여 악도惡道에 떨어지지 않고 선도善道에 왕생하는 이익이 있습니다.

조념에 관한 주의사항 및 이론방법은 《어떻게 염불해야 왕생하여 물러나지 않고 성불할 것인가?(怎麼念佛往生不退成佛)》라는 책자 속에 이미 매우 자세하게 설명되어 있습니다. 그렇지만 왕생하는 사람마다 각자의 인연이 천차만별로 서로 달라서 많은 의문을 자아냅니다. 예컨대 어떤 사람은 임종시 밀종密宗의 대덕을 만나 그를 위해 조념해 주는 거나, 혹은 기타 지견知見이 다른 법사나 대덕의 경우 조건이나 요구가 같지 않습니다. 이외에도 어떤 가족은 왕생하는 사람이 도대체 정말로 서방정토에 왕생할 수 있는지 ,그리고 어떤 공덕을 지어 회향해야 하는지 등의 문제를 알고자 합니다.

　이러한 물음에 대해 은사이신 정공靜空 노화상께서 자비심을 베푸시어 법석法席에서 강설하는 중에 대답하신 내용이 많이 있습니다. 지금 화장華藏 경전강기 팀의 동학들께서 발심하여 이를 위해 수집 정리하고, 아울러 제목을 표시하여 독자들이 일목요연하게 여러 의문점들에 대해 단박에 풀리게 하여 망자가 극락왕생하도록 조념염불인들에게 조금이라도 도움이 될 수 있으리라 생각합니다. 제가 들어가는 말을 써서 삼가 몇 마디를 서술하여 뜻을 같이하는 동륜同輪들에게 바칩니다.

　기축년己丑年(2009년) 12월 초 7일 밤
　산동山東 경운慶雲 금산사金山寺에서 깨우침

수행은 반드시 전일하여야 합니다. 전일하기만 하면 수행의 성취는
온당하고 그 속도는 빠릅니다. 결코 복잡하게 닦아서도, 뒤섞어
닦아서도, 산란되게 닦아서도 안 됩니다. 그렇지 않으면 설사 열심히
닦을지라도 왕생하기가 쉽지 않습니다. 경전에서는 왕생의 조건을
매우 또렷하게 말하고 있습니다. 아미타경에서는 일심불란一心不亂이
왕생의 조건이고 무량수경에서는 일향전념一向專念입니다.
하나의 방향, 하나의 목표로 아미타불을 전념하여야 합니다.
이번 생에 육도윤회를 벗어나고 왕생하여 불퇴전지에 올라
성불하려면 이를 반드시 준수하여야 합니다.
– 정공 큰스님, 〈무량수경 청화〉

제1장
조념의 의의와 중요성

[질문] 조념이란 무슨 뜻입니까? 왜 조념해야 합니까? 조념이 필요한 사람은 어떤 사람입니까?

[대답] 조념이란 염불공부가 무르익지 않은 사람을 도와주는 것을 말합니다. 염불공부가 무르익은 사람은 조념이 필요 없고, 자신이 언제 가고 싶으면 언제든지 가서, 자재하게 왕생할 수 있습니다. 염불공부가 무르익지 않은 사람은 평상시 신심과 발원심이 있기도 하고 없기도 하여 임종시 미혹·전도되고, 피붙이에 대한 애정에 연연하기가 아주 쉬우며, 또는 집안의 재산이나 사업을 걱정하여 업을 따라 윤회합니다. 그래서 임종시 동수 여러분이 염불하여 그를 도와주고, 그를 일깨워주어 그로 하여금 절대로 잘못 생각하지 않도록 해주어야 합니다. 「아미타불」 부처님 명호를 듣고서 만약 정신을 가다듬어 아미타부처님을 생각한다면, 그는 대단히 운이 좋아 왕생할 수 있게 됩니다.

임종시 진정으로 내려놓고서 반드시 조연(助緣: 도와주는 인연)에 기대어야 합니다. 선지식이 있어서,

"잘 생각해 보십시오. 곧 죽게 되니, 아무것도 가지고 갈 수 없습니다. 이제 그만, 내려놓으십시오!"

이렇게 일깨워주어야 성공할 수 있습니다. 그러나 일깨워줄 선지식도 없고, 여전히 세상사에 근심하고 있으면 왕생할 수 없고, 이번 생에 염불한 것도 헛되게 됩니다. 그래서 임종 조념은 대단히 중요하여 「아미타불」 한번 부르면 정토에 왕생할 수 있습니다

염불인이 임종시 부처님께서 와서 자신을 극락세계로 접인(接引)하시는 모습을 볼 수 있으려면 염불공부가 충분해야 합니다. 그렇지 않으면 임종시 예전처럼 원친채주(冤親債主22))가 자신 앞에 나타납니다. 이래서 임종 조념으로 망자가 정념(正念)을 일으키고 염불을 잊지 않도록 도와주어야 합니다. 이는 생사를 마치는 가장 중요한 시기로 어떠한 의식도 전혀 필요 없습니다.

[질문] 임종조념은 매우 중요합니까?

[대답] 역대 조사와 대덕들께서는 모두 임종조념이 매우 중요하다고 생각하셨습니다. 조념은 한 사람이 왕생하도록 도와주는 것으로 극락세계에 왕생하면 부처가 됩니다. 바꾸어 말하면, 조념은 한 사람이 성불하도록 돕는 것이니, 이 공덕이 얼마나 크겠습니까! 인정과 도리에 의거해서 생각하자면, 만약 많은 사람들이 염불하여 왕생하도록 도와준다면, 자신이 임종시에 이르러 자신의 염불공부가 조금 부족할지라도 괜찮습니다.

---

22) 우리가 누겁의 세월에 걸쳐 원한을 맺거나 애정으로 얽힌 존재들로 이번 한 생에 자신에게 진 빚을 갚으라고 우리들에게 찾아올 수 있습니다. 이러한 존재들을 원친채주(冤親債主)라고 부릅니다. "우리들이 그들에게 빚진 것, 또한 우리들이 사로잡혀 있는 것, 다른 사람들이 여러분을 붙잡고 있는 것, 몇몇 끝내지 못한 인연들이 모두 우리들의 장애가 되고 극락왕생을 성취하지 못하게 합니다. 염불을 통해서 우리들이 그들에게 빚지고 있는 은혜와 그들에게 빚지고 있는 원한은 모두 갚아버려야 합니다."

왜냐하면 당신의 도움으로 인해 극락세계에 왕생한 사람들은 틀림없이 아미타부처님을 모시고 다 같이 와서 당신을 접인할 것이기 때문입니다. 사람들의 느낌과 생각이 크게 다를 리 없습니다. 그래서 다른 사람이 왕생할 수 있도록 돕는 일은 그 무엇보다 중요합니다.

❧

[질문] 왜 많은 염불단체들이 모두 조념할 것을 제창합니까?

[대답] 《화엄경소》에 이르길, "겸하여 함께 향을 사르고 인경을 울려서 「아미타불」 부처님 명호를 부르도록 돕는다(兼與燒香鳴磬 助稱佛名)." 하였습니다. 이처럼 「아미타불」 부처님 명호를 부르도록 돕는 것이 바로 조념助念입니다. 임종조념은 염불인이 닦아야 할 제일 공덕입니다. 한 사람이 왕생하도록 돕는 일은 바로 그 사람이 성불하도록 돕는 일입니다. 중생을 제도하는 일 가운데 가장 수승한 일은 바로 그를 성불하도록 제도하는 것입니다. 그가 진정으로 부처가 된다면, 당신은 이번 생에 큰 인연을 지었습니다. 한 사람을 도와 성불하게 하였으니 말입니다!

대자보살大慈菩薩께서는 잘 말씀하셨습니다. "만약 두 사람이 왕생하도록 도울 수 있으면 자신이 정진한 것보다 뛰어나고, 만약 십여 명이 왕생하도록 도울 수 있으면 복보가 무량하며, 만약 백 명에 이르는 사람을 왕생하도록 도울 수 있으면 바로 진정한 보살이니라." 조념은 염불공부가 완전히 무르익지 않은 사람에게 큰 이익과 큰 도움이 있습니다. 그래서 수많은 염불단체들이 모두 조념단을 조직하여 조념할 것을 제창하고 있습니다.

제2장
조념의 시기와 안전한 시효

[질문] 조념은 언제부터 시작합니까?

[대답] 병세가 위중하거나, 막바지에 이르렀지만 의식(神智)이 여전히 또렷하고 분명한 때입니다. 숨이 끊어진 후 조념은 12시간 동안 끊어지지 않고 계속 할 수 있는 것이 가장 좋지만, 적어도 8시간 동안은 해야 합니다.

병자가 집에 있다면 그의 집에 가서 조념하고, 그가 병원에서 돌아가셨으면, 병원에 가서 조념합니다. 조념은 병자가 아직 숨이 끊어지지 않았을 때 하는 것이며, 이 중요한 시기에 선지식이 곁에서 그가 정념(正念)을 잃지 않고, 일심으로 사람들을 따라 염불하여, 한 마음 한 뜻으로 정토에 태어나길 구하도록 잘 보살펴주어야 합니다.

[질문] 노화상님께서는 일찍이 말씀하시길, "경전이나 왕생주 주문은 때에 이르러 모두 필요 없고, 바로 한마디 「아미타불」 부처님 명호뿐이다." 하신 적이 있습니다. 이는 어떤 때인지 궁금합니다.

[대답] 임종을 맞이하여 왕생하는 때, 그리고 왕생한 후 8시간, 혹은 10시간 내지 12시간입니다. 이때는 바로 한마디 「아미타불」 부처님

명호 뿐, 다른 어떠한 것도 필요치 않습니다. 사람이 병세가 위중할 때에도 한마디 「아미타불」 부처님 명호만 필요하고, 모든 경전이나 주문은 다 필요 없습니다. 그로 하여금 한마디 「아미타불」 부처님 명호만 마음을 전념하게 하면 왕생할 수 있습니다. 염불할 때는 도중에 샛길로 빠져서도 안 되고, 다른 잡념을 일으켜서도 안 됩니다. 이 한 마디 부처님 명호는 극락세계와, 아미타부처님과 감응교도感應道交하는 작용을 일으킵니다.

[질문] 조념을 얼마나 오랫동안 해야 안전하다 할 수 있습니까?

[대답] 경전에서는 사람이 비록 숨이 끊어졌을지라도 신식神識은 여전히 몸을 떠나지 않아 통상 8시간이 되어야 비로소 떠나므로, 이때 염불하여 얻는 감응이 특히 강렬합니다. 그래서 이때 그를 도와 염불하는 것이 가장 수승합니다. 그러나 어떤 사람들은 8시간이 되었어도 신식이 떠나지 않아, 12시간에서 14시간까지가 가장 좋고, 14시간까지 하면 더욱 안전합니다.

[질문] 사람이 돌아가신 후 보통 24시간이면 신식이 몸을 떠나는데, 어떤 거사 한 분은 24시간이 지났는데도 온몸이 여전히 뜨거웠습니다. 이러한 상황을 만났을 때는 조념하는 시간을 더 연장해야 합니까?

[대답] 맞습니다! 이러한 경우에는 조념하는 시간을 좀 더 연장해야 합니다. 몸이 여전히 뜨겁다는 것은 아뢰야식이 아직 몸을 떠나지 않았다는 것을 증명합니다. 사람마다 신식이 떠나는 시간이 같지 않습니다. 보통은 8시간이면 떠나지만, 안전하게 하기 위해서는 조념 시간을 12시

간 이상 연장하는 것이 가장 좋습니다. 그렇게 하면 더욱 안전합니다. 신식이 떠난 후 온몸이 차갑게 됩니다. 그러나 만약 여전히 열기가 있다면 신식이 떠나지 않은 것이니, 염불하는 시간을 더 길게 하는 것이 좋습니다.

[질문] 정토공부를 함께 한 동수同修께서 돌아가셨을 때, 12시간 동안 「아미타불」 부처님 명호를 불러 조념한 후에 집안에 이틀 혹은 사흘 모셔두었다가 화장한 다음에 안장安葬하였습니다. 이러한 경우 여전히 계속해서 그를 위해 염불해야 하는지, 궁금합니다.

[대답] 당연히 해야 합니다! 이틀 집안에 모셔두면 이틀 동안 염불하며, 삼일 집안에 모셔두면 삼일 동안 염불하며, 안장하거나 화장할 때까지 줄곧 정지하지 말고 염불해야 합니다. 이렇게 하면 나 자신도 이롭게 하고 남도 이롭게 합니다.

[질문] 돌아가신지 49일 동안에도 역시 계속해서 조념해야 합니까?

[대답] 물론 염불해야 합니다! 돌아가신지 49일 동안에는 「아미타불」 부처님 명호를 끊어지지 않도록 하는 것이 가장 좋습니다. 설사 돌아가신 사람이 이미 염불공부가 한 덩어리를 이루었거나(功夫成片), 혹은 일심불란一心不亂의 경지에 이르도록 염불하였다 해도, 이 49일 동안 그를 위해 염불하여 회향하면 틀림없이 그가 왕생하는 품위品位가 더욱 높아지게 됩니다. 그러나 만약 그의 공부가 모자라서 왕생할 수 없어 육도六道에 가서 다시 다른 생을 받을 지라도, 조념해 준 이 공덕으로 그가 악도에 떨어지지 않도록 도울 수 있습니다. 만약 그가 선도善道에 왕생한다면

선도에서 그의 복덕과 지혜가 늘어나게 해주니, 이것이 진실한 이익입니다. 좋은 예가 하나 있는데, 어떤 사람이 살아 있을 때 불교를 접한 적이 없어서 염불을 할 줄 몰랐지만, 죽은 후 49일 동안 매우 수승하게 조념해 줌으로 인해, 그가 이를 느껴서 염불을 따라했는데, 49일째 되는 마지막 날에 뜻밖에 그는 정말 왕생했습니다. 이것이 바로 중음신中陰身입니다. 사람이 비록 이 세상을 떠났지만, 영혼은 아직 떠나지 않고서 예전처럼 도량의 대중들과 함께 같이 염불공부를 닦음으로 인해, 그는 왕생한 것입니다. 이러한 일은 조금도 의심이 없습니다.

[질문] 동물이 죽은 후에는 어떻게 처리해야 합니까? 동물 역시 12시간 조념하고 난 다음에 옮겨야 합니까?

[대답] 부처님께서 우리에게 사람은 몸에 대한 집착이 매우 심각하다고 말씀하셨습니다. 왜냐하면 사람은 죽은 후에도 신식神識이 여전히 몸을 떠나지 않고 있기 때문에 적어도 8시간 동안은 움직여서는 안 되지만, 동물은 아마 사람처럼 이렇게 긴 시간이 필요치 않을지도 모릅니다. 일반적으로 축생 중에서도 특히 작은 동물의 경우, 작은 동물일 수록 신식이 더욱 빨리 떠나므로 모기나 개미, 혹은 기거나 날거나 꿈틀거리는 이러한 작은 동물들에게는 약 10분 좀 넘게 염불해주며, 넉넉잡아 30분 정도 염불해주면 충분합니다. 그러나 만약 소나 양, 돼지나 개와 같은 이러한 큰 동물에게는 한 시간정도 염불해주면 그럭저럭 충분합니다.

제3장
임종시 처리방법 및 주의사항

[질문] 동수同修께서 돌아가시는 경우, 어떻게 그를 도와야 하고, 어떻게 그를 성취시켜야 합니까?

[대답] 사람들이 한자리에 모여 염불을 함께 수행하는 목적은 서방극락에 왕생을 구하는 데에 있습니다. 어떤 사람이 돌아가실 때, 어떻게 처리하고, 어떻게 그를 돕고, 어떻게 그를 성취시켜야 하는지 잘 알아야 합니다. 옛날의 대덕들께서는 고대의 문어문으로 《칙종진량飭終津梁》을 작성하셔서 임종시 처리절차를 우리에게 남겨 주셨습니다. 근대의 대덕들께서는 현대 회화문인 중국어로 재 작성하여 《칙종수지飭終須知》라 불렀습니다. 여기서 중요한 부분은 제가 붉은 붓으로 밑줄을 쳐서(여기서는 진한 고딕체로) 새롭게 다시 칼라 판으로 인쇄 제작하였습니다. 《칙종수지》란 이 명칭을 많은 이들이 기피하여서 제가 이 책의 명칭을 《어떻게 염불해야 왕생하여 물러나지 않고 성불할 것인가?(怎麼念佛往生不退成佛)》로 바꾸었습니다. 이 책은 학불하는 동학同學들께서 항상 보아야만 만에 하나라도 조념하는 상황을 만났을 때 어떻게 처리해야 하는지 알 수 있을 것입니다. 저의 연로하신 어머니께서 세상을 떠나셨을 때, 사후의 뒤처리는 완전히 이 책에 적혀 있는 방법에 따라 그대로 행하였으며, 한韓 관장께서 왕생하셨을 때에도 마찬가지로 이 책의 방법에 따라 행하였으며, 대단히 여법如法하였습니다.23)

[질문] 만약 도량에서 어떤 사람이 돌아가실 경우, 불칠법회佛七法會를 행하는 동수同修들을 동원하여 조념해도 됩니까? 또 마땅히 어떻게 안배해야 쌍방이 모두 좋겠습니까?

[대답] 염불당念佛堂에서 어떤 사람이 돌아가시는 경우 절대로 염불당 경내를 혼란스럽게 해서는 안 되며, 평상시 조념할 것을 발심한 사람이 가서 그를 도와야 합니다. 만약 염불당의 동수가 열심히 공부하는 도중에 가서 조념하면 마음이 산란해지고 열중하여 전념할 수 없습니다. 한 사람이 돌아가셨다고 해서 오히려 다른 사람이 염불하는 것을 무너뜨린다면, 이러한 것은 좋지 않습니다. 그래서 왕생을 돕는 사람들은 전문적으로 조념하는 조념단이 있어야 하며, 이 조념단이 임종을 앞둔 사람들을 위한 호스피스 활동과 조념활동을 맡아야 합니다. 이렇게 해야 옳습니다.

[질문] 어떤 수행자가 돌아가신 후 곧바로 그의 자녀들이 그를 냉동 궤에 넣어두는데, 이렇게 하는 것이 그의 왕생에 영향을 미칠 수 있습니까?
[대답] 이러한 처리방법은 너무 경솔하므로 영향을 미칠 수 있습니다.

[질문] 병자가 산소 호흡기를 착용하고 있거나 링거주사를 맞다가 숨이 끊어졌을 경우, 그 자리에서 바로 산소 호흡기나 링거주사를 빼야 합니까? 아니면 12시간 조념을 하는 것을 기다린 후에 다시 처리해야 합니까?

---

23) 제3부 정토왕생록 참조

[대답] 어떤 사람이 병이 위중할 때 곁에서 병자를 보살펴주는 사람들은 대단히 중요합니다. 병자가 이미 병세가 호전될 기미가 없다는 것을 알면, 이러한 것들은 모두 뽑아야 하며, 이러한 것들을 뽑고 나면 병자는 고통이 없어서 몸이 아주 가볍고 자유롭다고 느낄 수 있습니다. 만약 뽑기 전에 숨이 끊어지는 경우 대단히 고통스러울 것입니다. 이때는 뽑아도 고통스럽고 뽑지 않아도 고통스러울 것입니다. 그래서 병자의 고통을 줄여주기 위해서는 가장 좋은 것은 병이 위중할 때 그것들을 뽑아낸 다음 조념을 시작하여 그로 하여금 염불을 따라하게 하면 고통이 사라집니다.

[질문] 조념할 때 왜 망자의 몸을 건드려서는 안 됩니까? 언제 비로소 망자의 몸을 만져도 됩니까?

[대답] 불가佛家에서 임종한 후 8시간 동안은 절대로 망자의 몸을 건드려서는 안 된다고 말하는 것은 망자가 분노하는 마음을 일으킬까 두려워서입니다. **망자의 몸 뿐만 아니라, 그가 누워있는 침대 또한 건드려서는 안 됩니다.** 가장 안전한 것은 12시간 내지 14시간까지이며, 신식神識이 떠났을 때를 기다려 다시 만지면 괜찮습니다. 그러나 신식이 떠나지 않았는데, 망자의 몸을 만지면 성내고 원망하는 마음을 일으킬 것이고, 당신과 원수를 맺게 될 것입니다. 이러면 망자는 틀림없이 악도惡道에 떨어집니다.

[질문] 망자의 따뜻한 기운이 몸의 어느 부위에 남아있는지 검사하면 그가 선도善道에 갔는지 여전히 악도惡道에 있는지 잘 알 수 있는데,

이렇게 할 필요가 있습니까?

　[대답] 어떤 사람이 임종시 마지막 숨이 끊어진 후　육도 중 어느 곳으로 가서 환생하는지는 바로 마지막 일념에 달려있습니다. 경전에서는 신식神識이 몸을 떠나지 않는 상황을 비유하길, 마치 "살아있는 거북이의 껍질을 벗기는 것"처럼 고통스럽다고 하셨습니다. 그래서 망자의 몸을 절대로 건드려서는 안 되며, 건드리게 되면 그가 분노하는 마음을 일으키기가 매우 쉽습니다. 바로 이처럼 중요한 순간의 마지막 일념에 분노하는 마음을 일으키게 되면, 대부분 지옥에 떨어집니다. 이는 망자에게 대단히 이롭지 못한 일입니다. 사람이 세상을 떠난 후에 어떤 사람은 따뜻한 기운이 몸의 어느 부위에 있는지 살펴보아 그가 선도에 갔는지 악도에 알고 싶어 하지만 신식이 아직 몸을 떠났는지 떠나지 않았는지 모르기 때문에 가장 좋은 것은 망자의 몸을 건드리지 않는 것입니다. 만약 신식이 이미 몸을 떠났다면 아무런 문제가 없겠지만, 반대일 경우에는 망자에게 이롭지 않습니다.

　그래도 만약 탐측하려면 8시간을 기다린 후에 하고, 가장 안전한 것은 숨을 끊어진 후 12시간이 지났을 때입니다. 이래야 진정으로 망자를 보호하고 망자를 돕는 일입니다. 이러한 상식을 가지고 있어야 남을 도와줄 수 있고, 남을 성취시킬 수 있으며, 만약 그렇지 않으면 도리어 남을 해치게 됩니다.

　[질문] 망자가 왕생한 후 8시간이 채 되기도 전에 어떤 사람은 내공內功으로 망자의 발밑에서 시작하여 머리 정수리까지 계속 밀어서 움직이게 하는데, 이는 망자의 신식이 빨리 몸 안에서 벗어나도록 돕고자하는

뜻이라 합니다. 이는 정말로 사실인지? 망자에게 영향이 있는지? 궁금합니다.

[대답] 가장 좋은 것은 이렇게 하지 않는 것입니다. 망자가 기공氣功을 배운 사람을 제외하고는 만약 그렇지 않으면 망자가 이렇게 하는 것을 몹시 싫어할 것이고, 싫어하게 되면 분노하고 원망하는 마음을 일으킬 것입니다. 분노하고 원망하는 마음을 일으키면 악도에 떨어집니다. 사람이 임종을 맞이할 때, 그를 편안하게 해주고, 사람들이 옆에서 염불하여 그를 돕고, 그를 일깨워주어서, 그가 염불을 따라 하기를 희망하고, 정토에 태어나고 싶어 하길, 아미타부처님을 가까워지고 싶어 하길 희망해야 합니다. 조념을 하는 뜻은 바로 여기에 있습니다.

[질문] 사람이 숨이 끊어진 후에 그를 살리려고 응급조치를 하는 것 또한 효과가 있습니까?

[대답] 의사들은 죽어가는 사람을 살리려고 응급조치를 하지 않는 것이 가장 좋다는 사실을 다 압니다. 숨이 끊어졌을 때, 의사는 "환자의 측근에게 응급조치를 원하는지" 물을 것입니다. 그러나 응급조치는 망자에게 매우 고통스럽고 아무런 효과도 없습니다. 그래서 의사는 환자의 상황을 설명하고 당신이 원하면 의사는 바로 응급조치를 하지만, 만약 원치 않는다고 하면 그도 매우 찬성할 것입니다. 응급조치를 할 때는 분명히 심각한 상해가 있어 고통스러워 할 것이고, 고통을 느끼면 성내는 마음을 내게 되고, 성내는 마음이 일어나면 틀림없이 악도로 갈 것입니다. 이는 많은 사람들이 무지하여 잘 알지 못하는 사실입니다!

[질문] 임종을 맞이하는 사람을 간호할 때 어떠한 일들을 주의해야 합니까?

[대답] 어떤 사람이 임종을 맞이할 때 가족 권속들은 망자에게 긍정적인 면을 제시해주어야 하고, 부정적인 면이 있어서는 안 됩니다. 부정적인 면이란 무엇이냐 하면, 애정이 바로 부정적인 면입니다. 가족·육친권속들은 모두 망자에 대해 애정을 가지고 있어 임종시에 망자를 보고 눈물을 흘리게 되면, 망자는 본래 극락세계로 가려고 하는데, 이 눈물이 망자를 되돌려서 극락세계로 갈 수 없게 되니, 이는 매우 두려워할 만한 일입니다. 따라서 가장 좋은 것은 가족·육친권속들에게 망자를 보지 못하도록 하고, 연우蓮友들에게 망자를 도와 조념하게 하면 됩니다.

부처님께서는 경전에서 말씀하시길, "사람이 죽은 후에 일반적으로 8시간 후에도 신식神識이 여전히 몸을 떠나지 않으면 몸에 감각이 있을 것이고, 망자가 여전히 희노애락에 쉽게 감정이 움직일 수 있는데, 한번 감정이 움직이면 아미타부처님께서 오셔서 그를 접인하지 않을 것이다." 하셨습니다. 이는 매우 큰 장애입니다. 그래서 임종시에는 그를 건드려서는 안 될 뿐만 아니라, 그가 누워있는 침대까지도 건드려서는 안 되며, 그의 곁을 지나갈 때는 아무래도 약간의 거리를 두어야 합니다. 그의 몸과 침대를 건드리지 않는 것은 그가 괴로워하고 고통을 받을까 두려운 데, 고통을 받으면 성내는 마음을 일으킬 것이고, 성내는 마음이 일어나면 확실히 삼악도三惡道에 떨어질 것입니다.

[질문] 어떠한 상황 하에 조념할 때 망자를 가족 권속들과 격리시켜야 합니까?

　[대답] 염불을 한 사람이 설사 살아있을 때에 염불공부를 괜찮게 했다고 할지라도, 그가 왕생할 때 그의 가족·육친권속들이 극락왕생하는 도리를 잘 알지 못하여 옆에서 울고불고 하거나, 그를 부여잡고서 그의 감정을 움직이게 하거나, 혹 그를 어루만지고, 그를 밀고 하면 일을 완전히 그르칩니다. 이러한 상황에서는 그들을 격리시키고 나서 그에게 조념을 해주어 그가 듣는 것이 온통 「아미타불」 부처님 명호여야 하고, 망자가 큰 소리로 우는 소리를 듣지 않도록 하여 감정이 움직이지 않도록 해야 합니다. 왜냐하면 우는 소리를 듣고 그들에게 사랑에 집착하는 마음이 일어나면 극락세계에 왕생할 수 없기 때문입니다. 탐진치가 망자에게 끼치는 영향이 매우 심각하다는 사실을 반드시 알아야 합니다. 사랑에 집착하면 아귀도에 떨어지고, 분한 마음을 품고 성내면 지옥도에 떨어지고, 자신이 미혹하여 남을 어리석게 하면 축생도에 떨어지므로 망자의 마음을 어지럽혀서는 안 됩니다.

　[질문] 임종시 자식이나 손자들이 와서 소리치고 떠들고 하면 극락세계에 왕생할 수 없는데, 이럴 경우에는 어떻게 해야 합니까?

　[대답] 집에서 염불인은 명이 다해 머지않아 떠나려 할 때, 자식이나 손자들이 와서 소리치고 떠들고 하는 모습을 보고서 떠나기 아쉬워하면, 아미타부처님께서 그를 접인하러 오셨다가 이러한 광경을 보고서 그대로 가버리시면 그는 극락세계에 갈 수 없습니다. 《칙종수지》에서는 왕생하도록 배웅할 때, 가족·육친권속이 망자의 얼굴을 보지 않는 것이 가장 좋다고 가르치고 있습니다. 이는 인정상 옳지 않은 말이지만, 불법에서 말하자면 이러한 행위가 망자를 어지럽히고 해칠까 두렵기 때문입니다. 언제 망자의 얼굴을 보는가 하면, 숨이 끊어진 후 8시간을 기다려서

다시 얼굴을 보는 것이 가장 안전합니다.

　그밖에 하나는 원친채주冤親債主로서, 망자가 그들을 보면 싫어하여 성내고 분한 마음이 즉시 일어납니다. 이들은 모두 왕생에 장애가 되는 인연으로 아미타부처님께서 그를 접인하는 시절인연을 놓칠 것입니다. 그래서 왕생하도록 배웅할 때는 망자가 매우 침착하고 냉정할 수 있도록 망자의 곁에는 온통 불교 도반들이어야 합니다. 이들은 모두 염불하여 망자를 배웅하고, 그가 듣는 것은 온통 「아미타불」 부처님 명호이고, 눈을 떠서 보이는 것도 「아미타불」 불상이 되도록 해주어야 합니다.

　[질문] 아버님께서 왕생하실 때 정념正念이 분명하셨습니다. 그러나 저희 가족의 꿈에 아버님께서 나타나셔서 어머님이 관 뚜껑을 덮을 때 큰 소리로 우시는 바람에 세상에 미련이 생겨 돌아오셨다고 말씀하셨습니다. 아버님께서 세상을 떠나시고 반년이 지난 후 어머니께서는 아버님이 어머니를 부르는 소리를 듣기만 하면 한 바탕 큰 병을 앓으십니다. 제 아버님께서 어느 곳에 왕생하셨는지 궁금합니다.

　[대답] 이렇게 말한 것으로 보아 극락세계에 왕생하지는 않았고, 게다가 자주 집으로 돌아온다니 대부분 귀신도에 계십니다. 이는 염불인에게 매우 좋은 교훈이 됩니다. 바로 왕생하도록 보낼 때는 반드시 《칙종수지》에서 설명하고 있는 방법에 따라 그대로 행해야 하며, 반드시 임종을 맞이하는 사람이 정념을 일으킬 수 있도록 도와야 합니다. 설사 숨이 끊어졌을지라도 부처님께서는 경전에서 말씀하시길, 8시간 동안은 아주 중요한 때이므로 일심으로 염불하여 그를 도와야 8시간 동안 극락세계에 왕생할 수 있다 하셨습니다. 그러나 임종 후 8시간 동안은 그가 절대로

고통이 있어서는 안 됩니다. 설사 염불할지라도, 만약 신식神識이 아직 몸을 떠나지 않았다면, 그의 몸을 건드릴 경우 그에게 번뇌가 생길 것입니다. 만약 아내가 큰 소리로 울면, 그의 마음을 어지럽혀서 왕생할 수 없습니다. 임종시 비록 정신이 또렷할지라도, 그의 감정이 움직여서 여전히 세상에 미련이 있으면 극락세계에 갈 수 없습니다. 이는 매우 좋은 예입니다.

[질문] 부모님께서는 이슬람교도이십니다. 부모님께서 임종시, 학불한 사람이 응당 어떻게 해주어야 부모님께 이익이 있을 수 있겠습니까?

[대답] 만약 독실한 이슬람교 신도라면 임종시 이슬람교 성직자「이맘(阿訇)」을 청해 이슬람교 규정에 따라 장례를 치를 것입니다. 우리는 불교도이니 그의 옆에서 소리를 내서는 안 됩니다. 그러나 염불하고 경전을 독송하여 그에게 회향하는 것은 대단히 여법합니다. 그가 독실한 이슬람교 신도일 경우, 임종시에 그에게 불법을 배우게 하여 그가 마음으로 달가워하지 않고 진심으로 원하지 않으면 번뇌가 생길 것입니다. 이는 결코 좋은 일이 아닙니다. 그를 기쁜 마음으로 천국에 태어나도록 도와주어야 하며, 이렇게 하는 것이 옳습니다.

[질문] 오신채를 먹고서 조념해도 됩니까?

[대답] 요즘 사람들은 "오신채를 먹는다." 말할 때 그 뜻이 매우 모호합니다. 오신채는 채소로 육식이 아닙니다. 육식은「비린 음식」이라 말합니다. 오신채는 다섯 가지 채소로, 파·마늘·달래·부추·양파를 가리킵니다. 이것을「다섯 가지 매운 야채」라 말하며, 반드시 분명하게 구별해야

합니다.

　고기를 먹고서는 조념해도 되지만, 이 다섯 가지 매운 야채를 먹었을 경우에는 안 됩니다. 이들 야채가 풍기는 냄새가 좋지 않아 귀신들은 모두 몹시 싫어합니다. 이것에 대해서는 《능엄경》에서 매우 분명하게 강설하고 있습니다.

　[질문] 담배를 피우거나, 술을 마시거나, 고기를 먹고서 대중을 이끌고서 염불해도 됩니까? 또 망자에게 법문을 해도 됩니까?

　[대답] 조념하는 날에는 채식을 하는 것이 가장 좋습니다. 이는 망자에 대한 경건·정성·공경을 표시하는 것으로 이렇게 해야 공덕이 더욱 큽니다. 이러한 것들은 조념을 다 마치고 난 후 집으로 돌아가 먹되, 조념하는 장소에서 먹어서는 안 됩니다. 조념할 때 담배를 피우거나, 술을 마시거나, 고기를 먹는 것은 좋지 않고, 망자에 대해서도 공경하지 못한 태도입니다.

　[질문] 조념할 때 몸이 저절로 좌우로 흔들거리는데, 이는 혹 태도가 점잖지 않은지요? 특히 혼침昏沈이 올 때, 몸을 좀 흔들거리면 정신을 차릴 수 있는 것 같은데, 이렇게 하는 것이 다른 사람의 조념을 방해하는 것인지요?

　[대답] 이는 그 당시 환경을 보아야 합니다. 만약 동작이 그다지 크지 않으면 옆에 앉은 동수同修에게 방해가 되지 않겠지만, 동작이 너무 빈번하거나 너무 많아 질서를 어지럽힌다면, 그 자리에서 물러나 밖으로

나와서 잠시 걸으면서 마음을 조절하고, 몸을 조절한 후에 다시 계속해서 조념하면 됩니다.

[질문] 우리나라(홍콩)의 법률은 사람이 돌아가시면 곧 바로 영안실로 보내도록 규정되어 있습니다. 이를 보완하여 구제할 어떤 방법이 있는지 궁금합니다.

[대답] 부처님께서 말씀하시기를, 숨이 끊어지면 심장 박동은 멈추지만, 신식은 여전히 몸을 떠나지 않아서 적어도 8시간 후에, 가장 좋은 것은 12시간 내지 14시간이 지나서 옮기는 것이 더욱 안전하다고 하셨습니다. 이곳의 법률이 이를 허용하지 않고, 병원도 절대로 허락하지 않아, 숨이 끊어진 후 10분이면 반드시 옮겨야 합니다. 많은 동수들도 저에게 어떻게 하면 좋은지 물었습니다. 현재 이곳(홍콩)에서 의원을 다시 뽑으려고 하니, 이들 의원들을 찾아가 이들 의원이 당선되기를 지지하니, 그들에게 이러한 법률조항을 개정하여 10분을 8시간으로 연장해줄 것을 요청하여, 숨이 끊어진 후 병원에 8시간 안치해둔 후에 옮기는 것을 허용해준다면 그 공덕이 무량할 것입니다.

그렇지만 법률이 개정되기 전에는 어떻게 하느냐 하면, 중국 대륙으로 가거나, 대만도 가능합니다. 거리가 그다지 멀지 않으므로 매우 편리합니다. 심천深圳에는 원장이 불교도인 병원이 간혹 있는데, 원장이 임종을 앞둔 사람들을 위한 호스피스 활동을 잘 이해하고 있으므로, 그의 병원에서 돌아가시면 8시간 내지 10시간 조념할 수 있습니다.

[질문] 홍콩의 병원에서는 사망한 후 그 즉시 바로 시신을 포장합니다.

아쉽게도 홍콩에는 조념하여 왕생하도록 보낼 수 있는 미타촌彌陀村이 없는데, 어떻게 해야 좋습니까?

[대답] 물론 가장 좋은 방법은 홍콩에 미타촌을 건립하여 염불인이 임종시 조념왕생 하도록 돕는 것입니다. 만약 홍콩에 이러한 조건이 갖추어지지 않았으면, 더욱 좋은 방법은 스스로 자신의 공부가 무르익도록 염불하면 임종시 사후 뒤처리에 걱정이 없습니다. 진정한 왕생은 숨이 끊어지자마자 곧 바로 극락세계로 가는 것(자재왕생)이며, 이렇게 하면 중음中陰이 없습니다. 이는 진정으로 염불공부가 한 덩어리를 이룬 사람만이 할 수 있으며, 염불공부가 좀 부족한 사람은 조념이 필요한데, 사람마다 각자 연분이 서로 같지 않습니다. 국내의 일부 도량, 예를 들면 동천목산사東天目山寺, 백국흥륭사百國興隆寺 등 적지 않은 도량에서는 모두 임종을 앞둔 사람들을 위한 호스피스활동을 중시하고 있으므로, 참고해두시면 좋습니다.

[질문] 큰스님께서 항상 말씀하시길, 사람이 숨이 끊어진 후에 12시간 내지 14시간 조념하였다면 그 지역의 풍속에 따라 화장하거나 냉동해도 된다고 하셨습니다. 그런데 왜 《어떻게 염불해야 왕생하여 물러나지 않고 왕생할 것인가?》라는 책에 보면, 화장은 7일 이후나 적어도 3일 동안은 안치해야 한다고 말하고 있습니까?

[대답] 3일 혹은 7일 동안 안치해 놓는 것을 현재 사회에서는 허가하지 않으므로, 혹 이렇게 하고자 하려면 국가에서 법률을 개정할 것을 바랄 수밖에 없습니다. 만약 국가에서 개정할 수 없다면, 이는 어쩔 수 없이 국가의 법령규정을 따라야 합니다.

　　현재 병원에서는 사람이 숨이 끊어진 후 10분이면 그 즉시 바로 영안실로 보내어 냉동시키는데, 이는 불문佛門의 관점에서 말하면 매우 두려워할 만한 일입니다. 왜냐하면 사람이 숨이 끊어진 후 신식神識이 아직 몸을 떠나지 않았기 때문입니다. 3일이나 혹은 7일 동안 그대로 안치해 놓을 수 있으면 가장 좋습니다. 이것이 세상을 떠난 사람에 대한 배려이자 사람의 도리로 그렇게 빨리 매장하는 것은 사람의 인정상 차마 하지 못할 일입니다. 숨이 끊어진 후 3일 내지 7일 동안, 만약 학불한 망자의 몸이 여전히 부드러울 경우 이러한 변화를 지켜보면 학불하는 사람들의 신심이 깊어질 수 있습니다. 우리 정종학회 한영 관장님께서 왕생하신 후, 그를 입관한 것은 7일 이후였습니다. 몸을 씻기고 옷을 갈아입힐 때 한 관장님의 온몸은 부드러웠고, 용모도 변하여 더욱 젊어졌으며, 모습이 변할수록 더욱 좋게 보였는데, 확실히 잠자는 사람의 모습과 같았고,, 병이 있는 사람의 모습 같지가 않았습니다. 이 모습은 많은 사람들에게 매우 큰 신심을 증장시켜 주었습니다.

　　[질문] 3일 내지 7일 이후에는 반드시 화장을 해야 합니까? 그 이유는 무엇인지? 궁금합니다.

　　[대답] 며칠 후에 화장하는지 일정하지 않고, 각 지역의 풍속·습관을 보아야 합니다. 예를 들면 북방은 날씨가 한랭하므로, 망자를 좀 더 오래 안치해놓아도 관계가 없지만, 반대로 남방은 날씨가 뜨거우므로 시간이 오래되면 망자의 몸에서 온통 나쁜 냄새를 풍길 수 있습니다. 이 때문에 각 지역의 풍속·습관에 따라 행하면 됩니다.

[질문] 가까운 벗이 불치병에 걸렸습니다. 그에게 병의 증세를 실제 그대로 알린 후에 그에게 세상의 인연을 다 내려놓고서 염불하여 정토에 태어나길 구하라고 권해야 합니까? 아니면 병의 증세를 숨겨야 합니까? 어떻게 돕는 것이 이치에 맞고 여법합니까?

[대답] 불치병을 앓는 친구에게 병의 증세를 알릴 것인지는 상황을 살펴보아야 합니다. 만약 이 사람이 수양이 있고, 평상시 매우 달관하여 받아들일 수 있으면 그에게 알려도 됩니다. 그러나 만약 살기를 바라고 죽음을 두려워하면, 그에게 알려서는 안 됩니다. 그에게 《산서소원山西小院》24), 《요범사훈了凡四訓》, 《유정의공우조신기俞淨意公遇竈神記》 등의 인과 교육을 담고 있는 영화를 보도록 권하는 것이 가장 좋습니다. 이후 설령 병 증세에 대한 검사결과가 나올지라도, 이러한 영화를 보았기 때문에 마음속으로 기초가 생겨서 두려워하지 않을 수 있어서, 그를 돕고자 할 때 비교적 쉽고, 그도 받아들일 것입니다. 만약 가족들이 전부 와서 그를 돕는다면 더욱 두려워하지 않습니다.

[질문] 왕생하도록 배웅할 때, 7일 동안 배웅을 받는 사람이 음식을 먹고 물을 마실 수 있는지 궁금합니다.

[대답] 일반적으로 죽음을 맞이하는 사람은 병이 위중할 때 7일 밤낮동 안 음식을 먹지 못한다면 물은 반드시 마셔야 합니다. 이렇게 하는 것은 몸을 청정하게 하고, 몸 안의 노폐물을 전부 배출시켜서 이 세상을

---

24) 2005년 9월 산서山西 대동大同에 사는 보통사람 40명을 인터뷰한 장면을 촬영한 기록물로 불법의 도움을 받아 불치병에 걸린 사람은 점차 건강을 회복하고 재난을 만난 사람은 재난이 갑자기 사라지는 등 그들의 인생, 가정과 운명이 철저히 변화되는 기적의 사례를 들려준다.

떠날 때 몸이 매우 청정하여 오염이 없도록 하기 위한 것입니다.

❀

[질문] 어떤 사람이 평상시는 몸이 매우 정상이었는데, 어느 날 갑자기 쓰러지고 난 후로 몸이 매우 불편하다고 합니다. 병의 증세가 가벼운지 무거운지 알지 못하는 상황에서 즉시 동수同修에게 와서 그에게 염불해 주어야 합니까? 아니면 먼저 병원에 보내어 응급조치를 해야 합니까?

[대답] 먼저 그가 어떤 사람인지 알아야 합니다. 만약 학불한 사람이라면 이렇게 해도 괜찮으나, 만약 학불한 사람이 아닌데 이렇게 하면 그의 가족들이 와서 스스로 해결하기 힘든 복잡한 상황을 자초할 것입니다. 그의 가족이 그를 즉시 병원에 보내 응급조치를 하지 않는 바람에 응급조치하는 시간을 지연시켰다고 말하면서 배상을 요구할 수도 있습니다. 이는 스스로 해결하기 힘든 복잡한 상황을 자초한 것입니다. 이럴 경우에는 양쪽 다 관리하여 어떤 동수는 그를 도와 조념을 하고, 동시에 또한 그를 병원에 보내어 병원에서 그를 보살피도록 하십시오. 이는 두 가지를 다 원만하게 하는 것이 비교적 안전하고 타당한 방법입니다.

제4장
조념의 내용과 방법

[질문] 조념하는 과정 중에 쇄정의식(灑淨)[25]이 필요합니까? 숨이 끊어지기 전, 숨이 끊어진 후 어느 때가 가장 이상적입니까?

[대답] 쇄정의식은 반드시 조념장소에 도달했을 때 해야 하고, 간단할수록 좋으며 복잡해서는 안 됩니다. 이는 조념장소에 대한 존경의 표시이자 이곳의 형상이 없는 중생에 대한 공경의 표시입니다. 왜냐하면 이 사람을 왕생하도록 돕고, 또 그가 능히 원친채주와 맺은 원한을 풀어서, 그들이 함께 와서 그를 돕기를 바라기 때문입니다.

[질문] 조념하는 과정에서 쇄정의식이 필요합니까? 필요한 경우 언제 해야 적당합니까? 만약 병자가 이미 숨이 끊어졌다면, 다시 쇄정을 할 필요가 있습니까?

[대답] 사람이 임종시에 어떠한 의식도 전혀 중요하지 않습니다. "마음

---

25) 향수를 뿌려서 정화한다는 뜻. 곧 인계印契와 진언으로 향수를 가지加持하고 이를 뿌려서 도량이나 공양구 등을 청정하게 하는 정화법이다. 《대일경소》 4권에 이르시길, "마치 향수를 대지에 뿌려서 오염된 것을 말끔히 정정하게 하는 것과 같이 여래도 또한 이처럼 청정한 성품의 계향戒香에 청정한 자비수(悲水)를 화합하여 법계 중생들의 성정性淨의 심지心地에 뿌려서 온갖 희론戲論을 모두 정화하여 없애느니라." 하셨다.

이 청정하면 불국토도 청정하다(心淨則佛土淨)." 하셨습니다. 마음이 청정하면 물을 몇 방울 뿌리지 않아도 청정합니다. 마음이 청정하지 않으면 물을 아무리 많이 뿌려도 여전히 청정하지 않습니다. 그것은 표법(表法)26) 의식입니다. 이러한 이치를 알아야 합니다. 임종시에는 어떠한 의식도 필요 없고, 어떠한 법문도 필요 없으며, 어떠한 경전이나 주문도 필요 없습니다. 바로 한 마디「아미타불」부처님 명호만 끝까지 염하면 됩니다. 이에 대해서는《칙종교량》과《칙종수지》에 매우 분명하게 설명하고 있습니다.

[질문] 남을 위해 조념할 때「아미타불」사자명호를 사용해도 됩니까?

[대답] 남을 위해 조념할 때,「아미타불」사자명호가 바로 표준적인 염불방법입니다. 사람이 병이 위중할 때는 간단하면 할수록 좋은데,「나무아미타불」육자명호는 너무 많습니다.

연지대사께서는《죽창수필》에 기록하시길, 어떤 사람이 연지대사에게 "스님께서는 사람들에게 어떻게 염불하라고 가르치십니까?" 라고 묻자, 연지대사께서는 대답하시길, "나는 사람들에게「나무아미타불」을 염하라고 가르치네." 하셨습니다. 그러자 그 사람이 다시 묻기를, "스님께서는 스스로 어떻게 염불하십니까?" 하니, 연지대사께서 대답하시기를, "나는「아미타불」을 염하네." 그러자, 그 사람이 다시 묻기를, "어째서 다른 사람에게는「나무아미타불」육자명호를 염하라고 가르치시면서 자신은「아미타불」사자명호만 염하십니까?" 연지대사께서 대답하시

---

26) 이 법문에서는 표법表法은 '법을 몸으로 보여준다'는 뜻으로 사용한다. 또한 원만함을 표시한다는 뜻도 가지고 있다.

길, "나는 이번 생에 다시는 육도를 윤회할 생각을 하지 않으며, 정토에 태어나길 구하기로 결심하였다. 그래서 「아미타불」사자 명호만 염하네." 하셨습니다.

《아미타경》에서 말씀하시길, "그 명호를 집지하여" 라고 하셨습니다. 여기서 그 명호는 단지 「아미타불」사자명호만 있을 뿐입니다. 이는 여래의 가르침을 그대로 따른 것입니다. 다른 사람에게 「나무아미타불」 육자명호를 염하도록 권하는 것은 그 사람이 꼭 왕생할 것을 발심하였다 할 수 없기 때문입니다. 그래서 「나무」를 보탠 것입니다. 「나무」는 인사치 레말로 공경 · 귀의한다는 뜻입니다. 「나무」는 아미타불과 인연을 맺는 것이지, 정말 왕생하고 싶어 하는 말이 아닙니다. 정말 왕생하고 싶어 한다면, 인사치례로 말하지 말고, 「나무」는 필요 없습니다.

이러한 뜻을 알면 임종시 조념염불할 때 단지 「아미타불」사자 명호만 염불하고, 「나무아미타불」육자명호로써 염불해서는 안 된다는 사실이 명료해집니다. 임종을 맞이하는 이렇게 중요한 순간에는 인사치례로 하는 말이나 예의를 차리는 말은 절대로 해서는 안 되고, 오로지 착실히 진심으로 「아미타불」부처님 명호만 끝까지 염하며, 그래야 자신에게도 이익이 있고 남에게도 이익이 있습니다.

[질문] 평소 염불할 때 큰스님께서 시범으로 보여주신 「아미타불」 부처님 명호를 다섯 마디 염하고 한 번 숨을 바꾸는 방식을 채택하고 있습니다. 그러나 만약 임종시 기운이 쇠하였을 때 조념은 계속해서 이 방식을 채택해야 합니까? 아니면 리듬을 비교적 느린 방식으로 바꾸어 야 합니까?

[대답] 가장 좋은 것은 그와 상의하여 그가 좋아하도록 해야 합니다. 만약 그가 염불방식에 강하게 집착하면 그의 의견을 따를 수밖에 없습니다. 만약 어떤 방식으로 염불해도 다 괜찮다고 말한다면 상관없지만, 만약 그가 완강하게 고집한다면 그의 의견을 따르는 것이 좋습니다. 그가 어떤 염불방식으로 습관이 되어있으면, 그에게 수순하여야 합니다.

🪷

[질문] 조념할 때 어떤 사람은 마음속으로 지념하는 것을 좋아합니다. 혹 이렇게 해도, 망자가 진실한 이익을 얻을 수 있습니까?

[대답] 마음속으로 지념할 때는 단지 귀신만 알 뿐이지만, 소리 내어 염불하면 망자를 제도할 뿐만 아니라, 부처님 명호를 들을 수 있는 중생들도 제도하게 되며, 곁에서 기거나 날거나 꿈틀거리는 벌레까지도 이익을 얻을 수 있기 때문에, 소리를 내어 염불하는 것이 마음속으로 지념하는 것보다 좋습니다. 그렇지만 오늘날의 주거형태는 집들이 다닥다닥 붙어있어서 큰 소리로 염불하면 옆집이 방해받을 수 있습니다. 해외의 법률은 이웃을 방해해서는 안 된다고 규정하고 있어서, 만약 시끄럽게 떠드는 소리가 나면 곧 바로 경찰에 신고하며, 경찰이 와서 그렇게 하지 말라고 권고할 수도 있으며, 이는 조념에 영향을 끼칠 수 있습니다. 이러한 환경에서는 작은 소리로 염불하는 것이 좋으며, 이웃을 방해하지 않는 것을 원칙으로 해야 합니다. 작은 소리로 염불하거나 금강지金鋼持27)를 하는 것은 그때의 상황에 따라서 결정해야 합니다.

---

27) 금강지의 염불법. 개인의 수행 경계에 따라 다르므로 금강지는 너무나 많은 등급(層次)이 있다. (1)입술도 움직이고 치아도 움직이며, 혀도 움직여서 목구멍으로 작은 소리가 나서 귀로 들을 수 있다. (2) 입술은 움직이나 치아는 움직이지 않고, 혀는 움직여서 목구멍으로 작은 소리가 나서 귀로 들을 수 있다. (3) 입술을 조금 벌린 채 움직이지 않고 치아는 움직이지 않고 혀는 움직여서 목구멍으로 적은 소리가 나서 귀로 들을

오늘날은 많은 사람들이 병원에서 임종하므로, 병원에서 염불할 때는 음조가 낮아야 하며, 옆의 병실에 방해가 되게 해서는 안 됩니다. 이러한 것들을 모두 고려해야 합니다.

[질문] 천천히 걸으면서 염불하는 요불繞佛방식을 채택하여 조념을 해도 됩니까?

[대답] 천천히 걸으면서 염불해도 되며, 이러한 방법은 매우 좋습니다.

[질문] 병으로 돌아가신 후에는 어떻게 조념합니까? 임종 전에 《대비주大悲咒》를 염송하거나 혹은 《지장경地藏經》을 염송해주어도 괜찮습니까?

[대답] 만약 정토를 닦은 동수同修라면 어떠한 경전도 염송할 필요가 없고, 바로 「아미타불」 부처님 명호를 염합니다. 특히 위독할 때는 어떠한 경전이나 주문도 뒤섞어서는 안 되고, 《왕생주》 조차도 뒤섞어서는 안 되며, 한 마디 「아미타불」 부처님 명호만으로 엄청나게 득력합니다. 임종시에는 한 마디 「아미타불」 부처님 명호만 생각하고, 이 한마디 「아미타불」 부처님 명호만 염하면서, 진정으로 정토에 태어나겠다는 발원이 있으면, 반드시 극락세계에 왕생할 수 있습니다. 이는 불가사의한

수 있다. 수행자가 (3)의 경계에 도달할 때 천천히 혀가 들어가 움직이지 않으면 이때 정기氣가 구족됨으로 인해 색신에게 모든 인체기관이 모두 움직일 수 없도록 강제할 때 마음으로 염하고 귀로 듣는 경계에 들어가고(4), 다시 계속하여 힘써 마음으로 염하고 마음으로 듣는 경계에 들어가며,(5) 다시 계속하여 힘써 당연히 마지막으로 마음으로 염하나 일어날 수 없는 단계에 들어가고, 다만 한번 깨달아 앞에 머무를 뿐이다(6). 만약 수행자가 계속 참선(염불)한다면 확실히 깊은 선정 가운데 들어가 즉 색신이 존재하는 감각과 지각을 잃어버린다(7).

공덕입니다. 만약 이미 돌아가셨다면《칙종수지》의 방법에 비추어 8시간 내지 12시간 염불하며, 왕생하기를 기다린 후에 시간이 있으면 다시 경전을 독송하여 그에게 회향하며, 임종의 이 시간 동안은 절대로 뒤섞어서는 안 됩니다.

[질문] 임종을 맞이할 때 염불하면서 관상觀想을 할 필요가 있습니까?

[대답] 관상할 필요가 없고, 일심으로 전념하면 저절로 감응感應이 있습니다. 만약 평상시에 관상을 하지 않다가 임종시 관상까지 보태면 오히려 좋지 않습니다. 따라서 반드시 평상시 학습한 것과 완전히 상응하게 해야 마음이 안정될 수 있습니다. 임종시 이것저것 보태면 자신을 어지럽게 할 수 있습니다.

[질문] 망자를 위해 임종 조념과 화장을 할 때, 아미타부처님께서 접인하시는 모습과 연꽃의 모습을 매우 또렷하게 관상觀想하였다면, 망자가 왕생하였는지 궁금합니다.

[대답] 조념은 망자에게 (왕생에 힘을 실어주는) 증상연增上緣을 주는 것으로 효과가 있는지 없는지는 그가 뒤따를 수 있는지 없는지에 달려 있습니다. 만약 망자가 매우 즐거운 마음으로 인도해주는 것을 받아들인다면, 성취가 있을 것입니다. 그러나 만약 임종시 이 세상에 미련이 남아있고, 또 혈육간의 정을 떠나지 못해 하면 극락세계에 갈 수 없습니다. 조념하는 사람은 성심성의로 사람으로서 도리를 다할 수 있어야 하며, 이렇게 하면 틀림없습니다. 그래서 반드시 망자와 조념하는 사람이 서로 힘을 합쳐 내가 당신을 돕고, 당신이 기꺼이 받아들여야 비로소 극락세계에

왕생하는 효과를 거둘 수 있습니다.

[질문] 조념이나 화장할 때 또렷하게 관상觀想하여 망자가 간 곳을 관상하였다면, 이렇게 관상한 결과는 믿을 수 있는 것입니까?

[대답] 관상觀想은 개인 자신의 공부입니다. 따라서 이는 왕생한 사람이 수행한 상황과 상응해야 진실한 것이지, 만약 상응하지 않는다면 진실한 것이 아닙니다. 비유하자면, 만약 어떤 사람이 불법도 믿지 않고, 염불도 하지 않으면서 삿된 앎과 삿된 견해를 가지고 있는데, 당신이 괜찮은 수행인이라고 해서 그 사람이 임종시 연꽃에 앉아서 극락세계에 왕생하는 모습을 관상해주면 괜찮습니까? 만약 괜찮다고 말한다면, 누구나 다 염불할 필요도 없고, 부처님을 믿을 필요도 없으며, 제불보살께서 대자대비심으로 때가 되어 우리를 한번 관상하여 모두 다 성취시켜 주신다면, 이는 이치상 말이 통하지 않습니다.

관상은 관상하는 그 사람 자신에게 이익이 있다고 말할 수 있습니다. 특히 선념善念이 당신의 선근善根을 증장시키도록 도와줄 수 있지만, 망자에게 반드시 진실한 효과가 있는 것은 아닙니다. 망자가 만약 진정으로 공부가 깊어서 염불하여 왕생하였다면, 당신이 관상하여 본 광경도 당신이 관상한 것이 아니라 당신이 그 당시 마음이 청정하여 그의 경계가 당신에게 보였을 뿐입니다.

[질문] 임종을 맞이하는 사람을 대신해 조념할 때, 《지장경》을 독송해야 합니까? 「아미타불」 부처님 명호를 어떻게 염해야 합니까?

[대답] 임종을 맞이하는 사람을 대신해 조념할 때는 《지장경》을 염송해서는 안 됩니다. 분명히 알아두어야 할 것은 사람이 임종을 맞이하는 그 찰나가 가장 관건이 되는 중요한 시기이므로 어떤 경전도 염송해서는 안 됩니다. 망자가 경전을 들을 틈이 어디 있겠습니까? 바로 한 마디 부처님 명호여야 하고, 또한 「아미타불」 사자명호만 염하여야 합니다. 「나무」는 염할 필요가 없고 간단할 수록, 더욱 힘이 강할 수록 잘 수용하게 됩니다. 숨이 끊어진 후, 12시간 조념을 할 수 있는 것이 가장 좋습니다. 적어도 8시간 조념하여 신식神識이 몸을 떠날 때를 기다려야 합니다. 왕생한 후 7일이 지나서 《지장경》이나 《아미타경》을 염송해야 합니다. 만약 진정으로 왕생하였다면 《지장경》을 독송함으로써 망자를 축복하여 그의 품위를 높여 줄 수 있습니다. 그러나 만약 왕생하지 않았다면 《지장경》을 염송해줌으로써 그의 고통을 없애는데 도움을 줄 수 있습니다.

[질문] 망자가 숨이 끊어진 후, 그를 위해 《삼시계념三時繫念》을 염송해주는 것이 더 적합합니까? 아니면 「아미타불」을 염해주는 것이 더 적합합니까?

[대답] 망자가 숨이 끊어진 후에는 당연히 부처님 명호를 염하는 것이 중요하고, 부처님 명호를 염하는 것이 《삼시계념》을 하는 것보다 좋습니다. 왜냐하면 이때는 정신과 의지를 집중해서 그에게 아미타불 부처님 명호를 염하면 틀림없이 왕생할 수 있음을 일깨워주어야 하기 때문입니다. 《삼시계념》 불사佛事는 숨이 끊어진 때로부터 첫째 7일째 날, 둘째 7일째 날, 셋째 7일째 날에 할 수 있습니다. 그러나 첫째 7일 동안은 매일 부처님 명호를 염하는 것이 가장 좋으며, 《아미타경》조차도 독송해서는 안 됩니다.

❀

[질문] 《중봉삼시계념법사中峰三時繫念法事》를 가지고서 조념할 수 있습니까?

[대답] 인광印光대사께서는 《문초文鈔》에서 말씀하시길, 어떤 사람이 중봉국사의 《삼시계념》으로 조념을 해도 되는 지를 여쭈었는데, 대사께서는 찬성하지 않으셨습니다. 저 또한 찬성하지 않습니다. 임종조념은 대단히 중요합니다. 여러 해 동안 세상을 떠나는 사람을 배웅할 때 언제나 《칙종수지》의 방법에 따라 그대로 행하였습니다. 경전조차도 독송하지 않았고, 설법도 하지 않았으며, 바로 한 마디 「아미타불」을 끝까지 염하였을 뿐입니다.

정종淨宗법문을 닦은 사람은 염념마다 정종과 상응해야 합니다. 망자를 제도하는 불사 의규儀規는 매우 많이 있지만, 그 중에서 가장 잘 들어맞는 것은 《중봉삼시계념中峰三時繫念》입니다. 이 안에서 《아미타경》을 독송하고, 왕생주를 염송할 뿐만 아니라, 법문도 대단히 뛰어납니다. 최근 몇 년 동안 불칠법회佛七法會를 원만하게 마친 후 《중봉삼시계념》을 독송할 것을 제창하여, 매우 좋은 효과를 거두고 있습니다. 불칠법회는 자신을 이롭게 하는 것으로 이를 행하는 동안에는 어떠한 법사法事도 하지 않고, 매일 오직 염불하여 회향할 뿐입니다. 이 7일간 법회를 원만하게 마친 후에는 한 차례 《삼시계념》을 독송합니다. 불칠법회를 행하는 중에 동수同修나 가족·육친권속들을 위해 위패를 모시고 천도하므로, 저승과 이승 양쪽 모든 이에게 이롭습니다. 그러나 그것을 가지고서 임종조념을 해서는 안 됩니다.

❀

[질문] 사고로 죽은 동수同修나 동물들을 위해 10시간 조념을 한 후에도 그들의 몸은 여전히 뻣뻣하게 굳어 있었습니다. 그 후 이어서 삼시계념三時繫念을 하였는데, 법회를 끝맺은 후 그들의 온몸이 부드러웠습니다. 이는 조념을 하고 계념을 더한 결과입니까? 아니면 계념의 역량이 조념의 역량보다 큰 것입니까?

[대답] 둘 다 똑같은 역량을 가지고 있습니다. 비유하자면, 우리가 밥을 먹을 때 처음에 먹은 밥 한 그릇은 조념으로 배가 부르지 않습니다. 두 번째 그릇은 계념繫念으로 다시 두 번째 그릇을 먹으면 배가 부릅니다. 당신은 계념의 공덕이 조념보다 크다고 하겠습니까? 아니면 조념의 공덕이 계념보다 크다고 하겠습니까? 모두 평등한 것으로 의심할 필요가 없습니다.

[질문] 《어떻게 염불해야 왕생하여 물러나지 않고 성불할 것인가》라는 책 속에 보면, 어떤 한 병자가 임종시 부처님 명호를 듣기 싫어하여 조념단이 즉시 바로 《지장경》으로 바꾸어 독송하여 그를 대신해 참회하였으며, 이렇게 한 후에 이 병자가 부처님 명호 듣는 것을 좋아하게 되었다는 말이 있습니다. 만약 이러한 상황이 출현하였을 때 다른 경전, 예를 들면 《금강경》, 《관세음보살보문품》 등을 독송해주어도 되는지요? 아니면 단지 《지장경》만 독송해야 효과가 있는 것인지요? 그 원인은 어디에 있는지 궁금합니다.

[대답] 석가모니부처님께서 말씀하시길, "법문은 평등하여 높고 낮음이 없다(法門平等 無有高下)." 하셨습니다. 그러나 중생의 근성根性이 다르고, 더욱이 무시겁 이래로 지은 업장과 습기의 차이는 대단히 큽니다. 이러한

상황을 만나면, 분명히 마장이 나타나기 마련입니다. 이는 곧 이른바 원친채주가 와서 장애하는 것으로, 망자가 부처님 명호를 들으면 싫어하는 마음을 일으키도록 합니다. 일반적으로 말하자면, 《지장경》은 맺힌 원한을 풀어주는 데에 확실히 매우 효과가 있는데, 중생의 근기에 상응하기 때문입니다. 세존께서는 열반에 드신 후, 불법이 세간에 머물게 하는 이 큰 일(大事)을 확실히 지장보살에게 맡기셨습니다. 바꾸어 말하면, 부처님께서 세상에 계시지 않을 때는 지장보살이 대리하는 부처님으로 그의 신분은 다른 보살들과는 다릅니다. 우리는 《지장보살본원경》의 서분序分에서 지장보살의 수승한 장엄, 불가사의함을 볼 수 있습니다. 석가모니부처님께서 한평생 경전을 강설하는 법회 가운데에 어느 법회의 청중이 모두 제불여래였던 적이 있습니까? 《화엄경》에서도 이러한 수승함이 없고, 오직 홀로 《지장경》에서만 시방세계 제불 여래께서 모두 와서 청중이 되셨습니다. 이러한 장엄은 희유한 일이고, 이 경전의 효과도 당연히 희유합니다. 그래서 일반적으로 《지장경》을 염송하면 모두 불가사의한 효과가 생기는 것은 일리가 있음을 잘 알아야 합니다. 그러나 만약 다른 경전을 독송하였는데 효과가 있다면, 이는 그 경전이 망자와 인연이 있기 때문입니다. 관세음보살은 우리가 사는 이 세계와 특별한 인연이 있으십니다. 따라서 《지장경》을 독송하지 않고 《관세음보살보문품》을 독송하여도, 그 효과는 똑같다고 생각합니다.

[질문] 병이 위중한 사람에게 《지장경》을 염송할 것을 추천하였는데, 만약 그 병의 증세가 더욱 악화된다면, 그의 가족들은 혹 불법이 영험하지 않다고 말할지도 모릅니다. 이렇게 된다면 다른 사람들이 불법을 비방하는 일을 초래하지 않겠습니까?

[대답] 확실히 그렇습니다. 이는 마땅히 주의해야 합니다. 누군가가 병에 걸렸을 때, 《지장경》을 염송하는 것은 그의 업장을 없애주는데 도움을 줍니다. 그리고 《지장경》 염송한 공덕을 회향하여 정토에 태어나길 구하는 것은 여법합니다. 이는 《대승무량수경》「삼배왕생」에서 강설하고 있습니다. 제 24품의 경문은 크게 네 단락으로 되어 있습니다. 앞의 세 단락은 상배왕생上輩往生, 중배왕생中輩往生, 하배왕생下輩往生이며, 마지막 한 단락은 일체 대승경전을 독송하는 것에 대해 강설하고 있습니다. 정토법문을 닦은 사람이거나 닦지 않은 사람이거나 모두 상관없이 임종시, 오로지 진성심과 간절한 마음으로 대승경전을 독송한 공덕을 회향하여 정토에 왕생하기를 구하기만 하면, 부처님께서는 여전히 접인하러 오십니다. 그래서 정종법문은 대단히 광대하며, 단지 임종시 믿기만 하면 어떠한 법문을 닦았거나, 어떠한 경전을 독송하였거나 상관없이 모두 다 극락세계에 왕생할 수 있습니다. 그러나 임종시 믿지 않는다면 아무런 방법이 없습니다.

[질문] 왕생할 수 있도록 배웅하고, 조념하는 일을 맡은 지 이미 3년이 되었는데, 언제나 조사들의 의규에 따라 행하였습니다. 그런데 지금 어떤 사람이 저에게 오로지 한 마디 「아미타불」 부처님 명호만으로 왕생하도록 배웅해야 한다는 견해를 제시하였습니다. 저희들은 불사를 할 때, 맨 먼저 연지찬蓮池讚을 부르고, 두 번째로 《아미타경》을 염송하고, 세 번째는 《반야심경》, 네 번째는 왕생주를 염송하고, 찬불게를 부르고, 부처님 명호를 염하는데, 매일 20시간이 넘도록 부처님 명호를 염하고, 그런 후에 삼보에 회향하고 있는데, 이렇게 해도 되는지 궁금합니다.

[대답] 이렇게 하고 있는 것은 좀 너무 많다는 생각이 듭니다. 옛날

대덕들께서 우리에게 가르치시길, "경전을 독송함은 주문을 지송함만 못하고, 주문을 지송함은 염불만 못하다." 하셨습니다. 긴박하고 중요한 시기에는 간단할수록 힘이 있습니다. 반대로 복잡할 수록 힘이 분산되어 사라집니다. 가장 긴급하고 중요한 시기에는 오로지 한 마디 「아미타불」 부처님 명호를 꽉 붙잡아야 하며, 다른 것은 모두 필요하지 않습니다. 석가모니부처님께서 49년 동안 강설하신 일체 경전은 이 한 마디 「아미타불」 부처님 명호 안에 전부 다 들어 있습니다. 「아미타불」 부처님 명호는 대총지大總持법문28)이자 불법의 총 강령으로 어느 것 하나도 부족함이 없습니다. 그래서 이 한 마디 「아미타불」 부처님 명호면 충분합니다!

저의 스승님이신 이병남 거사께서 왕생하실 때에도 바로 이 한 마디 「아미타불」을 염하였으니, 왕생하신 후 49일 동안 중간에 끊어짐이 없어 정말로 전무후무하고 이후로 다시는 이러한 장면은 없을 것입니다. 대북臺北 경미景美의 「화장도서관」의 한영 관장님께서 왕생하실 때에도 역시 49일 동안 이 한 마디 「아미타불」 부처님 명호가 밤낮으로 끊어지지 않았는데, 이는 모두 희유한 인연으로 참고하시라 말씀드렸습니다. 따라서 그렇게 복잡하게 해서는 안 되며, 가장 좋은 것은 49일 동안 오로지 이 한 마디 「아미타불」 부처님 명호만 염하는 것입니다. 그 공덕은 무량무변합니다.

---

28) 《무량수경》에서는 우리들에게 말합니다. 이 한마디 「아미타불」은 위없는 신주神呪로 석가모니부처님 49년 설법을 포괄할 뿐만 아니라 시방삼세 일체제불여래께서 설하신 일체법도 모두 이 안에 포괄됩니다. 그래서 그것은 제일 신주이고, 제일 대총지법문입니다. 진허공·변법계에 어떤 근성의 중생이든 상관없이 아미타불 명호를 만나면 제도 받지 못할 사람은 없습니다. 설령 오역십악을 지은 사람도 제도 받을 수 있습니다." _정공 큰스님, 《반야바라밀다심경강기般若波羅蜜多心經講記》

[질문] 염불기念佛機를 틀어 놓고, 부처님 명호를 듣게 하거나 경전 독송을 듣게 하는 것이 망자가 이익을 얻고 수용할 수 있습니까?

[대답] 그렇다고 말하기가 매우 어렵습니다. 왜냐하면 염불기에는 단지 음향과 형식만이 있을 뿐, 정신이 없습니다. 경전을 독송할 때는 지성심으로 해야 감응이 있습니다. 염불기는 마음이 없어 감응할 수 없습니다. 이는 부득이하고 어쩔 수 없는 상황에서 하는 방법으로 사실은 여법하지 않습니다. 간혹 어떤 사람들은 함께 조념할 때, 염불기로 조념을 돕게 하는데, 이렇게 하는 것은 괜찮지만, 만약 전적으로 염불기만 틀어놓고 조념하는 사람이 없으면 아마도 아무런 효과도 얻지 못할지 모릅니다.

❀

[질문] 혼자 살며 염불하여 정토왕생을 구하는 거사가 자신이 왕생하려고 할 때, 만약 염불기나 혹은 CD를 사용하여 조념한다면 그를 염불하여 정토에 왕생하도록 안내할 수 있는지, 궁금합니다.

[대답] 할 수 있습니다. 만약 자신을 도와서 조념해줄 사람을 청할 수 없으면, 이렇게 하는 것은 매우 좋은 방법이며, 반드시 염불하는 소리, 「아미타불」 부처님 명호가 밤낮으로 끊어지지 않도록 해야 합니다. 어떤 사람이 임종시 가장 중요한 것은 누군가가 그에게 염불하도록 일깨워주어 부처님 명호를 중간에 끊어지지 않게 하고, 망상이 있지 않도록 하는 것입니다. 정토법문을 함께 닦은 동수同修가 있어서 그를 도와 조념한다면 매우 좋은 일이지만, 만일 없다면 염불기를 사용해도 매우 좋습니다. 어느 때는 저는 염불기가 사람보다도 더 낫다고 생각합니다. 왜냐하면 사람은 망상이 있으나, 염불기는 망상이 없기 때문입니다. 사람은 여전히 마음을 일으키고 생각을 움직이는 때가 있지만, 염불기는

오로지 염불하도록 도와줄 뿐이지, 마음을 일으키거나 생각을 움직이지 않습니다.

[질문] 일심으로 서방정토에 왕생하기를 구하는 환자가 병이 위중하여 정신이 혼미하여 깨어나지 못할 때는 어떻게 처리하여 환자가 극락세계에 왕생할 수 있도록 도와야 합니까?

[대답] 이때는 염불기를 사용하는 것이 가장 좋습니다. 염불하는 소리를 이어폰으로 그의 귀에 꽂아주면 다른 사람을 방해하지 않고도 부처님 명호를 들을 수 있습니다. 가족이 환자 곁에서 염불기의 음조를 따라 작은 소리로 조념한다면 그가 수용을 얻을 수 있습니다.

[질문] 제 남편은 19년 동안 반신불수로 지냈는데, 병이 위중하여 두 차례 병원에 가서 응급조치를 한 적이 있습니다. 그는 의식이 혼미한 상태 속에서 지옥을 보았는데, 의식이 깨어나서는 말하길, "나는 지옥에 가지 않고, 극락세계에 가야겠다." 하였습니다. 그러나 몸이 쇠약하여 염불이 자꾸 뒤로 물러납니다. 큰스님의 법문을 청합니다.

[대답] 그가 이미 지옥을 보았고 지옥의 고통을 알아서 지옥에 가기를 바라지 않고, 극락세계에 가고 싶다고 한다면, 그가 염불하도록 도와야 합니다. 몸이 쇠약하여 염불할 수 없어도 상관없고, 「아미타불」 부처님 명호를 듣기만 해도 됩니다. 이때 염불기는 매우 훌륭한 조념도구입니다. 만약 다른 사람을 방해할까 걱정이 된다면 그에게 이어폰으로 듣게 해도 됩니다. 만약 의식이 쉽게 혼미해진다면 소리를 좀 더 크게 틀어 의식이 혼미해지는 증상을 쫓아낼 수 있습니다. 그가 염불할 수 있으면

따라 염불하게 하고, 염불할 수 없으면 듣게 하되, 중간에 끊어져서는 안 됩니다. 이렇게 해야 극락세계에 왕생할 수 있습니다. 신심이 있으면 의심하지 않고, 뒤섞지 않으며, 망상을 때리지 않고 온갖 인연을 다 내려놓고서 일심으로 전념한다면, 그 효과는 똑같습니다.

[질문] 망자와 매우 멀리 떨어져 있을 때, 집에서 염불하여 회향해도 효과가 있습니까?

[대답] 친구가 매우 멀리 떨어져있을지라도, 그가 왕생하려고 한다는 소식을 듣고서 매일 집에서 공경심으로 염불하여 그에게 회향하면, 이러한 염력念力은 시공을 초월하여 아무리 먼 곳이라도 전달될 수 있으니, 참으로 불가사의합니다. 《화엄경》에서 부처님께서 매우 또렷하게 말씀하시길, "일체법은 심상에서 생겨나느니라(一切法從心想生)." 하셨습니다. 심상에는 공간과 시간의 제한이 없어 공간의 제한이 없으니 멀고 가까움도 없으며, 시간의 제한이 없으니 선후도 없습니다. 이곳에서 경전을 독송하고 염불하여 그 사람에게 회향하면, 곧 바로 전달될 수 있습니다. 이러한 현상은 에모토 마사루(江本勝) 박사의 물 결정체 실험으로부터 증명되었습니다. 그래서 사람이 죽은 후 도대체 어느 곳에 갔는지는 모를지라도 만약에 항상 그를 생각하면서 경전을 독송하고 염불하여 그에게 회향하면 그에게 틀림없이 좋은 점이 있습니다. 이러한 일은 진실한 마음으로 해야 하며, 결코 미신이 아닙니다.

[질문] 제자가 막 숨이 끊어진 망자를 위해 조념하는데, 어떤 동수가 망자에게 법문하면서 망자로 하여금 미간이 있는 곳에서 나오라고 청하였

습니다. 그 뿐만 아니라 또 한 남자 대중을 청해서 손으로 높이 솟게 하여 망자의 발아래로부터 얼굴 부위까지 쓸어내렸습니다. 이는 여법한지 궁금합니다.

[대답] 이러한 방법은 어느 다른 종족의 풍속일 가능성이 있으며, 불법에는 이러한 설법은 없습니다. 불법에서는 망자를 배웅할 때, 근대의 대덕들은 모두 《칙종수지》 이 책에 의거하여 표준을 삼으라고 제창하셨습니다. 이는 정종 13대 조사이신 인광대사께서 감정鑑定하신 것입니다. 최근 몇 년 동안 왕생한 사람을 배웅할 때, 우리는 모두 이 책에 의거하여 행하고 있습니다.

[질문] 제자는 평상시 큰스님의 가르침에 따라 수학하고 있습니다. 그런데 망자를 위해 조념할 때 밀종의 중음신中陰身을 제도하는 방법을 참조하여도 됩니까?

[대답] 만약 지도할 사람이 있으면, 괜찮습니다. 그러나 지도할 사람이 없다면 하지 말고, 정종의 방법을 사용하면 매우 효과가 있습니다. 동시에 또한 좋은 본보기를 행하여, 만약 한 법문에만 깊이 들어가 오랫동안 몸이 배이도록 익히면서 진정으로 의심하지 말고, 뒤섞지 말아야 합니다.

[질문] 어떻게 동물을 도와 조념하고 법문합니까?

[대답] 진정으로 불법에 통달하여, 동물을 만나면 그 동물을 위해 염불해주고 회향해주며, 조념을 해주어야 한다는 점을 항상 반드시 마음에 새겨두어야 합니다. 가장 보통 행하는 방법은 「아미타불」 부처님

명호를 염하여 그 동물에게 회향하는 것이며, 만약에 삼귀의三歸依를 염송할 수 있으면 삼귀의를 염송하지만, 삼귀의를 염송하는 보통 방법과 는 다릅니다.

"부처님께 귀의하오니, 지옥에 떨어지지 않겠습니다. 불법에 귀의하오니, 아귀에 떨어지지 않겠습니다. 승가에 귀의하오니, 축생에 떨어지지 않겠습니다."

삼악도의 중생에게는 우리는 이러한 삼귀의를 염송해주며, 일체 동물을 만나면 염불하여 그 동물에게 회향하고, 그 동물에게 삼귀의를 염송해주면 됩니다.

[질문] 조념할 때 대회향을 합니까? 아니면 오로지 망자만을 위해 회향합니까?

[대답] 왕생하도록 조념하는 것은 반드시 망자 한 사람에 대해 전문으로 하는 것이므로, 대회향을 해서는 안 되며, 대회향은 법회에서 하는 것입니다.

제5장
조념 인원수 및 팀 배치방법

[질문] 조념하는 사람의 수가 많을수록 좋은 것입니까?

[대답] 조념하는 사람의 수는 많을수록 좋으며, 진성심과 청정심, 그리고 자비심으로 이 한 마디 「아미타불」 부처님 명호를 염하면, 자장磁場29)이 수승하여 저 악도의 귀신들이 감히 접근하지 못하도록 할 수 있습니다. 그러나 만약 조념하는 사람의 수가 적고, 또한 성의가 없다면 악도의 귀신이 그 기회를 틈타서 들어오게 됩니다. 혹 조념하는 사람을 찾을 수 없으면 염불기로 할 수 없는지 묻는 사람도 있습니다. 다만 없는 것보다는 조금 낫다고 말할 수밖에 없지만, 가장 좋은 것은 누군가가 조념을 해주는 것으로 그 효과는 같지 않습니다.

[질문] 조념하는 사람의 수가 많을수록 좋지만, 혹 힘을 다해 청정하고자 하여 단지 몇 사람에게만 통지해도 가능합니까?

[대답] 왕생염불을 할 때는 사람이 너무 많아서는 안 됩니다. 만약 사람이 매우 많으면 팀을 나누십시오. 불법에서는 네 사람을 한 대중(一衆)30)

---

29) 주변환경과 사람들에게 전해지는 힘을 말함. 선한 영향력.

30) 여러 사람이 모여 한 대중을 이룬 것을 승가라 한다. 승가란 화합이란 뜻으로 여러 가지가 서로 합쳐져서 하나가 되는 것을 말한다. 능엄경에서는 "화합하여 하나의 대중이

이라 하는데, 바로 한 단체입니다. 임종을 맞이한 병자 앞에는 네 사람이 가장 좋으며, 너무 많은 것은 적당치 않습니다. 혹 사람이 너무 많으면 질서를 어지럽힐 것이고, 자장磁場이 좋지 않습니다. 만약 사람이 많다고 말하면 염불당에 가서 염불하여 그에게 회향해주고, 그의 방에는 있지 말아야 합니다. 종전에 이병남 스승님께서 왕생하실 때, 늘 스승님을 돌보던 학생 몇 명만이 면전에 있었을 뿐입니다. 그렇지만 염불당에는 6백 명이나 되는 많은 사람이 있었고, 게다가 49일 동안 염불이 밤낮으로 끊어지지 않았습니다. 저는 이 광경을 보고서 매우 기뻤습니다. 대만에서는 아마도 전무후무한 일로 정말로 복보가 있었습니다. 스승님의 학생은 몇 만 명이나 되지만, 염불당에는 단지 6백 개의 좌석만이 있어, 많은 사람들이 밖에서 기다리고 있다가 혹 염불하다 지친 사람이 떠나는 모습을 보면 곧 들어가 좌석을 채웠습니다. 이는 스승님께서 타이중에서 38년 동안 교학활동을 하신 과보로 비할 바 없이 수승하였습니다.

[질문] 임종시 간혹 어떤 사람은 조념을 희망하지 않습니다. 왜냐하면 방안에 많은 사람들이 출입하는 것을 좋아하지 않고, 자신이 죽은 후에 다른 사람이 자신의 몸을 만지고, 자신의 머리와 발을 더듬으면서 죽은 후에 어디로 갔는지 왈가불가 하는 것을 좋아하지 않기 때문입니다. 그래서 혼자 스스로 집에서 돌아가길 희망합니다. 이러한 생각은 정확합니까?

[대답] 만약 자신이 있으면 정확하지만, 자신이 없으면 정확하지 않습니다. 만약 이러한 염려가 있으면, 임시변통의 계책을 찾을 수 있으니,

되니 대중은 비록 하나이나 그 근본을 따져 보면 각각 몸이 따로 있느니라." 라고 설하고 있다.

두 세 사람이 돌아가며 보살피고, 망자를 도와 조념을 하되 24시간 동안 끊어지지 않도록 유지하고, 방안에 사람이 많지 않도록 이렇게 하면, 가장 이상적이고 가장 좋습니다.

만약 육도윤회를 벗어나고 싶으면 일상생활에서
아무런 집착도 하지 말고, 분별하지도 말며,
우리와 아무런 상관이 없는 일에는
듣지도 않고 묻지도 않을 수 있어 모든 일을
반드시 담담하게 보아야 함을 알 수 있습니다.
이런 일들을 마음속에 두면 큰일입니다.
이렇게 말하는 것이 바로
'알아차리고(看破) 내려놓아라(放下)!'
라는 말의 뜻입니다.
-정공법사

제6장
조념시 안치해야 하는 관련된 법보

[질문] 임종 조념시 목탁(木魚)을 쳐야 합니까?

[대답] 조념시 인경(引磬)은 치지만 목탁은 치지 않으며, 보통 네 사람이 한 팀으로 돌아가며 팀을 나누어 염불을 합니다. 네 사람이 병자의 침상 앞에 둘러서 조념을 하는데, 그가 만약 정신상태가 좋으면 따라서 함께 염불하지만, 정신상태가 좋지 않으면 염불하는 소리를 들으면서 24시간 끊어지지 않아야 합니다.

[질문] 임종 조념시 반드시 불상을 걸어놓고, 향을 피우고, 물을 공양해야 합니까?

[대답] 만약 이러한 환경이라면 가장 좋습니다. 임종시 부처님 명호를 듣고, 불상을 본다면, 모두 인상이 남아 망자에게 매우 도움이 됩니다.

[질문] 조념시 불상은 어떻게 걸어야 합니까?

[대답] 병이 위중할 때는 불상은 침대 다리 한쪽에 공양하되, 너무 높게 걸어서는 안 되며, 베개를 베고 누운 상태에서 눈을 뜨면 볼 수

있도록 해야 하며, 불상을 머리가 있는 쪽에 놓는 것은 아닙니다. 만약 불상을 왼쪽과 오른쪽 두 곳에 모두 걸어둘 수 있으면 가장 좋은데, 눈을 뜨면 바로 머리를 어떻게 움직여도 불상을 볼 수 있습니다. 귀로는 염불 소리를 들어서 그의 정념正念이 일어나게 하고, 집착(情執)이 일어나게 해서도 번뇌가 일어나게 해서도 안 됩니다. 이는 그 무엇보다 중요합니다.

[질문] 조념시 망자는 반드시 왕생이불(往生被)을 덮어야 하는지, 그리고 금강광명사金剛光明沙 등을 사용해야 하는지? 궁금합니다.

[대답] 왕생이불31)을 덮고, 금강광명사를 사용하는 것은 결코 중요하지 않고, 진정으로 중요한 것은 자신이 수지하는 공부입니다. 절대로 왕생이불을 덮어야 왕생할 수 있는 것도 아니고, 덮지 않는다고 해서 왕생할 수 없는 것도 아닙니다. 만약 이렇다면, 왕생이불을 많이 만들어 누구라도 다 왕생할 수 있을 것이니, 구태여 힘들게 수행할 필요가 있겠습니까? 이래서 왕생이불과 광명사는 부차적인 것이지, 중요한 것은 반드시 이치에 맞게 여법하게 수학하여야 하는 것입니다. 염불하여 왕생하는 이론과 방법은 모두 《무량수경》 안에 들어있으므로, 《무량수경》을 자세히 독송하면 분명하게 알 수 있습니다.

[질문] 어떤 사람을 위해 조념할 때 어떤 사람이 밀종의 대덕을 오시도록 청하여 왕생하는 사람의 머리 위에 금강사를 놓았습니다. 그래서

---

31) 밀종의 의식에서 유래. 범어 다라니가 적힌 왕생이불을 망자의 시신 위에 덮으면 그의 죄업을 없애고, 저승 중생이 그것을 보면 한 줄기 광명으로 여겨 망자가 숙세의 원수와 마장을 만나는 것을 면할 수 있다고 함.

제자는 어쩔 수 없이 그 자리를 떠났는데, 이렇게 하는 것이 여법한지? 또 금강사가 진정으로 육도六道를 벗어나게 할 수 있는지? 궁금합니다.

[대답] 금강사는 대비수(大悲水; 물 한 잔을 놓고 대비주를 독송하여 감응시킨 것을 말함)와 마찬가지로, 진정으로 도행道行이 있는 사람이나, 수행이 있는 사람이 와서 가지加持해야 도움이 있지, 그렇지 않으면 효과가 크지 않습니다. 만약 (부처님 명호, 경전, 주문을) 염송하는 사람이 입으로만 하고 마음이 없으면 아무런 효과도 없습니다. 맹자께서 가르치시기를, "행하여도 얻지 못하거든 자기 자신에게서 잘못을 구할 것이니, 자신의 몸이 바르면 천하가 돌아올 것이다(行有不得者皆反求諸己 其身正而天下歸之)." 하였습니다. 그러므로 외부의 역량에 의지해서는 안 됩니다. 외부의 힘은 대다수가 믿을 수가 없습니다. 자신의 힘이야말로 가장 믿을 수 있습니다. 자신에게 확고한 신심이 있어야 합니다.

예를 들면 산두汕頭에 암에 걸린 동수同修께서는 그 병세가 매우 심각하였지만, 그의 신심으로 암을 없앨 수가 있었는데, 이는 진정으로 쉽지 않은 일입니다. 그는 두 장의 사진을 여전히 기념으로 간직하고 있으며, 항상 사람들에게 보여줍니다. 한 장은 그가 병원에 입원해 있을 때 찍은 사진이고, 한 장은 그가 자신의 의념意念으로 조정하여 암이 사라진 후에 찍은 사진입니다. 그래서 자신을 믿어야지, 다른 사람을 믿으면 잘못입니다. 만약 그가 의사를 믿고 수술하였다면 틀림없이 목숨조차도 보장받지 못하였을지 모릅니다. 그는 참회를 하였는데, 참회하고 발원하면 바꿀 수 있습니다.

[질문] 왕생이불을 태워도 되는지 궁금합니다.

[대답] 이 일은 저는 잘 알지 못하니, 왕생이불을 만든 사람에게 가서 물어보십시오.《금강경》에서 말씀하시길, "무릇 모든 상은 다 허망하니라(凡所有相 皆是虛妄)." 하셨습니다. 그래서 태워도 되고, 태우지 않아도 됩니다.

※

[질문] 어떤 사람이 숨이 끊어졌으나, 아직 출관出棺하지 않았을 경우, 각미등脚尾燈을 켜야 합니까?

[대답] 이 등을 켜는 것은 세간의 풍속입니다. 불법의식에 따라 행할 경우에는 각미등(시신의 다리 아래 공양하는 등)을 켤 필요가 없습니다. 만약 불법에 따라 행할 수 없다면, 어쩔 수 없이 세간의 법을 따를 수밖에 없습니다. 집에 형제가 많다면 가족들이 전부 불법을 공부한다고는 생각되지 않습니다. 다른 형제들이 동의하지 않은 경우 불법에 따라 행할 방법이 없습니다. 이를테면 집안이 화목해야 만사가 형통하는 것이니, 어쩔 수 없이 인연에 수순하여야 합니다.

제7장
임종법문의 시기 및 내용

[질문] 임종을 맞이한 병자에게 어떻게 법문해야 합니까?

[대답] 가장 먼저 돌아가시는 분을 존중하고 관심을 갖고 배려해야(호스피스) 합니다. 그의 가족·육친권속에게 평상시 그가 어떠한 것들을 생각하였는지, 그가 바라는 것이 무엇이었는지, 그의 일상생활 습관이 어떠하였지 등을 물어서 전부 잘 이해하게 되면, 그의 병실에 있을 때 어떤 태도를 취해야 하는지, 어떤 말을 해야 하는지, 어떠한 일들을 행해야 하는지 알아야 비로소 상황에 꼭 들어맞게 행하여 사람들이 존경할 것입니다. 자신의 의사대로 해서는 안 됩니다. 아마도 당신은 호의라고 느낄지 모르지만, 병자 곁에 있는 가족·육친권속은 악의라고 여기고, 이렇게 해서는 안 된다고 여길 수도 있습니다. 그러므로 이렇게 하면 헛수고만 하고 좋은 결과를 얻지 못합니다. 더욱이 병자 자신이 불법을 믿지 않고, 그의 가족들이 전부 불법을 믿지 않는다면, 이 경우 제도하기가 가장 용이하지 않습니다. 그러면 진정한 지혜와 선교방편善巧方便이 필요합니다.

병자가 생전에 좋아했던 것이나, 바라던 것을 잘 알아서 그가 좋아하는 것이나 바라는 것을 따라서 일깨워주어야 합니다. 일깨워주는 말은 간단명료해야 하며, 간단할수록 더욱 좋습니다.

"좋아하는 것, 바라는 것을 부처님께서 도와주실 겁니다. 아미타 부처님을 친견하면 어떤 바람이든 모두 만족하실 겁니다."

"부처님께서는 진정으로 구함이 있으면 반드시 감응하십니다."

만약 그가 학불한 적이 없다 해도, 이러한 몇 구절의 말은 알아들을 수 있습니다. 그러나 당신이 부처님의 가지加持를 받을 것이라 말한다면, 그는 오히려 알아듣지 못할 것입니다. 그가 좋아하는 말을 던지면 그가 알아듣고서 매우 기뻐할 것이고, 매우 위로가 되어 자신의 앞날에 희망이 있다고 느끼게 될 것입니다.

"극락세계에 가시면 부처님께서 당신이 세세생생의 좋은 친구, 가족 · 육친권속들을 모두 만날 수 있도록 도와주시며, 그 중에는 적지 않은 이들이 아마도 이미 서방 극락세계에 가서 편안히 지내면서 즐겁게 일할지도 모릅니다."

이러한 말들로 그를 일깨워주고 인도해야 합니다. 만약 그 사람 자신이 불법을 믿고, 온 가족이 불법을 믿는다면 행하기가 쉬워서《칙종수지》에 따라 사람들이 모두 잘 호응할 것입니다. 행하기 가장 어려운 것은 바로 가족 · 육친권속이 불법을 잘 알지 못하고, 불법을 믿지 않으면 협력하기 매우 어렵습니다. 이때는 진실한 지혜를 펼치고 선교방편을 펼쳐야 합니다.

[질문] 임종시 언제 법문하고, 어떻게 법문해야 합니까?

[대답] 사람은 목숨이 끝날 때 자신이 일생동안 지은 선업과 악업이 하나도 남김없이 전부 앞에 나타납니다. 그래서 매우 많은 병자들이

병이 오랫동안 낫지 않은 상황일 때나, 또는 바로 임종하기 3, 4일 전 혹은 일주일 전에 이미 죽은 많은 가족·육친권속을 볼 수 있습니다. 그래서 환자가 아무개가 와서 문 앞에 서있는 것을 보았다고 말하거나, 또는 어떤 사람이 어디에 있는 것을 보았다고 말합니다. 이러한 경계는 《지장경》에서 매우 분명하게 강설하고 있습니다. 이를 "음경현전(陰境現前)"32)이라 하는데, 매우 좋지 않은 경계입니다. 이러한 경계는 모두 원친채주들이 가족·육친권속의 모습으로 변하여 나타나서 그를 유혹하여 그를 데리고 가려고 하는 것이며, 그를 데리고 간 후에 빚을 갚거나 보복을 하려고 하는 것입니다.

무릇 이러한 현상이 나타날 때, 선지식이 곁에서 바로 즉시 그를 일깨워주어야 합니다. 어떤 사람이든 간에 아랑곳하지 말고, 상관하지 말고서 착실히 염불하여 생각이 한번 바뀌면 이러한 경계는 사라집니다. 그래서 임종시 경전을 독송해서는 안 됩니다. 경전의 문장은 너무 길기 때문에 독송할 수록 그의 머리는 더욱 어지러워진다면 일을 망치게 되니, 그야말로 큰일입니다.

무엇을 보았든지 간에 그에게 상관하지 말고, 일심으로 염불하여 정토에 태어나길 구하십시오. 아미타부처님께서 오시면 아미타부처님을 따라가면 됩니다. 아미타부처님이 아니면 어떤 불보살님이든 간에 아랑곳하지 말고, 그에게 상관하지 말아야 합니다.

임종법문은 바로 이 몇 마디 말 뿐으로 다른 말은 해서는 안 됩니다.

32) 음경陰境이란 중음신中陰身의 경계이다. 곧 임종을 맞이할 때 현생 및 오랜 겁에 선악업력이 나타나는 경계이다. 이 경계가 한번 나타나면 눈 깜짝할 사이에 그 가장 맹렬한 선악업력에 따라 곧 선악도 가운데 가서 몸을 받으니 조금도 스스로 주재할 수 없다.

병자를 지키는 여러 날 동안 밤낮으로 중단하지 말고, 시시각각 그를 일깨워주어 그의 정념正念을 유지시켜야 합니다. 선지식은 곁에서 일깨워주어 그의 망념妄念을 끊어주고, 원친채주의 유혹을 끊어주고, 그가 정념을 일으켜 사람들을 따라 함께 염불할 수 있도록 도와야 합니다. 혹 그의 체력이 약해졌을 때는 염불할 수는 없지만, 염불소리를 들을 수 있어 그의 입술이 움직이고 있는 것을 볼 수 있는데, 이는 대단히 중요합니다.

임종법문은 다른 것을 말해서는 안 됩니다. 다른 것은 그의 귀에 들어오지 않습니다. 단지 그가 정념이 분명하도록 보살펴 일심으로 오로지 「아미타불」을 전념하고, 절대로 중음신의 경계가 앞에 나타나는 것에 흔들리지 않으면 이는 무량한 공덕입니다. 한 관장께서 왕생하실 때 두 차례나 중음신의 경계가 앞에 나타났는데, 이는 우리가 그동안 경험한 것들과 비교하며 횟수가 가장 적은 경우입니다. 한 관장이 중음신의 경계가 보인다고 말하면, 우리들이 그 즉시 바로 끊어주었고, 그녀에게 아랑곳 하지 말고 우리를 따라 염불하게 하였으며, 선인이든 악인이든 원가채주이든 육친권속이든 간에 일체 아랑곳하지 않도록 일깨워주었습니다. 그녀가 아무런 말을 하지 않고, 이러한 경계를 보인다고 말하지 않으면, 한 마디 「아미타불」 부처님 명호만 끝까지 염하였으며, 다시 법문할 필요가 없습니다.

[질문] 정토를 함께 배우는 동수同修가 조념할 때 일정한 시간 간격을 두고서 망자에게 중음中陰에 대한 법문을 해주어야 합니까? 만약 법문을 해준다면, 망자가 이익을 얻을 수 있습니까?

[대답] 그럴 필요는 없습니다. 조념은 보통 숨이 끊어진 후, 의사가 사망을 선포한 때부터 시작하여 12시간에서 14시간까지 하는 것이 가장 좋고, 이 시간 동안 한 마디 부처님 명호로 그를 도와 조념합니다. 임종하기 전과 병이 위중할 때는 절대로 법문을 해서도 안 되고, 경전을 강설해서도 안 되며, 창념(唱念; 음율을 넣는 염불)을 해서도 안 됩니다. 이러한 것들은 모두 방해가 되는 것입니다. 바로 한 마디 「아미타불」, 한 마디 말 "정토에 태어나길 구하십시오(求生淨土)." 라고 법문하는 것이 가장 잘 수용되는 것으로 그가 다른 생각을 갖게 해서는 안 됩니다. 만약 이때 그가 전생의 가족·육친권속을 보아도 그에게

"그들을 따라 가서는 안 됩니다. 아미타부처님께서 오실 때까지 기다려서 부처님을 따라가면 됩니다. 어떤 사람이 오든지, 어떤 불보살님께서 오시든지 신경 쓰지 마십시오."

라고 일깨워주어야 합니다. 이 말은 대단히 중요합니다. 다른 것은 전혀 말하지 말고, 바로 이 한 마디 부처님 명호를 끝까지 염하도록 하는 것이 그에게 가장 잘 수용됩니다. 이러한 사항에 대해서는《칙종수지》와《칙종진량》에 매우 분명하게 설명하고 있으니, 조념 및 임종 호스피스활동을 하겠다고 발심한 사람은 반드시 이러한 상식이 있어야 합니다. 그렇지 않으면 망자에게 아무런 도움이 되지 못하고, 도리어 부작용만 일으키게 됩니다.

[질문] 매우 많은 사람들이 임종을 맞이하는 사람이나 이미 돌아가신 분을 천도할 때 법문을 해주어야 하고, 망자와 그의 원친채주에게 법문을 해주어야 한다고 주장합니다. 그러나 어떤 사람은 법문을 할 필요가

없고, 한 마디 부처님 명호를 끝까지 염하면 된다고 주장하는데, 어느 것이 좀 더 여법합니까?

[대답] 사람이 아직 숨이 끊어지지 않았지만, 의사가 치료를 포기하였을 때는 한 마디 부처님 명호가 중요합니다. 이때 하는 법문은 끼어들어 잘못 빗나가게 하는 것(打閒岔)이니, 해서는 안 됩니다. 만약 그가 이런 사람이 오고, 저런 사람이 오는 것을 보았다고 말하거나, 혹은 어떤 불보살님을 보았다고 말한다면, 그에게 신경 쓰지 말고, 한 마디 부처님 명호만 끝까지 염하라고 말해주어야 합니다. 이 한 마디만 법문하십시오.

만약 이미 숨이 끊어져 중음中陰에 있다면 간단명료하게 법문하면 됩니다. 그에게 염불의 장점으로 진정으로 괴로움을 떠나 즐거움을 얻을 수 있다고 말해주고, 또 그에게 극락세계는 견줄 수 없이 수승하고, 극락세계는 수명이 무량하다고 말해주어 그가 정토에 태어나길 구하도록 이끌어야 합니다.

어떤 사람들은 집착(情執)이 매우 깊고 매우 무거워서 가족·육친권속과 헤어지기 아쉬워 떠나지 못합니다. 그럴 경우에는 그에게 이렇게 말해주어야 합니다.

"서방 극락세계에 가면, 당신은 천안통天眼通·천이통天耳通·신족통神足通이 갖추어져 있어 가족·육친권속이 어느 곳에 있는지 모두 훤히 알고, 그들이 어떤 고난이 있던지 전부 도와줄 수 있습니다. 이래야 진정으로 영원히 가족·육친권속과 헤어지지 않습니다. 그러나 혹 극락세계가 아닌 다른 세상에 가면, 지은 업에 따라 이리저리 떠돌게 됩니다."

이는 일반 사람들이 누구나 다 듣기 좋아하는 말입니다. 이때 법문을 이치에 맞게 잘 말하지 않으면 잘못 길을 갈지도 모르니, 빗나가면 바로잡아야 합니다. 그래서 반드시 그에게 아미타부처님을 따라 가고, 다른 사람을 따라 가서는 안 된다고 당부해야 합니다.

❀

[질문] 조념기간 동안 병자나 망자에 대한 법문이 같지 않을 수 있으니, 큰스님께 동수들이 참고하기 편하도록 법문의 내용을 하나의 규범으로 만들어주시기를 간곡히 청합니다.

[대답] 법문에 관해서는 옛날부터 조사들께서 이미 정해놓으신 규칙이 있으므로 다시 세워서는 안 됩니다. 사람이 임종시 가장 중요한 것은 바로 망념을 일으켜서는 안 되고, 오직 한 생각으로, 일심으로 아미타불을 염해야 합니다. 그래서 다음 법문이 있을 수 없습니다. 이때는 법문을 말하는 것도 잘못이고, 그에게 경전을 들려주는 것도 잘못입니다.

48대원에서 십념十念이든 일념一念이든 모두 틀림없이 왕생한다고 말씀하십니다. 따라서 이때는 바로 한 마디 「아미타불」 부처님 명호가 가중 중요합니다. 마지막 일념이 부처님 명호이면 틀림없이 극락세계에 왕생합니다. 그래서 그의 마지막 일념이 염념마다 모두 「아미타불」이고, 다음 생각이 끼어들지 않도록 보살펴주어야 합니다. 언제 법문하느냐 하면, 그가 당신에게 이미 세상을 떠난 가족을 보았다고 말할 때입니다. 이때가 되면,

"아미타불을 염하고, 그들에게 상관하지 마십시오."

라고 말해주어야 합니다. 이것이 임종을 맞이하는 사람에게 가장 좋은 한 마디 법문입니다.

어떤 경계가 앞에 나타나든지 전혀 상관하지 말고, 아미타부처님께서 오신 것을 보아야 비로소 아미타부처님을 따라 가십시오. 어떤 불보살님을 보아도 전혀 신경쓰지 마십시오.

이것이 중요한 법문입니다. 그래서 부질없는 말은 한마디도 있어서는 안 되고, 뒤섞인 말은 한 마디도 있어서는 안 됩니다. 이때는 경전을 말하거나 법문을 말할 때가 아닙니다.

[질문] 만약 임종을 맞이하는 사람이 세 살이 안 된 중병을 앓는 영아라면, 아이를 위해서도 임종 법문이 필요한지? 또 영아를 위한 조념은 성인과 다른 점이 있는지? 궁금합니다.

[대답] 맞습니다. 세 살 이하의 영아는 사리를 잘 알지 못하므로, 단지 아이에게 염불하고 불상을 생각하라고 가르치고, 부처님께서 오시는 것을 보면 부처님을 따라 가라고 법문하면 됩니다. 따라서 너무 많이 말을 해서는 안 됩니다. 그러면 아이가 받아들이지도 알아듣지도 못합니다. 불상을 아이 얼굴 앞에 놓고, 부처님 명호가 끊어지지 않도록 하면 됩니다.

[질문] 재가거사가 출가 스승을 위해 조념할 경우, 왕생의 조건이 구비되어 있지도 않고, 또 법문할 사람이 아무도 없음을 발견하였을 때, 재가거사가 출가 스승께 "모든 인연을 다 내려놓으시고 서방 극락세계에 태어나길 구하는 신심을 굳히고서 일심으로 아미타불 거룩한 명호를 염하십시오."라고 말해도 됩니까? 이렇게 하는 것이 여법합니까?

[대답] 이렇게 하는 것은 대단히 여법합니다. 재가자가 조념할 때에도 출가자를 일깨워주어야 합니다. 출가자를 일깨워줄 수 있으면 당신은 바로 불보살로 정말 그에게 도움이 좀 됩니다. 이는 아주 중요한 시기로 만약 그의 의지와 정신이 집중하지 못하고 있는 모습을 본다면 이 몇 마디 말은 무엇보다도 중요합니다. 절대로 출가의 형상에 놀라지 마십시오. 만약 놀란다면 당신은 불법에 대해 아무것도 모릅니다. 불법의 경전에서는 모두 불법은 평등한 법이라 말하고 있습니다. 이치상으로도 평등하고, 구체적인 현실에서도 평등합니다. 사부대중 동수는 서로 도와야 합니다. 특히 지금처럼 이렇게 세상이 혼란한 시대에서는 출가자는 매우 수고가 많고, 매우 불쌍합니다. 비록 출가하였지만 진정으로 정법을 듣고, 정법을 이해하며, 정법을 닦아 지닐 수 있는 기회가 있는지, 그야말로 많은 의문이 있습니다. 그래서 이러한 기연機緣을 만났을 경우에는 반드시 출가자를 도와야 하고, 절대로 의심해서는 안 됩니다.

[질문] 만약 어떤 사람이 병으로 혼미한 상태에 있는데, 병자 자신과 가족이 전부 불법을 믿지 않기 때문에, 부처님 명호로 조념할 수 없을 경우에는 병자 앞에서 《지장경》을 독송해주어도 되는지? 경전을 독송하기 전에 병자에게 어떻게 법문해야 하는지? 궁금합니다.

[대답] 가족들이 전부 불법을 믿지 않는 경우 골치가 아픕니다. 정토법문을 믿지 않고 다른 법문을 믿는 경우 그런대로 괜찮습니다. 병자가 어떤 법문을 믿는 경우 그가 믿는 그 법문의 의규儀規와 경륜經綸으로 하면 됩니다.

한평생 불법을 접해본 적이 없는 사람에게 임종시에 그에게 극락왕생을 권하고, 그를 위해 서방극락세계의 의정依正 장엄을 말해주면 이따금 환희심을 내는 사람들이 있습니다. 미국 워싱턴의 한 거사는 임종시 비로소 불법을 듣고서 나중에 그는 극락왕생하였습니다. 임종시 부처님 명호를 일념 내지 십념에 염하면 모두 극락왕생할 수 있습니다. 이는 수승한 인연이 전생에 심은 선근을 건드려 움직여서 아주 짧은 시간에 공부를 끊어지지 않게 할 수만 있어도 성취가 있는 것입니다. 이는 《무량수경》 48원 중 제18원에 기록된 내용입니다.

보통 임종을 맞이하는 사람은 자신의 가업家業과 가족·육친권속을 내려놓지 못하는데, 이는 매우 큰 장애입니다. 임종을 맞이하는 사람에 대한 법문 중에서 가장 중요한 것은 바로 그에게 모든 인연을 다 내려놓고서 일심으로 부처님을 그리워하고, 부처님을 따라 극락세계에 왕생하게 하는 것으로 이것이 최상승最上乘 법문입니다.

임종을 맞이하는 사람을 위해 《지장경》의 가르침을 법문하여, 그가 마음으로 아끼던 보물과 가장 좋아하는 물건들을 팔아 돈을 만들어 그를 위해 복을 닦게 하십시오. 복을 닦는 것 중에 가장 수승한 복은 삼보에 공양하는 것으로 이러한 공덕을 그에게 회향하십시오. 삼보에 공양하는 방법으로는 불상을 조성하는 것으로 만약 재력이 부족하면 불상을 인쇄해도 되는데, 이는 바로 불보佛寶에 공양하는 것입니다. 불교 경전을 인쇄하거나 시디(CD)를 만들어 사람들에게 독송하도록 보내주면, 이는 바로 법보法寶에 공양하는 것입니다. 출가자에게 보시하면, 이는 바로 승보僧寶에 공양하는 것입니다.

이러한 법문은 그에게 재물과 같은 몸 밖의 물건은 몸에 지닌 채 갈 수 없지만, 공양한 공덕은 몸에 지니고 갈 수 있다는 것을 분명하게 알게 하여, 그가 아무런 걱정이나 염려 없이 일심으로 극락왕생을 구하도록 할 수 있습니다.

만약 망자에게 재산이 아주 많으면, 큰 공양을 닦을 수 있습니다. 옛날 사람들 중에 어떤 이는 자신이 살던 집을 보시하여 도량으로 삼도록 하였는데, 이러한 공덕은 훨씬 더 큽니다. 현재 남경南京에 있는 「금릉각경처(金陵刻經處)」는 원래 양인산楊仁山 거사께서 살던 집이었는데, 그가 왕생한 후에 집을 보시하여 삼보에 공양하였습니다. 이렇게 하는 것은 매우 수승한 일로 재물보시(財施)·법보시(法施)·무외보시(無畏施)를 모두 갖춘 것입니다.

"일체 공양 중에 법보시가 최고이다." 하였습니다. 이는 가장 좋은 본보기입니다. 양인산 거사께서는 염불하여 극락세계에 왕생하였습니다. 그가 만약 극락왕생을 구하지 않았다면, 이러한 공덕의 복보는 인간 세상에 있지 않고, 반드시 천상에 가서 천상의 복을 누릴 것입니다.

제8장
조념의 효과 및 합당한 태도

[질문] 어떻게 조념해야 효과가 있습니까?

[대답] 조념을 만약 입으로는 하지만 마음이 없으면 효과가 없습니다. 조념하는 사람이 만약 조념하는 가운데 염불공부가 한 덩어리가 되는 경지에 이르거나 일심불란(一心不亂)의 경지에 이를 수 있으면, 망자가 제도를 받게 됩니다. 이 도리를 세심하게 체득하여 알아야 합니다.

임종을 맞이하는 사람을 일깨워 염불하게 하고, 부처님 명호를 듣게 하여, 만약 그가 깨달을 수 있고, 참회할 수 있어야 "다섯 가지 무간지옥에 떨어지는 죄(五無間罪: 五逆罪)를 제거할" 수 있습니다. 만약 병자가 부처님 명호를 듣고서 참회할 뜻이 전혀 없으면, 그 이익은 단지 "이근으로 한번 부처님 명호 염하는 소리를 들으면 영원히 보리의 종자가 된다(歷耳根 永爲道種)." 입니다. 만약 병자가 불법을 알고 있어서, 임종시 누군가가 그를 일깨워주자, 진정으로 참회하는 마음을 내어 악을 끊고 선을 닦는다 (일념의 참회가 곧 선이다)면, "다섯 가지 무간지옥에 떨어지는 죄를 제거할" 수 있습니다. 또 만약 참회하는 힘이 강하면, 천상과 인간 세상에 태어나 복을 누릴 수 있습니다.

[질문] 조념하는 사람이 만약 마음이 전일(專一)하지 않다면, 그래도

망자가 이익을 얻을 수 있습니까? 이 경우 그 자리에서 물러나야 합니까?

[대답] 망자는 이익을 얻을 수 없습니다. 이는 조념하는 사람이 특히 주의해야 할 점입니다. 만약 마음속에 망념이 많아 염불에 마음을 전일하게 할 수 없으면, 다른 사람에게 방해가 되지 않도록 그 자리에서 물러나는 것이 가장 좋으며, 조념에 참가해서도 안 됩니다. 다른 사람이 성심성의를 다해 염불하고 있는데, 당신이 성의가 없으면, 자신의 자장磁場이 좋지 않아 다른 사람의 자장을 방해할 수 있습니다. 이러한 느낌은 망자에게 특히 예민하여 좋지 않은 자장은 멀리 떨어지는 것이 가장 좋습니다. 이렇게 하는 것이 망자에게 이익이 있습니다.

[질문] 중생을 도와 조념하려면 반드시 청정한 마음과 좋은 덕행을 갖추어야 합니까? 만약 수행하여 청정한 마음을 아직 얻지 못하였다면, 중생에 대한 도움이 매우 작습니까? 비록 이렇게 작을지라도 조념에 참가해야 합니까?

[대답] 맞는 말입니다. 공부가 완숙하지 않고, 마음이 청정하지 않으면, 염불의 공부와 공덕이 매우 작습니다. 그러나 비록 매우 작기는 해도 충분히 남을 도울 수 있고, 남을 도와주는 것이 돕지 않는 것보다 좋은 일이며, 천천히 돕는 가운데 자신을 배양하고 자신을 향상시키며, 이렇게 해야 옳습니다.

[질문] 돌아가실 때 병에 걸리면 때때로 정신이 혼미해져서 부처님 명호를 완전히 잊어버리는데, 어떻게 예방해야 합니까?

[대답] 돌아가실 때 병에 걸려서는 안 되며, 병에 걸리면 때때로

정신이 혼미해져서 부처님 명호도 완전히 잊어버리게 되어 다른 사람이 조념해도 부처님 명호가 귀에 들리지 않습니다. 이렇게 되면 조금도 방법이 없습니다. 예전에 이병남 스승님께서 항상 말씀하시기를, "이러한 상황일지라도 조념을 하는 것이 하지 않는 것보다 좋다. 사람으로서 응당 해야 할 일을 다 할 뿐, 그가 왕생할 수 있는지 없는지는 그 자신에게 달려 있다. 다른 사람이 조념을 해줄 때 받기를 원하면 매우 좋은 일이지만, 원치 않으면 도와줄 수 없다." 하셨습니다.

[질문] 소리를 듣지 못하는 사람이 임종시, 그를 위해 조념해도 효과가 있습니까?

[대답] 이는 청각장애인이 소리를 들을 수 없는 경우를 말하는데, 그의 청각에 장애가 있지만, 신식神識은 장애가 없습니다. 임종시 그의 감각을 포기해버리고 신식이 또렷할 경우 그를 위해 염불해주면 틀림없이 효과가 있습니다.

[질문] 평생 악업을 지은 사람을 위해 조념을 해도 효과가 있습니까?

[대답] 연지대사께서 이에 대해 "과거 처음에 지은 악이 죽을 때 마지막 행한 선을 방해하지 않는다(始惡不妨終善)." 라고 잘 말씀하셨습니다. 어떤 사람이 젊었을 때 악을 짓고, 중년에도 악을 지었지만, 노년에 이르러 이를 크게 후회하여 뉘우치고 선을 행하기만 한다면 늦지 않았고, 여전히 착한 사람입니다. 심지어 아사세왕과 같은 사람도 임종시가 되어서야 비로소 잘못을 뉘우치고 참회할 줄 알았는데, 여전히 늦지 않았습니다. 설사 악인이라 할지라도, 숨이 끊어지지 않았다면 우리가

이 도리를 또렷하게 분명하게 설명해주는 말을 듣고서 만약 활연히 깨달아 잘못을 뉘우치고 선을 행할 수 있으면, 모두 극락세계에 왕생할 수 있습니다. 그래서 어떤 사람이 갖은 악행을 지었다고 해서 임종시 내버려두고 상관하지 말라고 말해서는 안 되며, 이는 잘못입니다. 그가 임종시 여전히 그를 도와 조념해야 하고, 또한 항상 그에게 권하고 그를 일깨워야 합니다. 그가 일념에 자신의 잘못을 뉘우친다면, 그가 육도윤회를 벗어나 성불할 수 있도록 도와주어야 합니다. 이는 무량공덕 입니다. 한 사람을 배웅하여 부처가 되게 할 수 있다면, 세간의 어떠한 좋은 일도 이러한 일과 비교할 수 없습니다.

[질문] 광주廣州에 사는 어떤 사람이 임종시, 그 지역의 한 거사가 자신의 공부가 아직 득력하지 못한 것을 매우 두려워하여 싱가포르의 한 스님에게 그를 위해 조념해 줄 것을 공경히 청하였습니다. 혹 이렇게 해도 효과가 나타날 수 있습니까? 아니면 혹 모순이 발생할 수 있습니까?

[대답] 사람마다 각자 연분이 다르기 때문에 조념하는 사람이 재가자이 거나 출가자이거나 상관없이 만약 진성심眞誠心으로 조념할 수 있으면 망자는 이익을 얻습니다. 진성심과 청정심만 있으면 틀림없이 망자에게 이익이 있습니다. 수행하여 만약 공부가 깊다면 망자가 얻는 이익은 더욱 크며, 이는 틀림없는 이치입니다.

[질문] 조념을 마친 이후 망자의 얼굴이 보기 좋은 모습으로 변하였고, 몸 또한 부드럽게 변하였습니다. 이는 조념이 원인입니까?

[대답] 염불인은 망자를 보낸 경험이 많습니다. 보통 망자가 이 세상을

떠날 때 얼굴이 보기가 좋지 않고, 몸도 천천히 조금씩 굳어가지만, 10시간 혹은 12시간 동안 조념한 후에는 망자의 얼굴이 매우 보기 좋은 모습으로 변하고, 몸도 부드럽게 변한 것을 자주 봅니다. 이런 까닭에 조념의 공덕이 불가사의함을 알 수 있습니다.

그렇지만 이러한 현상을 보고서 망자가 왕생하였는지? 결론을 내릴 수는 없습니다. 설령 망자가 왕생하지 못하였다 하더라도, 이렇게 많은 사람들이 그를 도와 염불하였을 경우, 만약 선근이 매우 두텁고 한평생 어떠한 무거운 업도 짓지 않았다면 부처님 명호를 염하는 소리 소리마다 전부 그 사람을 돌아오게 하여 삼악도에 떨어지지 않을 것이니, 이는 명확한 사실입니다.

그 다음 고통을 감소시켜줍니다. 설사 삼악도에 떨어지고 원친채주가 매우 많을지라도, 부처님 명호를 염하는 소리 소리마다 모두 그에게 회향하면 그가 원친채주와 과거에 맺은 원결怨結을 풀어주어 원친채주가 다시 와서 성가시게 괴롭히지 않습니다. 그래서 그는 더 이상 두렵지 않아 얼굴과 몸이 달라집니다.

[질문] 어떤 한 망자가 생전에는 불법을 믿고 염불을 하였지만, 육친권속 자녀들이 모두 불법을 잘 알지 못해 조념단의 권유도 듣지 않고, 염불에도 참여하지 않았습니다. 그래서 저희가 가서 조념하는 것은 단지 시신을 지키는 일이나 다름이 없었고, 또 저희들이 그 자리를 떠난 후에는 그들은 여전히 술자리를 벌려놓고, 살생을 하고, 대단히 떠들썩했습니다. 이러한 상황에서도 조념단이 가서 조념을 해야 합니까?

[대답] 조념은 일편단심 자비심입니다. 설령 그의 가족들이 불법을

믿지 않을지라도, 보고 듣게 되면 역시 그에게 이익이 있습니다. 불가에서 말하길, "이근으로 한번 부처님 명호 염하는 소리를 들으면 영원히 보리의 종자가 된다." 하였습니다. 가족들이 여법하지 않은 상황을 만들어 그 과보를 받겠지만, 그 과보를 다 받고 난 후에는 부처의 종자가 작용을 일으킬 것입니다. 이는 아마도 이번 생이 아니고, 다음 생 그 다음 생일지도 모르겠지만, 여전히 그에게 이익이 있습니다. 이미 이익이 있는 이상 우리는 시간이 나고 기회가 나는 대로 가서 조념하는 것이 좋습니다.

[질문] 동학同學들이 남을 위해 조념할 것을 발심하였을지라도, 서로 견해가 반드시 같지는 않습니다. 임종을 맞이하는 사람의 생사가 긴박한 중요한 순간에 어떻게 견해로 화합하여 함께 이해하고, 입으로 화합하여 다툼이 없게 할 수 있는지? 만약 모두가 자신의 견해를 버린다면, 또한 어떻게 계속해서 조념할 수 있는지? 궁금합니다.

[대답] 자신의 의견을 내세우지 않고 버린다면, 이 한 마디 「아미타불」 부처님 명호 소리는 방해가 되지 않습니다! 이 한 마디 부처님 명호를 소리내어 염하면서, 피차 여전히 편견을 가지고 있으면 염불로 공부한 공덕을 무너뜨릴 수 있습니다. 그래서 조념할 때는 한 마음 한 뜻으로 이 한마디 부처님 명호로 돌아가시는 분을 돕고, 돌아가시는 분을 일깨워 주며, 피차 절대 의견이 있어서는 안 됩니다. 의견이 있으면 당신 생각이 저절로 염불한 자장을 무너뜨립니다. 이는 망자를 해치는 것입니다. 망자를 해치게 되면, 장래에 자신이 죽을 때, 또 누군가가 나 자신을 해치게 됩니다. 인과응보는 바로 이러하므로 조념할 때는 반드시 자신의 편견을 완전히 내려놓아야 합니다.

❀

[질문] 한 도량에서 극락왕생하도록 배웅하는 사람들의 견해가 서로 다를 경우, 망자의 영혼을 천도하는 일에 이롭지 못한지? 궁금합니다.

[대답] 견해가 같지 않으면, 확실히 천도 받는 망자의 영혼에 이롭지 못하고, 이로 인한 해가 매우 큽니다.

❀

[질문] 제자가 조념단을 조직할 때, 누군가 요청만 있으면 망자가 학불을 하였는지 상관없이 언제나 가서 조념을 해주었습니다. 어느 때는 하루에 세 사람이 동시에 돌아가시는 상황이 생겨서 전부 시간을 안배하여 조념할 수 없고, 게다가 조념의 질을 보증할 수도 없었습니다. 이 경우 어떻게 원만하게 조념할 수 있는지, 궁금합니다.

[대답] 원만하게 조념할 수 있는지는 자신의 수행에 달려있습니다. 그래서 정토종 경전의 가르침을 잘 이해하여 이理와 사事를 분명하게 알고, 방법 또한 잘 알아야 망자에게 도움이 있습니다. 염불단에 참여하는 동수 한 사람 한 사람은 모두 이를 잘 이해하고 진정으로 염불인을 도와야 합니다. 반드시 염불당이 있어서 항상 한 곳에서 함께 염불해야만 누군가가 찾아와 조념을 청하였을 때 비로소 진정으로 그 사람을 도와줄 수 있습니다. 그렇지 않고 그저 형식만 갖추고 있다면 실질적으로 도움이 된다고 말하기가 어렵습니다. 이렇게 되면 당신이 말한 것처럼 조념의 질은 그다지 이상적이지 못합니다. 결국 한마디로 말해, 자신이 진정으로 수행해야 비로소 남을 도울 수 있습니다. 돌아가시는 분도 자신이 진정으로 염불하여 극락왕생을 구하면 조념하는 사람에게 도움이 될 것입니다. 왜냐하면 그는 당연히 상서로운 모습을 나타내어 조념하는 사람의 신심을

향상시킬 것입니다. 그래서 범사는 모두 서로 돕는 것입니다. 이는 틀림없는 이치입니다.

🪷

[질문] 홍콩의 어떤 도량에서는 한 분의 스승님이 경전을 강설하고, 대중을 이끌어 수행하고 계시는데, 우리가 사용하고 있는 교재에 의거하여 학습할 것을 강조하십니다. 그런데 이 도량에서 어떤 한 도우道友께서 1년 전에 돌아가셨는데, 그때 몇 사람의 동학들이 조념에 참가하려고 하였으나, 그 스승님은 청정심을 닦아야 한다는 것을 강조하면서, 사람들이 조념하러 가는 것을 금하였습니다. 이렇게 하는 것은 여법합니까?

[대답] 도량마다 각자 자기 도량의 작풍作風을 가지고 있지만, 조념은 대단히 중요합니다. 조념은 돌아가시는 분이 이익을 얻을 뿐만 아니라, 조념하는 사람 자신도 이익을 얻습니다. 임종시 왕생할 수 있는지 없는지는 이때 결정됩니다. 이때에 망자를 한 번 도와주는 것은 평상시보다 효과가 몇 백배에 그치지 않습니다. 그래서 그 공덕은 매우 수승합니다. 항상 남을 도와 조념하면 장래에 자신이 죽을 때 조념하러 오는 사람들 또한 매우 많을 것입니다. 다른 사람이 조념하지 못하게 저지하고, 다른 사람에게 조념하지 말라고 권하게 되면 장래에 자신이 죽을 때 나를 위해 조념해 줄 사람이 한 사람도 없습니다. 업의 인과응보는 바로 이와 같습니다. 도가道家의 인과경因果經에서도 "모든 업은 자신이 짓고서 자신이 받지 않는 것이 없다"고 늘 말합니다. 좋은 인因을 심으면, 자신에게나 타인에게나 모두 틀림없이 좋은 과보가 있습니다. 그래서 다른 사람에게 조념할 것을 권해야 할 뿐만 아니라, 기회와 인연이 닿으면 자신 또한 조념하러 가야 합니다.

[질문] 사람들이 늘 찾아와서 불사佛事를 해달라고 청합니다. 예를 들면, 죽은 사람의 불사나 병 든 사람의 불사로, 저에게 《지장경》이나 《삼시계념》을 독송해달라고 찾아오는데, 불사를 해도 됩니까? 대가로 돈을 받아도 됩니까?

[대답] 이는 법연을 맺는 것으로 좋은 일이며, 해도 괜찮습니다. 사람은 병이 들었을 때는 위로가 필요하고, 죽었을 때는 도움이 필요하므로, 조념은 매우 중요합니다. 성심성의껏 최선을 다해 그를 돕고, 그에게 이익이 되게 하되, 불사를 할 때는 명예나 이익을 생각해서는 안 되며, 아무런 조건 없이 도와주어야 합니다. 이는 좋은 일입니다. 만약 경전을 독송하고서 돈을 받으면 불법을 상품으로 삼아서 판매하는 것입니다. 그러면 죄과罪過가 있으니, 절대로 해서는 안 됩니다.

[질문] 제가 일찍이 말기 암에 걸린 병자에게 염불하여 정토에 태어나길 구하라고 권한 적이 있습니다. 그런데 어떤 사람은 조념은 건강이 회복되기를 바라는 것이라 여기고 정토에 태어나길 구하려고 하지 않습니다. 이러한 상황을 만났을 때 마땅히 어떻게 해야 하는지 궁금합니다.

[대답] 부처님께서는 우리에게 "항상 중생을 따르고, 공덕을 따라 기뻐하라(恒順衆生 隨喜功德)." 가르치셨습니다. 따라서 그가 여전히 세간에 미련이 남아 떠나기를 원치 않는다면 그가 건강하기를 축복해 주십시오. 만약 이 세계는 매우 괴롭고, 이 세상에 사는 것이 실제로 의미가 없다는 것을 잘 알면서도 왕생을 구하지 않는다면 이는 우주와 인생의 진상을 이해하지 못하는 것으로 여전히 미혹한 상태입니다. 그래서 "부처님께서

는 인연이 있는 사람을 제도하신다(佛度有緣人)."는 이 말씀이 대단히 중요합니다. 임종시 그에게 염불하여 왕생을 구하도록 일깨웠는데, 그가 기뻐한다면 이 사람은 인연이 있는 것이지만, 기뻐하지 않고 고개를 저으면서 여전히 죽고 싶지 않다면 인연이 없으니, 억지로 강요해서는 안 됩니다. 심지어는 수많은 사람들이 한평생 염불하였음에도 정작 임종시에는 가고 싶어하지도 않고, 염불을 하지 않기도 하므로 만약 사람들이 관세음보살을 부르도록 돕는다면 그것도 좋은 것이니, 그를 도와 관세음보살을 염하고, 또 지장보살을 염하여 업장을 소멸시켜주는 것이 모두 불보살의 명호를 염하는 것으로, "이근으로 한번 부처님 명호를 염하는 소리를 들으면 영원히 보리의 종자가 되지만", 이번 생에는 성취할 수 없습니다.

　　[질문] 한 번은 두 분의 동수同修를 도와 20여 시간 조념을 한 후 망자의 정수리로부터 흰 연기 한 줄기가 약 10여 분간 솟구쳐 나오고서 비로소 멈추는 것을 보았는데, 이는 무슨 현상입니까? 이는 그가 극락왕생하였다는 표시입니까? 만약 실제로 아직 왕생하지 않았는데, 홍법하고 설법하는 사람이 신도들에게 그가 이미 왕생하였다고 말하면, 홍법하는 사람에게 죄과나 과실이 있습니까? 만약 이 설법에 잘못이 있다면, 이미 녹음테이프를 제작하여 유통한 것을 어떻게 고쳐야 합니까?
　　[대답] 이러한 설법은 구경법究竟法이 아닙니다. 구경법은 "언어의 도가 끊어지고, 심행처가 사라진 자리(言語道斷 心行處滅)"[33] 입니다. 세존께서

---

33) "수행의 비결은 「언어의 도가 끊어지고, 심행처가 사라진 자리(言語道斷 心行處滅)」에 있습니다. 이는 어떤 경지입니까? 자성본연의 깊은 선정(自性本定)에 든 경지입니다. 당신이 선정을 얻어 계체를 완전히 갖추면 「선정과 더불어 계체가 확립되었다(定共戒)」 합니다. 마음이 선정에 들어 결코 계체를 깨뜨리지 않으면 「선정과 더불어 계체가 확립되었다」 합니다. 당신이 견도 수도의 과위를 증득하여 계체를 범하지 않으면 「견성오도와

49년 동안 말씀하신 일체법을 모두 다 방편법方便法이라 합니다.

부처님께서 사의법四依法 속에서 우리를 가르치고 이끄셨습니다. 즉, 첫째는 "법에 의지하되 사람에 의지하지 말고(依法不依人)", 둘째는 "뜻에 의지하되 말에 의지하지 말고(依義不依語)", 셋째는 "지혜에 의지하되 식에 의지하지 말며(依智不依識)", 넷째는 "요의경에 의지하되 불요의경에 의지하지 말라(依了義不依不了義)" 하셨습니다. 이는 우리에게 가장 수승한 원칙을 제공한 것으로 자신이 수학하거나 다른 사람을 위해 법을 연설할 때, 이 원칙을 몰라서는 안 됩니다. 만약 순수한 선의 마음으로 다른 사람이 정토종에 대해 신심을 세우고 일심으로 염불하여 정토에 태어나길 구하도록 돕는다면, 그는 확실히 왕생한다고 말할 수 있습니다. 설사 왕생하지 못할지라도 이 마음은 사람들이 신심을 세우고 장래에 하나하나 성취할 수 있도록 돕는다면, 또한 공덕이 있습니다. 그의 이러한 현상을 통해 매우 많은 사람들이 모두 신심을 일으켜 왕생하도록 가르친다면, 그는 틀림없이 왕생할 것입니다.

우리의 몸속에는 이러한 기체氣體가 있어 이러한 때에 기체가 몸의 어느 한 부위로부터 밖으로 새어나옵니다. 만약 현대의학의 눈으로 본다면 일종의 상서로운 현상이라 인정하지 않고, 단지 일종의 물리현상이나 물질현상이라 여길 것입니다. 이러한 해석이 틀렸다고 말할 수는

더불어 계체가 확립되었다(道共戒)」 합니다. 이로써 선정을 얻지 않은 사람은 반드시 계율을 지켜야 하고, 계율을 지키지 않으면 계율이 사라지니 반드시 계정혜를 실천해야 함을 알 수 있습니다. 진실한 수행은 일문에 깊이 들어 오랫동안 몸에 배이게 닦는 것입니다. 이때 마음상태가 매우 중요한데, 그 마음상태는 바로 「언어의 도가 끊어지고, 심행처가 사라진 자리」입니다. 아무것도 생각하지 않고 아무것도 말하지 않으며, 입을 열면 바로 한마디 아미타불입니다. 한마디 아미타불을 제외하고는 아무것도 모릅니다. 다른 사람이 당신에게 무엇을 묻든지, 아미타불, 하나가 곧 일체이고, 일체가 하나이니, 바로 한마디 「아미타불」입니다."《정토대경해연의淨土大經解演義》, 정공 큰스님.

없습니다. 그들은 그들 나름의 근거를 가지고 있고, 또한 자신들만의 이치도 있습니다.

그래서 법에는 고정된 법이 없고, 중요한 것은 설법하는 사람의 마음 씀입니다. 만약 마음씀이 순수하고 바르다면, 중생에게 정토종에 대해 신심을 세워 정토에 태어나길 구할 것을 결심하도록 권하고 이끌 것입니다. 이러한 설법이라면 허물이 없습니다.

제9장
중음의 의의 및 제도방법

[질문] 중음신中陰身은 무엇이며, 왜 49재齋(做七)34)기도를 해야 합니까?

[대답] 부처님께서는 경전에서 가족·육친권속이 세상을 떠난 후 49일 동안이 매우 중요하다고 거듭 당부하셨습니다. 왜냐하면 그는 새로운 환경을 접하는데, 새로운 환경이 그에게는 몹시 낯설어 장애와 어려움이 매우 많으므로 부처님께서는 우리에게 7일이 될 때마다 경전을 독송하고 염불하여 그에게 회향하여 그의 복이 늘어나게 해주라고 가르치셨습니다. 왜냐하면 사람이 이 세상을 떠난 후 대다수는 모두 중음신이 있기 때문입니다. 중음신은 지금의 몸을 떠났지만 아직은 환생하지 않았습니다. 이 단계의 시간을 불법에서는 중음中陰이라 하고, 중국에서는 보통 영혼이라 부릅니다. 영혼은 흩어지지 않고, 7일이 될 때마다 사망하는 상황이 또 한 차례 거듭 연출됩니다. 특히 자살한 사람의 경우, 만약 목매달아 죽은 경우 7일마다 또 한 차례 목을 매달며, 강에 투신한 경우 칠일마다 또 한 차례 강물에 뛰어드니, 매우 고통스럽습니다!

그래서 이때는 경전을 독송하고 염불하여 그에게 회향하여 그의 고통을 줄여주니, 매우 효과가 있습니다.

---

34) 주어치(做七). 사람이 죽은 뒤 7일마다 49일 동안 죽은 혼령을 위해 기도하는 일

[질문] 49재齋 기도의 출처는 어느 경전입니까? 왜 49일 안에 "온갖 선을 널리 지어야(廣造衆善)" 합니까?

[대답] 《지장경》에서 말씀하시길, "만약 또 죽은 후 49일 안에 온갖 선을 널리 지어 줄 수 있으면, 여러 중생으로 하여금 영원히 악도를 여의고, 인간세상이나 천상에 태어나 수승하고 미묘한 즐거움을 받을 수 있으며, 현재 육친권속에게도 이익이 무량하니라." 하셨습니다. 사람이 죽은 후에, 49재 기도의 출처는 바로 여기에 있습니다. 사람이 죽은 후에는 중음에 있는 기간이 있는데, 대개 49일 동안입니다. 이 기간을 보낸 후 다른 몸을 받아 다시 태어날 것입니다. 이때 망자는 행업行業의 힘으로 육도 중 어느 한 도에 떨어지게 되고, 어느 한 도에 이르러 과보를 받습니다. 중음 기간에 7일째 되는 날마다 한 차례 죽는 과정을 반복할 것입니다. 이는 망자의 입장에서 말한다면 상당히 고통스럽습니다. 그래서 49일 동안에 "온갖 선을 널리 짓고", 그를 위해 불사를 하여 복덕의 힘을 증장시키고 그의 고통을 줄어주어야 합니다. 49일 동안 가족·육친권속이 만약 날마다 망자를 위해 경전을 염송하고 염불하여 회향한다면 망자의 복보는 매우 커지고, 이는 저승과 이승 양쪽에 이로운 일입니다. "온갖 선을 널리 짓는" 것은 일체 선법善法 안에서 경전을 염송하고 염불하여 회향하는 것을 주로 삼되, 만약 능력이 있으면 망자가 남겨놓은 재물을 가지고서 널리 보시를 행한다면 그의 복의 과보가 더욱 커지게 됩니다.

[질문] 중음신의 49일(七期)는 어느 때부터 계산하기 시작합니까?

[대답] 중국 불교에서는 일반적으로 망자가 숨이 끊어진 그날부터

49일을 계산하기 시작합니다.

🪷

[질문] 중음신으로 있는 기간은 얼마나 되며, 반드시 중음신을 가지게 되는 것인지, 또 언제 태 속으로 들어가는지 궁금합니다.

[대답] 중생과 불보살의 차이는 어디에 있느냐 하면, 불보살은 어느 곳에서 태어나고, 또 죽어서는 어느 곳으로 가는지를 분명하게 알지만, 평범한 사람은 태어남이 어디에서 오는지, 또 죽어서는 어디로 가는지를 알지 못합니다. 그래서 평범한 사람은 죽음에 대해 두려움을 가질 수 있습니다. 불보살은 이러한 것에 대해 분명하고 훤히 알기 때문에, 이곳에서 죽었어도 이를 죽었다고 말하지 않으며, 몸을 버린 것입니다.

몸은 내가 아니며, 몸은 마치 몸에 걸치는 옷과 같습니다. 옷이 오래 입어서 다 떨어지고, 더러워지고, 망가지게 되면 옷을 벗어버려야 합니다. 오래된 옷은 더 이상 필요로 하지 않고, 다시 새 옷을 입습니다. 육도를 윤회하는데, 몸을 버리면 보통 49일 안에 다른 태 속에 들어가고, 또 다시 새로운 몸을 받아 죽지 않습니다.

이 49일 동안이 중음신입니다. 그러나 만약 큰 선행을 한 사람이나 큰 악을 지은 사람이라면 중음을 거칠 필요가 없습니다. 불교 경전에서는 이에 대해 아주 분명하게 강설하고 있습니다. 큰 선행을 한 사람은 숨이 끊어지자마자 곧 바로 천상에 태어나며, 큰 악을 지은 사람은 지옥에 떨어지는데, 숨이 끊어지자마자 곧 바로 갑니다. 그러나 작은 선이나 작은 악을 지은 사람들은 염라왕과 판관과 얼굴을 마주해야 합니다.

환생을 불가에서는 왕생(돌아가심)이라 말하며, 시간의 길고 짧음은 사람마다 제각기 달라 똑같지 않습니다. 가장 긴 사람은 49일이며, 이 49일 안에 대체로 모두가 태속에 들어가며, 또 다시 지금의 몸이 아닌 다른 몸으로 바꿉니다. 심행心行이 착한 사람은 몸이 바꾸어질수록 더욱 좋아지지만, 심행이 착하지 않은 사람이나 악을 지은 사람은 몸이 바꾸어질수록 더욱 좋지 않아서, 축생의 몸으로 바꾸기도 하고, 아귀의 몸으로 바꾸기도 하며, 사람의 몸보다 더욱 형편없습니다.

절대다수는 49일 안에 모두가 다른 몸으로 바꾸어 다시 태어나지만, 그러나 윤회하여 어느 도에 갔는지는 알지 못합니다. 또한 소수의 사람들은 49일 안에 태속에 들어가지 않으며, 심지어는 몇 년, 몇 십 년이 되어도 태속에 들어가지 않고서 중음의 상태로 있기도 합니다. 이는 특히 몸에 집착하여 몸에 대한 미련이 남아 차마 떠나지 못하는 사람이며, 그들은 태속에 들어가지 않고서 시체를 지키는 아귀로 변하여 대다수가 무덤 안에서 삽니다. 또 어떤 사람들은 집에 대한 미련이 많아 떠나지 못하여 왕왕 태 속에 들어가지 않고, 그가 살던 집이 아귀의 집으로 변하기도 합니다.

[질문] 중음신의 기간에 어떠한 상황들을 만날 수 있습니까?

[대답] 《지장경》에서 말씀하시길, "어둠 속을 헤매는 신식은 자신의 죄와 복을 알지 못하여 49일 동안 바보 같고 귀머거리 같다(冥冥遊神 未知罪福 七七日內 如癡如聾)." 하셨습니다. "어둠 속을 헤매는 신식"은 바로 불법에서 말하는 아뢰야식이며, 세속에서 말하는 영혼입니다. 불가에서 헤매는 신식(遊神)이라 말하는 것이 정확하며, 영혼이라 말하는 것은 예의를 갖추어서 공손하게 표현한 말입니다. 왜냐하면 영혼은 결코

신령하지 않기 때문입니다. 만약 신령하다면, 어떻게 악도에 갈 수 있겠습니까? 공자는《주역》에서 유혼遊魂이라 말하였는데, 이 유혼과 불가에서 말한 유신遊神은 매우 일리가 있습니다. 왜냐하면 속도가 매우 빠르고, 정처 없이 떠다니며, 분명하고 확실하게 유혼이기 때문입니다. 《주역》에서는 "떠다니는 혼령은 변한다(遊魂爲變)"고 말하는데, 이 변한다는 것은 바로 태속에 들어가 몸을 바꾸는 것을 말합니다. 이때는 정말로 "바보 같고 귀머거리와 같아서" 우둔하고 멍청한 상태로 49일 동안 바로 이러한 상황 속에 있게 됩니다.

부처님께서는 말씀하시기를, 중음신은 정신이 매우 혼미하여 바깥의 공간을 보면 마치 안개가 잔뜩 낀 것과 같아서 까맣고 어둡고 또 보는 것이 또렷하지 못하지만, 그러나 어느 곳에 그의 연분이 있으면, 그곳에 빛이 있는 것을 보며, 그러면 바로 그 빛을 따라 연분을 찾아갈 수 있다고 하셨습니다. 또 빛의 색채와 크기는 모두 같지 않으며, 이것이 바로 육도의 차별입니다.

[질문] 신식神識이 육체를 떠난 후에도 고통, 쾌락, 배고픔, 추움 등의 감각이 있습니까? 또 어떤 사람이 중음신을 갖지 않을 수 있고, 어떤 사람이 중음신을 가질 수 있습니까?

[대답] 신식이 완전히 육체를 떠나면 이러한 감각들은 없습니다. 그러나 신식이 막 육체를 떠나려고 할 때는 여전히 이러한 감각이 있기 때문에, 이때가 아주 중요한 때입니다. 과거에 조사님들과 대덕들께서 우리들에게 가르치시길, "연우蓮友를 도와 조념할 때는 특히 주의해야 하는데, 그의 몸을 만져서는 안 되며, 심지어는 그가 누워있는 침대조차도

건드려서는 안 된다"고 하셨습니다. 왜냐하면 그를 건드리면 그가 고통스러울 수 있으며, 고통스러우면 바로 성내는 마음을 낼 수 있으며, 성내는 마음을 일으키면 그 사람에게 대단히 이롭지 못하기 때문입니다.

염불인이 성내는 마음을 한번 일으키면 극락세계에 왕생하는 인연이 끊어져버립니다. 또 보통사람이 성내는 마음을 일으키면 바로 그의 업력이 어떤지를 보아야 하는데, 만약 업장이 무거운 사람이라면 지옥에 떨어지며, 설사 업장이 무겁지 않을지라도 축생도에 갈 수 있습니다. 왜냐하면 성내는 마음을 품고서 환생할 때는 독사나 맹수와 같은 축생에게 갈 수 있기 때문입니다. 그러므로 임종한 후 8시간 동안에는 절대로 망자의 몸을 건드려서는 안 되며, 가장 좋은 것은 12시간에서 14시간까지이며, 그렇게 하면 비교적 안전하며, 그 후에 그에게 옷을 입히고 입관하는 것이 좋습니다.

부처님께서는 경전에서 세 종류의 사람은 중음신이 없다고 말씀하셨습니다. 첫째는 염불인으로, 이러한 사람이 왕생할 때는 숨이 끊어지자마자 곧 바로 극락세계로 갑니다. 둘째는 천상에 태어나는 사람으로, 그는 천상의 복이 대단히 커서 숨이 끊어지자마자 곧 바로 천상에 태어납니다. 셋째는 지옥에 떨어지는 사람으로, 이러한 사람은 숨이 끊어지자마자 즉시 지옥에 떨어지는데, 지옥의 고통은 사대四大가 흩어지는 고통보다 얼마나 더 심한지를 알지 못하기 때문에, 그래서 이 사대가 흩어지는 작은 고통을 그는 당하지도 않고 받지도 않고서 곧 바로 지옥에 가서 더욱 더 큰 고통을 받게 됩니다. 이러한 세 종류의 사람 외에는 모두가 중음을 가지게 되며, 숨이 끊어진 후에 신식은 결코 바로 당장에 육신을 떠나지 않으며, 반드시 사대가 흩어지는 고통과 중음의 과정을 거쳐야 합니다.

[보충] 임종시의 기도

저승사자가 도착하는 순간
즉시 극락세계에서 오셔서
세속 삶에 대한 집착을 포기하게 충고하여
저를 극락세계로 가도록 초청하옵소서.

땅이 물속으로 가라앉고
신기루 같은 모습이 감지되며
입이 마르고 불쾌한 맛이 나게 될 때
오셔서 두려워하지 말라 말해주시고
제게 참된 용기를 불어넣어 주옵소서

물이 불 속으로 가라앉고
연기 같은 모습이 감지되며
혀가 굳어지고 말을 못하게 될 때
제게 님의 빛나는 얼굴을 보여주시고
제게 위로와 평화스런 기쁨을 주옵소서

불이 공기 속으로 가라앉고
개똥벌레 같은 모습이 감지되며
몸에 열과 눈빛이 빠르게 사라질 때
제게로 오셔서 저의 마음을
다르마의 지혜소리로 채워주옵소서

공기가 식識으로 가라앉고
버터 램프모습과 타는 것이 감지되며
몸이 땅과 같아지고 호흡이 함께 멈출 때
님의 찬란한 얼굴 빛으로 비추어 주시고
님의 극락세계로 접인하옵소서

이어서 찬란한 붉은 갈고리가
극락의 심장으로부터 흘러나와서
제 정수리로 들어가 중심 채널로 하강하여
매우 미세한 맑은 빛의 마음을 낚아채서
님의 극락세계로 데려가옵소서

만약 제가 부정적인 업의 힘으로
중음中陰으로 가야 한다면
모든 부처와 보살들이
법의 힘으로 저를 구원하여
모든 존재가 완전히 순수한 것으로 보이고
모든 소리가 법의 가르침으로 들리고
모든 장소가 극락세계로 보이는
정견正見을 불어넣어주옵소서

– 라마 투브텐 예세 편찬, 《아미타바 포와》

[질문] 설사 마지막 숨에 확실하게 염불하고 있었다고 할지라도, 그렇지만 숨이 끊어진 후에 신식이 언제 몸을 떠날지를 알지 못하는데, 그래도 극락세계에 왕생하였다는 것을 보장할 수 있습니까? 염불하는 동수同修는 극락세계에 왕생하여 중음이 없는데, 어째서 여전히 그를 위해 조념을 해야 합니까?

[대답] 이것은 그의 연분을 보아야 하기 때문입니다. 그래서 이때의 조념은 대단히 중요하므로 그를 어떻게 도와야 하는지를 잘 알아야 합니다. 염불하는 동수는 극락세계에 왕생하여 중음이 없지만, 안전하도

록 여전히 8시간, 혹은 12시간, 혹은 14시간 염불을 해야 합니다. 이렇게 할 경우 오로지 이익만 있을 뿐 해로울 것이 없습니다. 왜냐하면 극락세계에 왕생할 때 이렇게 많은 사람들이 조념을 해주면 그가 극락세계에 왕생하는 품위가 높아질 수 있어서 극락세계에 가면 매우 영광스러우며, 그의 뒤에 이렇게 많은 사람들이 옹호하고 있으므로 혼자 외톨이가 되지 않습니다.

반드시 알아야 할 것은 진정한 극락왕생은 숨이 끊어지자마자 바로 가는 것이지만, 옛날 대덕들께서는 여전히 염불을 8시간, 12시간, 혹은 더 긴 시간 동안 염불할 것을 제창하셨습니다. 사실대로 말한다면, 이렇게 하면 저승이나 이승 양쪽 모두 이익이 되며, 염불하는 시간을 길게 하면 할 수록 좋고, 염불하는 시간이 오래될 수록 망자가 우리에게 보여주는 모습 또한 더욱 좋습니다. 그래서 설사 1주일 혹은 2주일 그대로 안치해 두었다가 옷을 갈아입힐지라도, 망자의 온몸은 여전히 부드러우며, 일반 사람과는 완전히 다릅니다. 이렇게 하면 염불인으로 하여금 신심을 일으키게 할 것입니다.

[질문] 중음신 또한 염불하여 극락왕생할 기회가 있습니까?

[대답] 총간사인 호㼌 거사께서는 학불하신 지 10여 년이 되었습니다. 호 거사의 어머니는 아주 선량한 분이셨지만, 생전에 불법을 접하지 않아 자신의 딸이 불법을 공부하는 것을 언제나 미신이라 여겼습니다. 호 거사의 모친이 병이 위중할 때, 정종법문을 함께 공부한 도우道友들이 병원에 가서 그녀의 모친을 위해 조념을 하였습니다. 당시에 그녀의 모친 역시 함께 따라서 염불하였지만 여전히 반신반의하여 자주 "정말입

니까? 이것이 사실입니까?"라고 묻곤 하셨습니다. 이때는 곁에서 도와주는 인연(助緣)이 대단히 중요합니다. 이때 한 스님께서 그녀의 모친에게 법문하여 조념하는 사람들을 따라 함께 염불하도록 일깨워주었습니다. 그녀의 모친은 이렇게 세상을 떠나갔습니다.

호 거사는 대만선과림臺灣善果林에서 모친을 위해 불칠佛七과 삼시계념三時繫念을 행하였으며, 49일 동안 3백 명이 넘는 동수들이 밤낮으로 계속해서 끊이지 않고 그녀의 모친을 위해 염불하였습니다. 당시에 모친의 영구는 염불당의 옆방에 안치되어 있었습니다. 그녀의 모친은 자신이 이미 이 세상을 떠난 것을 아시고는 한 영매靈媒의 몸에 붙어서 말하길, "여러분은 나에게 왜 이렇게 잘합니까? 나는 정말로 매우 놀랐습니다. 제 딸과의 관계 때문입니까?" 하였습니다. 이는 그녀의 모친이 첫 번째로 전해준 소식입니다.

우리는 모친의 중음신에게 염불할 것을 권하였고, 또 정토왕생을 구할 것을 권하였습니다. 그때 그녀의 모친은 많은 질문을 하였습니다. 무엇이 부처인가? 왜 염불해야 하는가? 염불하면 무슨 좋은 점이 있는가? 그래서 당시에 한 젊은 스님이 모친이 궁금해 하는 점들에 대해 설명해주었더니, 다 들은 후에 매우 기뻐하면서 말하길, "불법은 너무나도 훌륭하군요." 또 "이렇게 훌륭하니, 저도 경전을 듣겠습니다." 하였습니다. 모친이 경전 듣기를 요구하여 우리는 그 즉시 텔레비전을 모친의 관 옆에 놓은 후에 틀어서 《지장경》을 보게 하였습니다. 모친은 그날 저녁에 동영상이 들어 있는 비디오 시디(VCD)를 틀어줄 것을 요구하였으며, 다 본 후에 다시 보기를 원하였습니다. 그러나 다시 보려면 반드시 사람이 가서 다시 비디오 시디를 교체해야 하는 것이 너무 수고로운 일임을 알고서 그 모친은 당장에 자신의 딸인 호 거사를 불러 가라오케

기기를 한 대 물색하게 하였습니다. 이 기기에는 400장의 비디오 시디를 넣을 수 있기 때문에, 매일 밤낮으로 끊임없이 《지장경》을 틀어서 보게 하였는데, 그 후로는 다시 모친이 영매의 몸에 달라붙지 않게 되었습니다.

그런데 또 약 2주가 좀 더 지나서, 다시 모친은 영매의 몸에 달라붙었습니다. 그래서 우리가 그동안 어디에 갔었느냐고 물었더니, 모친은 아무 곳에도 가지 않고서 밤낮으로 경전을 듣고 있었다고 대답하였습니다. 또 말하길, "지금은 경전 듣는 것은 됐습니다. 염불하여 왕생을 구하려 하는데, 아미타불께서 어째서 아직까지도 저를 접인하러 오시지 않습니까?" 하였습니다. 이처럼 마지막에는 염불을 하였습니다.

마지막 7일 그날은 바로 49일째가 되는 날이었습니다. 삼시계념三時繫念 법회 때에 모친은 또 다시 영매의 몸에 달라붙어 모두에게 알리길, "많은 분들이 저에게 증상연增上緣이 되어주셔서 매우 감사합니다. 극락세계에 하품중생下品中生으로 왕생하였습니다." 하였습니다. 생전에 불법을 접한 적이 없는 사람이 중음신으로 제도를 받았습니다. 이는 우리가 직접 우리 눈으로 목격한 첫 번째 사람입니다.

[질문] 중음신이 이렇게 짧은 시간 안에 불법을 만나 극락세계에 왕생할 수 있는 원인은 무엇입니까?

[대답] 이는 과거 어느 생에서 이 법문을 닦은 적이 있지만, 그 생에서는 닦아 성공하지 못하였으나, 이번 생에 임종시 이 법문을 듣고서 숙세의 선근을 끌어내어 용맹정진하고 모든 인연을 다 내려놓고 조금의 미련도 두지 않아 순조롭게 성취한 것입니다. 더욱 희유하고 얻기 어려운 것은 일생동안 불법을 믿지 않았고, 죽어서도 불법을 믿지 않았으나, 죽은

후에 중음신이 불법을 듣고서 불법의 이치를 분명하게 안 후에 조념하는 동수同修를 따라서 염불하여도 극락세계에 왕생할 수 있다는 것입니다. 이러한 사람은 의지와 신심이 매우 확고하여, 마구니(魔)의 자장磁場이 그에게 영향을 줄 수가 없습니다. 단지 그가 숙세에 심은 선근의 생각이 한 번 움직이기만 하면, 바로 아미타부처님 백호白毫 광명의 가피를 받을 수 있으며, 또한 바로 이익을 얻을 수 있습니다. 이러한 감응은 실로 불가사의합니다.

[질문] 중음신에 들어간 망자에게 가까운 벗이 그를 위해 불사佛事를 하여 그를 천도하고, 또 49일 동안 망자를 위해 염불하면, 중음신을 천도하여 서방극락세계에 왕생할 수 있다고 합니다. 이는 중음신이 스스로 염불하여 서방극락세계에 태어나길 구해야 부처님께서 접인하시는 가피를 입을 수 있는 것입니까? 그리고 중음신이 스스로 염불하여 왕생을 구할 수도 있습니까?

[대답] 중음신이 염불하여 극락왕생할 수 있는 것은 참으로 매우 희유한 일이지만, 분명하게 있습니다. 호 거사의 모친이 바로 이런 사례에 속합니다. 그녀의 모친은 생전에 불법을 공부하지도 않았고 죽은 후에야 비로소 불법을 공부하였으며, 진실로 극락세계에 왕생하셨습니다. 49일 동안 많은 사람들이 매일 염불하고 경전을 독송하여 호 거사의 모친에게 회향하였고, 모친의 중음신은 그 자리를 떠나지 않고서 감동을 받았습니다. 그의 모친은 경전 듣기를 요구하였고, 발심 염불하여 서방 극락세계에 태어나길 구하였습니다. 마지막에 그의 모친은 다른 사람의 몸에 붙어서 사람들에게 알리길, "아미타부처님께서 접인하러 오셨고, 하품중생下品中生이다." 하였습니다.

그러므로 사람이 숨이 끊어진 후, 49일 동안의 조념은 대단히 중요합니다. 그의 모친이 왕생할 수 있었던 것은 사실대로 말하자면, 과거 생에 심은 선근이 깊고 두터웠으며, 일찍이 이 정토법문을 공부한 적이 있었기 때문입니다. 이번 생에는 부유한 집안에 태어났기 때문에 소홀히 하였던 것이지만, 임종시에 그래도 자신이 숙세에 심은 선근이 있어서 이번 생에 선한 인연을 만났고, 그렇게 많은 사람들의 도움을 만났습니다. 그 당시 염불당에는 3백여 명이 그녀의 모친을 도와 49일 동안 염불을 하였으며, 이는 만나기 매우 어려운 법연法緣입니다.

[질문] 어머니가 세상을 떠나셨는데, 만약 자녀가 어머니께서 중음신에 있을 때 진성심으로 염불하여 어머니가 다시 세상에 태어날 필요가 없도록 도와서 틀림없이 왕생하게 할 수 있습니까?

[대답] 그렇게 할 수 있습니다. 《지장경》에 보면, 바라문의 여인과 광목光目 여인은 진정으로 자신의 어머니를 천도하였습니다. 자녀가 서방 극락세계를 알아서 한 마음 한 뜻으로 어머니를 위해 정토에 태어나길 구하는 경우, 만약 어머니의 중음신이 함께 할 수 있다면 극락세계에 왕생할 수 있지만, 만약 어머니가 함께 하지 않는다면 방법이 없으며 극락세계에 왕생할 수 없습니다. 그러므로 같이 협력하는 사람도 있고, 기꺼이 같이 협력하지 않는 사람도 있습니다.

[질문] 중음신이 보게 되는 부처님의 광명은 부드럽고 온화한 금색의 광명입니까? 아니면 마치 천둥이 치고 번개가 번쩍번쩍 치는 것처럼 두렵고 눈이 부신 광명입니까?

[대답] 불교 경전에서는 이에 대해 매우 분명하게 강설하고 있습니다. 불보살의 광명은 부드러우며, 이 광명을 접촉하게 되면 아주 편안함을 느낄 수 있고, 매우 기쁨을 느낄 수 있습니다. 마구니의 빛은 눈이 부셔서 마치 한낮에 태양을 쳐다보듯이 눈이 부시어 견딜 수가 없는 것과 같습니다. 마구니의 빛과 부처님 광명의 차이는 바로 여기에 있습니다.

[질문] 《도망경度亡經(死者의 書)》에는 부처님의 광명은 강렬하여 눈을 부시게 하는 빛이라 묘사하고 있습니다. 그런데 스님께서는 오히려 부처님의 광명은 부드러우며, 접촉하게 되면 아주 편안함을 느낄 수 있다고 말씀하시는데, 어떻게 된 것입니까?

[대답] 강렬하여 눈이 부신 빛은 마구니의 빛이며, 부처님의 광명이 아닙니다. 부처님의 광명은 부드러운 것입니다. 《능엄경》에서는 50가지의 음마陰魔에 대해 설하고 있으며, 부처님과 마구니를 분명하게 구별하였습니다. 부처님의 자장磁場은 매우 편안함을 느낄 수 있지만, 마구니의 자장은 매우 긴장을 느끼게 할 수 있습니다. 사람들이 만약 이 사실을 잘 알지 못하면, 왕왕 마구니를 부처님으로 착각할 수 있습니다. 왜냐하면 마구니 또한 금색의 몸을 가지고 있고, 또한 금색의 광명을 가지고 있기 때문입니다. 그러나 마구니의 빛은 두려운 감정을 가지게 하여, 마구니에 대해 공경하기도 하고 두렵게 느끼기도 합니다. 그렇지만 불보살은 자비하신 마음뿐이어서 부처님의 광명 아래서는 공포나 불안한 느낌을 가질 수가 없습니다.

[질문] 《도망경度亡經》에서는 망자에게 법문하기를, "그대들은 강렬하

고 눈이 부신 빛을 만나면 바로 즉시 용감하게 들어가야 하나니, 그것은 아미타부처님께서 접인하시는 부처님 광명이다. 그대들은 부드럽고 어두운 빛을 만나면 절대로 들어가서는 안 되나니, 그것은 삼악도의 빛이다." 하였는데, 이는 정확한 말입니까?

[대답] 삼악도의 빛은 부드럽지 않습니다. 그렇지만 어둡고 강렬하지 않는 것은 사실입니다. 불보살의 광명은 매우 강하고, 매우 부드럽습니다. 이 점을 반드시 알아야 합니다. 만약 어떤 경전에 의거하여 수행한다면 바로 그 경전의 이론방법에 의거해야 합니다. 만약《서장도망경西藏度亡經 (티벳 死者의 書)》에 의거하여 수행한다면 완전히 그 경전의 의규儀規에 의거해야 하며, 상사上師의 지도를 청해야 합니다. 현교顯教와 밀교密教는 각자 의거하고 있는 이론과 방법이 서로 같지 않습니다. 이는 마치 배움의 길을 찾는 것과 같아서 자기 스승의 가르침을 다른 스승의 가르침과 한데 섞어서는 안 됩니다. 스승마다 자신만의 교학방법이 있고, 자신만의 생각하는 방식이 있기 때문에, 강설하는 것이 각자 서로 같지 않습니다. 그러므로 동시에 두 스승의 가르침을 따르게 되면 어지럽게 되며, 성취하기가 매우 어렵습니다.

[질문] 제자는《서장도망경》에 의거하여 중음신을 위해 제도하고, 조념하며, 법문하고 있습니다. 이렇게 하는 것이 이치에 맞고 여법한지 모르겠습니다.

[대답] 경전에 의거하여 행하는 것은 모두가 이치에 맞고 여법합니다. 다만 이때 중요한 것은 마음이 청정해야 하고, 경건하고 정성을 다해야 합니다. 만약 이렇게 한다면 감응이 있을 수 있고, 정성을 다하면

영험이 있습니다.

[질문] 어떤 한 조념단에서 《중음자구中陰自救》라는 책에 사람이 숨이 끊어지고 몇 시간이 지난 후에도 극락세계에 왕생할 수 있다고 적혀 있다고 합니다. 이러한 설법은 정확한 말입니까?

[대답] 극락세계에 왕생할 수 있느냐 없느냐는 또한 망자 자신의 뜻과 생각에 달려 있습니다. 만약 임종시 정신이 혼미하여 극락세계에 태어나기를 구하는 일을 잊어버렸을 경우, 그를 일깨운다면 가능성이 있습니다. 불교경전에서 말하길, 사람이 비록 숨이 끊어졌을지라도, 8시간 안에는 신식神識이 떠나지 않는데, 이때 다른 사람이 와서 조념을 해주면 망자는 들을 수 있다고 하였습니다. 이 8시간 안에 망자가 만약 각성하여 발심하고 서방극락세계에 태어나길 구한다면 진정으로 가능합니다. 그러므로 조념할 때에 망자를 일깨주어야 합니다.

[질문] 《중음신자구법中陰身自救法》에 보면, 사람이 죽은 후에 4일째 되는 날에 아미타부처님께서 붉은 광명을 놓아 망자를 접인하신다는 말이 적혀 있습니다. 그러나 어떤 책에서는 아미타부처님께서 흰 광명을 놓아 접인하신다고 적혀 있습니다. 과연 아미타부처님께서 어떠한 광명을 놓아서 접인하시는지 잘 모르겠습니다. 물론 염불을 한 공덕의 힘이 완전히 무르익었다면 숨이 끊어지는 그 순간에 바로 부처님의 접인을 받아서 가기 때문에 중음신이 없겠지만, 만에 하나라도 공부가 부족하다면 이러한 문제는 반드시 분명하게 알아야만 되는 것이니, 사부님께 법문해주실 것을 청합니다.

[대답] 평상시 열심히 공부해야 합니다. 열심히 공부하되, 반드시 마음을 전일專一하게 하여 부처님 명호를 불러야 합니다. "보리심을 발하여 전념해야 합니다(發菩提心 一向專念)." 공부가 득력得力을 이루지 못하는 첫 번째 원인은 바로 내려놓지 않아서입니다. 진정으로 모든 인연을 다 내려놓을 수 있다면 어디에 득력을 이루지 못할 도리가 있겠습니까! 우리는 우선 이 세간 일체가 다 허깨비 같고 환 같아 진실이 아니며 조금도 미련을 가질 가치가 없다는 점을 간파해야 합니다. 그렇게 한 후 진정으로 다 내려놓을 수 있으면, 공부가 저절로 득력을 이룹니다. 이것이 가장 믿음직한 방법입니다. 중음을 기다려서는 안 됩니다. 중음은 대단히 믿을 수 없는 것입니다. 밀종에 비록 이러한 설법이 있지만, 그러나 현교에서는 이러한 설법을 취하지 않습니다. 불법을 배울 때는 조사와 대덕들의 가르침을 따라야 합니다. 근대 인광대사께서는 최고의 선지식으로 《문초文鈔》에 보면 인광대사께서 사람들의 물음에 대해 대답해주시는 내용이 있는데, 이는 매우 참고할만한 가치가 있습니다.

[질문] 어떤 동수同修들은 재난이 닥쳤을 때는 염불하여 극락세계에 왕생할 수 없다고들 염려합니다. 그래서 그들은 《중음신구도中陰身救度》 비디오를 대량으로 녹음하여 사람들에게 보내 중음신의 환경을 인식하게 하고 있습니다. 그래서 자신들이 이렇게 하면 많은 사람들이 중음신에 있을 때 극락에 왕생할 수 있도록 도울 수 있다고 여기고 있습니다. 그들의 설법에 따르면, 《중음신구도》의 동영상을 많이 보게 되면 팔식八識에 깊이 각인이 되어서 스스로 자신을 제도할 수 있다고 생각하고 있습니다. 이러한 방법은 여법합니까?

[대답] 현재 의식(神智)이 또렷하고 분명하여도 신심이 없는데, 중음신

에 이르면 아마도 지금의 상황보다 훨씬 좋지 않을지도 모릅니다. 이러한 것들을 본다 한들 어찌 기억할 수 있겠습니까? 이것은 믿을만한 것이 못됩니다. 제가 말씀드리는 방법은 진정으로 믿을만한 것입니다. 현재 부처님 명호를 소리내어 부르거나, 혹은 눈을 떠서 하나의 불상을 보기만 해도, 부처님께서는 "이근으로 한번 부처님 명호 염하는 소리를 들으면 영원히 보리의 종자가 된다."고 하셨으므로, 장래에는 반드시 제도될 수 있습니다. 그 이유는 아뢰야식 속에 부처의 종자가 있기 때문입니다. 그렇다면 언제 제도될 수 있느냐 하면, 그것은 자신의 연분緣分에 달려 있습니다. 아마도 몇 만 년 후일 수도 있고, 또 몇 만 겁 후일 수도 있습니다. 만약 이번 생에서 제도를 받기를 원한다면, 중음신에 가려고 생각하지 말아야 합니다. 중음신에 가려고 생각한다면 이는 바로 신심이 없는 것이며, 자신이 없는 것입니다. 현재 신심이 없고 자신이 없으면, 중음신에 이르렀을 때에도 역시 신심도 없고 자신도 없으며, 믿을만한 것이 못됩니다. 신심이 부족할 때는 경전을 많이 들어야 하고, 공부를 많이 해야 합니다.

[질문] 사람이 이미 죽었다면, 그의 업보 역시 끝이 난 것인데, 어째서 이승에서의 병고를 저승까지 가지고 가서 받을 수 있습니까? 또 중음신이 환생하였다면 생전의 일은 모두 잊어버리는 것이 아닙니까?

[대답] 병으로 괴로울 때 병에 집착하여, 비록 이미 죽었지만, 여전히 "내가 병을 앓고 있다"고 생각하여 여전히 고통스럽다고 느낍니다. 만약 "나의 몸은 이미 없어졌으며, 그 병은 내가 몸이 있음으로 인해 생겼던 병인 것이니, 지금은 병이 없어졌다." 생각한다면 한 순간에 곧 고통은 사라지고 없습니다. 그러므로 집착이 있어야 이러한 일들이 있을 수

있는 것입니다.

중음신이 환생하여 태 속에 자리 잡고 있을 때나 태 속에서 나올 때에 참기 어려울 만큼 고통스러워 전생의 일을 완전히 까맣게 잊어버릴 수 있기 때문에 "격음의 미혹(隔陰之迷)35)"이 있습니다. 그러나 간혹 잊어버리지 않는 사람도 있어서 전생의 일을 완전히 아는 사람도 있는데, 이는 소수이며, 이러한 상황은 탈태(奪胎)에서 온 것입니다. 무엇을 탈태라 합니까? 예를 들면, 어머니가 한 아이를 잉태하여 아이가 태어나자마자 바로 죽어서 이 아이의 영혼이 떠났는데, 또 다른 영혼이 이를 보고서 그가 대신 죽은 아이의 몸 속으로 뚫고 들어가는 경우, 이 영혼은 태 속에 앉아 태로부터 나오는 이러한 고통을 거치지 않고서 한 번에 이 몸을 얻었기 때문에 전생의 일에 대해 분명하고도 또렷하게 기억합니다.

[질문] 지극성심으로 조념을 해주고 알맞은 법문을 해줌으로 인해, 뜻하지 않게 사망한 사람이 극락세계에 왕생하게 할 수 있습니까? 전해들은 말에 따르면, 반드시 대신 들어갈 몸을 찾을 수 있어야만 비로소 환생할 수 있는 것이 아닙니까? 만약 이로 인해 그가 극락세계에 왕생하였다면 전생에 닦은 선근과 공덕이 깊고 두텁다고 할 수 있습니까? 또는 불성은 본래 갖추고 있는 것이니, 단지 지극성심으로 감응 소통하기만 하면 망자로 하여금 집착을 내려놓고 부처님을 따라 극락세계에 왕생하게 할 수 있는 것입니까?

[대답] 뜻하지 않은 사고로 세상을 떠난 사람이 만약 남의 권고를

---

35) 평범한 사람은 죽은 후에 신식이 태 속에 들어가 다시 태어나는데, 자신의 전생의 인연들을 전혀 알지 못하며 멍하고 어리석기 때문에, 이를 격음의 미혹이라 말함.

받아들여 그 즉시 바로 부처님의 가르침을 따라 받들어 행하여 염불하여 극락에 태어나길 구한다면, 이는 그가 과거 생에 정토법문을 닦은 인(因)이 매우 깊기 때문에 누군가가 그를 일깨워주기만 하면 곧 바로 그의 전생 선근을 이은 것으로, 이렇게 하면 틀림없이 극락세계에 왕생할 수 있습니다. 원혼이 대신 들어갈 몸을 찾으려고 하는 것은 그의 업장이 깊고 무거운 것이며, 이를 여전히 윤회하는 마음이 윤회하는 업을 짓는 것이라 말하며, 이럴 경우 반드시 대신 들어갈 몸을 찾아야 비로소 자신이 있는 곳을 떠날 수 있습니다. 그러므로 자신이 대신 들어갈 몸을 발견할 수 있기 때문에 세심하게 관찰해야 합니다. 교통사고가 난 곳에는 항상 교통사고가 날 수 있는데, 이는 원혼이 자기가 대신 들어갈 몸을 찾고 있기 때문입니다. 그러나 원혼이 자기 마음대로 대신 들어갈 몸을 찾을 수 있는 것은 아닙니다. 원혼의 눈에 띄어 발견된 사람은 분명히 과실이 있습니다. 원혼은 그곳에서 자신이 대신 들어갈 몸을 만날 기회가 오기를 기다립니다.

[질문] 사람이 차에 부딪쳐 죽었다면 그 즉시 바로 귀신으로 변해 아귀도餓鬼道에 떨어지지 않고서, 어째서 큰길에서 자신이 대체할 몸을 기다립니까? 혹은 방안에서 목매달아 자살하면 간혹 방안에서 이상야릇한 일들을 벌이는데, 그는 어째서 업을 따라 아귀도에 가지 않습니까? 이는 불학佛學에서 언급하고 있는 것처럼 사람과 아귀가 함께 있는 공간이 중첩되어 있기 때문에 서로 섞여서 어지러워진 것입니까? 이럴 경우에는 세속 사람들이 하는 것처럼 법사를 찾아서 노제(路祭)를 지내어 혼령을 인도하는 것이 좋습니까? 아니면 다른 나은 방법이 있습니까?

[대답] 이러한 일은 실제로 존재합니다. 중국이나 외국이나 모두 다

있습니다. 저 역시 이러한 일을 적지 않게 만난 적이 있습니다. 그러나 여기에는 특별히 주의해야 할 점이 있습니다. 사람이 죽은 후에 반드시 그 즉시 바로 귀도鬼道에 간다고 할 수는 없습니다. 사람은 죽은 후에 곧 바로 어느 곳으로도 가지 않는데, 이 기간을 중음신이라 칭하고, 중국의 통속적인 말로는 영혼이라 칭하며, 이는 아직 환생하지 않은 것을 말합니다. 귀도에 들어갔다면, 이미 육도 중 어떠한 한 도道 안으로 들어간 것입니다. 보통 횡사한 사람이나 자살한 사람의 경우 어느 한 도 안으로 들어가기가 매우 쉽지 않습니다. 왜냐하면 불교경전에서 여기에 대해 분명하게 강설하고 있듯이, 그는 **자신이 대체할 몸을 찾아야 하기 때문입니다. 대체할 몸을 찾을 때 까지는 모두 중음신에 속합니다.** 일반적으로 이를 귀혼鬼魂 또는 혼백魂魄이라 부르며, 그는 귀도鬼道에 있지 않습니다. 그는 자신이 대체할 수 있는 몸을 찾은 후에 자신이 지은 업에 따라 다시 어느 도에 들어갑니다. 그가 만약 귀도로 갔다면, 사람과는 서로 왕래할 수가 없습니다.

제10장
중음기간 및 경과 후 망자를 위해 복을 닦는 방법

[질문] 중음 기간에 망자를 위해 복을 닦을 수 있는 방법으로는 어떠한 것들이 있습니까?

[대답] 《지장보살본원경》에는 복을 닦는 몇 가지 방법에 대해 설하고 있습니다. 예를 들면, "망자의 몸을 장엄하는 도구"입니다. 이는 망자와 함께 매장하는 장신구나 보석을 말합니다. 또 "옥택屋宅과 원림園林"입니다. 옥택은 가옥을 말하고, 원림은 토지를 말합니다. 이러한 것들을 "삼보에 보시함으로써 지옥의 고통에서 벗어나게 할 수 있습니다." 망자가 일생 동안 설령 지극히 무거운 죄업을 지었을지라도, 목숨이 끝나기 전에 만약 자신의 모든 재물을 삼보에 공양한다면 이 복으로 지옥에 떨어지는 죄업에서 벗어날 수 있습니다. 현재 많은 거짓 도량에서는 불교의 명의를 빌려서 불타의 가르침과는 어긋나는 일들을 하고 있습니다. 만약 이러한 도량에 보시하고 공양한다면 죄업을 소멸할 수 없을 뿐만 아니라, 도리어 더욱 깊이 떨어집니다. 이것은 반드시 분명하게 분별할 줄 알아야 합니다.

또 "혹은 불상과 모든 성상을 공양합니다." 성상聖像은 바로 보살상입니다. 불보살님께 공양하는 것에는 두 가지 뜻이 있습니다. 첫째는 은혜에 보답하는 것입니다. 마치 조상의 위패에 공양하는 것처럼, "부모님의 장례를 신중하게 처리하고, 먼 조상에게 경건하게 제사를 지내며, 은혜를 받았으면 갚을 것을 생각하여, 자신이 태어난 근본이 되는 것을 잊지 않는 것입니다." 둘째는 "어진 사람을 보면 그 사람과 똑같아지려고 하는 것(見賢思齊)"입니다. 바로 자신을 일깨워 불보살을 배우려고 해야 합니다. 불보살님께 공양하는 것은 사상事相에서 공양하는 것일 뿐만 아니라, 표법하는 뜻과 내용을 알아야 합니다. 여법하게 공양하고, 부처님의 가르침에 따라 봉행하며, 나아가 대중들에게 여법하게 수행하도록 권하고 이끈다면 이러한 공덕은 대단히 커집니다. 이렇게 해야 비로소 죄업이 소멸될 수 있습니다. 광목 여인과 바라문 여인이 바로 좋은 본보기로, 세심하게 관찰하고 스스로 체득해서 깨달아야 합니다.

또 "내지 불보살과 벽지불의 명호를 염하는 것입니다." 불보살의 명호가 내포하고 있는 뜻은 한 없이 깊고 넓으며, 명호의 공덕은 불가사의 합니다. 부처님의 명호는 성덕性德이며, 보살의 명호는 수덕修德입니다. 성덕과 수덕은 둘이 아닙니다. 석가모니부처님의 명호는 인자仁慈와 청정淸淨을 표시합니다. 따라서 염념마다 인자한 마음으로 일체 중생을 대하고, 일체의 경계인연 중에서 청정한 마음을 잃지 않아야 비로소 진정으로 석가모니부처님을 염하는 것입니다. 아미타부처님의 명호는 무량한 깨달음(無量覺)을 표시하는데, 깨달은 마음은 움직이지 않습니다(覺心不動).[36] 따라서 아미타부처님을 염함은 일심으로 칭념稱念하여 염불이 지극한 경지에 도달하면 일심불란一心不亂을 얻는데, 일심은 부동심不動心입니다. 육근六根이 육진六塵의 경계에 접촉하여도 마음을 일으키지 않고 생각을 움직이지 않으며, 분별 집착하지 않아야 비로소 진정으로 아미타

---

36) 《원각경》에 이르시길, "중생의 환심은 도리어 환에 의지해 멸하느니, 모든 환이 멸하더라도 깨달은 마음은 움직이지 않느니라(衆生幻心 還依幻滅 諸幻盡滅 覺心不動)." "환을 쫓아 모든 깨달음이 생겨나며, 환이 멸하면 깨달음이 원만해지느니 깨달은 마음이 움직이지 않는 까닭이니라(幻從諸覺生 幻滅覺圓滿 覺心不動故)." 하셨다.

불을 염하는 것입니다. 만약 이렇게 염할 수 있으면, 임종을 맞이하는 사람이 이근으로 한번 부처님 명호를 염하는 소리를 들으면 영원히 보리의 종자가 되는데, 그 공덕은 매우 큽니다. 관세음보살의 명호를 염할 때는 자비의 마음을 불러 일으켜야 비로소 진정으로 관세음보살을 염하는 것이고, 지장보살의 명호를 염할 때는 효순과 공경의 마음을 불러 일으켜야 비로소 진정으로 지장보살을 염하는 것입니다. 문수보살은 지혜이고, 보현보살은 실행입니다. 보살의 명호를 염할 때 명호가 내포하고 있는 뜻을 생각하면서 염해야만 비로소 진정으로 공덕이 있습니다.

"혹 들은 것은 모두 본식本識에 있습니다." 사람이 비록 죽었지만, 아뢰야식은 여전히 그대로 남아 있어서 그가 아뢰야식 속에 부처님의 종자를 뿌리도록 도와줍니다. 종자의 역량이 강한가, 약한가는 염불인에게 달려 있습니다. 따라서 염불인이 이러한 이치를 분명하게 알고서 염념마다 상응하면, 종자의 역량은 대단히 강하고 큽니다. 그러나 만약 이러한 도리를 알지 못하면 비록 아미타부처님께 합장하고 공경할지라도, 역량은 비교적 약합니다.

"목숨이 다한 후에 육친권속은 그를 위하여 재식齋食을 마련하여 업도業道[37]를 도와주며, 재식을 마치기 전이나 재를 지낼 때는 쌀뜨물·채소·잎사귀 등을 땅에 버리지 않으며, 더 나아가 모든 음식을 부처님과 승가에 올리기 전에는 먼저 먹지 말아야 합니다." 만약 가족 육친권속이 목숨을 마친 사람을 위해 복을 닦아주면 그가 복을 받을 수 있는데, 이는 모두 "정성과 공경(誠敬)"에 달려 있습니다. 지극한 정성과 공경하는 마음이 없고 단지 형식만 있으면, 또한 복을 받을 수 없다는 것을 설명하는

---

37) 고락苦樂의 과보를 감수하게 하는 선악의 업. 신구의身口意 삼업을 말한다. 이는 사람을 6취(趣)의 윤회 세계로 가게 하는 길이 되므로 업도라 한다. 근본업도根本業道의 약칭이다.

말입니다. 여기에서 "영재營齋"를 말하고 있는데, 이 영재는 바로 재식齋食을 마련하는 것으로, 불문에서는 정오에 공양하는 것이 바로 영재입니다. 재반齋飯은 모든 부처님께 공양하고, 귀신에게 공양하는 것을 말하며, 재식을 마련할 때는 반드시 공경하는 마음이 있어야 합니다. 따라서 **"재식을 마치기 전이나 재를 지낼 때는 쌀뜨물·채소·잎사귀 등을 땅바닥에 버리지 않도록"** 주의해야 합니다. 쌀뜨물은 쌀을 씻은 물을 말합니다. 재식을 공양하는 일이 아직 끝나지 않았을 때 쌀을 씻은 물을 마음대로 쏟아버려서는 안 됩니다. 재식을 공양하는 일이 원만하게 마쳤으면 그때 비로소 쓰레기를 처리할 수 있습니다. 이것들이 바로 물건을 공경하는 것입니다. 그러나 오늘날 재식을 마련하는 사람들 중에 이러한 이치를 아는 사람이 매우 적어서, 쌀뜨물이나 채소·잎사귀 등은 필요치 않는 것들로 그냥 버려도 된다고 생각합니다. "더 나아가서는 모든 음식을 부처님과 승가에 올리기 전에는 먼저 먹어서는 안 됩니다." 먼저 먹는다는 것은 음식의 맛을 보는 것입니다. 공양간에서 음식을 만들 때 먼저 맛을 보고, 먹어본 후에 부처님께 공양을 올리는 것은 크게 불경不敬한 행위이며, 불보살님께 공경하지 못하고, 귀신이나 사람에 대해서도 공경하지 못한 행위입니다.

만약 "정일하게 힘쓰지 않고", 성실하지 않으며, 성의가 없고, 공경하는 마음이 없으면 망자는 이익을 얻을 수 없습니다. "만약 정일하게 힘쓰고 음식을 보호하여 깨끗하게 하며", 정성과 공경하는 마음으로 도리에 맞고 여법하게 재식을 마련하고, 도리에 맞고 여법하게 수행한다면 모든 부처님의 호념護念을 얻고, 용과 제천이 존경합니다.

"부처님과 승가에 공경하게 올립니다." 여기에서의 "승僧"은 단지 출가자를 가리키는 말이 아니라, 넓은 의미의 화합 대중을 가리키는 말입니다. 불제자는 재가자이거나 출가자이거나를 막론하고 네 사람이 함께 있으면서 함께 닦고 육화경六和敬38)을 따르면, 바로 승단僧團입니다. 이러한 일을 원만하게 행하게 되면, "목숨을 마친 사람이 그 공덕의 7분의 1을 얻게 됩니다." 7분은 공덕으로, 망자는 단지 그 중의 1분을 얻습니다. 정성과 공경의 마음으로 재식을 마련하여 공양하여 복을 닦으면, 그 공덕은 매우 큽니다. 그렇지만 만약 법에 맞게 하지 않는다면 망자가 7분의 1분조차도 얻을 수 없습니다.

망자를 위해 복을 닦는 방법은 매우 많아서 이루 다 열거할 수 없습니다. 여기서 하나의 중요한 강령으로 총결하자면 바로 "정성과 공경"입니다. 어떠한 복을 닦거나를 막론하고, 모두 "정일하게 힘쓰고, 음식을 보호하여 깨끗하게 해야 합니다(精勤護淨)." "정精"은 순수하여 섞이지 않은 것이며, "정淨"은 청정하여 물듦이 없는 것을 말합니다. 그래서 청정한 재물로 보시해야만 공덕이 있고, 만약 의롭지 않은 재물이나 청정하지 않은 재물로 복을 닦는다면 효과를 얻을 수 없습니다.

[질문] 어떻게 제도해야 망자로 하여금 이익을 얻게 할 수 있습니까?

[대답] 만약 망자가 생전에 염불공부를 한 사람이고, 또 불법을 잘 아는 사람이라면 세상을 떠난 후에 그가 경전을 독송해주는 소리를 듣게 되면, 그를 일깨워 염불하여 정토에 태어나길 구하도록 할 수 있으며, 망자가 염불하면 틀림없이 극락세계에 왕생할 수 있습니다. 일체의 천도불

---

38) 공동체를 살아가는 여섯 가지 화합과 존경의 원칙으로 첫째, 견해로 화합하여 함께 이해하고(見和同解), 둘째, 계행으로 화합하여 함께 닦고(戒和同修), 셋째, 몸으로 화합하여 함께 살며(身和同住), 넷째, 입으로 화합하여 다투지 않고(口和無諍), 다섯째, 뜻으로 화합하여 함께 기뻐하며(意和同悅), 여섯째, 이익으로 화합하여 함께 나누는 것(利和同均)이다.

사는 망자를 위해 증상연增上緣이 되지만, 단지 그가 염불하는 것을 잊어버릴까 두려우므로 특히 일깨워 주어야 합니다. 만약 망자가 생전에 불법을 접하지 않은 사람이라면 그 이익의 정도는 서로 같지 않습니다. 어떻게 천도해야 망자로 하여금 이익을 얻게 할 수 있는가 하면 망자의 목숨이 다하였으므로 가족·육친권속이 복을 닦고, 삼보에 예배하고 죄를 참회하며, 경전을 독송하고, 부처님께 예배하면, 망자는 가족·육친권속이 복을 닦는 증상연增上緣이 됩니다. 이 때문에 망자는 복보를 7분의 1 얻게 됩니다. 따라서 가족·육친권속이 닦은 복이 크면 클수록 망자가 얻는 복도 더욱 많아집니다.

[질문] 가족이 임종하여 장례를 치룰 때, 가까운 친구를 불러 함께 모여서 살생하고 고기를 먹고, 귀신에게 제사를 지내고 절하는 것이 효과가 있습니까? 또한 이렇게 하는 것은 온당한 것입니까?

[대답] 지장보살께서는 크게 자비하신 마음을 베풀어 염부제의 중생들에게 가족이 임종한 날에는 근신하여야 하며, 절대로 살생해서는 안 되며, 악업을 짓지 말라고 권하셨습니다. 가족이 세상을 떠나 장례를 치룰 때 가까운 친구를 불러서 함께 모여 살생하고, 고기를 먹으며, 귀신에게 제사하는 것들은 모두 죄업을 짓는 일입니다. 망자를 위해 복을 기원해야 하거늘, 도리어 살아 있는 생명들을 살해하여 그것으로 제사를 지낸다면 이것은 다만 망자가 살아 있을 때 지은 살생한 업이 모자라서 다시 거기다가 좀 더 보탤까 두려울 뿐입니다. 또한 망자가 떨어지는 곳이 별로 깊지 않다고 해서 다시 그를 더욱 아래로 떨어지게 할까 두려울 뿐입니다. 이러한 행위는 망자에게 조금도 도움이 되지 않으며, 이는 대단히 큰 잘못입니다.

　　중국 고서古書에서 말하길, "총명 · 정직을 일러 신神이라 한다(聰明正直謂之神)."고 하였습니다. 따라서 망자를 위해 귀신에게 제사지내 귀신의 비위를 맞추고, 귀신에게 아부하여 귀신이 망자의 죄과를 용서해주고 사면해줄 수 있기를 바라는데, 이것은 일종의 잘못된 심리입니다. 이러한 이치를 분명하게 알아, 세간의 관혼상제에서 절대로 살생해서는 안 됩니다. 살생은 바로 "오직 죄의 인연만을 맺어, 죄를 더욱 늘어나게 하고 깊어지게 하고 무거워지게 할 뿐입니다." 생일을 축하하고 생신을 축하하는 것은 오래 살기를 바라는 것인데, 그날 살아있는 생명들을 살해한다면 장수하는 복을 얻을 수 있겠습니까? 많은 사람들이 임종시 고통이 있습니다. 이는 일생 동안 중생과 죄의 인연을 맺은 까닭입니다.

　　"만약 다음 세상(假使來世)." 죽은 후는 내세(來世)에 속합니다. "혹은 현재의 세상(或現在生)." 이는 사람이 아직 숨이 끊어지지 않은 것을 말합니다. 살아 있을 때 착한 사람이어서 어떠한 죄업도 짓지 않았는데, 병이 무겁거나 병이 위태하기 때문에 가족 · 육친권속이 살아있는 생명을 죽여서 귀신에게 제사하고 요괴에게 도움을 구한다면, 이것은 죄업을 짓는 것입니다. 따라서 망자가 본래 "인간세상이나 천상에 태어날" 수 있었으나, 오히려 가족 · 육친권속들이 이러한 죄업을 지었기 때문에 망자가 도리어 이 죄업을 떠맡아야 합니다. 그러나 만약 이미 숨이 끊어졌다면 염라대왕이 있는 곳에서 변론해야 하기 때문에 선도善道에 태어날 시간을 늦추게 되며, 또 만약 숨이 아직 끊어지지 않았다면, 병상에서의 갖은 고통은 바로 신귀神鬼가 저승세계에서 변론하고 있는 것입니다.

　　[질문] 현대인들은 장례를 치루는 기본적인 의식과 규칙을 제대로

알지 못하여 때때로 악대를 청해 악기로 유행하는 가요를 연주하거나, 혹은 출가자를 청해 경전을 독송하고 염불하게 해놓고는 가족들은 오히려 서로 웃고 떠들면서 가정의 일상생활을 가지고 잡담하는데, 이러한 행위는 망자의 분노하는 마음을 야기시킬 수 있습니까?

[대답] 이러한 일은 조금만 생각해보면 곧 바로 알게 됩니다. 만약 자신이 죽었을 때 나의 가족·육친권속이 이러한 행동을 한다면, 과연 기분이 좋겠습니까? 좋지 않겠습니까? 이는 나의 죽음을 애도하는 것 같지 않고, 오히려 마치 매우 기뻐하는 것 같이 보일 것입니다. 이것은 "잘 죽었어. 너무나도 잘 죽었어!" 하는 바로 이 뜻이 아니고 무엇이겠습니까? 이렇게 한다면 전통예절은 완전히 잃어버리게 됩니다.

[질문] 망자가 세상을 떠난 후 1주년 안에 6월 6일은 다리를 건너는(過橋) 풍습이 있는데, 이러한 일은 여전히 행해야 합니까? 어떻게 하는 것이 도리에 맞고 법에 맞습니까?

[대답] 사실상, 세상을 떠난 후 1년과 3년은 대체로 기념적인 성격에 속합니다. 그러나 이를 행하는 진정한 뜻은 돌아가신 부모의 장례를 신중하게 거행하고, 세월이 오래 지난 후에도 제사를 지내 늘 추억함으로써 사회의 풍속과 도덕을 돈독하게 하는데 있는 것입니다. 의식과 규정은 세속의 관습을 따라야 하겠지만, 너무 번잡해서도 안 되고, 지나치게 낭비해서도 안 됩니다. 일체를 간략하게 하며, 가장 좋은 것은 사회자선이나 중생에게 이익 되게 하는 좋은 일을 많이 하는 것이며, 이러한 좋은 일을 모두 망자에게 회향하는 것이 더욱 좋습니다.

[질문] 부친이 세상을 떠나신 후 사원에 부친을 위해 위패를 세웠고, 또 항상 좋은 일을 행하여 회향하기를 지금까지 1년이 넘었습니다. 그런데 가족들이 여전히 자주 부친이 누군가에게 쫓겨 매를 맞는 광경을 봅니다. 제자가 마땅히 어떻게 해야 하는 지를 여쭙겠습니다.

[대답] 이러한 상황을 만나면 부친을 위해 착한 일을 하여 회향하되 중단해서는 안 됩니다. 가장 좋은 것은 부친을 대신해 재앙을 없애주는 일입니다. 재앙을 없애는 것은 바로 공덕을 부친의 원친채주에게 회향하여 그들이 부친과의 나쁜 감정을 풀기를 바라는 것입니다. 이는 자손이 할 수 있는 일입니다. 이렇게 하려면 오로지 마음을 이 일에만 힘써야하며, 그렇게 해야 통할 수 있고, 감응할 수 있습니다. 예를 들자면, 한 달을 기한으로 정해, 매일 한 번 오로지 부친과 부친의 원친채주를 위해 《지장경》을 독송하고, 이 공덕으로 그들의 원결怨結을 화해하기를 희망하는 것입니다, 혹은 매일 오로지 그들을 위해 부처님 명호를 만 번 염하여도 또한 큰 효과가 있습니다. 만약 진정으로 발심하여 진실한 마음과 정성스러운 마음으로 부처님 명호를 염한다면, 한 달 내지는 두 달이면 화해할 수 있다고 믿습니다. 그들이 화해한 후에는 대단히 좋은 상서로운 감응이 있을 수 있으며, 또 부친이 와서 고맙다고 말하는 꿈을 꿀 수 있으며, 그동안 그렇게 성가시게 괴롭혔던 원친채주들이 또한 사라지게 됩니다.

[질문] 사람이 죽은 후 49일 동안 중음신일 때 제도하면 효과가 있지만, 중음신이 지난 후에 매년 제사 지내어 공덕을 짓는다면 세상을 떠난 사람이 어떻게 이를 받을 수 있습니까?

[대답] 이것에 대해서는 《지장보살본원경》에서 매우 분명하게 설하고

있습니다. 49일 동안에 그가 반드시 다시 환생하였다고 말할 수는 없습니다. 중음신은 7일째 되는 날마다 한 차례 **변역생사**變易生死가 있어서 그가 고통을 받습니다. 이때에 그에게 경전을 독송하여 제도해주면 그의 고통을 줄게 하고 그가 도움을 받을 수 있습니다. 만약 그가 이미 환생하여 육도의 다른 도로 갔다면, 매년 지내는 제사에는 두 가지 뜻이 있습니다. 그가 어느 도에 있건 상관없이 회향하는 공덕을 모두 조금 얻을 수 있습니다.

그러나 제사를 지내는 더욱 중요한 뜻은 우리의 덕행을 배양하여 돌아가신 부모를 위해 장례를 신중하게 거행하고, 먼 조상에게 공경히 제사하여 잊지 않고 기억하는 것입니다. 매우 먼 조상일지라도 우리가 그분들의 은덕을 잊지 않고, 가장 가까운 부모나 형제들에 대해, 또 우리에게 은혜를 베풀어준 사람에 대해 당연히 더욱 잊지 않을 수 있다면, 흔히 말하는 "돌아가신 부모의 장례를 신중하게 행하고, 날이 오래 지난 후에도 제사를 지내 늘 추억한다면, 사회의 풍속과 도덕이 점차 돈독해질 수 있는" 이러한 효과를 얻을 수 있습니다. 이는 매우 의의가 있는 일입니다.

제11장
극락세계 왕생과 서상

[질문] 임종시 일념으로 왕생하려면, 반드시 어떠한 조건을 갖추어야 합니까?

[대답] 옛날 대덕들께서는 이 점에 대해 분명하게 강설하셨습니다. 임종시 일념으로 왕생하려면 최소한 세 가지 조건을 갖추어야 합니다. 첫째는 임종을 맞이할 때 머리가 맑아서 미혹해서는 안 됩니다. 임종시 미혹하면 염불하지 못하고, 누군가 일깨워주어도 받아들이기가 매우 어렵습니다. 둘째는 절박하고 중요한 이 순간에 "빨리 아미타불을 염하여 정토에 태어나길 구하고, 모든 인연을 내려놓으십시오."라고 일깨워줄 수 있는 선지식을 만날 수 있어야 합니다. 셋째는 누군가 일깨워주면 즉시 받아들여 생각을 바로 바꾸어 사바세계에 대해 다시는 털끝만큼의 미련도 갖지 말고, 한 마음 한 뜻으로 정토에 태어나길 구해야 합니다.

잘 생각해보십시오. 하나라도 자신이 없다면 어디 이렇게 공교롭게도 임종시 이 세 가지 조건을 전부 다 갖출 수 있겠습니까? 이러한 사람은 너무나도 적습니다. 그래서 요행을 바라서는 안 되고, 평상시 염불해야 합니다. 평상시는 훈련이며, 임종시는 바로 전쟁입니다. 평상시 염불하는 목적은 바로 임종시에 어느 일념도 미혹하지 않고, 뒤바뀌지 않으며, 의식을 잃지 않으면 성공할 수 있습니다. 진정으로 이 길을 가고 싶다면, 가장 중요한 것은 평상시 내려놓을 수 있어야 합니다. 무엇이든 다 내려놓아야 하며, 마음에 두어서는 안 됩니다.

이 세간에서 일체 인연을 따르며, "물 한 모금, 밥 한술도 전생에 정해지지 않은 게 없다(一飮一啄 莫非前定)."는 인과응보를 반드시 믿어야 합니다. 운명(命) 속에 있는 것은 틀림없이 있고, 운명 속에 없는 것은 구해도 구할 수가 없음을 믿으면 마음이 안정됩니다.

❀

[질문] 생전에 살생하는 업을 지었어도 임종시 일념 내지 십념으로 왕생할 수 있습니까? 왕생하려면 어떠한 조건이 필요합니까?

[대답] 당나라 때 장선화張善和라는 사람이 있었는데, 그는 소를 죽이는 백정이었습니다. 그가 임종시 지옥의 형상이 앞에 나타났습니다. 소머리의 형상을 한 사람들이 그에게 와서 목숨을 내놓으라고 하자, 그는 몹시 두려워 살려달라고 큰 소리로 외쳤습니다. 그런데 그때 마침 공교롭게도 어떤 한 출가자가 문 앞으로 지나가고 있다가 그가 살려달라고 외치는 소리를 듣고서 그의 집에 들어와 무슨 일이냐고 물었습니다. 그가 소리쳐 말하길, "많은 소들이 몰려와서 저에게 목숨을 내놓으라고 합니다." 이 출가자는 곧 향을 불에 붙여서 그에게 주면서 말하길, "어서 빨리 「아미타불」을 염하여 정토에 태어나길 구하시오." 그가 이 말을 들은 후 큰 소리로 「아미타불」을 염하였습니다. 그는 열 몇 번 소리내어 염하고서 말하길, "소머리를 한 사람들이 보이지 않습니다. 아미타부처님께서 저를 접인하러 오셨습니다." 하였습니다. 그는 임종시 일념 내지 십념으로 왕생하였습니다. 이는 48원 중에 제18원이 사실임을 증명합니다.

장선화의 예는 우리의 신심을 늘릴 수 있습니다. 이처럼 설사 지극히 무거운 죄업을 지었을지라도, 단지 기꺼이 마음을 돌리고 뜻을 바꾸어 업장을 참회하고서 고개를 돌리면 바로 피안으로 왕생할 수 있습니다. 그러나 혹 장선화가 임종시 왕생할 수 있었다고 해서 현재 좀 더 많은 죄업을 지어도 상관없고, 임종시 다시 그를 배우면 된다고 생각해서는 절대로 안 됩니다. 만약 이러한 마음을 가지고 있다면 문제는 더욱 심각해집니다. 장선화의 경우에는 임종시 왕생하는 세 가지 조건을 다 갖추었지만, 자신들이 임종시 이 세 가지 조건을 확실하게 가지고 있을지 잘 생각해보십시오.

첫째 임종시 의식이 혼침하지 않고 머리가 맑아야 합니다. 그러나 병이 위중한 사람이나 곧 죽을 사람이 머리가 그렇게 맑을지 자세히 관찰해보십시오. 이는 매우 드물고 만나기 어려운 조건입니다.

둘째 임종시에 선지식을 만나서 "남김없이 전부 다 내려놓고서 일심으로 아미타불을 염하여 정토에 태어나길 구하십시오."라고 당신을 일깨워 주어야 합니다. 만약 임종시 마음속으로 여전히 가족·육친권속을 염려하고, 마무리하지 못한 일들이 있다고 걱정한다면, 삼도육도三途六道에 갈 수 있습니다.

셋째 누군가가 일깨워주는 말을 들으면 믿고 조금도 의심하지 말며 즉시 가르침대로 받들어 행해야 합니다. 이 세 가지 조건을 다 갖출 수 있다면, 임종시 일념 내지 십념으로 틀림없이 왕생합니다.

❧

[질문] 악업을 지은 사람이라도 참회하고 염불하면 극락세계에 왕생할 수 있습니까?

[대답] 설사 다섯 가지 무간지옥無間地獄에 떨어지는 죄업, 즉 부친을

살해하고, 모친을 살해하고, 아라한을 살해하고, 부처님의 몸에 피가 나게 하고, 화합하는 승단을 깨트리는 죄업을 지었을지라도, 임종시 만약 의식이 맑고 또렷하여 참회하고 염불할 수 있다면, 역시 극락세계에 왕생할 수 있습니다. 《관무량수경》에서 말하길, 아사세왕이 다섯 가지 무간지옥에 떨어지는 죄를 지었지만, 임종시 지극한 마음으로 참회·염불하여 극락세계에 왕생하였으며, 게다가 왕생한 품위品位 또한 상품중생上品中生이었습니다.[39] 그러므로 우리는 죄업을 지은 사람을 절대로 얕보아서는 안 되며, 그가 참회한 후에 왕생하는 품위가 우리들보다 더 높을 수도 있습니다. 죄업을 지은 사람이라도 단지 임종시 아직 끊어지지 않은 한 호흡이 있기만 하면 모두 구할 수 있으니, 그가 진정으로 참회·염불하여 극락세계왕생을 발원하도록 권할 수 있다면, 제도 받지 못할 사람은 한 사람도 없습니다. 일생동안 소소한 악업들을 지어서 "마땅히 악취惡趣에 떨어질 자" 즉, 축생에 떨어지고, 아귀에 떨어지고, 작은 지옥에 떨어지는, 이러한 죄업을 지은 사람일지라도 선을 닦으면 "곧 바로 악취에서 벗어납니다尋卽解脫." 심尋은 매우 짧은 시간을 가리키는 말입니다. 그러므로 부처님의 명호를 듣는 공덕은 불가사의합니다.

---

39) 《무량수경》, 제10품에 이르시길, 부처님이 아미타부처님께서 보살이 되어 이 홍서원을 구해 성취하셨다고 말하였을 때, 아사세 왕자와 5백 명의 대 장자들은 이 말씀을 듣고 모두 크게 환희하였다. 각자 금빛 화개를 하나씩 가지고 모두 부처님 앞으로 와서 예를 올렸나니, 화개를 부처님께 공양하고 나서 바로 한쪽 자리로 물러나 앉아 경전을 듣고서 마음속으로 발원하기를, "저희들이 부처 될 적에 모두 아미타부처님과 같게 하옵소서." 《관무량수경》에 이르시길, "상품중생이란 반드시 대승 방등경전을 수지 독송하지 않더라도, 대승의 의취義趣를 잘 이해하여 제일의第一義에 마음으로 놀라거나 동요하지 않으며, 인과를 깊이 믿어 대승을 비방하지 않으며, 이러한 공덕으로 회향하면서 극락국토에 태어나길 발원하고 구하느니라." 《정토오경일론》 무량수여래회 편역.

[질문] 현전에서 여전히 업을 지었지만, 임종시 마지막 한 호흡일 때에 이르러 비로소 염불해도 업을 지닌 채 왕생할 수 있습니까?

[대답] 《무량수경》 제18원에 보면, 임종시 일념 내지 십념으로 틀림없이 극락세계에 왕생할 수 있다고 설하고 있습니다.[40] 이 말은 정말입니다. 그러나 절대로 이 말을 잘못 이해하여 지금 염불하지 않아도 괜찮고, 임종시 다시 염불하면 된다고 생각하지 마십시오. 이러한 교묘한 수단으로 사리사욕을 챙기고자 하는 마음을 쓰는 사람이 분명히 적지 않게 있습니다. 그렇게 한다면 임종시에 이르러 진정으로 염불할 자신이 있겠습니까?

조사와 대덕들께서 「업을 지닌 채 왕생한다(帶業往生)」 하신 말씀은 이전에 지은 업을 지닌 채이지, 새로 지은 업을 지닌 채라는 뜻이 아닙니다. 다시 말하면, 과거의 업을 지닌 채이지, 현전의 업을 지닌 채라는 뜻이 아닙니다. 이 점을 똑똑히 알아야 합니다. 현전에서 여전히 업을 짓고 있는데, 어떻게 왕생할 수 있겠습니까? 지금은 좀 더 업을 많이 지어도 관계 없고, 임종을 맞이할 때 이르러 다시 최후의 일념을 잘 지켜내면 된다고 절대로 생각하지 마십시오. 이론상으로는 이렇다고 말하지만, 실제로는 행하기가 매우 어렵습니다. 임종시 자신의 머리가 맑다고 어느 누가 감히 보증할 수 있겠으며, 또 최후 한 호흡에 아미타불을 염할 것이라 보증할 수 있겠으며, 또한 그때 진정으로 모든 것을 다 내려놓을 수 있겠습니까? 왕생하는 그 일찰나에 만약 이 한 마디 부처님 명호로 모든 번뇌를 확실하게 제어하여 현행을 일으키지 않는다면 이때 부처님과

---

40) "제가 부처 될 적에 시방세계 중생이 저의 명호를 듣고서 지극한 마음으로 믿고 좋아하여 일체 선근을 순일한 마음으로 회향하고 저의 국토에 태어나길 발원하여, 내지 십념에 저의 국토에 태어나지 못한다면 정각을 성취하지 않겠나이다. 다만 오역죄를 짓고 정법을 비방하면 제외될 것이옵니다." 제18 십념필생원

감응도교(感應道交)하여 부처님께서 당신을 접인하러 오시겠지만, 만약 번뇌가 여전히 현행을 일으킨다면, 부처님께서 현전하시지 못하고, 원친채주가 현전할 것입니다.

[질문] 어떻게 오역五逆과 십악十惡의 중죄를 지은 사람이 내지 십념으로 업을 지닌 채 왕생을 성취하여 정토에서 하하품下下品에 거하는 자는 모두 삼불퇴三不退의 지위를 얻는다고 말합니까? 임종시 일념 내지 십념으로 업을 지닌 채 극락왕생을 성취한다는 것은 어떤 것에 근거하여 지침을 삼는지 큰스님께 법문을 청합니다.

[대답] 이 이치(理)는 매우 깊고, 현실(事)에서는 확실히 불가사의한 경계가 있으므로, 반드시 깊이 믿어 의심하지 말아야 합니다. 임종시 장선화와 같은 이러한 부류의 사람이나 《관무량수경》에서 말한 아사세왕은 오역죄를 짓고 십악죄를 지었지만, 모두 십념으로 왕생하였습니다.[41] 이는 참회하여 왕생한 사례에 속합니다. 진심으로 참회하되, 참회하는 힘이 크면 클 수록 품위는 더욱 높아지니, 반드시 하하품下下品으로 왕생하는 것은 아닙니다. 부처님께서 말씀하시기를, 아사세왕이 왕생한 품위는

---

41) 선지식이 그에게 이르기를, "그대가 만약 저 부처님을 억념할 수 없다면 마땅히 무량수불의 명호를 부르도록 하라." 하느니라. 이렇게 이 사람은 지극한 마음으로 소리가 끊어지지 않고 십념을 구족하도록 「나무아미타불」을 부르나니, 부처님 명호를 칭념한 연고로 염념 중에 80억겁의 생사중죄가 사라지느니라. 목숨이 마치려 할 때 태양처럼 큰 황금색 연꽃이 그 사람 앞에 머무는 모습이 보이고, 일념의 짧은 순간에 곧바로 극락세계에 왕생하느니라. 연꽃 가운데 기다려 12대 겁을 채우면 연꽃이 비로소 피어나리라. (연꽃이 피어날 때) 관세음보살과 대세지보살께서 대비의 음성으로 곧 그 사람을 위해 (일념심성의 진여리眞如理와 무생의 지혜로써 업성본공業性本空을 관하도록) 제법실상을 광설하여 생사중죄(罪法)를 소멸시키느니라. 이 사람이 듣고 난 후 크게 기뻐하며, 이때 바로 보리심을 발하느니라. 이것이 바로 「하품하생」이니라.

상품중생上品中生이라 하셨으니, 악업을 지은 사람을 가볍게 보아서는 안 되며, 아마도 그의 선근이 발현하여 임종시 일념에 왕생한 것은 그 공부가 우리가 한평생 수행한 공부보다 더욱 높다는 것을 알 수 있습니다. 이는 48원 중 제18원에 근거한 것으로, 아미타부처님 본원本願의 가지加持입니다. 그래야 성취할 수 있으니, 이는 불가사의합니다.

[질문] 87세의 간암말기인 한 노인께서 이전에는 염불한 적이 없었으나, 그 노인은 임종시 고통이 없었고, 의식이 맑고 또렷하였습니다. 임종하기 약 2시간 전이 되어서야 처음으로 조념하는 연우蓮友를 따라 「아미타불」 명호를 염했으며, 마지막 「아미타불」의 「불佛」자를 부르면서 마지막 한 호흡을 삼켰습니다. 기색과 자태가 인자하였는데, 노인께서 극락세계에 왕생하신 것이 틀림없는 것입니까? 만약 극락세계에 왕생하지 않았다면 어느 곳에 왕생하였을 가능성이 있습니까?

[대답] 이러한 서상은 좋습니다. 그 노인의 연분은 좋아서 마지막 일념에 「아미타불」을 염하였습니다. 만약 노인께서 극락세계에 태어나길 구하는 마음이 일어났다면, 조금도 의심할 여지없이 왕생할 수 있습니다. 그러나 만약 사람들을 따라 염불하였으나 극락세계에 태어나길 구하는 염원이 없다면 왕생할 수 없으므로, 노인의 발원에 달려 있습니다. 만약 단지 부처님을 염하는 염원만 있었을 뿐, 극락세계에 태어나길 구하지 않았다면 이러한 사람들은 대다수 천상에 태어날 것입니다. 그러나 만약 여전히 항상 인간세상에서의 부귀를 생각하고 있었다면 인도人道로 갔으며, 절대로 삼악도에 떨어질 수 없습니다. 이러한 기연機緣은 매우 얻기 어려운 일이며, 이는 임종시 만난 인연이 수승한 것입니다.

[질문] 만약 임종시 일념에 염불하면서 한편으로 여전히 망상을 한다면, 극락세계에 왕생할 수 없는 것입니까?

[대답] 이는 조금도 틀리지 않습니다. 임종을 맞이할 때는 절대로 망상이 있어서는 안 됩니다. 망상이 있으면 왕생할 기회를 놓치는데, 특히 성내는 마음을 내어서는 안 됩니다. 사람이 임종을 맞이할 때, 그를 성내게 해서는 안 됩니다. 왜냐하면 그때의 신식神識이 막 몸을 떠나려고 할 때는 대단히 고통스럽기 때문입니다. 만약 이때 그의 몸을 부딪치기라도 하면 그는 몹시 고통스럽게 느낄 수 있고, 또 성내는 마음을 일으킬 수 있습니다. 성내는 마음이 한 번 일어나면 악도에 떨어지게 됩니다. 이는 매우 두려워할 만한 일입니다. 대다수의 많은 사람들이 이 도리를 잘 알지 못합니다. 그래서 임종시 큰 소리로 울부짖으며 대성통곡하여 헤어지기 어렵게 하여 망자로 하여금 혈육간의 정에 대한 미련을 일어나게 하여 망자가 행한 한평생 공부를 완전히 다 무너뜨려 극락세계에 왕생할 수 없도록 해를 끼칩니다.

[질문] 왕생할 수 있느냐 없느냐의 여부는 반드시 마지막 일념에 부처님 명호를 염하느냐 염하지 않느냐에 달려 있다고 하는데, 그렇다면 어떻게 마지막 일념에 염불하도록 지켜낼 수 있습니까?

[대답] 극락세계에 왕생할 수 있느냐 없느냐는 반드시 마지막 일념에 아미타불을 염하느냐, 염하지 않느냐에 달려 있습니다. 마지막 일념에 아미타불을 염한다면 이 사람은 틀림없이 극락세계에 왕생하게 됩니다. 이 일념은 평상시 배양해야만 임종시에 작용을 일으킬 수 있습니다. 대체로

극락세계에 왕생하는 사람은 큰 선(大善)과 큰 복(大福)이 아닌 사람은 한 사람도 없습니다. 선과 복이 있어야만 극락세계에 왕생할 수 있습니다. 마지막 일념에 「아미타불」을 염하는 것이 큰 선이고 큰 복의 과보이며, 그는 극락세계에 가서 부처가 될 것입니다.

어떻게 마지막 일념에 염불하도록 지켜낼 수 있는가 하면, 우리는 염불당에서 밤낮으로 염불을 하는데, **염불하는 목적이 무엇입니까?** 이는 훈련하고 연습하여 임종시 쓸 수 있기를 원하기 때문입니다. 그렇지만 많은 사실들이 우리에게 알려주고 있습니다. 즉 임종시 병이 들거나 혼미하여 인사불성일 경우에는 어떻게 해야 합니까? 이것이 가장 위험한 관건이 되는 중요한 순간입니다. 이러한 상황에서는 조념을 해도 도와줄 수 없으므로, 복이 없어서는 안 됩니다. 복은 평상시 닦아 쌓아야 하며, 덕을 쌓고 공을 쌓아야 합니다. 덕을 쌓는다는 것은 바로 좋은 마음을 지니는 것으로, 생각생각마다 모두 중생을 이롭게 하고, 사회를 이롭게 하는 것입니다. 공을 쌓는다는 것은 바로 좋은 일을 행하고, 좋은 말을 하는 것입니다. 우리는 네 가지 좋은 것(四好)42)을 행할 것을 제창하고 있습니다. 성실하게 힘써 일하여 중생을 위하고 자신을 위하지 않으며, 역량이 있으면 마음과 힘을 다해 다른 사람을 도와야 합니다. 무엇을 구합니까? 어느 것도 구하지 않으며, 단지 임종시 의식이 맑고 또렷하여 뒤바뀌지 않고, 미혹되지 않기를 구할 뿐입니다. 이것이 큰 복보입니다. 왜냐하면 정신이 매우 맑고 또렷하면 스스로가 십법계(十法界)를 선택할 능력이 있기 때문입니다. 그러나 만약 미혹되고 뒤바뀌어 자신이 마음대로 할 수 없으면 선택할 능력이 없어서 반드시 업력에 끌려가 윤회하게 됩니다. 이러한 사람을 복보가 없다고 말합니다. 살아있을 때, 온갖 부귀영화를 다 누리고,

---

42) 좋은 마음(好心)을 간직하고, 좋은 말(好話)을 하며, 좋은 일(好事)을 행동에 옮기고, 좋은 사람(好人)이 되는 것을 말한다.

복보를 다 누려 다 없어지게 되면, 세상을 떠날 때에 복보가 없습니다. 이러한 도리를 분명하게 알고, 사실 진상眞相을 명확하게 안다면, 반드시 큰 성인과 큰 현인을 본받아야 하며, 생활은 검소하고 절약하고 소박해야 합니다. 이렇게 하여 쌓아 축적한 복보는 임종시 한번 더 누려야 합니다.

[질문] 마지막 한 호흡이라 말하는 것은 바로 숨이 끊어지는 그 일찰나를 가리키는 것입니까? 아니면 신식神識이 사람의 몸을 떠나는 때를 가리키는 것입니까?

[대답] 숨이 끊어지는 그 일찰나를 가리키는 말입니다. 숨은 비록 끊어졌지만, 신식은 아직 몸을 떠나지 않았습니다. 부처님께서 경전에서 말씀하시기를, 절대다수의 사람들은 숨이 끊어진 후 8시간이 되어야 신식이 비로소 몸을 떠난다고 하셨습니다. 그러므로 조념하는 시간은 가장 좋은 것은 두 시간이나 네 시간을 더 연장하여 10시간, 12시간, 혹은 14시간까지 염불할 수 있는 것입니다. 그렇게 하면 매우 안전합니다.

[질문] 임종시 마지막 일념이 「아미타불」이면 곧 바로 극락세계에 왕생할 수 있다고 하였는데, 여기서 가리키는 것은 임종시 마지막 한 호흡을 말하는 것입니까? 아니면 신식이 몸을 떠날 때의 마지막 일념을 말하는 것입니까?

[대답] 신식神識이 몸을 떠날 때 마지막 일념이야말로 진짜라면, 당연히 마지막 한 호흡 또한 틀림없이 「아미타불」입니다. 이것은 충분히 믿을 수 있는 것입니다.

[질문] 어떻게 염불을 하거나를 막론하고, 망상이 여전히 있습니다. 이렇게 염불해도 임종 때가 되어 누군가가 조념해주고 부처님 명호를 일깨워줄 수 있으면, 극락세계에 왕생할 수 있습니까?

[대답] 극락세계에 왕생할 수 있느냐 없느냐는 반드시 자신의 신심信心에 달려 있습니다. 염불하면서 한편으로는 여전히 망념이 일어난다면, 이는 지극히 정상적인 현상입니다. 염불하면서 만약 망념이 없다면, 그런 사람은 불보살께서 다시 이 세상에 오신 분으로 일반 평범한 사람은 절대로 망념이 없을 수 없습니다. 그러므로 **망상이 일어나는 것을 두려워해서는 안 됩니다. 망념이 설사 일어날지라도 부처님 명호를 착실히 염하기만 하면 괜찮습니다.** 오로지 부처님 명호에 온 정신을 쏟을 뿐이고, 망념에는 신경 쓰지 않으면 됩니다. 일반 사람들이 염불한 공부가 힘을 얻지 못하는 것은 망념을 내려놓지 못해서입니다. 그래서 항상 "나의 망념이 이렇게나 많다." 생각합니다. 그러나 이러한 생각을 하면 할 수록 망념은 더욱 많아지고, 망념에 신경을 쓰면 쓸 수록 망념은 더욱 많아지는데, 망념을 어떻게 끊을 수 있겠습니까? 망념이 일어나도 상관하지 않으면 망념은 갈 수록 차츰차츰 줄어들 수 있으며, 공부에 자연히 득력이 이루어지게 되며, 이것이 매우 중요합니다. 오로지 착실히 염불하기만 하면, 반드시 아미타불 본원 위신력의 가지加持를 받습니다.

[질문] 극락세계에 왕생하였는지 하지 않았는지 어떻게 인증印證합니까? 조념과 관련된 서적들에서 말하고 있는 내용에 근거하면, 숨이 끊어진 후 12시간이 되었을 때 정수리를 만져서 따뜻한 기운이 있으면

서방에 왕생하는 것이라 하는데, 이 점에 대해 설명해주시기를 청합니다.

[대답] 정수리가 뜨거운 것은 사람이 갈 때, 그의 신식神識이 정수리로부터 나간 것을 말하며, 이것은 가장 수승한 것입니다. 천상의 복보는 대단히 크기 때문에, 그래서 천상에 왕생할 때에 또한 정수리로부터 나갑니다. 일반적으로 무릎으로부터 나가면 바로 아귀도에 간 것이고, 발바닥으로부터 나가면 바로 지옥에 간 것이며, 아래로 내려갈수록 육도六道에 환생하는 것이 더욱 낮아진다고 말합니다. 그렇지만 가장 좋은 것은 망자의 몸을 만져보지 않는 것입니다. 왜냐하면 신식이 떠나지 않았을 때 만지게 되면 망자가 고통스러울 수 있고, 참기 어려워할 수 있으며, 성내는 마음이 일어날 수 있기 때문입니다. 왕생한 많은 사람들은 조념한 후에 아주 자상한 모습으로 변하며, 얼굴색이 불그스레하고 윤기가 흘러 병든 사람의 모습이 보이지 않아 마치 잠을 자고 있는 것처럼 변합니다. 이러한 변화로부터 본다면, 이는 모두 좋은 모습이고, 인간 및 천상의 과보 이상인 것이 분명합니다.

진정으로 극락세계에 왕생하였는지 않았는지는 평상시 수행한 공부와 이 세상을 떠날 때의 서상瑞相이 상응했는지의 여부에 달려 있습니다. 설사 화장한 후에 사리가 남아있을 지라도, 이것으로 극락세계에 왕생하였다는 것을 증명할 수 없습니다. 가장 믿을 수 있는 것은 임종시 곁에 있는 사람에게 "부처님께서 저를 접인하러 오셨습니다."라고 말하는 것입니다. 이 경우 정말로 극락세계에 왕생한 것이 틀림없습니다. 수행한 공부가 더 훌륭한 사람들이라면 임종하기 며칠 전에 이미 "3일 후에 부처님께서 저를 접인하러 오실 것이다." 혹은 "일주일 후에 부처님께서 저를 접인하러 오실 것이다."는 것을 압니다. 이렇다면 틀림없이 극락세계에 왕생합니다. 극락세계에 왕생하는 조건은 다른 것이 없고, 바로 한 마음 한 뜻으로 극락세계에 가기를 원하는 것이며, 아미타불과 가까워지길 원하고, 세간의 모든 것을 남김없이 전부 다 내려놓고서 다시는 마음에 두지 않는 것입니다. 이러한 사람은 틀림없이 극락세계에 왕생합니다. **극락세계에 왕생하고자 하면서 내려놓지 못한다면, 극락세계에 왕생할 수 있다고 확신할 수 없습니다.** 버리고자 하면 완전히 깨끗하게 버려야 합니다.

최근 몇 년 동안 **순정**純淨과 **순선**純善을 제창하였습니다. 순정하고 순선한 생활은 어느 것을 막론하고 모두 인연을 따르되, 절대로 반연攀緣하지 않는 것입니다. 마음속으로 어떻고 어떻다는 이러한 생각을 하면, 반연한 것이라 할 수 있습니다. 인연을 따름(隨緣)은 어느 것이나 다 좋으며, 좋지 않은 것은 하나도 없어서 늘 기뻐하며, 마음속에 오로지 아미타부처님만 계실 뿐이고, 오로지 서방극락세계의 의정依正장엄만 있을 뿐이며, 기타 나머지 어떤 것도 마음에 놓지 않는 것입니다.

경전을 만약 완전히 익숙할 정도로 독송하였다면, 항상 서방극락세계의 경계를 관상觀想해야 합니다. 그러나 관상할 수 없으면, 오로지 「아미타불」만 염하고, 오로지 「아미타불」만 생각하여 마음에 아미타부처님 이외에는 아무것도 없게 해야 합니다. 이렇게 한다면 만 사람이 닦아 만 사람이 다 극락세계에 왕생할 수 있으며, 어디에 극락세계에 왕생하지 못할 도리가 있겠습니까!

[질문] 어떻게 임종을 맞이한 사람이 왕생을 확정하였는지 알 수 있습니까?

[대답] 가장 확실한 것은 그가 스스로 "아미타부처님께서 오셨습니다. 서방삼성께서 오셨습니다. 저를 접인하러 오셔서 저는 지금 그분들을

따라갑니다." 말하고는 모든 사람들에게 작별인사를 하는 것입니다. 그렇게 한다면 조금도 거짓이 아니고, 진정으로 왕생한 것입니다. 이것은 업장이 소멸되어서 갈 때 의식이 맑고 또렷하며, 조금의 고통도 없는 것입니다.

또 다른 한 부류의 사람이 있는데, 이들은 갈 때에 의식이 대단히 맑지만, 몸이 허약하여 입 밖으로 말할 수 없으므로, 사람들이 그를 도와 조념을 해주며, 그가 갈 때에 비록 말을 해도 소리가 나오지 않지만 입은 여전히 움직이고 있습니다. 보통 사람들은 이를 알아채지 못하였지만, 그는 분명히 따라 함께 염불하고 있었던 것이며, 그는 진실로 부처님을 보았고, 또한 부처님께서 접인하러 오셨으니, 부처님을 따라 가겠다고 말하는 것입니다. 그는 가는 그 순간에 매우 기뻐하고, 그의 모습은 편안하고 인자하고 자재합니다. 만약 갈 때에 모습이 몹시 슬프고 고통스럽다면, 일반적으로 말하자면, 극락세계에 왕생했을 가능성이 없습니다.

[질문] 평상시 아미타불을 염했는데, 임종시 다른 부처님께서 접인하러 오셨다면, 그 부처님들을 따라서 가야 합니까?

[대답] 평상시 아미타불을 염했다면, 임종시 틀림없이 아미타불께서 접인하러 오십니다. 그러나 만약 석가모니불께서 인도·접인하러 오시거나 약사불께서 접인하러 오셨다면, 이것은 정상이 아니며, 절대로 진짜가 아닙니다. 만약에 이러한 상황을 만난다면 전혀 상관하지 말아야 합니다. 그러면 잠시 후에 이러한 모습은 곧 사라지며, 반드시 아미타불께서 오시기를 기다려야 합니다. 왕생을 배웅할 때, 왕생인이 "아미타부처님께서 오셨습니다!"라고 말한다면, 이는 진짜이고 조금도 거짓이 아니니,

이 점을 반드시 알아야 합니다.

그러므로 조념할 때에 가장 중요한 것은 왕생인으로 하여금 절대로 잡념이 있게 하거나 환상이 있게 해서는 안 됩니다. 어떠한 경계를 만나거나, 혹은 어떠한 소리를 들어도 모두 전혀 아랑곳하지 않게 해야 합니다. 설사 지장보살을 만나고, 약사불을 만날지라도, 오직 아미타불이 아니라면 그를 전혀 상관하지 말고 계속해서 아미타불을 부르도록 하며, 아미타불께서 접인하러 오시면 그때 비로소 아미타불을 따라 가라고 일깨워주어야 합니다. 왜냐하면 요사한 마귀나 온갖 사악한 무리들이 다른 불보살로 변하여 나타나서 그를 유혹하기 때문입니다. 이렇게 변하여 나타난 불보살은 모두가 불보살의 이름을 도용한 것이며, 본존本尊이 아닙니다. 호법신은 이들이 변화하여 나타나는 것을 허용할 수는 있지만, 간섭할 수는 없습니다. 만약 아미타불이나 관세음보살로 변하였다면 그것은 본존이며, 호법신이 간섭할 수 있어 아미타불이나 관세음보살로는 감히 변하지 못합니다.

염불하는 많은 사람들이 평생 동안 염불을 하고서 임종을 맞이하는 그 중요한 순간에 이르러 오히려 미혹되어 실수를 한다면, 이는 참으로 너무나도 애석한 일입니다. 이러한 마의 경계(魔境)나 마장魔障은 모두가 자신의 업력이 변해 나타난 허깨비와 환의 경계입니다. 이때는 오직 아미타불만을 보고, 서방삼성만을 보며, 서방의 극락세계의 의정장엄依正莊嚴만을 보아야 상응한 것이고, 그래야 정념(正念)입니다.

[질문] 아미타부처님은 고정된 형상이 없는데, 임종시 출현하는 아미타부처님은 진짜입니까, 아니면 가짜입니까? 원친채주가 화현한 것과

어떻게 구별해야 합니까? 특히 임종시 의식이 아주 또렷하지 않는 상태에서 응당 어떻게 구별해야 합니까?

[대답] 이는 확실히 구별해야 하는 문제이긴 하지만, 마음을 푹 놓아도 됩니다. 임종시 부처님께서 나타내신 상은 제대로 알아야 하며, 절대로 잘못 알아서는 안 됩니다. 염불인, 내지 학불하는 사람에게 임종시 부처님께서 나타나시는 상은 본존입니다. 날마다「아미타불」을 염하면 아미타부처님께서 오십니다. 이는 절대로 틀릴 수가 없습니다. 불법에는 하나의 규칙이 있는데, 본존本尊을 변화시킬 수 없습니다. 만약 온갖 사악한 짓을 하는 요괴나 원친채주들이 부처의 본존으로 화현하여 우리를 속인다면, 호법신이 그를 용서할 리가 없습니다. 만약 나타난 형상이 석가모니불이라면 호법신은 간섭할 수가 없는데, 그 이유는 본존이 아니기 때문입니다. 만약 석가모니불을 따라서 간다면 그것은 자신의 잘못입니다.

염불인은 임종시 만약 아미타부처님께서 접인하러 오신 것이 아니고 어떠한 불보살이 현전하더라도 아랑곳하지 않으면 아무 일이 없습니다.

[질문] 아미타부처님께서 왕생하는 사람을 접인하실 때, 먼저 광명을 놓으시는데, 이때 왕생하는 사람이 부처님의 광명이 비쳐주심을 입어 공부가 한 덩어리가 된 경지에서 일심불란一心不亂의 경지까지 향상됩니다. 그러나 아미타부처님의 상호相好는 무엇 하고도 비교할 것이 없을 만큼 장엄한데, 아미타부처님을 친견하고서 어찌 깨닫지 못할까 걱정하겠습니까? 그런데 왜 어떤 사람은 아미타부처님을 친견하고서 무서워하며 감히 가지 않습니까? 또 왜 아미타불을 친견하여도 이익을 얻지 못합니까?

[대답] 여기에는 두 가지 상황이 있습니다. 한 부류는 세간에 미련이

많아 삶에 연연하여 죽음을 두려워하고 극락세계에 왕생한다는 말을 들으면 죽어야 하므로 임종시 두려운 마음을 냅니다. 이러한 상황은 아주 보편적인 현상이기 때문에 **염불인은 절대로 죽음을 두려워해서는 안 됩니다.**

제가 출가한 지 얼마 안 되었을 때 실제로 이러한 상황을 만난 적이 있습니다. 대북臺北 원산圓山 임제사臨濟寺에는 염불회가 있었습니다. 그때 부회장을 맡은 임林 거사라는 분이 유나維那 소임을 맡아서 항상 대중을 이끌고서 염불하고 함께 닦았습니다. 그는 임종시 두려운 마음을 일으켜 다른 사람들이 자신을 도와 조념해 주는 것을 반대하면서 조념하는 동수同修를 내쫓았습니다. 이는 그의 업장이 현전하여 부처님께서 접인하러 오신 기회를 놓친 것입니다.

또 다른 한 부류는 다른 법문을 수학한 사람들로 그들이 본 아미타불은 진짜가 아니고, 마구니가 나타난 것입니다. 부처님께서는 대단히 자비하신 분이시지만 마구니는 자비심이 없습니다. 그래서 마구니를 보면 두려움을 가질 수 있습니다.

[질문] 왕생한 후에 매우 좋은 서상이 있으면 왕생한 것이라 단정할 수 있습니까?

[대답] 반드시 왕생했다고 할 수 없습니다. 서상 중에는 오직 그가 스스로 "아미타부처님께서 오셨다. 아미타부처님을 친견하였다. 아미타부처님께서 저를 접인하러 오셨다." 말을 해야만 그래야 진정으로 왕생한 것입니다. 만약 조념하는 기간에 여태껏 "부처님께서 오셨다." "부처님을 친견하였다." "관세음보살을 친견하였다"는 말을 한 적이 없으면 왕생하

였다고 말하기는 매우 어렵습니다. 그러나 그는 절대로 삼악도三惡道에는 떨어지지 않습니다. 내생에 인간세상이나 천상의 복보를 누리는 사람 역시 서상이 있을 수 있습니다. 대체로 좋은 상이 있으면 절대로 악도에는 떨어지지 않고, 악도에 떨어지는 상은 좋지 않습니다.

[질문] 조념하는 중에 간혹 어떤 사람은 망자가 연꽃 위에 왕생하는 것을 봅니다. 이렇다면 진정으로 극락세계에 왕생하였다고 증명할 수 있습니까?

[대답] 그렇다고 말할 수 있습니다. 그러나 가장 좋은 것은 왕생하는 사람이 아직 숨이 끊어지지 전에 곁에 있는 사람에게 "부처님께서 나를 접인하러 오셨습니다."라고 말하는 것입니다. 그것은 정말로 100% 극락 세계에 왕생한 것으로 조금도 틀릴 수가 없습니다. 만약 이러한 말들은 없었지만, 그러나 이러한 서상을 보았다면 역시 극락세계에 왕생하였을 가능성이 있습니다. 그가 부처님께서 접인하러 오셨다고 말하려고 하였 지만, 이미 숨이 끊어졌거나 혹은 몸의 힘이 없어서 말하지 못한 것으로, 이러한 상황은 자주 있습니다.

[질문] 어떤 한 동수同修가 건강이 좋지 않고, 몸이 병약하여 자주 아픕니다. 그는 불법을 만난 후에 부처님의 명호를 집지하여 염불하여 서방 극락세계에 태어나길 구하라는 가르침을 흔쾌히 받아들였습니다. 병이 위중하여 병원에 입원하였다가 임종하기 전에 집으로 돌아가 염불하 여 극락에 태어나길 구하겠다는 뜻을 굳혀 치료를 중단하고서 일심으로 염불하였고, 그 뿐만 아니라 몇 명의 동수들이 그를 도와 조념하였습니다.

그는 자신이 혼미해지기 전까지 끊임없이 계속해서 염불하였고, 조념역시 지속되었습니다. 그는 정신이 혼미해진 후 여덟 시간에 비로소임종하셨습니다. 12시간 후에 몸을 씻기고 옷을 갈아 입혔는데, 그의몸이 부드러웠습니다. 목숨을 마치고 20시간이 되었을 때 영안실로보냈으며, 그 후에도 계속해서 3일 낮 3일 밤 조념을 한 후에 화장하였습니다. 화장한 다음 날 새벽 2시가 좀 넘어서 그의 가족이 별안간 잠에서깨어나서 집안 안팎에 붉은 빛이 떠서 움직이는 것을 발견하였는데, 20여 초 정도 있다가 비로소 사라졌습니다. 이 붉은 빛이 나타나는것은 그가 이미 부처님의 접인을 받아 극락세계에 왕생한 것이라 생각할수 있습니까?

[대답] 이것은 서상입니다. 그가 염불에 확고한 신심이 있었으면 반드시 정토에 왕생할 수 있습니다. 이는 《무량수경》 48원 가운데 설명이있습니다. 극락세계에 왕생할 수 있느냐 없느냐는 마지막 일념에 달려있습니다. 마지막 일념에 정토에 태어나길 구한다면 틀림없이 극락세계에 왕생할 수 있습니다. 그래서 임종시 조념은 매우 중요합니다. 그를도와주고 그를 일깨워주어서 그로 하여금 의식이 혼미하지 않도록 하고, 극락왕생에 대한 생각을 바꾸지 않도록 해주어야 합니다. 이렇게 하는것은 무량무변한 공덕입니다. 한 사람을 왕생하도록 배웅하는 것은바로 한 사람이 부처가 되도록 돕는 것이니, 그 공덕이 매우 큽니다.

그의 서상은 대단히 좋은 현상으로 그의 온몸이 부드러웠다는 것은그가 갈 때 매우 편안하여 고통이 없고 공포가 없었다는 것을 증명해줍니다. 임종시 두려워하고, 삶에 연연하여 죽음을 두려워하면 몸은 딱딱하게굳습니다. 그러나 만약 갈 때 매우 자재하고 조금의 공포도 없었다면몸은 부드럽게 되며, 이처럼 나타나는 현상으로부터 판단할 수 있습니다.

[질문] 최근 한 달 동안에 연속해서 두 명의 동수同修께서 숨이 끊어지기 전에 아미타부처님과 관세음보살을 보았으며, 게다가 자신들이 이미 수행하여 공을 이루었고, 마음이 전도되지 않고, 연연하지 않는다고 말하였습니다. 그렇지만 병으로 고통스런 모습을 나타내었습니다. 숨이 끊어진 후 10시간 조념을 하고 난 다음에 보니, 얼굴색이 편안하였고, 온몸이 부드러웠고, 정수리가 따뜻하였습니다. 그가 반드시 서방에 왕생하였다고 확정할 수 있습니까?

[대답] 만약 이러한 서상이 진실하다면, 왕생하였다고 확정할 수 있습니다. 그가 스스로 임종시 부처님을 친견하였고, 부처님을 따라 간다고 말하였다면 이는 확실히 극락세계에 왕생한 것입니다. 그러나 만약 부처님을 친견하였고, 보살을 친견하였다고 말하지 않았다면 비록 몸이 유연하고 정수리가 뜨거워지는 서상이 있었을지라도, 반드시 극락세계에 왕생하였다고 확정할 수 없습니다. 왜냐하면 천상에 태어날 경우에도 이러한 현상이 있기 때문입니다. 떠난 후에 온 몸이 유연하였다면 그는 떠날 때 공포가 없이 매우 편안하였고, 절대로 삼악도에 떨어지지 않았다고 볼 수 있으며, 이는 긍정할 수 있는 것입니다.

[질문] 아래의 염불방식으로 정토에 왕생할 수 있는 지 없는지 법문을 청합니다. 염불할 때 혼침한 상태에 있지만, 마음은 부처님께 의지하고, 염불기를 따라 부처님 명호를 마음속으로 분명하게 염불하면 극락세계에 왕생할 수 있습니까?

[대답] 지금 질문한 이 말에는 문제가 있습니다. 만약 혼침한 상태에

처해 있다고 한다면 마음은 당연히 미혹한데, 어떻게 마음으로 아미타부처님께 의지할 수 있고, 어떻게 부처님 명호를 따라서 염불할 수 있겠습니까? 몸이 매우 쇠약하고 호흡이 매우 미약한 상태에 있지만, 머리는 매우 맑아 부처님 명호를 따라 염불할 수 있고, 마음속에는 여전히 부처님이 계시어 정신이 맑고 또렷하다면, 이러한 경우에도 극락세계에 왕생할 수 있느냐고 물어야 마땅할 것입니다. 머리는 맑지 않고 미혹되어, 임종시 가족들조차 알아보지 못하는 것을 혼침昏沈이라 말하며, 마음속에 여전히 번뇌가 현전하기 때문에 설사 누군가가 그를 위해 조념을 해줄지라도 염불소리가 들리지 않는 것을 또한 혼침이라 말합니다. 혼침하면 극락세계에 왕생할 수 없습니다.

[질문] 사리舍利란 무엇입니까? 사람이 죽은 후에 불에 태워서 사리가 나왔다면, 그가 극락에 왕생하였다는 것을 증명하는 것입니까? 어떻게 해야 극락세계에 왕생했다는 것을 판별할 수 있습니까?

[대답] 사리舍利는 범어이며, 중국어로 번역하며 견고자堅固子입니다. 사리는 일종의 감응입니다. 대체로 선정의 공력과 관계가 있습니다. 염불인을 놓고 말한다면 청정한 마음과 관계가 있습니다. 마음이 청정하면 할수록 선정의 힘이 더욱 깊어집니다. 사리는 선정의 힘이 많이 쌓일수록 더욱 좋습니다. 그렇지만 불에 태워 사리가 나오는 것은 극락세계에 왕생하는 것과는 관계가 없으며, 극락세계에 왕생하였다고 증명할 수 없습니다. 가장 믿을 수 있는 것은 왕생할 때에 부처님을 친견하고, 서방삼성께서 접인하러 오신 것을 보고, 그가 스스로 "부처님께서 저를 접인하러 오셨다."고 말하는 것입니다. 이것이 가장 신빙성이 있습니다. 뿐만 아니라 왕생은 한평생 지닌 품행品行과 도의道義, 그리고 평상시

수행한 공부와 상응합니다. 그러면 틀림없이 극락세계에 왕생하였습니다. 이는 진정으로 극락세계에 왕생하였다는 증명입니다. 혹 다른 사람이 무엇을 보았다고 하는 다른 것들은 전부 다 믿을 수 없습니다.

사실대로 말하자면, 말법시대에는 괴이한 일이 너무나도 많습니다. 사리 또한 모조하여 사리라고 사칭할 수 있고, 육신조차도 모조하여 사칭하는 경우도 있으니, 이는 모두 진짜가 아닙니다. 만약 사리가 보기에는 매우 아름답지만 손으로 한번 힘껏 눌러서 부서진다면 그것은 진짜 사리가 아닙니다. 진짜 사리는 쇠망치로 두드려도 부수어지지 않습니다. 지금의 많은 사리들은 대부분 실험을 거치지 않은 것들입니다. 실험을 거친다면 **가짜인 것들이 너무나도 많고, 진짜 사리는 정말로 희유합니다.** 이러한 현상이 있을 수 있는 것은 마구니가 와서 어지럽게 하는 것입니다. 오늘날 많은 사람들이 사리를 좋아하니까, 마구니가 이 기회를 틈타 속임수를 써서 물건들을 만들어서 사람들에게 보게 하고, 사람들을 미혹하게 합니다. 그러므로 이러한 일에 대해서는 반드시 이성적으로 대해야 하며, 감정으로 처리해서는 안 됩니다. 수행자의 절대다수는 사신의 사리를 남기기를 원하지 않으며, 또 자신의 육신을 남겨 사람들에게 기념으로 삼게 하는 것을 원치 않습니다. 그러므로 사리가 있고 없고는 극락세계에 왕생과는 아무런 관계가 없습니다.

[**질문**] 어떤 사람이 숨이 끊어진 후에 장례식장에 보내서 냉동시킨 후, 조념단이 하루 낮과 밤 동안 조념을 한 다음에 화장을 하였는데, 그에게서 60알이 넘는 사리가 나왔습니다. 망자는 생전에 불법을 접한 적이 없는데, 무슨 이유로 이렇게 수승할 수 있는 것입니까?

[대답] 여기에는 두 가지 상황이 있습니다. 하나의 경우는 진짜인 것입니다. 설사 망자가 이번 생에 비록 불법을 접하지는 않았을지라도 과거 생에 정토를 수행한 바탕이 대단히 두텁기 때문입니다. 예를 들면, 한국의 김선일金善日이라는 사람이 있는데, 그는 과거 생에 수행한 기초가 매우 깊고 두터운 사람입니다.43) 과거의 인因이 깊을 경우, 연緣을 만나면 곧 이루어지기 때문에, 그래서 이번 생에 이익을 얻을 수 있습니다. 일생 동안 불법을 만나지도 않았고 염불을 알지도 못하지만, 임종시 가족이 염불인을 청해 그를 위해 조념해 주면, 이 연緣이 성숙한 것이며, 이렇게 하여도 또한 사리가 나올 가능성이 있습니다. 또 다른 경우는 가짜인 것입니다. 손바닥에 사리를 놓고서 시험할 때, 만약 손을 꽉 쥐자마자 사리가 부수어진다면 이것은 진짜가 아닙니다. 만약 **진짜 사리라면 쇠망치로 부수어도 문드러지지 않습니다.**

담허俠虛 법사께서 홍콩에서 왕생하셨을 때, 외국인이 그의 사리를 보고서 매우 희귀하게 여겨져서 그의 사리를 가져다가 실험을 하였습니다. 쇠망치로 두드렸으나, 사리는 매우 견고하여 말 그대로 문드러지지 않았으며, 쇠망치가 도리어 움푹 안으로 패여 들어갔습니다. 외국인은 이를 보고서 비로소 믿게 되었습니다. 그러므로 진짜 사리인지 가짜 사리인지는 손에 힘을 주어 한 번 꽉 움켜잡아보면 그 자리에서 바로 알 수 있습니다.

[질문] 일반적으로 사람이 죽은 후 두 세 시간이 지나면 온몸이 굳어질 수 있습니다. 그런데 염불인은 죽은 후 며칠이 지나도 어떻게 온몸이 그대로 유연함을 유지할 수 있는 것입니까?

43) 제3부 조념왕생 사례 참조

[대답] 사람이 죽으면 대체로 한 번 숨이 끊어지고 두 시간이 되면 온몸이 딱딱하게 굳어집니다. 그러나 염불인이나 진정으로 수양을 한 사람이라면 죽은 후 심지어 7일, 14일까지도 온몸이 여전히 부드럽습니다. 실제로 이러한 도리는 매우 간단하고 명료하여 쉽게 이해할 수 있습니다. 사람이 임종시 만약 삶에 연연하여 죽음을 두려워하면 공포를 느낄 수 있습니다. 이처럼 무서움과 두려움을 느끼면 온몸이 곧 바로 딱딱하게 굳어지는데, 바로 이러한 도리 때문입니다. 간 후에 온몸이 부드럽고, 또 갈 때 매우 편안하고, 매우 자재하여 조금의 공포도 없었다면 그 사람은 삼악도에 떨어질 수가 없습니다. 따라서 임종하려는 아주 중요한 그 순간에 만약 당황하고 놀라면, 골치 아픈 일들이 더욱 커지게 됩니다. 임종하려는 이때는 육도 중에 어느 도로 가느냐 하는 실로 아주 중요한 순간입니다.

이미 왕생한 후 몇 시간이 되자, 몸이 딱딱하게 완전히 굳어버렸고, 얼굴은 몹시 고통스러웠으며, 보기가 흉한 사람을 본 적이 있습니다. 그렇지만 그는 연緣이 수승하여 함께 수행하는 불자께서 그를 위해 조념해 주었습니다. 7, 8시간 혹 10 몇 시간 동안 염불하였는데, 딱딱하게 굳어 있던 그의 몸이 부드러워졌으며, 얼굴도 보기 좋은 모습으로 변하여, 조념한 효과가 매우 수승하였습니다. 이러한 광경은 망자를 배웅하고 조념을 해준, 함께 학불하고 수행하는 사람들이 직접 자신들의 눈으로 목격한 것입니다. 조념은 실제로 분명히 영향이 있습니다.

[질문] 망자가 생전에 염불을 한 사람은 아니었지만, 죽은 후 그를 도와 조념을 해주었으며, 조념을 한 후에 그의 몸이 매우 유연하였습니다. 이럴 경우에는 그가 서방에 왕생하였는지, 아니면 천상에 태어났는지를

어떻게 판단합니까?

[대답] 생전에 염불을 하지 않은 사람일지라도, 임종시 그에게 염불할 것을 권해 그가 기꺼이 염불하였고, 또 매우 좋은 상서로운 모습이 있었다면 극락세계에 왕생하였을 가능성이 있습니다. 그러나 만약 생전에 염불도 하지 않았고, 임종시 또 기꺼이 염불하지도 않았으며, 극락왕생을 믿지도 않은 사람인데, 그가 죽은 후에 그를 위해 몇 시간 동안 부처님 명호를 불러주고 나니 그의 몸이 유연하였다면 이는 그의 업장을 소멸시킨 것으로 그가 극락세계에 왕생할 수 있는지 여부는 감히 말하지 못합니다. 그렇지만, 그가 반드시 악도에는 떨어지지 않았다는 사실만은 분명합니다.

[질문] 불법을 접한 적도 없고, 불법을 믿지도 않았으며, 심지어는 불법을 반대하였던 사람이 어떻게 조념한 후에 얼굴색이 좋게 변할 수 있고, 몸이 부드러워질 수 있는 것입니까?

[대답] 분명하게 알아야 할 것은 우리 몸 전체가 다 물질이며, 물질에는 영지靈知가 있다는 것입니다. 그러므로 부처님 명호의 가피를 받은 후에는 마치 물을 가지고 시험하여 나타난 결과와 마찬가지로 매 세포의 결정체가 모두 아름답게 변화합니다. 그래서 본래의 얼굴색은 보기가 힘들 정도로 흉한 모습이었을지라도, 두 세 시간 부처님 명호를 부른 후에는 보기 좋은 얼굴로 변하고, 용모가 마치 살아 있는 사람과 같게 됩니다. 비록 숨이 끊어졌어도 몸이 여전히 부드러운 것은 바로 이러한 도리이며, 이는 조금도 미신이 아닙니다. 살아있는 몸이나 죽은 몸이나 모두 다 물질입니다. 물질의 세포, 분자, 원자, 전자, 입자는 모두 영지를 가지고

있습니다. 이는 일본의 과학자가 물과 밥을 가지고 시험을 해본 결과, 물과 밥은 들을 줄 알고, 볼 줄 알며, 사람의 마음을 느낄 수 있다고 설명한 것과 같은 이치입니다. 부처님 명호는 가장 선한 마음의 감화이며, 부처님 명호는 감응이 있습니다. 이 감응한 결정이 매우 아름답고, 매우 선한 것은 바로 이러한 이치 때문입니다. 티베트 라마가 경전을 독송한 비디오를 가지고 물에게 들려주는 시험을 한 일이 있었는데, 두 세 시간이 지난 후에 다시 물의 결정을 살펴보니 대단히 아름다웠습니다. 이는 경전을 독송한 감응이 반응하여 나온 결과입니다. 그러므로 임종시의 조념이 대단히 중요하다는 것을 알 수 있습니다.

[질문] 말학末學이 일찍이 동물들, 예를 들면 전갈과 작은 새들을 위해 조념을 한 적이 있습니다. 한참 동안 조념한 후에 그것들의 몸과 사지가 부드럽기가 실과 같은 것을 발견하였습니다. 이는 극락세계에 왕생한 서상입니까?

[대답] 온몸이 부드러운 것은 서상이지만, 극락세계에 왕생하였는지 하지 않았는지는 단정할 수 없습니다. 그러나 축생도에서 벗어나 선도善道에 태어났다는 것만은 분명히 인정할 수 있습니다.

[질문] 어떤 사람은 임종하기 며칠 전에 처음으로 불법을 접하자마자 곧 바로 극락세계에 왕생할 수 있는데, 이는 무슨 인연입니까?

[대답] 오래 전에 미국 워싱턴에 있을 때입니다. 한 제과점을 경영하는 주광대周廣大라는 분이 있었는데, 그는 종교는 없었지만 매우 선량한 사람이었습니다. 그는 매우 심각한 암에 걸렸으며, 병원에서는 이미

치료를 포기한 상태여서 그의 가족들은 어떻게 할 방법이 없어 그분을 모시고 집으로 돌아왔습니다. 당시 가족들은 부처님께 빌고, 신에게 묻고 하면서 가는 곳마다 절을 하였습니다. 그의 가족들은 그분을 살릴 방법이 없음을 알고서 워싱턴에 있는 정종학회를 찾아왔습니다. 학회 안에 대단히 열심히 공부하는 한 동학同學이 있었는데, 그가 주광대 선생을 만났을 때, 그분에게 몸에 대해 연연하지 말 것을 권하였고, 또 서방극락세계의 좋은 점들을 이야기하면서 일심으로 염불할 것을 권하였습니다. 그분은 정말로 인연이 있어서 조금도 의심하지 않고서 그 자리에서 바로 그 동학의 말을 받아들였으며, 약도 복용하지 않았습니다. 그 뿐만 아니라, 가족들에게 다시는 어떠한 의사도 찾지 말라고 말하고는 전부들 와서 염불하여 자신을 도우라고 하였습니다. 정종학회에서도 몇 동학을 청하여 교대로 그를 도와 조념하게 하였습니다. 그는 매우 열심히 염불하였으며, 염불할 때에 고통이 없어졌다고 말하였습니다. 그는 3일 있다가 극락세계에 왕생하였습니다. 그는 불법을 배우지도 않았고, 귀의도 하지 않았으며, 계도 받지 않았습니다. 사실상 그는 한 번 발원하여 「아미타불」을 불러 정토에 왕생하기를 구하자마자 그 자리에서 바로 아미타부처님께 귀의하였습니다. 임종하기 3일 전에 불법을 들었으며, 3일 낮과 밤 동안 염불을 계속하여 끊어지지 않게 하였습니다. 이는 바로 《무량수경》에서 강설하고 있는 "보리심을 발하여 전일하게 염불하라(發菩提心 一向專念)."는 말에 계합됩니다. 이처럼 하나의 방향과 하나의 목적을 가지고서 오로지 염불하였으며, 가족·육친권속, 그리고 몇 분의 불우佛友, 열 몇 분만 염불하여 일을 성취하였으며, 이는 매우 좋은 예입니다.

이렇게 짧은 시간에 불법을 접하여 성취할 수 있었던 이유는 무엇이겠습니까? 이는 그가 듣자마자 그 즉시 바로 받아들일 수 있었고, 의심하지 않고, 그 자리에서 바로 행하였기 때문입니다. 과거 생에 이 법문을 닦은 적이 있었어도 그 생에서는 닦아 성취하지 못하였지만, 이번 생에 임종시 이 법문을 듣고서 숙세의 선근을 이끌어내어서 용맹정진하고, 모든 인연을 다 내려놓고 조금의 미련도 없었기 때문에, 그래서 매우 순조롭게 성취한 것입니다. 이보다 더 희유하고 얻기 어려운 것은 일생 동안 불법을 믿지도 않았고, 죽어서도 불법을 믿지 않았는데, 죽은 후 중음신에 있을 때 불법을 듣고서 조념하는 사람을 따라서 염불하여도 극락세계에 왕생할 수 있다는 것입니다.

[질문] 머리가 맑지 않거나 혹은 임종시 인사불성이어도 극락세계에 왕생할 수 있습니까?

[대답] 오늘날과 같은 이러한 사회에서 세상을 떠날 때 몇 사람이나 머리가 맑을 수 있겠습니까? 우리의 눈으로 직접 보고, 우리의 귀로 들은 임종한 사람들 가운데 절반 이상의 사람들이 모두 치매 증세를 가지고 있었습니다. 치매 증세가 있으면, 사실상 극락세계에 왕생한다는 것은 불가능하며, 이런 사람들의 경우에는 틀림없이 업을 따라 윤회합니다. 치매 증세는 어떻게 오는 것이냐 하면, 의학에서 말하는 치매 증세가 오는 원인은 매우 많습니다. 현대인들이 말하는 우울증에는 근심이 있고 걱정거리가 있어서 마음이 불안하고 공포가 있는데, 이러한 것들이 치매 증세를 야기하는 주요한 원인입니다. 불법의 입장에서 설명하자면 **치매 증세의 진정한 원인은 악업을 지은 것이 너무 많아서 마음이 정상적인 상태가 아니기 때문입니다.** 이런 사람은 숨이 끊어지기 전에, 이미 인사불성이 되어 가족·육친권속 조차도 모두 알아보지 못하여서 조념을 해주어도 아무 소용이 없습니다. 우리는 다른 사람의 이러한 모습을 보면

나 자신도 늙을 수 있고, 죽을 수도 있으며, 죽을 때에 또 저 사람의 모습과 혹 같을 수도 있다는 생각을 해야 합니다.

❀

[질문] 현대는 노인 치매증에 걸리거나 식물인간인 사람들이 매우 많습니다. 만약 이러한 사람들이 임종시, 그들을 위해 조념해준다면, 그들이 극락세계에 왕생할 수 있습니까?

[대답] 이러한 사람들의 경우에는 극락세계에 왕생할 수 없습니다. 왕생하는 가장 중요한 조건 중의 하나는 바로 임종시 의식이 맑고 또렷한 것이며, 그렇지 않으면 업에 따라 윤회할 수 있습니다. 만약 의식이 또렷하지 않을지라도 모두 극락세계에 왕생할 수 있다고 한다면 염불할 필요가 없게 됩니다. 아미타부처님께서 크게 자비심을 베풀어 사람들을 남김없이 전부 다 데리고 간다면 좋은 일일 것입니다.

이러한 병을 업장병業障病이라 하며, 이러한 병을 얻으면 참으로 상당히 힘들며, 유일한 구제방법은 병의 증세가 가벼울 때 그에게 진정으로 참회하고 악을 끊고 선을 닦도록 권해야 그가 비로소 뉘우치고 참회할 수 있습니다. 그러나 병이 위중할 때 이미 치매 증세가 있다면 권해도 아무 소용이 없으며, 다른 사람이 그를 대신해 공덕을 닦기가 매우 어렵습니다. 반드시 광목 여인이나 바라문 여인처럼 그렇게 수행하여 과果를 증득할 수 있어야만 이러한 사람들을 구제할 수 있습니다. 왜냐하면 그러한 사람들을 구제하기 위해 발분發憤하고 노력하고 성실하게 수학하였으며, 바로 그러한 사람을 위해 닦았기 때문에 과를 증득한 것은 바로 그런 사람들이 도와준 것입니다. 또한 그러한 사람들이 만약 병에 걸리지 않고 타락하지 않았다면 그는 수행하지 않았을 것이고,

또 과를 증득하지도 못했을 것이기 때문입니다. 자신이 만약에 이러한 공부가 없고, 그저 몇 권의 경전을 독송하고, 몇 번 부처님 명호를 염했을 뿐이라면, 그것은 아무 소용이 없는 것이며, 스스로 자신을 안위할 뿐이고, 그들에게 효과가 발생할 수 없습니다.

[질문] 어떤 한 연로한 거사께서 극락왕생을 구하면서 21일 단식하고, 몇 십 명의 사람이 조념을 하다가 큰 연꽃을 보았는데, 밑부분에 나온 뿌리가 땅과 연결되어 있어서 연꽃이 위로 올라올 수가 없었습니다. 이 연로한 거사는 비록 아직 왕생하지는 않았지만, 예전에는 건강이 좋지 않았으나 지금은 오히려 대단히 건강하십니다. 몸을 바꾼다(換體)는 말이 있는 것입니까? 혹 만약 있다면 그 도리는 무엇인지를 여쭙겠습니다.

[대답] 그 거사께서 염불하신 공부는 틀림없이 훌륭하십니다. 그렇지만 이러한 좋은 감응이 있었음에도 불구하고 오히려 극락세계에 왕생할 수 없었다면 여전히 내려놓지 못하고, 세상의 인연을 다 끊지 못한 게 있는 것이 분명합니다. 이러한 공부와 이러한 현상이 있고, 게다가 땅 위에 연꽃이 생겼다면, 비록 극락세계에 왕생할 수는 없을지라도, 내생에 틀림없이 악도에 떨어지지 않습니다. 연꽃이 땅을 떠나지 못한 것은 육도윤회를 떠나지 못함을 나타냅니다. 그러니 그 거사에게 모든 것을 다 내려놓고, 또 다시 내려놓도록 권해야 합니다. 조금이라도 내려놓지 못하는 것이 있으면, 극락세계에 왕생할 수 없습니다. 업을 지닌 채 가는 것은 숙업(宿業)을 지닌 채 가는 것이며, 현재의 업을 지닌 채 가는 것은 아닙니다. 현재의 업은 장애가 될 수 있으므로, 남김없이 전부 다 내려놓아야 합니다. 과거 생에 심은 아뢰야식 종자가 숙업입니다. 비록 숙인(宿因)이 있을지라도, 전부 다 내려놓을 수 있고, 연(緣)이 다 끊어져

연이 없어 업이 장해가 되지 않으면 극락세계에 왕생할 수 있습니다. 그 거사는 분명히 여전히 내려놓지 못하는 부분이 있습니다. 그래서 바로 이러한 현상이 나타난 것입니다.

현재 그의 몸이 대단히 건강하다는 것은 몸을 바꾸었다고 말한다 해도 역시 통하는 말입니다. 이는 일본의 에모토 마사루 박사의 물에 대한 실험을 보면 곧 알 수 있습니다. 사람들은 누구나 다 몸을 바꿀 수 있습니다. 그러나 문제는 기꺼이 바꾸려고 하느냐 하지 않느냐에 달려 있습니다. 몸을 어떻게 바꿀 수 있느냐 하면, 그것은 바로 착한 마음(善心)과 자애로운 마음(愛心)입니다. 진실로 인자한 마음과 박애의 마음을 행하였다면, 몸의 각 세포들마다 모두 이러한 마음을 따라서 개선될 수 있습니다. 중국의 속담에서 말하길, "사람이 기쁜 일을 만나면 마음이 상쾌하다" 하였습니다. 이 말은 매우 일리가 있는데, 경전에서 강설하고 있는 말과 에모토 마사루 박사의 과학적 실험과 모두 상응합니다. 모습은 마음을 따라 바뀝니다(相隨心轉). 사랑하는 마음이 나타나면 당연히 기쁘고, 건강하고 장수하며, 체질을 바꾸면 용모 또한 변합니다. 근심은 사람을 늙게 만들 수 있습니다. 그러므로 만약 번뇌가 많거나 망상이 많으면, 온몸 세포의 결정이 좋지 않습니다. 이것은 바로 이러한 도리입니다.

[질문] 조념할 때 상서로운 모습이 나타나지 않았는데, 이는 부처님께서 이 망자의 영혼을 거두어들이지 않은 것입니까?

[대답] 부처님께서는 거두어들이고, 거두어들이지 않음이 없으십니다. 만약 부처님께서 거두어들이고, 거두어들이지 않음이 있다면 부처님

께서 분별 집착이 있다는 말이 됩니다. 이는 이치에 닿지 않는 말입니다. 중생과 불보살은 단지 감응만 말할 뿐입니다. 중생에게 감득이 있으면 부처님께서 곧 응현하심이 있습니다(衆生有感 佛就有應). 거두어들임(攝受)은 바로 감응을 말하는 것입니다. 어느 부처님이시든지 중생을 접인하러 오시는 것은 완전히 중생 자신의 염력念力과 원력願力이 성취한 것이며, 마음 밖에 부처님이 계셔서 그 부처님께서 접인하러 오신다고 한다면, 그것은 잘못입니다. 그러므로 아미타부처님께서 오셨다면, 이는 자성自性의 미타이고, 관세음보살께서 오셨다면, 이는 자성의 관음觀音입니다. 왕생한 곳은 유심정토唯心淨土입니다. 이렇게 해야 바로 정확한 것입니다. 심성心性 밖에 달리 정토가 있다면, 이는 잘못된 것이며, 이러한 일은 없습니다.

제12장
남을 돕는 조념이 자신에게 미치는 효과

[질문] 임종 조념을 할 때, 왕생하는 사람의 원친채주와 조념하는 사람 사이에 어떤 문제가 발생할 수 있습니까? 혹시 심한 경우에는 조념을 해줌으로 인해 악연을 맺을 수도 있는 것입니까?

[대답] 이러한 일은 절대로 있을 수가 없습니다. 임종시 임종을 맞이하는 사람에게 염불하여 극락세계에 태어나길 구하는 것을 잊지 말라고 일깨워주는데, 이는 그 사람의 일생 중에서 가장 중요한 때입니다. 따라서 조념은 진실한 공덕입니다. 임종시, 가장 두려운 것은 세상의 인연을 내려놓지 못하는 것입니다. 세상에 여전히 연연하는 것이 있고, 또 남에게 인계하지 않은 일이 많이 남아있으면 극락세계에 왕생하는 기연機緣을 잃게 됩니다. 그러므로 반드시 그를 도와서 그가 모든 인연을 내려놓고서 일심으로 염불하여 정토에 태어나길 구하도록 일깨워주어야 합니다.

만약 조념하는 사람의 마음이 삿되어 바르지 않으면 귀신의 방해를 받을 수 있습니다. 그러나 만약 마음바탕이 청정하고(淸淨) 바르고(正大) 밝다(光明)면, 반드시 불보살님의 가피를 받으므로 귀신도 이 모습을 보면 존경하여 절대로 성가시게 하지 않습니다.

[질문] 조념은 자신의 수행에 영향을 끼칠 수 있습니까? 또 인과因果에

어긋날 수 있습니까? 서방극락세계가 있다는 것을 믿지만, 서방극락세계가 어느 곳에 있는지를 모르겠습니다.

[대답] 남을 도와 조념하고, 남을 극락세계에 왕생하도록 배웅하는 일은 좋은 일입니다. 이는 자기에게 틀림없이 수승한 공덕이 있을 뿐, 왕생한 사람의 악인惡因이나 악과惡果가 절대로 자신에게 오는 그런 일은 없습니다. 대자보살께서 말씀하시길, "진정으로 두 사람이 극락세계에 왕생하도록 도울 수 있으면, 이는 자신이 수행 정진한 것보다 더 낫다." 하셨습니다. 이 말은 사람에게 반드시 남을 도와야 한다는 것을 격려한 말입니다. 남을 돕는 첫 번째 수승한 일은 바로 남이 임종시 그를 도와 조념하여 극락세계에 왕생하도록 하는 것입니다. 극락세계에 왕생하면 부처가 될 것이니, 이는 한 사람이 부처가 되도록 돕는 일입니다. 기쁜 마음으로 남을 돕는다면, 자신이 임종시 많은 이들이 와서 나를 도울 것입니다. 그러나 기꺼이 남을 돕지 않고 싫어하여 내팽개친다면 자신이 임종시 나를 조념해줄 사람이 없습니다. 이는 업인業因의 과보果報입니다.

《아미타경》에서는 서방극락세계는 이 세계에서 서방으로 십만 억 불국토가 지난 곳에 있다고 아주 분명하게 말하고 있습니다. 그러나 어떤 사람은 지구에서 서쪽으로 가도 전혀 발견하지 못하였다고 이를 의심합니다. 경전에서 말한 서방이란 바로 사바세계의 서방입니다. 사바세계는 석가모니부처님의 보토報土로 또한 이 대천세계의 서방인 것이지, 지구의 서방이 아닙니다. 석가모니부처님의 보토에는 십억 개의 은하계가 있습니다. 이 대천세계는 오늘날의 과학자들도 아직까지 발견하지 못하였습니다.

이렇게 설명해도 아마 여전히 의심을 끊지 못할 것이지만, 이는 중요하지 않습니다. 극락세계가 어느 곳에 있거나 막론하고 신호가 있으면 아미타불과 통할 수 있습니다. 이 신호는 바로 「아미타불」이 한 마디 부처님 명호입니다. 이 부처님 명호를 부르면 마치 전보를 치는 것과 마찬가지로 극락세계가 어느 곳에 있거나 회로는 반드시 통하는 것입니다. 착실히 염불하면 임종시 방향을 가릴 필요 없이 아미타부처님께서 접인하러 오시므로, 반드시 신심이 있어야 합니다.

🪷

[질문] 조념에 참가하고 싶은 마음은 간절하지만, 제 자신의 염불공부가 부족해서 혹 망자의 영혼이 제 몸에 붙을까 두려운데, 어떻게 해야 할지를 모르겠습니다.

[대답] 조념에 참가하는 것은 극락세계에 왕생하도록 배웅하는 것으로 이는 매우 좋은 일입니다. 항상 다른 사람이 극락세계에 왕생하도록 배웅하면 장래에 자신이 임종시에 많은 이들이 나를 극락세계에 왕생하도록 배웅할 수 있습니다. 그뿐만 아니라, 항상 다른 사람을 극락세계에 왕생하도록 배웅하면 왕생하는 서상을 많이 볼 수 있고, 자신의 신심을 키울 수 있어서, 장래에 자신이 병이 위중할 때에도 두려워하지 않을 수 있기 때문에, 이로운 점이 매우 많습니다. 단지 의심하는 마음이나 두려워하는 마음을 없애고자 한다면, 기연機緣이 생겼을 때 염려하지 마시고 마땅히 참가해야 합니다.

망자의 영혼이 몸에 붙거나, 영혼이 몸에 붙는 것은 그 사람과 인연이 있어야 하며, 동시에 또 귀왕鬼王이 허락해야만 몸에 붙을 수 있습니다. 귀왕이 허락하지 않는데, 영혼이 몸에 붙으면 그 영혼은 죄를 범하게 되고 사람을 해치는 것이므로, 그 영혼은 과보를 받을 수 있고, 징벌을 받을 수 있기 때문에 영혼이 마음대로 몸에 붙을 수가 없습니다. 설령 영혼이 몸에 붙는다고 해도 사실은 상관없습니다. 그 영혼은 사람을 해칠 수 없습니다.

🪷

[질문] 하얼빈에 어떤 한 출가자가 말씀하시길, "남에게 조념을 해주면 그가 죽은 후에 그의 원친채주들이 훗날 우리가 임종시 우리와 결판을 내려고 할 것입니다." 하였습니다. 이 때문에 어떤 사람은 감히 두려워 조념에 참가하지 않습니다. 저는 맞지 않는 말이라 생각하지만, 근거하여 설명할 말을 찾을 수가 없습니다.

[대답] 이 도리는 매우 간단합니다. 만약 남을 도와 조념하여, 그가 서방극락세계에 가서 부처가 된다면, 장래에 자신이 임종시에 그의 원친채주가 와서 성가시게 할 때 그 부처님께서 나를 도우러 올 것이니, 무엇 때문에 이렇게 애를 태웁니까? 이것에 대해 대자보살께서 매우 잘 말씀하셨습니다. "두 사람을 극락세계에 왕생하도록 도우면 이는 자신이 정진한 공덕보다 크며, 열 몇 사람을 극락세계에 왕생하도록 도우면 복의 과보는 무량하고 무변하며, 백 사람을 극락세계에 왕생하도록 도우면 이는 바로 진정한 보살이다." 하셨습니다. 조념은 남을 도와 극락세계에 왕생하여 성불하게 하는 것이므로, 세간에서 제일공덕입니다. 이 세상에 어떠한 것도 이 공덕보다 더 수승한 공덕은 아무 것도 없습니다.

그 출가자에게 "그의 원친채주가 우리를 찾아온다는 증거를 꺼내어 보여 주십시오. 만약 증거가 없으면 함부로 이러한 유언비어를 만들어 사람들에게 믿게 하지 마십시오."라고 말하십시오. 일체는 부처님께서 가르치신 "네 가지 의지해야 하는 법(四依法)"에 따라야 합니다. 즉, "법에 의지하고 사람에 의지하지 말아야 하며", "뜻에 의지하고 말에 의지하지 말아야 하며", "지혜에 의지하고 식識에 의지하지 말아야 하며", "요의경了義經에 의지하고 불요의경不了義經에 의지하지 말아야 합니다." 이지理智에 의지하고, 감정에 따라 처리하지 않아야 올바릅니다.

[질문] 제가 염불회를 조직한지 이미 여러 해가 되었습니다. 현재 한 동수同修가 저에게 여러 번 권하길, "먼저 자신을 성취시켜야 하고, 그런 후에 다시 남을 도와 조념해야 한다." 말하였습니다. 그런데 여전히 몇몇의 동수와 친구들은 저에게 조념을 해달라고 찾아옵니다. 제가 응당 어떻게 하는 것이 옳은지를 모르겠습니다.

[대답] 조념은 자신을 이롭게 하고 남을 이롭게 하는 것이며, 나 자신이 염불하고, 동시에 또 남을 도울 수 있습니다. 대자보살께서 잘 말씀하신 것처럼 "두 사람을 도와 염불하여 극락세계에 왕생하게 할 수 있으면 자신이 수행한 공덕보다 크며, 열 몇 사람을 도와 염불하여 극락세계에 왕생하도록 할 수 있으면 복의 과보는 대단히 큰 것입니다." 열 몇 사람을 도와 극락세계에 왕생하도록 하였다면 자신이 임종시 틀림없이 극락세계에 왕생합니다. 왜냐하면 임종시 그들이 극락세계에서 반드시 아미타부처님께 말하길, "우리가 올 수 있었던 것은 모두 그의 덕분이니, 지금 함께 그를 접인하러 가야 합니다." 할 것입니다. 도리에 합당한 일은 사람들마다 생각이 다 똑같기 때문에 성실하게 하면 나와 남이 다 이로우며, 결코 자신이 염불하는 것에 방해가 되지 않습니다.

[질문] 조념팀이 최근에 홍법할 선근을 지닌 법기法器가 될 만한 인원들

이 부족하여 예전처럼 조념할 방법이 없습니다. 이럴 경우에 집에서 일심으로 오로지 염불하는 것이 좋습니까, 아니면 원래처럼 저를 필요로 하는 중생이 있으면 가야 합니까? 어떻게 해야 원융한지 법문을 청합니다.

[대답] 부처님께서는 우리에게 인연을 따르고(隨緣) 반연(攀緣)하지 말고 가르치셨습니다. 만약 청하는 사람이 있으면 마땅히 가야하며, 이것은 좋은 일입니다. 극락세계에 왕생하도록 보내주는 일은 진실한 공덕입니다.

[질문] 제자는 매번 발심하여 조념을 마치고서 집에 돌아온 후에는 남편이 병이 납니다. 그런데 한번은 103세가 되신 할머니가 왕생하셨습니다. 그때 한 출가스님에게 먼저 쇄정灑淨을 하고 나서 다시 법문과 귀의를 한 후에 돌아갔고, 저희들은 계속해서 조념하였습니다. 그렇게 한 후에 집에 돌아왔는데, 그날은 남편이 아무 일도 없었습니다. 저희들이 조념하는 효과가 혹 법사의 법문만 못한 것인지 가르침을 청합니다.

[대답] 이것은 스님의 법문과는 아무 관계가 없습니다. 조념할 때는 마음을 다하고 뜻을 다하여 진정으로 남을 위해 조념하여 그가 서방극락세계에 왕생하도록 배웅해야 합니다. 만약 조념할 때 마음속에 다른 생각들이 끼어들어 섞이거나 망상이 있으면 힘을 얻지 못하며, 힘을 얻지 못할 뿐만 아니라, 또한 죄과罪過가 있을 수 있습니다.

[질문] 남을 위해 조념을 한 후 집에 돌아와서 몸을 씻거나 옷을 갈아입어야 됩니까?

[대답] 제 생각에는 그럴 필요는 없습니다. 만약 집에 돌아와서 몸을 씻어야 하고 옷을 입어야 한다고 생각한다면 그것은 망자에 대해 의심이 있는 것입니다. 만약 집에 돌아온 후에 아무 일도 없었던 것처럼 편안하고 마음에 두지 않는다면 이것이 바로 망자에 대한 공경입니다. 진실한 마음과 정성을 다하는 마음으로 돕는다면 설사 그가 극락세계에 왕생하지 못하였을지라도 감사할 것입니다. 왜냐하면 임종시 경전을 독송하는 소리와 부처님 명호를 들으면 틀림없이 고통을 줄어들게 할 수 있기 때문입니다.

[질문] 현재 조념단은 두 분의 거사가 이끌어가고 있습니다. 갑이란 거사가 이끌어갈 때는 중생이 몸에 달라붙는 현상이 매우 적었는데, 그러나 을이란 거사가 이끌어갈 때는 자주 중생이 몸에 달라붙는 현상이 발생합니다. 그래서 일부 조념하는 사람들은 무서워하고, 또 어떤 사람은 을이란 거사가 지장보살님과 인연이 깊다고 말합니다. 스님께 법문을 청합니다.

[대답] 만약에 지장보살님과 인연이 깊다고 한다면 지장보살님의 가피를 얻을 수는 있어도 이러한 상황은 발생할 수가 없습니다. 이는 을이란 거사가 몸에 달라붙는 중생과 인연이 있기 때문입니다. 그래서 그러한 중생들이 쉽게 그를 찾아온다고 말할 수 있는데, 이는 흔히 몸에 붙는 현상과 같습니다. 몸이 건강한 사람이나 지견知見이 바르고 분명한 사람이라면 귀신이 감히 몸에 달라붙지 못합니다. 대체로 원친채주가 몸에 달라붙는 사람은 틀림없이 몸이 허약하여 바람조차도 견디지 못하며, 평상시 정신과 의지를 한 곳에 집중할 수 없는 사람일 것입니다. 이러한 사람은 원친채주가 와서 몸에 달라붙는 것을 아주 쉽게 느낍니다.

염불당의 조념을 이끄는 두 거사는 건강 상태가 분명히 서로 같지 않을 것입니다. 갑이란 거사는 분명히 원기가 왕성하고, 몸이 건강하기 때문에, 몸에 달라붙은 귀신이 감히 그에게 접근하지 못하지만, 을이란 거사는 몸이 아마도 좀 건강하지 못할 것입니다.

❀

[질문] 몸에 병이 많고 또 허약하고 겁이 많은 거사라고 해도, 그가 남을 도와 조념하여 극락세계에 왕생하도록 하고 화장하도록 할 수 있습니까?

[대답] 당연히 할 수 있습니다. 조념은 공덕이며, 좋은 일입니다. 조념할 때는 진정으로 불법을 믿어야 삼보三寶의 위신력이 가피를 내립니다. 귀신이 염불인인 것을 보게 되면 존경하여 절대로 해칠 수 없습니다. 이러한 신심이 있으면 두려워할 수 없으며, 담력도 점점 커질 수 있습니다.

제13장
임종시 자재왕생하는 법[44]과 장애를 없애는 법

[질문] 임종시 돌보며 조념해 줄 사람이 없을 경우에는 어떻게 스스로 자신을 돕고 구제해야 합니까?

[대답] 스스로 착실하게 열심히 염불하여 임종시 병이 나지 않도록 하면 다른 사람이 나를 돌봐줄 필요가 없으며, 어느 날 간다는 것을 알고서 갈 때에 사람들에게 작별인사를 하고, 또 언제 떠날 것이라 말한다면 얼마나 자재하겠습니까! 이러한 광경을 나타내 보여주는 것은 자신에게 이익이 있을 뿐만 아니라, 많은 이들이 이 광경을 보고서 염불하지 않던 사람도 염불하게 될 것입니다. 이렇게 되면 경전을 강설하거나 법을 설할 필요도 없이 많은 중생을 제도하고 교화할 수 있으니, 이것이야말로 한편으로는 자기 스스로 수행하고, 또 한편으로는 남을 교화하는 진정한 자행화타自行化他인 것입니다.

이병남 스승께서 일찍이 말씀하신 적이 있습니다. 하동何東 작사爵士의 어머니께서 왕생할 때에 왕생할 때가 왔음을 미리 아시고서 왕생을 위한 큰 모임을 열어 기자들을 초대하였다고 합니다. 당시 그들 가족들은 전부가 경건한 기독교인이었습니다. 그러나 하동 작사는 매우 효성스러운 사람이어서 어머니를 위해 집안에 불당을 만들었습니다. 그들 가족은 각자가 서로 다른 종교를 믿었지만 서로 간섭하지 않고서 화목하게 잘

---
44) 제4부 자재왕생 사례 참조

지냈습니다. 노부인께서는 임종시 아들과 며느리를 불러서 말씀하시길, "집안의 종교는 자유이니, 피차 서로 방해하지 않는 것은 좋다. 그렇지만 내가 오늘 극락세계에 왕생하니, 너희들이 마지막으로 부처님 명호를 몇 번 불러서 나를 배웅해주기를 바란다." 하셨습니다. 이에 아들과 며느리가 모두 어머니의 말에 동의하였다고 합니다. 왕생하던 그날, 노부인은 가부좌를 한 채 돌아가셨습니다. 이날 이후로 전 가족이 모두 불문佛門에 귀의하였고, 또 자신들의 집을 희사하여 불교에 공양하였습니다. 이것은 바로 지금의 동연각원東蓮覺苑입니다. 노부인은 일생 동안 한 마디도 말씀을 하지 않으셨으나, 임종시 극락세계에 왕생하는 모습을 나타내 모두에게 보여 주여 많은 사람들을 제도하고 교화하셨으며, 대만까지도 그의 영향을 받았습니다. 이렇게 한다면 남이 조념해줄 필요도 없고, 남이 보살필 필요도 없습니다.

당시 노부인이 이를 실천할 수 있었던 가장 큰 이유는 다른 것이 아니라, 모든 것을 내려놓았을 뿐입니다. 세상의 인연을 내려놓아야 할 뿐만 아니라, 불법조차도 내려놓아야 합니다. 우리의 최대 골칫거리는 바로 내려놓지 못하는 것입니다. 염불인은 아미타불 이외에는 어느 것에 대해서도 모두 반연攀緣하지 않아야 합니다. 세간의 일이나 출세간의 일에 조금이라도 염려하는 마음이 있으면 왕생할 수 없습니다. 자재하게 왕생하는 사람은 복의 과보가 가장 큰 사람이며, 일생 동안 공덕을 쌓고 악을 끊고 선을 닦고, 또한 복의 과보를 평상시 누리지 않고 남겨 두었다가 임종을 맞이하는 이 순간에 다 누리는 것입니다. 일반 사람들은 조금이라도 복을 닦으면 서둘러서 그 복을 다 누려 써버리며, 다 누려 써버릴 뿐만 아니라 게다가 미리 복을 당겨서 써버려 적자가 되게 합니다. 임종시 고통이 있는 것은 복이 부족하기 때문입니다. 따라서 임종시 틀림없이 극락세계에 왕생할 수 있다는 확신을 가지고자 한다면 반드시 악을 끊고 선을 닦고 공덕을 쌓아야 합니다.

🌸

[질문] 임종시 선연善緣을 만나지 못할 때는 어떻게 해야 바른 생각을 그대로 유지할 수 있습니까?

[대답] 사실상 임종시 선우善友가 조념을 해주는 상황을 만날 수 있느냐 없느냐는 미지수입니다. 따라서 대다수의 사람들은 임종시 선연善緣을 만나지 못하면 일생의 기연機緣을 놓쳐버리게 되며, 이는 매우 안타까운 일입니다. **임종시 정념正念을 유지하고자 평상시 염불하여 훈련하는 것입니다.** 평상시는 병사를 훈련시키는 것이고, 임종은 전쟁을 하는 것입니다. 따라서 성패는 임종시 마지막 일념에 달려 있습니다. 그러므로 평상시에 잘 양성해야만 스스로가 진정으로 극락세계에 왕생할 수 있다는 자신을 가지게 됩니다. 최근 20년 동안 염불하여 극락세계에 왕생한 많은 좋은 본보기가 있는데, 이들은 다 우리의 학습 대상입니다.

🌸

[질문] 진정으로 극락세계에 왕생하기를 간절히 바라지만, 왕생할 때 조념해 주는 사람이 없을 경우에는 응당 어떻게 해야 합니까?

[대답] 염불기를 사용하여 밤낮으로 끊이지 않고 자신을 일깨워도 됩니다. 실제로 진정 극락세계에 왕생하기를 바란다면,

오로지 "진정으로 믿고(眞信), 진정으로 발원하고(眞願), 진정으로 기꺼이 염불하고(眞肯念佛), 아미타불을 뵙고자 하여야 합니다(想見阿彌陀佛)."

이러한 조건들을 갖추고, 동시에 세간의 인정과 세상일을 전부 다 내려놓아야 합니다. 이렇게 하면 극락세계에 갈 수 있습니다. 비록 진정으로 믿고 간절하게 원할지라도, 만약 세간 일을 내려놓지 못한다면 이는 마치 새끼줄로 자기의 몸을 묶고서 잡아당기는 것과 같아서 갈 수가 없습니다. 세간에서 가장 헤어지기 어렵고 버리기 어려운 것은 다른 것이 아니라 바로 혈육의 정과 재산입니다. 이 두 가지를 남김없이 깨끗하게 내려놓고 조금도 없어야 합니다. 이렇게 하지 않으면 극락세계에 왕생할 수 없습니다. 대다수의 사람이 극락세계에 왕생할 수 없는 이유는 바로 내려놓지 못하기 때문입니다. 그러면 어느 때에 내려놓아야 하느냐 하면 「현재 지금 바로 이 순간에」 내려놓아야 하며, 임종할 그때가서 내려놓는 것을 말하는 것이 아닙니다. 지금 이 순간에 내려놓지 못한다면 죽음에 임했을 때에도 여전히 내려놓지 못합니다.

🪷

[질문] 임종시 조념하러 와 줄 사람도 없고, 가족·육친권속도 불법을 믿지 않을 경우, 불법을 믿지 않는 이 문제를 어떻게 해결해야 합니까?

[대답] 우리에게 지금 가장 중요한 일은 바로 정토에 왕생하는 일입니다. 이 일을 이번 생에서 제일 대사大事로 삼고 행해야 합니다. 어떻게 해야 극락세계에 왕생할 수 있겠습니까? 반드시 현재 사회상황을 잘 이해해야 하고, 병에 걸려서는 안 됩니다. 일단 병에 걸리면 자기 스스로 마음대로 할 수 없게 되어서 의사나 간호원, 또는 원친채주, 그리고 다른 사람의 지배를 받아야 하니, 대단히 번거롭고 성가신 일입니다. 이때는 나 자신을 보호해주고, 나 자신을 돌보아줄 수 있는 좋은 동참同參이나 도우道友가 있어야 합니다. 만일에 임종시 나를 도와줄 수 있는 사람도 없고, 게다가 가족·육친권속이 불법을 믿지 않는다면, 이 문제는 대단히

골칫거리가 됩니다. 최근 반세기 동안 우리 눈으로 직접 보았고, 우리 귀로 직접 들은 바에 따르면, 많은 재가자나 출가자가 염불하여 극락세계에 왕생하였고, 왕생할 때가 이르렀음을 미리 알고 병의 고통 없이 가겠다고 말하고는 곧 갔습니다. 이러한 것들은 모두 우리들에게 좋은 본보기입니다. 이러한 사람들은 우리에게 시범을 보여주어, 결심이 있어야 하고, 신심이 있어야 하며, 이렇게 하면 어떠한 장애도 없다는 것을 가르쳐 준 것입니다.

임종시 만약 병이 나서 미혹하고 전도顚倒되면, 사람들이 와서 조념을 해주어도 아무 소용이 없고, 서방극락세계에도 갈 수가 없으며, 여전히 업에 따라 윤회하게 됩니다. 고도의 경각심이 있어야 하니, 더 이상 어리석은 일을 저질러서는 안 됩니다. **지금 바로 다 내려놓고서 착실히 염불하고, 염불을 일상생활 중에서 가장 큰 일로 삼아야 합니다.** 기타 중요하지 않은 사소한 일은 언급할 가치도 없습니다. 우리는 한량없는 겁 동안 육도六道를 윤회하는 속에서 이리저리 구르면서 지냈습니다. 동학同學들께서는 성실하게 노력하여 이번 생의 기연을 놓치지 않기를 바랍니다.

🪷

[질문] 어떻게 해야 진정으로 자재하게 극락세계에 왕생할 수 있다는 자신을 가질 수 있습니까? 또 어떠한 사람이 왕생할 때 다른 사람의 조념을 필요로 하지 않을 수 있습니까?

[대답] 이번 생에 진정으로 성취할 수 있기를 바란다면, 가장 온당하고 가장 빠른 방법은 바로 서방 극락세계에 가서 아미타부처님을 가까이 모시는 것입니다. 선도善導대사는 아미타부처님의 화신化身으로 이 세상에 오셨던 분입니다. 선도대사께서 말씀하시길, "만 사람이 염불법문을

닦으면 만 사람이 다 극락세계에 왕생한다(萬修萬人去)."고 하였습니다. 이는 바로 아미타부처님께서 자신의 입으로 직접 선양宣揚하신 말씀입니다. 우리는 지금 사람의 몸을 얻었고, 불법을 만났으며, 또 정토법문을 들었습니다. 그러므로 단지 믿을 수 있고, 마음을 전일하게 할 수 있으며, 이 하나만을 굳게 지킬 수 있기만 하면 이번 생에 틀림없이 성취할 수 있습니다. 이 세상을 떠날 때에 병이 나지 않고, 선 채로 가고, 앉은 채로 가며, 다른 사람이 도와줄 필요가 없습니다. 이것이 진정한 자재왕생입니다. 이러한 사람들은 왕생할 때 설사 자신을 조념해 줄 사람이 없을지라도 찾지 않습니다. 단지 공부가 충분하지 않은 사람이라야 남의 도움을 필요로 합니다. 남의 도움을 구하는 것은 그렇게 간단한 일이 아닙니다. 선연善緣을 만난다면 사람들이 나를 극락세계에 왕생하도록 돕겠지만, 만약 악연일 경우에는 와서 조념하는 사람들이 의견이 제각기 분분하면 아주 번잡하고 성가시게 되며, 극락세계에 왕생하는 데 장애가 있을 수 있습니다. 그러므로 성실하게 힘써 염불하여 극락세계에 왕생하는 이 일을 이번 생에서 제일 대사大事로 삼아야 합니다. 그 나머지 일들은 다 중요하지 않는 작은 일이니, 인연을 따르면 됩니다.

[질문] 집안에 오직 저 한 사람만이 염불공부를 하는데, 지금 어떻게 인因을 닦아야 임종시 다른 사람의 구속을 받지 않고서 자재하게 극락세계에 왕생할 수 있는지 법문을 청합니다.

[대답] 매우 좋은 질문입니다. 수행하는 사람은 마땅히 이러한 포부가 있어야 합니다. 과거에 공부하여 힘을 얻은 많은 사람들은 임종시, 왕생할 때가 온 것을 미리 알아서 자재하게 극락세계에 왕생하였습니다. 근대에도 이러한 사람들은 있으며, 이 일이 진실인 것을 알 수 있습니다. 어떻게

닦아야 하는지를 알고자 한다면 성취한 사람들을 자세히 관찰해야 하며, 그들이 수행한 본보기는 참고할 만한 가치가 있습니다.

우리의 기억 속에 인상이 가장 깊게 남아 있는 몇 분이 있습니다. 첫 번째가 체한諦閑 노화상의 염불 제자입니다.[45] 그는 공부를 한 적이 없으며, 글자를 알지도 못하며, 출가하기 전에는 직업이 땜쟁이(鍋漏匠)였습니다. 그는 평생을 힘든 중노동만 하였기 때문에 인간 세상이 너무 고통스럽다는 것을 잘 알고 있었습니다. 그는 어렸을 때 마을에서 함께 자란 어릴 적 같이 놀던 동무인 체한 노화상을 가까스로 힘들게 찾아서 자신이 출가할 것을 청하였습니다. 체한 노화상은 그가 글자를 전혀 알지도 못하고, 게다가 우둔하여, 아침과 저녁에 하는 공과功課를 배워도 그 뜻을 전혀 알지 못하는 것을 보고서, 그를 사원의 도량에 살게 했다가는 번뇌를 일으킬 수 있다는 것을 간파하였습니다. 그래서 그에게 머리를 깎아준 후에 그에게 계도 받지 말고, 경전의 교의敎義도 배우지 말고, 또 경참법사經懺法事도 배울 필요가 없다고 하였습니다. 그리고는 그를 영파寧波의 한 시골에 사람이 살지 않는 작은 사당을 찾아서 살게 한 후, 단지 그에게 한 마디 「나무아미타불」만 부르게 하였습니다. 그리고는 그에게 말씀하시길, "착실히 염불하고, 염불하다가 지치면 쉬고, 다 쉬었으면 다시 이어서 염불하면, 장래에 반드시 이익이 있을 것이다." 하셨습니다. 그는 어떤 이익이 있는지는 잘 몰랐지만, 성실하고 말을 잘 듣는 사람이었습니다. 당시 체한 노화상께서는 명성도 있었고, 또 도행道行도 있어서 그를 흠모하는 신도들이 매우 많았습니다. 그래서 노화상께서는 마을 인근에서 신도 몇 사람을 찾아 그에게 밥을 날라다 주고, 기름과 소금을 날라다 주면서 그의 생활을 돌보아줄 것을 당부하였습니다. 그는 하루 종일 「나무아미타불」 염불을 하였으며, 염불하다

---

45) 제4부 자재왕생 참조

지키면 쉬고, 다 쉬고 나면 다시 염불하였습니다. 그는 이렇게 한 법문에 깊이 들어갔으며, 3년을 염불하여 그는 성공하였고, 극락세계에 왕생할 때가 이르렀음을 미리 알았습니다.

작은 사당 안에는 한 분의 호법護法 거사가 계셨는데, 할머니였습니다. 할머니는 그를 위해 점심과 저녁 두 끼의 밥을 해주었고, 아침밥은 그가 스스로 지었습니다. 하루는 그가 이 작은 사당을 떠나 도시에 가서 친척과 친구들을 만났으며, 돌아온 후에 할머니에게 "내일은 저를 위해 밥을 지으러 오시지 마십시오."라고 말하였습니다. 그 말을 듣고 할머니는 마음속으로 "스님이 보통 문밖을 나서지 않는데, 내일은 아마도 스님과 식사를 같이 하자고 청한 친구가 있어서, 그 때문에 나보고 밥을 지으러 오지 말라고 하나 보다." 생각하였습니다. 그 다음 날, 정오가 다 되었을 때 할머니는 그래도 마음이 놓이지 않아서 사당에 가서 살펴보았습니다. 스님이 그곳에 서 있는 것을 보고서 큰 소리로 불렀으나, 아무 대답이 없어서 스님 앞으로 걸어가 자세히 살펴보니 이미 왕생하였으며, **선 채로 왕생**한 것이었습니다. 할머니는 급히 서둘러 다른 호법거사를 찾아서 상의한 후, "관종사觀宗寺"에 이 소식을 알렸습니다. 당시에는 교통수단이 없었으므로, 걸어서 왔다 갔다 하려면 3일이 걸렸습니다. 그는 이렇게 3일 동안 서 있었습니다.

그가 성공할 수 있었던 것은 망상이 없고, 잡념이 없이 한 마음으로 「아미타불」을 칭념하였기 때문이며, 업장이 소멸되어 3년 만에 성공하였습니다. 이는 진정으로 능력이 있는 것이고, 참으로 공부가 있는 것입니다. 그 이유는 바로 모든 인연을 다 내려놓았기 때문입니다. 마음속에 조금이라도 염려가 있으면 방법이 없습니다. 그렇게 되면 자재왕생할 수가 없습니다. 극락세계에 왕생할 수 있는 도리는 바로 이처럼 간단하며, 다름 아닌 스스로가 기꺼이 행하느냐 행하지 않느냐에 달려 있을 뿐입니다.

두 번째는 **하얼빈 극락사**極樂寺의 **수무**修無스님입니다. 《영진회억록影塵回憶錄》에 보면, 그는 글자를 알지 못하고, 출가하기 전에는 미장이(泥水匠)였습니다. 그는 출가한 후에 사원에서 일을 하였습니다. 대중을 위해 노역을 하였으며, 평상시는 오직 「나무아미타불」만 불렀습니다. 담허 스님께서는 북방에 사묘寺廟를 여러 개 세웠는데, 극락사도 그 중의 하나입니다. 사묘가 다 세워진 후에 한 차례 전계법회傳戒法會를 거행하였는데, 당시 체한 노화상을 청해 계화상戒和尙을 맡게 하였습니다. 계를 전수하는 기간에 수무스님은 발심하여 도와주겠다고 극락사에 오자, 담허화상과 당가사當家師인 정서定西스님이 그를 만났습니다. 정서스님이 그에게 무엇을 할 수 있느냐고 물으니, 그가 전계傳戒하는 기간 동안 병자를 돌보겠다고 대답하였습니다. 그런데 2주일을 지낸 후, 그는 담허 노화상을 찾아가 휴가를 청하면서, 일이 있어 떠나려고 한다고 말하였습니다. 담허 노화상은 수양이 깊으시고 또 자비하신 분이어서 결코 그를 책망하지 않았습니다. 정서스님은 곁에서 듣고는 감정을 억누르지 못하여 그를 야단치면서 말하길, "전계하려면 두 달이 걸리는데, 그대는 이곳에 와서 병자를 돌보겠다고 발심하고서는 겨우 2주일 만에 떠나려고 하는가? 어떻게 이렇게 인내심이 없는가?" 하였습니다. 그러자 수무 스님이 말하길, "저는 다른 곳에 가는 것이 아닙니다. 저는 극락세계에 왕생하려는 것입니다." 그러자 그에게 어느 날 가느냐고 물으니, 그는 아마도 보름은 넘기지 않을 것이라고 말하면서 정서스님에게 왕생한 후에 화장에 쓸 장작을 백 근이나 이백 근을 준비하여 줄 것을 청하였습니다. 그런데 그 다음 날, 그는 다시 노화상을 찾아와서 "스님, 저는 오늘 가려고 합니다."라고 말하였습니다. 그래서 서둘러 사묘寺廟의 뒤에 한 칸 짜리 집을 찾아

임시로 평상을 하나 만들었습니다. 그는 그 위에 가부좌를 하고는 정서스님에게 말하길, "몇 분의 스님을 찾아서 저를 도와 조념하여 저를 배웅해 주실 수 있겠습니까?" 당시에 기쁜 마음으로 그를 도와 조념할 사람은 당연히 아주 많았습니다. 조념할 때 조념하는 사람이 그에게 말하길, "이전에 왕생한 사람들은 모두 시나 게송을 몇 수 지어서 뒷사람에게 남겨 기념으로 삼게 하였습니다. 수무스님, 스님도 반드시 저희들에게 기념으로 삼을 만한 시나 게송을 남겨 주십시오."고 하였습니다. 그러자 수무 스님이 말하길, "저는 공부를 배운 적도 없고, 글자도 알지 못하여, 시를 지을 줄도 모르고, 게송을 지을 줄도 모릅니다." 그는 마지막에 솔직한 말을 한마디 하였는데, 그 뜻은 「수행은 반드시 성실해야 하며, 이 일은 절대로 거짓으로 해서는 안 된다」는 것이었습니다. 이 법문은 비록 매우 간단하지만, 이 말을 받아들여 행한다면 모두가 이익을 얻을 것이라 생각합니다. 나중에 그들은 그에게 염불을 해주었으며, 15분이 채 되지도 않아서 그는 곧 바로 극락세계에 왕생하였습니다.

약 30년 전에 저는 불광산佛光山에서 개최한 대전불학강좌大專佛學講座에 참가한 적이 있었는데, 그날 저녁에 열 사람이 넘는 동학들이 방생지放生池 옆에서 불법을 토론하였습니다. 당시 불광산은 공사가 많았기 때문에 1년 동안 고용된 장기 근로자들이 있었습니다. 그 중에 한 근로자가 우리들이 있는 곳으로 걸어오더니 이야기 하나를 들려주었습니다.

그가 사는 장군향將軍鄉에 한 노파가 있었는데, 그 노파는 마음이 선량하고 자비심이 많아 남을 도와주는 것을 아주 좋아하였습니다. 그 노파는 살아있을 때에 무엇이 부처인지, 무엇이 신이지를 분간할 줄 몰라 사묘寺廟가 있는 곳에 가기만 하면 늘 언제나 향에 불을 붙이고, 신에게 절하고 부처님께 절하였습니다. 3년 전에 불법을 아는 며느리를 얻었는데, 그

며느리가 집에 불당을 마련해놓고는 노파에게 집에서 착실히 아미타불을 불러 정토에 태어나길 구하라고 권하면서, 앞으로는 여기저기 아무 곳에나 절하지 마시라고 하였습니다.

이 노파는 선량하고 순박한 분이어서 며느리의 말을 들은 후로는 아무 곳에나 여기저기 절하지 않았으며, 일심으로 「아미타불」을 염했으며, 3년을 염불하였습니다. 그러던 어느 날, 저녁밥을 먹을 때, 노파가 아들과 며느리에게 말하길, "나 기다리지 말고 너희들 먼저 저녁 먹어라. 나는 우선 목욕을 하련다." 하였습니다. 노파가 비록 그렇게 말했지만, 아들과 며느리는 효심이 지극한 사람들이어서 그래도 노파가 밥을 먹기를 기다렸습니다. 한참을 기다리다가 이상하다는 생각이 들어서 가서 살펴 보았습니다. 노파는 목욕을 한 것은 분명하였지만, 욕실에는 사람이 없었으며, 방안에도 사람이 없었습니다. 마지막에 노파가 작은 불당에 계시는 것을 보았는데, 해청(海靑: 법복)을 입고 계셨고, 손에는 염주를 들고 있었으며, 얼굴은 불상을 향한 채 그곳에 서서 조금도 움직이지 않았으며, 큰 소리로 불러도 대답을 하지 않아 자세히 살펴보니, 이미 **선 채로 왕생**하였습니다.

염불하여 왕생할 때가 이르렀음을 미리 알고, 선 채로 가고, 앉은 채로 가고, 자재하게 극락세계에 왕생할 수 있는 것은 다른 것이 아니라, 바로 모든 인연을 다 내려놓고, 일심으로 부처님을 흠모하면 성취할 수 있습니다. 그러나 조금이라도 내려놓지 못하는 것이 있다면, 이는 마장魔障입니다. 마장은 염불하는 것을 방해하고 극락세계에 왕생하는 것을 방해합니다. 이처럼 눈으로 직접 목격하고, 귀로 직접 들은 극락세계에 왕생한 사례는 열 분이 넘게 있지만, 남이 전해준 말을 들은 극락세계에 왕생한 예는 이보다 훨씬 많습니다.

[질문] 임종하기 전 시간은 매우 짧은데, 어떻게 해야 조연(助緣)이 없는 가운데 자재하게 극락세계에 왕생할 수 있다는 확신을 가질 수 있습니까?

[대답] 《대지도론(大智度論)》 제28권에 보면 하나의 법문이 있습니다. "임종시 짧은 시간이 평생 동안 수행한 힘을 뛰어넘을 수 있는데, 이는 사납고 날카롭기 때문이며, 이는 마치 불과 같고 독과 같다." 이는 한평생 비록 진정으로 열심히 하지 않았거나, 수행하지 않았을지라도 임종시에 시간이 많지 않을 지라도 진정으로 기꺼이 행한다면 일생의 수행을 뛰어넘는다는 말입니다. 그 이유는 무엇이냐 하면, 밤낮으로 끊어지지 않고 계속해서 정력을 집중하여 진정으로 행하면 성공할 수 있기 때문입니다.

이러한 사실 진상을 분명하게 알면 평상시 공덕을 쌓아야 하고, 자신에게 의지해야 합니다. 조념을 필요로 하지 않고 자신에게 의지하여 성취한 사례는 대단히 많습니다. 예를 들면, 체한 노화상의 땜쟁이는 조념해 준 사람이 없이 선 채로 간 것입니다. 수무스님이 왕생할 때가 이르렀음을 미리 알고서 자신을 조념해 줄 몇 사람을 찾았던 것은 사람들에게 나타내 보여주기 위한 것이며, 공부가 성취되었던 것입니다. 장군향의 노파는 3년 염불하였으며, 조념해준 사람 없이 선 채로 왕생하였습니다. 샌프란시스코에 사는 감(甘) 부인의 옛 친구는 저녁에 앉은 채로 왕생하였는데, 그 부인 역시 조념해 준 사람이 없습니다. 최근에 심천(深圳)의 황충창(黃忠昌) 거사 또한 조념해 준 사람이 없습니다. 싱가포르의 거사림(居士林)의 회장이었던 진광별(陳光別) 거사는 병에 걸려 집에서 요양하였습니다. 그는 일이 없을 때는 경전을 들었는데, 하루에 8시간 경전을 들었고, 4년을 들었습니다. 이 4년이 그의 일생을 보완해주었습니다. 그는 진정으로 알게 되어 모든 것을 다 내려놓고서 한 마디 부처님 명호를 끝까지 염해서 성공하였습니다. 임종하기 전 시간이 비록 많지 않지만, 기꺼이 열심히 공부하기를 사납고 날카롭게 하여 용맹정진한다면 일생의 공부를 뛰어넘습니다.

[질문] 큰스님께서 대만의 한 거사가 일찍이 염불당에서 유나維那의 직책을 맡은 적이 있었지만, 임종시 오히려 부처님 명호 듣기를 좋아하지 않아 조념하는 사람을 내쫓았다는 말씀을 하신 적이 있으십니다. 이러한 장애가 발생하는 것을 어떻게 막아야 합니까?

[대답] 이는 아주 심각한 문제입니다. 비록 한평생 염불공부를 하였을 지라도, 만약에 세상에 연연하는 마음이 있고, 가족·육친권속과 차마 헤어지지 못하고, 또 재산을 내려놓지 못하면, 임종시 삶에 연연하고 죽음을 두려워하게 됩니다. 이 때문에 평상시 생사에 대해서나 세간의 인연에 대해서나 담담하게 보아야 합니다. 세상의 어떠한 것도 다 거짓이 니, 결코 미련을 가져서는 안 됩니다. 사람은 노년이 되었을 때 자신이 얼마 안 있으면 곧 이 세상을 떠나게 되니, 사후의 일을 어떻게 처리해야 하는가의 문제에 대해 깊이 생각해야 합니다. 사후의 일을 다 처리한 다음에는 그 즉시 마음을 내려놓아야 떠나는 것이 자재할 수 있고, 염불 공덕 또한 힘을 얻을 수 있습니다. 따라서 가장 두려운 것은 집착이 있어 내려놓지 못하는 것입니다. 이렇게 되면 정말로 매우 큰일입니다.

불법을 널리 펴고 중생을 이롭게 하는 일 또한 진짜가 아니며, 그것을 무슨 대단한 일이라 생각지 말고, 내려놓겠다고 말을 하였으면 그 즉시 바로 내려놓아야만 자재할 수 있습니다. 부처님께서는 수연隨緣하라고 하셨으며, 절대로 반연攀緣하라고 말씀하지 않으셨습니다. **수연**隨緣은 항상 중생을 따르는 것입니다. 기연機緣이 있으면 성실하게 힘써 행하되, 인연이 없으면 생각조차 일으키지 않는다면 얼마나 자재하겠습니까! 어떤 사람들은 기회가 없으면 새로운 조건을 다시 만들려고 하고, 또 다시 새로운 기회를 만들려고 하는데, 이렇게 하는 것이 바로 반연입니다. 부처님께서는 수연하라고 말씀하신 뜻은 현전에 이미 이루어진 인연을 따르는 것이며, 자신의 생각을 조금도 보태지 않는 것, 이것을 진정한 수연이라 말합니다.

[질문] 이번 생에 염불법문을 열심히 잘 닦았음에도 불구하고 임종시 업장이 현전하여, 사람들에게 와서 조념하지 말라고 한다면 이럴 때는 응당 어떻게 해야 합니까?

[대답] 이럴 경우에는 그가 하자는 대로 따를 도리밖에 없습니다. 저 또한 일찍이 이러한 일을 본 적이 있습니다. 평상시 염불공부를 하였고, 염불을 열심히 잘 하였지만, 임종시 삶에 연연하고 죽기를 두려워하여 사람들에게 조념하지 못하게 하였습니다. 그 뿐만 아니라 「아미타불」을 부르는 소리를 들으면 곧 싫어하는 표정을 나타내었습니다. 이 경우 죽은 후에는 여전히 육도를 윤회합니다. 그러므로 염불인은 교리에 통달하지 않으면 안 됩니다. 생사는 일종의 자연현상으로 요즘 말로 자연의 신진대사현상입니다. 따라서 절대로 이번 한 생만 있는 것이 아니고, 과거도 있고 미래도 있습니다. 이러한 우주와 인생의 진상眞相에 대해 분명하게 알 수 있어야 합니다. 산다고 해서 무슨 대단히 즐거울 것도 없고, 죽는다고 해서 또한 대단히 무서울 것도 없습니다. 이러한 이치를 알면 생사가 바로 마치 우리가 옷을 갈아입는 것과 같이 자재하며, 조금의 두려움도 없습니다. 몸을 버리고 몸을 받는 일은 옷을 벗고

옷을 입는 일과 다를 것이 없습니다. 이러한 이치를 평상시 분명하게 숙지하고 있어야 합니다. 임종시 비로소 깨닫게 되면 이미 늦어서 어떻게 할 방법이 없습니다.

[질문] 70세가 되신 연로한 거사가 한 분 계십니다. 그분은 매우 성실하지만, 불법에 귀의한 시간은 길지 않습니다. 지금은 뇌가 수축되어 음식을 먹고 마시는 일조차 남의 도움이 필요합니다. 병에 걸리지 않았을 때는 저에게 임종시 조념해 달라고 말씀하시어, 제가 두말없이 그렇게 하겠다고 대답하였습니다. 현재 그분의 병이 위중합니다. 제가 불상과 염불기를 모두 놓아드렸더니, 매우 좋아하셨습니다. 그러나 한참 시간이 지났는데도 병의 증세는 더 이상 호전되지 않았으며, 그분 또한 염불하지 못하는 상황이 되었습니다. 제가 찾아뵈러 가서 염불을 해주면 그 염불소리를 듣고 짜증을 내며 듣기를 싫어합니다. 저는 성내는 마음을 일으킬까 걱정이 되어서 그 후로는 가지 않고 있습니다. 이럴 경우에는 어떻게 그 거사를 도와드려야 합니까?

[대답] 정말로 말한 대로라면 가지 않는 것이 좋습니다. 간접적인 방법으로 그 거사의 근황이 어떠한지를 알아보는 것이 좋습니다. 예전에 원산圓山에 있는 임제사臨濟寺 염불회의 부회장이었던 임 거사가 암에 걸려 세상을 떠났습니다. 그는 임종시 지금 말씀하신 할머니와 마찬가지로 부처님 명호를 들으면 싫어하고 짜증을 내었고, 남들이 자신을 위해 염불하는 것을 허락하지 않았습니다. 이는 업장이 현전한 것입니다.

이러한 현상으로부터 알 수 있듯이, 평상시 업장을 소멸하는 일을 반드시 성실하게 힘써 행하여야 하고, 임종시 업장이 현전하면 아무런 방법도 없으며, 그야말로 신선조차도 도와줄 수 없습니다. 업장의 뿌리는 오로지 자신의 이익만을 생각하고, 옳고 그름을 가리며, 나와 남을 분별하며, 오욕五欲과 육진六塵, 탐욕·성냄·어리석음·오만 등에 빠짐에 있습니다. 만약 이러한 뿌리들이 끊어지지 않고, 그것을 뽑아내지 않으면, 염불할지라도 극락세계에 왕생할 수 없습니다. 설사 임종시 이러한 마장들이 현전하지 않을지라도, 단지 삼선도三善道에 태어날 수밖에 없으며, 삼계三界를 벗어나 정토에 왕생하기를 바라지만 매우 어렵습니다. 염불당 당주堂主에 새겨진 구두선口頭禪은 "몸과 마음의 세계를 내려놓고 착실히 염불하십시오(放下身心世界 老實念去)!"입니다. 이 말을 절대로 가볍게 보아 넘겨서는 안 됩니다. 이 말은 대단히 중요합니다! 진정으로 염불하여 정토에 태어나길 구한다면, 이 말을 마음속에 단단히 새겨야 합니다.

　[질문] 조념해줄 사람이 없는 상황에서는 평상시 어떻게 해야 틀림없이 극락세계에 왕생할 수 있다는 확신을 가질 수 있습니까?

　[대답] 옛날 대덕들께서는 항상 삼배구품三輩九品을 말씀하셨습니다. 만약 《무량수경》에서 설하고 있는 도리를 100% 전부 실천한다면 틀림없이 상상품上上品으로 왕생할 수 있습니다. 단지 80% 실천할 수 있으면, 바로 상품하생上品下生일 것입니다. 이렇게 한 등급 한 등급 아래로 차례로 줄여나가되, 줄여서 마지막 하하품下下品으로 왕생하는 데까지 이르려면, 적어도 20%는 실천해야 합니다. 만약 20%도 실천하지 못한다면 극락세계에 왕생할 수 있다고 말하기는 매우 어려우며, 이 경우 완전히 임종시 운명에 맡겨야 합니다. 혹 운이 좋아서 선지식이 도와서 조념을 해주고, 일깨워주는 상황을 만난다면 혹 극락세계에 왕생할 수 있을 수도 있겠지만, 임종시 인연이 만약 좋지 않다면 극락세계에 왕생할 수 있다는

확신은 없습니다.

만약 조념할 사람이 없고, 또 도와줄 사람이 없는 가운데 틀림없이 극락세계에 왕생할 수 있다는 확신을 가지고자 한다면, 반드시 염불법문의 뜻을 깊이 이해하여 가르침에 따라 받들어 행해야 합니다.

[질문] 《지장경》에서 말씀하시길, "선남자, 선여인도 임종시에 모두 한량이 없는 귀신들이 와서 장애할 수 있는데, 하물며 업을 가진 중생이겠는가! 마음을 일으키고 생각을 움직이는 것은 죄 아닌 것이 없고, 업 아닌 것이 없으니, 소소한 죄업도 가볍게 보지 말지라. 이는 성도聖道를 가로막을 수 있느니라." 하셨고, 또한 "만약 어떤 사람이 매일 지장보살의 명호를 천 번 소리내어 염하되, 천 일을 채우면 귀신이 옹호함을 얻을 수 있고 임종시 장애가 있을 수 없느니라."고 하였는데, 염불법문을 닦으면서 임종시 귀신이 와서 장애함을 받지 않기 위해, 매일 지장보살을 염하되, 매일 천 번 천 일을 염해도 됩니까? 혹 이렇게 하는 것은 잡수雜修인지 아닌지 법문을 청합니다.

[대답] 이러한 방법은 상당히 적절하고 원만합니다. 이렇게 하는 것은 조수助修이지, 잡수雜修라고 할 수 없습니다. 왜냐하면 기한은 3년이며, "매일 천 소리를 염하되, 천 일을 채우기" 때문입니다. 발심하여 처음 불법을 배울 때는 이 방법으로 조수助修를 삼고, 염불을 정수正修로 삼되, 정수正修는 이번 생에 몸과 목숨이 다할 때까지, 한평생 공부하되 하루도 빠트리지 않는 것입니다.

지장보살의 명호를 염하지 않고 오로지 아미타불만 염해도 됩니다. 귀신은 아미타불을 존경하므로, 임종시에 와서 방해할 리가 없습니다.

싱가포르 불교거사림의 회장이었던 진광별陳光別 거사가 왕생할 때, 그 거사의 원친채주가 대단히 많았습니다. 그들은 진 거사가 염불하여 왕생하는 것을 보고서 마음속으로 매우 찬탄하였고, 조금의 장애도 없었습니다. 진 거사의 원친채주들은 스님을 따라 거사림에 와서 불법에 귀의할 것을 청하고, 경전 듣기를 청하였습니다. 진 거사는 지장보살의 명호를 부르지 않았고, 오로지 아미타불만 불렀습니다. 이것 또한 좋은 본보기입니다.

제14장
조념단의 결성 및 망자에 대한 이익

[질문] 왜 일반 사원과 도량에 모두 조념단이 있습니까?

[대답] 《대방광불화엄경》에서 말씀하시길, "임종을 맞이하는 사람을 보면 염불할 것을 권하고, 또 존상을 보여 그에게 우러러 공경하게 하라(見有臨終 勸念佛 又示尊像令瞻敬)." 하셨습니다. 이 게송은 특히 임종 조념을 설명하는 말입니다. 청량淸涼대사께서는 주해註解에서 임종 조념은 비할 데 없이 수승한 공덕이라 말씀하셨습니다. 따라서 일반 불교의 사원이나 도량에는 모두 조념단이 있습니다. 일찍이 이병남 스승님께서 힘쓰신 대중불교연사臺中佛教蓮社에는 조념단이 있었는데, 오직 임종시 보살피는 일만 하였습니다. 열의가 있는 사람은 지원하여 참가할 수 있었고, 한밤중에 전화를 해도 조념에 참가하기를 원하였습니다.

[질문] 어떻게 진정으로 여법如法한 조념단을 결성해야 합니까?

[대답] 조념단에 대해서는 이전 사람이 제정하신 규칙이 이미 있습니다. 《인광대사문초印光大師文鈔》를 보아도 되고, 인광법사께서 제정하신 《영암산지靈巖山志》나 혹은 영암산로靈巖山老의 과송본課誦本을 참고해도 됩니다. 대만 이병남 거사께서 창립하신 대중연사에서는 완전히 인광법사께서 정하신 규칙에 따라 조념을 행하여 매우 여법합니다. 그래서 대중연

사의 염불당을 참방參訪하여 그들이 실제로 활동하는 모습을 참관하면 좋습니다.

❀

[질문] 어떻게 해야 이치에 맞고 여법하며, 진정 망자로 하여금 진실한 이익을 얻게 하는 조념단을 결성할 수 있습니까?

[대답] 조념단 안에 수행하여 도를 증득한 사람이 단지 한 사람이라도 있으면, 망자는 이익을 얻습니다. 담허 스님께서는《영진회억록影塵回憶錄》에서, 유劉 거사의 사례를 말씀하셨습니다. 당시 담허화상께서는 출가하기 전에 몇 명의 친구와 동업하여 한약방을 여신 적이 있었습니다. 그 친구들 중에 유 거사라는 사람이 있었습니다. 유 거사는 8년 동안 두문불출하고서《능엄경》만 독송하였습니다. 그는 매일《능엄경》을 8년간 독송하였으니, 그야말로 오로지 일문에 깊이 들어간 것입니다. 그런데 어느 날 정오에 손님이 없이 한산하여 그는 계산대 위에 엎어져 잠을 잤는데, 꿈에 두 명의 원친채주가 들어오는 것을 보았습니다. 이 두 사람은 이전에 재산문제로 유 거사에게 소송을 걸었는데, 유 거사가 소송에서 이겼습니다. 그들은 이 일로 인해 목을 매달고 자살하였습니다. 유 거사는 자신이 약간의 돈 때문에 두 사람의 목숨을 해쳤기 때문에, 그 역시 늘 그 일을 후회하였습니다. 그들이 가게 안으로 들어오는 것을 보고서 유 거사는 자신을 성가시게 하려고 왔다는 것을 알고서 마음속으로 두려움을 느꼈습니다. 그런데 그 두 사람의 태도는 의외로 매우 선량하였고, 유 거사의 앞으로 걸어와 무릎을 꿇고서는 유 거사에게 말하길, "우리는 천도해달라고 온 것이지, 성가시게 하려고 온 것이 아니다." 하였습니다. 그래서 유 거사가 어떻게 천도해야 되느냐고 물으니, 그들은 단지 천도해주겠다고 대답만 하면 된다고 하였습니다. 그래서

그렇게 하겠다고 대답한 후에, 그들 두 사람이 유 거사의 무릎을 밟고, 어깨를 밟고서 하늘로 올라가는 것을 보았습니다. 두 사람이 간 후 잠시 있다가 또 꿈에 세상을 떠난 아내가 죽은 아들을 데리고 앞으로 와서는 앞의 두 사람과 마찬가지로 또 천도해줄 것을 청하였습니다. 그렇게 하겠다고 대답한 후, 아내와 아들 또한 그의 어깨를 밟고서 하늘로 올라가는 것을 보았습니다. 따라서 조념단에 단지 진정으로 수행하고 공부를 하여 감응한 사람이 한 사람만이라도 참가한다면 틀림없이 효과가 있습니다. 그러나 만약 조념하는 사람들이 모두 입은 있으나 마음이 없는 사람들이어서 입으로는 아미타불을 부르지만 마음은 산란하다면 망자는 혹 조금의 고통은 줄어들 수 있겠지만, 도움은 크지 않을 것입니다.

제15장
기타 질문사항

[질문] 사람이 왕생하기 전에 왜 업력이 현전합니까? 그리고 또 왜 원친채주가 찾아오고, 게다가 왕생하는 일찰나를 선택합니까?

[대답] 세간법이나 출세간법이나 도리는 모두 같습니다. 원친채주가 많이 있는데, 그들이 현재 성가시게 하러 오지 않는 것은 바로 기회를 기다리고 있는데, 아직은 출세하지 않았으므로 찾아와도 아무 소용이 없기 때문입니다. 만약 돈이 있을 때가 되면 그는 찾아서 빚을 갚으라고 요구할 것이고, 만약 출국하여 이민 가려고 한다면 이미 떠난 후에는 다시는 찾을 수 없으므로 그들은 당장 찾아올 것입니다. 극락세계에 왕생하려고 하는 것이 극락세계로 이민 가는 것이 아니고 무엇이겠습니까? 그들은 이후에는 찾을 수 없기 때문에 아직 떠나기 전에 한꺼번에 전부 다 찾아오는 것은 바로 이러한 이치입니다.

이러한 도리를 분명하게 알고서 평상시 모든 사람이나 모든 만물과 원수가 되는 일을 적게 해야 하는데, 여기엔 동물도 포함됩니다. 혹 모기나 개미를 작은 동물이라 생각하여 그것들을 죽여도 대수롭지 않다고 생각해서는 안 됩니다. 그들 또한 하나의 생명입니다. 그러므로 왕생할 때 찾아올 것이고, 절대로 용서해주려고 하지 않을 것입니다.

또 어떤 많은 사람들의 경우에는 왕생할 때 편안하게 떠나며, 원친채주가 와서 지나치게 성가시게 하지 않는 것 같은데, 거사림의 임장이었던 진광별 거사가 바로 이러한 경우에 속합니다. 진광별 거사가 왕생할 때 원친채주가 대단히 많았지만, 왜 그를 방해하지 않았느냐 하면, 그 이유는 그가 매일 경전을 독송하고 부처님께 절을 하여 그 공덕을 원친채주에게 회향하였으므로, 그들의 맺혔던 마음이 풀어졌기 때문입니다. 진실한 마음으로 발원하면, 이러한 사람들은 안위를 얻을 수 있습니다. "가시요! 서방극락세계에 가서 부처가 되면 다시 돌아와 우리들을 제도해주시오"라고 말합니다. 그러므로 이렇게 해야만 성가시게 하지 않습니다. 그런데 만약 이러한 생각을 가지고 있지 않으면, 원친채주는 그냥 봐주어 용서하지 않습니다.

[질문] 불법에서는 십법계十法界를 말하는데, 십법계는 바로 열 갈래 길입니다. 임종한 이후 어디로 가게 됩니까?

[대답] 임종한 후에 어느 도道로 갈 것인지는 반드시 마지막 일념에 달려 있지만, 마지막 일념이 어떠할 지는 확실하게 자신할 수 없습니다. 그렇기 때문에 부처님께서는 우리에게 선을 닦아 복을 모으고, 공덕을 쌓으라고 가르치셨습니다. 이렇게 해야 하는 목적은 다름 아닌 임종시 복보福報가 있게 하기 위함입니다. 복보가 있어 미혹하지 않고, 전도되지 않고, 의식이 맑고 또렷하고, 선지식의 도움이 있다면 이는 큰 복보입니다. 그러나 만약 복보가 없어 임종시 미혹하고 전도되며, 의식이 맑고 또렷하지 않으면, 설사 선지식을 만날지라도 아무 소용이 없어 틀림없이 악도에 떨어집니다.

이번 생에 닦고 쌓은 공덕이 수승하면 내생의 생활환경은 틀림없이 대단히 수승합니다. 그러나 만약 죄업을 짓게 되면 내생의 생활환경은 틀림없이 금생보다 못하며, 더욱 고생스런 생활을 할 수 있습니다. 어느 도道에 가서 몸을 받고, 어느 도에 가서 다시 몸을 받아 태어나느냐는 반드시 자신의 생각에 달려 있습니다. "사람은 뜻이 같고 도가 부합됨으로 인해 서로 모이고, 사물은 종류가 서로 같지 않음으로 인해 나누어진다(人以類聚 物以群分)."고 하였습니다. 한량없고 끝없는 법계 가운데에 어느 법계와 상응하고, 의기가 투합하고 지향하는 바가 같으면 바로 그 법계에 들어갑니다. 염불하기를 좋아하는 사람은 염불당에 오고, 도박을 좋아하는 사람은 도박장에 가며, 춤추기를 좋아하는 사람은 무도장에 갑니다. 이것이 바로 가서 몸을 받아 다시 세상에 태어날 때 자신이 좋아하는 곳으로 가는 것과 같습니다. 사람마다 각자 좋아하고 즐기는 것이 다르며, 과보 역시 같지 않습니다.

세간에는 확실히 재물과 이성, 명예와 음식, 수면을 좋아하는 사람이 있습니다. 탐하고 좋아하는 마음(貪愛心)이 많은 사람은 귀도鬼道와 상응하여 아귀도에 가며, 질투하고 성내는 마음이 많은 사람은 지옥과 상응하며, 어리석어 지혜가 없고, 옳고 그름, 삿됨과 올바름, 선과 악을 분별할 줄 모르는 사람은 축생도와 상응합니다. 사람으로서 응당 해야 할 도리를 알고, 사람으로서 행해야 할 기본적인 덕행을 지키면 사람의 몸을 잃지 않으며, 내생에 다시 사람으로 태어날 수 있습니다. 만약 도덕과 이념이 높으면 천도天道에서 가서 태어날 것이며, 염불의 도리를 알아 한 마음 한 뜻으로 아미타불을 부르면 극락세계에 왕생할 수 있으며, 이것이 가장 수승한 것입니다. 어느 곳에서 다시 몸을 받아 태어난다 해도 극락세계에 왕생하는 것과는 견줄 수가 없으며, 시방세계 일체제불께서 모두 찬탄하시는 바입니다.

불법에서는 십법계十法界를 말하고 있는데, 우리는 불법계佛法界를 선택할 지혜가 있어야 합니다. 그렇다면 모든 불찰토는 한량없고 끝이 없는데, 어느 불찰토에 가겠습니까? 석가모니부처님께서는 우리에게 아미타부처님의 극락정토를 선택하라고 권하셨습니다. 우리가 석가모니부처님의 가르침에 따라 받들어 행하면 설사 재난이 앞에 닥치고, 공중에서 핵폭탄이 터질지라도, 마치 연기를 보는 것과 같으며 조금도 두려울 것이 없습니다. 왜냐하면 마음속에 부처님이 자리잡고 있어서 죽은 후에 서방극락세계에 갈 것이라 분명하게 알기 때문입니다. "공포와 망상을 멀리 여위고", 재난이 앞에 와도 두렵지 않을 수 있어야만 스스로가 마음대로 주재할 수 있습니다. 그러나 만약 재난이 앞에 나타났을 때 놀라서 허둥지둥하고 두려워한다면, 곧 바로 삼악도에 갑니다. 불법을 공부하는 사람은 이러한 공부를 연습하고 훈련하여 어떤 재난이 앞에 닥쳐올지라도 전혀 놀라지도 않고, 두려워하지도 않고, 마음이 안정되고, 주재가 있으면, 틀림없이 갈만한 좋은 곳이 있습니다.

[질문] 어떻게 해야 연로하신 부모님을 도와 불교에 대해 바른 믿음을 일으켜 임종시 선연善緣을 만나 염불하여 서방극락세계에 왕생하시도록 할 수 있습니까?

[대답] 부모님을 서방극락세계에 보낼 수 있다면, 이는 큰 효도입니다. 부모님께 효도하는 일 중에 이보다 더 훌륭한 것은 없습니다. 부모님께서 서방극락세계에 가시어 부처가 되신다면, 영원히 윤회를 벗어날 뿐만 아니라 또한 영원히 십법계를 벗어나게 됩니다. 염불하는 동학들은 누구나 할 것 없이 노인에 대해 이러한 마음을 가져야 합니다. 이것이 큰 효도의 마음입니다. 그렇다면 어떻게 부모님께 영향을 주어야 하느냐

하면, 반드시 스스로가 진실로 행하되, 자신부터 행하고, 내 마음부터 내 몸부터 행하여 부모님을 감동시켜야 합니다. 특히 기회를 잘 잡아야 합니다. 부모님이 좋아하는 시간, 혹은 식사를 하시는 시간, 혹은 한가하여 여유가 있는 시간에 염불하여 정토에 왕생하기를 구하는 도리와 왕생의 수승한 과보에 관한 이야기를 많이 들려드려야 합니다. 예를 들자면, 《정토성현록淨土聖賢錄》이나 《왕생전往生傳》은 당연히 근대에 염불하여 극락세계에 왕생한 서상瑞相이 희유한 사례가 가장 좋습니다. 이러한 것들을 자주 들려주면 부모님의 마음을 감동시킬 수 있을 것입니다. 이러한 이야기를 어른들에게 많이 들려주어 그분들이 염불하여 극락세계에 왕생하는 것이 어느 것과도 비할 데 없는 수승한 것임을 알도록 권해야만, 그분들이 모든 인연을 내려놓고 일심으로 오로지 염불을 할 수 있습니다.

[질문] 부모님께서 현재 연세가 많으시고, 게다가 노인치매 증세와 비슷한 증세를 가지고 계십니다. 이 경우에는 어떻게 회해시켜야 합니까?

[대답] 이런 경우는 해결하기가 매우 어렵습니다. 반드시 악을 끊고 선을 닦으며, 공덕을 쌓아서 부모님께 회향해야 합니다. 평상시 회향할 때 만약 구체적인 공덕이 없으면, 이러한 회향은 작용을 일으키지 못합니다. 공연히 몇 구절의 경전 문구를 독송하는 것은 아무 소용이 없고, 회향한다 해도 모두 헛수고입니다. 가장 좋은 공덕은 바로 경전의 가르침에 따라 받들어 행하는 것입니다. 《지장경》의 바라문 여인이나 광목 여인이 바로 좋은 본보기입니다. 이 여인들은 진정으로 닦고, 진정으로 행하여, 진정으로 공덕이 있었습니다. 바라문 여인은 염불한 시간이 단지 하루 밤과 낮이었을 뿐이지만, 그녀는 염불하여 일심불란一心不亂의

경지에 이르러 선정 속에서 귀왕鬼王이 그녀를 보살이라 불렀고, 그녀의 어머니가 이미 천상에 태어났다고 전해주는 말을 들었습니다. 만약 일심불란의 경지에 이르지 않으면 지옥은 볼 수가 없으며, 단지 보살만이 지옥을 볼 수 있습니다. 그러니 마음의 진실과 정성을 알아야 합니다. 《아미타경》에서 말씀하시길, "하루나 이틀이나 사흘이나" 하였습니다. 진실한 마음과 정성스러운 마음은 하루 밤낮 동안에 범부를 바꾸어 성인이 되는 경지에 이르게 할 수 있습니다. 바라문 여인은 이러한 공덕을 어머니에게 회향하여, 그녀의 어머니가 천상에 태어날 수 있었던 것입니다. 광목 여인은 꿈속의 경계에 있었으며, 공부는 바라문 여인에 비해 약간 모자랐는데, 일반적으로 말하자면 공부가 한 덩어리가 된 경지였고, 일심一心을 얻지 못하였습니다. 일심을 얻어야만 비로소 진정한 보살입니다. 그러므로 광목 여인의 어머니는 여전히 다시 인간세상으로 돌아와 빈천한 집안에 태어났고, 수명은 겨우 13살이었습니다. 광목 여인의 어머니는 다시 몸을 받아 태어났으나, 바라문 여인의 어머니처럼 그렇게 수승하지는 않았습니다.

그러므로 회향은 반드시 진실한 공덕이 있어야 합니다. 진실한 공덕이 없는데 무엇을 가지고서 회향하겠습니까? 마음이 진실하고 정성을 다해야 하며, 절대로 조금의 거짓이 있어서는 안 됩니다. 진성심眞誠心, 청정심淸淨心, 평등심平等心으로 우리가 생각을 바꾸면 이는 진정 무량한 공덕입니다. 지금부터는 정법正法이 오래 머물도록 하기 위해, 또 고통 받는 중생을 두루 제도하기 위해, 남들을 위해 일하고 절대로 자신을 위하지 않으면 이러한 공덕은 매우 큽니다. 그러나 만약 여전히 오로지 자신의 이익만을 꾀하고, 욕심내고, 성내고, 어리석고, 오만하다면 어떻게 행하든지 막론하고 공덕은 말할 것조차 못되며, 단지 약간의 복덕이 있을 뿐입니다. 《육조단경》에서 이것에 대해 매우 분명하게 강설하였는데, "이 일은 복으로는 구제할 수 없다(此事福不能救)."고 하였습니다. 생사生死의 대사는 복덕으로는 구제할 수 없고, 공덕에 의지해야 하며, 공덕은 모든 생각을 바꾸는 것입니다.

🪷

[질문] 귀의증歸依證이 망자를 따라 국토에 들어갈 수 있는지 궁금합니다.

[대답] 귀의증 위에 불상이 찍혀 있지 않으면 되겠지만, 만약 불상을 찍어놓았다면 안 됩니다. 사실대로 말하자면 선조의 귀의증이 남아 있다면 또한 가장 좋은 기념입니다. 만약 자손들 역시 불법을 공부한다면 선조의 귀의증을 불상 옆에 봉안할 수 있습니다. 이것이 바로 효도하는 마음이고, 효도하는 생각입니다. 항상 돌아가신 부모님을 생각하고, 자신이 닦아 쌓은 공덕을 그분들께 회향하고, 또 항상 자신을 일깨워 악을 끊고 선을 닦게 할 수 있습니다.

🪷

[질문] 망자의 관속에 약간의 향탑, 침향나무, 생화를 놓거나, 혹은 가짜화폐를 놓는데, 어떻게 하는 것이 이치에 맞고 여법합니까?

[대답] 관 속에는 지폐를 놓을 필요는 없고, 약간의 마른나무와 침향목을 놓는 것은 매우 좋습니다. 출가 스님이 세상을 떠날 때는 관목 속에 모두 이러한 것들을 넣으며, 지전은 필요 없습니다.

🪷

[질문] 내몽고에서는 망자를 화장터로 보낼 때, 번개(幡蓋; 깃발과 일산)를 들고 있는데, 그 위에는 불보살의 명호가 있습니다. 이렇게

하는 것은 여법합니까? 마땅히 어떻게 해야 망자의 가까운 사람이나 친구들로 하여금 신심을 내게 할 수 있습니까?

[대답] 각 지역별로 풍속습관은 서로 다릅니다. 친척과 친구들에게 이미 습관이 되었다면, 그 지역의 풍속으로 해야 사람들이 마음속으로 모두 좋아합니다. 만약 다른 방식을 쓰고자 한다면, 우선 반드시 설명을 해주어야 합니다. 그렇지 않을 경우 다른 사람들이 언짢게 생각할 수 있습니다. 친척이나 친구로 하여금 신심을 내게 하려면, 망자의 영향이 매우 큽니다. 만약 망자의 수행이 여법하고 세상을 떠날 때 서상이 희유하였다면 사람들이 이를 보고서 곧 신심을 일으킬 수 있습니다. 또 감응하는 사건이 있었다면, 이 역시 사람들로 하여금 신심을 일으키기에 충분합니다.

[질문] 죄를 범한 사람이 임종하기 전에 자신의 장기를 팔아서 받은 돈을 가족에게 남기었고, 그의 장기가 생존에 필요한 사람에게 사용되었다면 이러한 행위는 옳은 것인지 아닌지 가르침을 청합니다.

[대답] 임종시 자신의 장기를 팔아서 그 돈으로 가족을 돕겠다고 생각하였다면 이러한 마음을 내는 것은 좋은 마음이고, 착한 마음이며, 찬탄할 만합니다. 그렇지만 몸이 갈라지고 끊어지는 고통을 생각한다면 어찌 견딜 수 있겠으며, 또 성내는 마음을 일으키지 않을 수 있겠습니까? 이는 다음 생에 어느 도道에서 몸을 바꾸어 다시 태어나는 것에 영향을 끼칠 수 있으므로, 반드시 신중해야 합니다.

불교 경전에는 사람이 목숨이 끊어진 후에 신식神識은 대체로 8시간이 지난 후에야 비로소 몸을 떠난다고 하였습니다. 신식이 떠난 후, 몸은 완전히 물질에 속하는 것이어서 아프고 가려운 감각을 알지 못합니다. 그렇지만 만약 신식이 떠나지 않았다면, 비록 이미 숨이 끊어졌고, 심지어 뇌가 죽었다 선포하고, 맥박과 호흡 또한 멈추었을지라도 여전히 고통을 압니다. 이때 장기를 가르고 끊는다면 후회하면서 성내는 마음을 일으킬 수 있겠습니까? 아니면 일으키지 않을 수 있겠습니까? 만약 성내는 마음을 일으킨다면 반드시 악도에 떨어질 것이니, 중요한 것은 바로 이 점에 있습니다.

편집 후기

이 책은 스승님이신 정공(淨空) 노화상님의 강연내용에서 발췌한 것입니다. 강연한 내용들을 모아서 정리한 후에 질문에 답변하는 방식을 채택한 다음, 대중들에게 공양하기 위해 인쇄하여 유통하였습니다.

법문 중에서 스승님께서는 임종시의 보살피는 방법과 조념하는 방법은 반드시 《어떻게 염불해야 물러나지 않고 성불할 것인가?》(怎樣念佛往生不退成佛)》(직종수지) 책 속에 적혀있는 방법을 준칙으로 삼을 것을 재삼 강조하셨습니다. 그러므로 발심하여 조념하는 정종의 동수(同修) 여러분께서는 이 책을 읽는 것 이외에도, 반드시 《어떻게 염불해야 물러나지 않고 성불할 것인가?》를 참고하여 자세히 읽으셔야 합니다.

화장정종학회 경전 강술을 기록하는 팀에서 삼가 적습니다.

제3부 : 조념왕생 사례

한영 관장 왕생의 서상

정공 큰스님

　　최근 우리 화장정종학회華藏淨宗學會 회장이신 한영韓英 관장께서 왕생하셨습니다. 그녀가 왕생하실 때 보인 서상瑞相은 우리들에게 매우 큰 신심을 가져다 주셨고, 우리들에게 매우 큰 일깨움을 주셨으며, 염불왕생이 거짓이 아니라 진실임을 설명해주셨습니다. 우리들도 적지 않은 친구와 친척들과 함께 배웅하였습니다. 왕생을 배웅하였습니다! 어제 저는 이곳에 와서 비행기에서 채蔡 거사를 만났습니다. 채 거사는 저에게 이번에 대만으로 돌아갈 것이라고 말했습니다. 3개월에 네 사람을 배웅했다고 하니, 사람 목숨이 얼마나 무상합니까!

돌아가시는 분을 꼼꼼히 관찰하면 병이 위중하여 돌아가시기 전에는 의심을 갖고 두려워하므로 마치 《지장경》에서 말하고 있는 것처럼 이 사람이 오기도 하고 저 사람이 오기도 하는 것으로 보입니다. 그가 말한 것은 모두 그가 인식한 이미 지나간 세상의 것입니다. 그들이 정말로 왔습니까? 《지장경》에서는 아니라고 말합니다. 그의 원친채주가 온 것입니다. 그가 곧 숨이 끊어질 것으로 보일 때 그의 친한 친구로 변화되어 그를 유혹하러 온 것입니다. 그를 찾아와 빚을 갚으려는 것이지 정말로 온 것이 아닙니다. 우리들은 매일 한 사람이 임종시 거의 이러한 현상이 있음을 수없이 많이 목격합니다. 이는 《지장경》에서 말한 것과 완전히 일치합니다.

한 관장님께서 병환으로 병원에 계실 때 우리는 병원에 요망한 마군이나 괴상한 귀신(妖魔鬼怪)이 매우 많다는 것을 알았습니다. 병원에 어찌 하루 종일 죽은 사람이 없겠습니까? 매일 매일 꽤 많은 사람들이 돌아가려고 합니다. 그들 의사 간호사들 중에는 부처님을 믿지 않은 사람이 매우 많지만, 귀신은 있다고 믿습니다. 왜 그렇습니까? 그들은 귀신을 본 적이 있습니다. 정말로 본 적이 있습니다. 조금도 거짓이 아닙니다! 이따금 무상대귀(無常大鬼)[46] – 백무상白無常과 흑무상黑無常[47]도 보입니다. 만약 그 환자가 병원입구에 나타나면 그들은 이 환자가 기껏해야 삼일 밖에 살지 못한다는 것을 알고 있습니다. 그들은 언제나 보고 있습니다!

---

46) 육도윤회도六道輪回圖에는 연기緣起의 법칙에 의해 지배되는 윤회의 끝없는 순환과정을 무상대귀無常大鬼라는 괴물이 붙잡고 있는 수레바퀴로 표현하고 있다.
47) 백무상과 흑무상은 저승사자들로 이들이 임종을 맞이하는 사람에게 와서 그를 쇠사슬로 묶어 체포한 후 심문하고 죄를 판단하여 저승으로 돌아가게 한다.

관장님께서 병원에 계실 때 우리가 가장 걱정한 것은 바로 이 일이었습니다. 그래서 그녀의 병세가 조금 더 위중해질 때 우리 출가인들은 그녀를 지켜드렸습니다.

대만은 요 며칠 날씨가 매우 더웠습니다. 우리는 법복(海青)을 입을 필요가 없어서, 저는 출가자들에게 병실 안에서 조념할 때 모두 옷을 걸어두자고 말했습니다. 그녀의 병상 위에 우리는 아미타부처님 불상과 대승경전을 공양하였습니다. 삼보가 갖추어졌습니다! 그 목적은 바로 원친채주를 억눌러서 접근할 수 없기를 희망해서입니다. 우리는 이 작업을 매우 잘 해내고 그녀가 병에 걸렸을 때부터 돌아가실 때까지 줄곧 매우 엄밀하게 보호하였습니다. 그런 것을 보았다고 말하지 않으면 우리는 매우 안심이 되었습니다.

그동안 염불할 뿐만 아니라 병이 위중한 때에도 그녀는 이것저것 본 적이 없습니다. 병원 내의 의사 간호사들이 우리에게 말했습니다.

"전체 병원 분위기가 모두 다 평상시와 같지 않고 길상하고 화목한 분위기가 가득합니다. 종전과 달리 마치 한 점의 공포도 한 점의 불안도 괴상한 것도 모두 들어가 버린 것 같습니다."

이것은 정말로 삼보三寶의 위신력으로 가피(加持)를 입은 것입니다. 우리는 이러한 이치를 이해하고 있었고, 그래서 엄정히 지켜드렸습니다. 저는 매일 두세 차례 가려고 했고, 대부분의 시간은 그곳에서 그녀를 도와 조념助念하였습니다. 그녀는 어느 날 정오에 그녀의 아들에게 전화를 걸도록 시켜 저를 찾았습니다. 원래 나는 매일 정오에 도서관에 돌아가 휴식하고 낮잠을 잤습니다. 대개 세시 정도에 다시 그녀를 보러 갔습니다. 그날 12시 쯤 제가 마침 밥을 먹고 있었는데, 그녀가 돌아가신다고 나를 불렀습니다. 이때 상황은 매우 위급했습니다. 제가 가서 대략 3시 정도까지 그녀와 대화를 나누었습니다. 그녀는 한 시간 가량 혼미한 상태로 있었습니다. 그래서 우리는 큰 소리로 염불하였습니다. 정식으로 그녀에게 조념하여 일깨워 주기 시작했습니다.

1. 첫 번째 부처님 친견(第一次見佛)

저녁 6, 7시 정도까지 주치의가 와서 본 후 그녀의 아들에게 알려주길, 한 관장님에게는 명命이 대략 두 시간 남아있을 뿐이라고 말했습니다. 그래서 우리의 염불도 강화하여 8시 정도까지 염불했더니, 그녀는 의식을 회복해 정신도 아주 좋으셨습니다. 물도 마시려고 하고, 음식도 드시려고 했습니다. 저녁 10시 반까지 그녀는 아주 좋아서 고성으로 「아미타불」 부처님 명호를 불렀더니 – 첫 번째 대략 3, 4분 정도 아미타부처님을 친견하였고, 그런 다음 아미타부처님께서 가셨다고 알려주셨습니다. 저는 대개 아미타부처님께서 당신을 보러 오셔서 위로하시면 아마 건강이 좋아질지도 모른다고 말했습니다. 본래 우리들은 그녀가 회광반조迴光返照[48]한 것이고, 결국 그녀의 정신이 더욱 좋아질 것이고 생각했습니다. 그래서 저는 우리들이 앞으로 발전시킬 불법을 널리 펴서 중생을 이롭게 하는 일에 대해 그녀와 담소하였습니다. 그녀는 제일 큰일을 제시하였는데 바로 교학教學으로 이것은 너무나 중요하므로 결코 중단할 수 없다는 것입니다. 《화엄경》은 일차로 그녀가 청한 것으로, 그녀는 반드시 원만히 강연하길 희망하셨습니다.

---

48) 빛을 돌이켜 스스로에게 비춘다(스스로의 내면을, 스스로의 마음을 비춘다)라는 뜻으로, 1) 해가 지기 직전 일시적으로 햇살이 강하게 비추어 하늘이 밝아지는 현상. 2) 빛을 돌이켜 스스로에게 비춘다는 말로, 끊임없는 자기 반성을 통해 자신에게 내재된 영성靈性을 깨닫는다는 말.

우리는 대략 2시간 반쯤 이야기를 나누어, 밤 2시 정도까지 이야기하였습니다. 그녀의 정신은 아주 좋았습니다. 그래서 저는 일이 없어 보여 의사를 찾으러 가서 잠깐 진단을 기다렸습니다. 그는 고개를 흔들면서 말했습니다.

"불가사의해요! 당신들 염불인은 매우 이상합니다. 불가사의해요! 마치 건강이 좋아진 것 같아요."

그녀가 첫 번째 아미타부처님을 친견한 것입니다. 저는 그녀에게 알려주었습니다.

"당신이 지금 아미타부처님을 염하여서 우리보다 더 친밀해졌습니다. 당신은 친견했지만, 우리는 아직 친견하지 못했습니다."

그녀는 말했습니다. "맞습니다! 맞아요!"

두 번째 날도 저는 다시 그녀를 보러 갔지만 모든 것이 매우 정상이었습니다.

셋째 날, 저는 하루 저녁 이야기를 나누고 싶어 그것을 썼습니다. 12조목을 썼는데, 다 쓰고 난후 저는 오후에 그녀에게 보여주었습니다. 조목조목 생각을 그녀에게 들려주었더니, 그녀는 아주 좋아했습니다.

그녀는 완전히 의식을 회복하였고, 머리가 맑고 깨끗해 우리와 함께 염불하였습니다. 바로 이때 저는 돌연히 생각이 났습니다. 저의 가사 옷이 커피색이기 때문에 제가 지금 출가자란 생각이 들자 황색 법복을 입고 홍색 가사를 걸쳤습니다. 이것은 여법하지 않습니다. 일체 대소 경론에서는 출가자가 입어야 하는 옷은 모두 염색 옷으로 진노랑·진홍색 옷은 없습니다. 이런 옷은 없다고, 한 관장님께서 누차 강조하신 것입니다. 우리는 여법해야 합니다. 우리 출가자는 출가자의 좋은 본보기가 되어야 합니다. 재가자도 재가자의 좋은 본보기가 되어야 합니다. 도량도 도량의 본보기가 되어야 합니다. 이것이 그녀의 바램이었습니다. 그래서 저는 우리 도서관의 출가자는 옷을 중요시해야 한다고 생각합니다. 제가 병원에서 오도사悟道師에게 전화를 걸어 오도사는 빤치아오(板橋) 승복 가게에 통지를 해서 저녁에 와서 옷을 재라고 하고서 저는 돌아갔습니다.

2. 두 번째 부처님 친견(第二次見佛)

대략 내가 돌아간 후 병원을 떠난 지 머지않아 4일 정오 때 그녀는 두 번째 아미타부처님을 친견하였고, 또 연꽃 연못을 보았는데, 물은 엄청났습니다. 엄청난 물에 연못은 상당히 컸습니다. 그녀가 두 번째 아미타부처님을 친견할 때 저는 없었습니다. 저녁까지 승복 가게의 주인 아주머니가 와서 우리 옷을 재어 빨리 옷을 공급할 수 있기를 희망하였습니다. 어쩌면 우리가 매우 급히 사용해야 할지도 몰랐으니! 그 주인 아주머니는 말했습니다. "저도 알아요."

우리 도서관 사람 모두 멍하니 들었습니다. 어떻게 알지?

그녀는 말했습니다. 정오에 아미타부처님께서 관장님께 알렸다고 합니다. 도서관에 급한 일이 있을 거니, 너희들은 반드시 그를 위하여 일을 서둘러야 한다고 말씀하셨습니다.

우리들은 듣고서 마음에 정말로 위로가 되었습니다. 원래 관장님의 일은 아미타부처님께서 그녀를 위해 안배安排하신 것입니다. 이 주인 아주머니는 아미타부처님께서 그녀에게 이 말을 알리셨음을 들었는데, 관장님과 두 번째 아미타부처님을 친견하는 시간과 똑같았습니다. 한 사람은 산쥔쫑(三軍總)병원에 있었고, 한 사람은 빤치아오(板橋)에 있었는데, 시간이 똑같다는 것은 불가사의한 일입니다!

그래서 그날 오후 저는 병원에 가서 관장님을 뵈었습니다.

제가 말하길, "또 아미타부처님을 친견하셨군요."

그녀가 말하길, "예."

제가 말하길, "아미타부처님의 자비와 친절을 느끼셨군요!"

그녀가 말하길, "예! 정말 너무나 자비롭고 친절하셨습니다!"

이는 조금도 거짓이 아닙니다! 그녀는 우리에게 신심을 가져다주었습니다. 승복가게 주인 아주머니는 과연 옳았습니다. 그녀는 집에서 옷감을 모두 잘 준비하였습니다. 그래서 관장님이 왕생한 후 우리들이 조념할 때 걸친 옷은 전부 다 커피색이었습니다. 사진을 이미 가지고 와서 여러분들 모두 볼 수 있습니다. 확실히 매우 여법합니다.

정공 큰스님의 모친 서마온숙 거사의 왕생견문기

정공 스님의 속가 모친이신 마태馬太부인께서는 1995년 5월 29일 오후 4시 45분에 중국 상하이 자택에서 편안하게 아미타부처님의 극락정토에 왕생하셨습니다. 자세한 경과와 상황을 스님의 동생이신 서업화徐業華 거사님께 면회를 청하여 보고 드리겠습니다.

지도자 여러분, 고승대덕 여러분,
법우 여러분, 친구 여러분
모두들 안녕하십니까! 아미타불!
오늘 제가 형님이신 정공스님과 온 집안 식구들을 대표하여 저희 어머님께서 염불하여 극락왕생하심을 축하하러 이 자리에 함께 하신 여러분께 진심으로 감사의 말씀을 전합니다.

자애로운 어머니이셨던 마온숙馬蘊淑 님은 1905년 가난한 집안에서 태어났으며 마음씨가 착하고 사람됨이 현명하고 정숙했으며 근검절약으로 집안일을 돌보셨습니다. 부친은 일찍이(1947년) 병으로 돌아가셔서 집안 살림은 아무것도 없었으므로 어머님께선 일을 해서 온 가족의 생활을 유지해야만 했고 형님은 학업을 중단하고 스스로 일자리를 찾아야 했습니다.

고향이 해방된 후 정부의 도움으로 어머님께선 공장에 들어가 일을 할 수 있었고, 저도 공부를 계속하여 진학할 수 있었습니다. 1957년 부단復旦대학을 졸업하고 상하이에 남아 일을 할 수 있게 되었습니다. 어머님께선 1961년 정년퇴직하시고 상하이로 오셔서 집안일을 돌보시고 부지런히 일하고 절약하셨으며, 남을 돕는 일을 즐거워 하셨고 이웃과 화목하게 지내셨습니다.

1981년 형님의 소식을 듣게 되었습니다. 어머님께선 형님의 사진을 보고서야 형님께서 출가하신 줄 아셨고, 마음속으로 조금 슬퍼하셨습니다.

1984년 정공스님께서 초청을 받아 홍콩으로 가서 법문을 하게 되었을 때, 어머님께선 정부의 배려 하에 80세 고령으로 왕생하기 전 처음으로 홍콩에서 형님과 상봉을 허가 받았습니다. 어머님께서는 형님을 만나고도 마음이 차분하였고 눈물을 흘리시지 않았습니다. 다만 스님께 이렇게 말씀하셨습니다.

"네가 매일 보고 싶었단다!"

스님께서는 어머님께 이렇게 말씀하셨습니다.

"매일 아미타부처님을 생각하십시오. 나중에 극락에 왕생하셔야 모두 다 함께 살 수 있습니다."

홍콩에서 짧지만 10일 동안 처음으로 불법을 만나게 되었고 **상하이로**

돌아온 후 부터는 1년 내내 채식만 하셨습니다. 매일 염불하고 예불하며, 극락정토에 왕생하길 발원하셨습니다. 어머님께선 비록 글은 모르셨지만, 스님께서 법문한 녹음테이프를 들으시고 법문 비디오테이프를 보시면서 염불법문의 좋은 점을 알게 되었고, 서방극락세계의 훌륭함을 확신하셨습니다.

정토왕생의 큰 서원을 내시고 부터는 한마디 「아미타불」 부처님 명호를 끝까지 고수하셨습니다. 비록 초기에는 매일 염불하시면서도 때론 망상이 뒤섞이곤 하셨고 일상의 자질구레한 일에도 신경이 쓰였으나 시간이 흐르면서 차차 모든 것을 내려놓을 수 있게 되었습니다. 특히 근래 2년 동안에는 「아미타불」 명호를 오직 한결같이 염불하여(一向專念) 몸과 마음이 청정하였습니다. 가끔 국내외의 거사, 친구, 스님들까지 집에 문안을 왔고 모두 다 매우 평온하였습니다. 말씀을 많이 하시지 않으셨지만, 채식하며 염불하여 함께 극락에 돌아갈 것을 권하셨습니다.

1992년 병에 걸려서 입원한 적이 있었는데 병실에서도 염불을 놓지 않으셨고, 널리 법연法緣을 맺으셨으며, 의료진과 환자들과 관계가 매우 좋았습니다. 입원해 있는 동안 또 관세음보살님께서 금색으로 장엄하신 모습을 친견하여 환희심이 넘쳐 흐른 적이 있었습니다. 한 달이 넘게 병원에 계시다가 병이 낫자 집으로 돌아오셨습니다.

1994년 봄 또 다시 병에 걸려서 입원하셨습니다. 어느 날 계방(桂芳; 손녀)에게 "아미타부처님을 보았단다!" 라고 알려주시고는 또 갈 때가 되었다고 하셨습니다. 그리고는 "울지 말거라. 좋은 일이니 날 위해 정성껏 염불을 해주면 좋겠구나."라고 알려주셨습니다. 20일 후에 병이 나아서 퇴원하고 집으로 돌아온 후 또 계방에게 "내년 봄에는 갈 것이다."라고 알려 주었습니다.

올해 4월, 몸에는 아무런 고통이 없었습니다. 어느 날 계방에게 "이젠 가야겠다!"고 말씀하셨습니다.

계방이 "어디로 가실 거예요?"라고 묻자, 어머님께서는 "극락세계로 가야지! 너도 데려가 줄까?" 라고 답하셨습니다.

계방이 "전 나중에 갈게요. 할머니 극락에 가 보셨나요?"라고 말하자, 어머님께서는 "그래 가 봤지. 극락세계는 아주 좋은 곳이야! 나중에 모두 다 갈 거야." 라고 답하셨습니다.

계방은 할머니께서 때가 이르렀음을 미리 아셨다고 말했습니다.

요즘 들어서는 정말로 모든 인연을 내려놓고 일심으로 염불만 하셨습니다. 가거나 머물거나 앉거나 눕거나 모든 동작에 염불하는 것은 물론이고 식사하실 때도 염불을 놓지 않으셨습니다. 때론 염불기를 따라 조용히 염불하셨고, 때론 소리 내어 염불하셨으며, 밤중에도 잠에서 깨시면 곧바로 염불을 하셨습니다. 오로지 정성을 다해 정진하셨습니다.

5월 25일 미국에서 뢰계영賴桂英 거사님이 집에 문안을 왔습니다. 어머님께선 기분이 매우 좋으셨으며 모두에게 아미타불을 염하여 정토에 왕생할 것을 권하셨습니다. 5월 27일, 약간의 감기 기운이 있어 내복약을 드셨습니다. 28일에도 약간 열이 있어 의료진을 집으로 불러 치료를 받았는데, 항생제 정맥주사를 맞았습니다. 29일에는 열이 내리기 시작했고 혈압과 혈당이 모두 정상이었습니다. 계방은 이번에도 할머니께서 호전되셨다고 말했습니다.

그날 오후 저는 어머님을 부축해 일으켜서 침대에 앉혔고, 계방은 할머님께 죽을 먹여드렸습니다. 우리들은 염불하면서 죽을 먹여드렸습니다. 이때 베개 밑에 주야로 끊임없이 틀어놓고 있던 **염불기에서 갑자기**

부처님 명호가 중복으로 흘러 나왔습니다. 계방은 "염불기가 고장 난 게 아닌가?"라고 말했는데 단지 몇 번 소리가 난 후 정상으로 회복되었습니다. 어머님께서는 죽을 반쯤 드시고 나서 눈을 크게 뜨고 서쪽에 모셔져 있는 아미타불상을 바라보시고는, 다시 고개를 돌려 저를 바라보셨습니다. 그러고는 허공을 우러러 보시면서 아미타불, 아미타불 두 번 소리 내어 염불하셨고, 세 번째 아 … 소리가 끝나기도 전에 극락왕생하셨습니다. 우리는 어머님께서 염불하시는 것을 도와주었습니다.

어머님께서는 1995년 5월 29일 오후 4시 45분(음력 을해년 오월 초하루)에 왕생하셨습니다. 몸은 아무런 고통도 없었고, (어머님께선 당뇨병이 있어 왼쪽 발뒷꿈치가 썩어 문드러진 지 2개월쯤 되셨고, 상처가 쉽게 아물지 않았는데, 1주일전에 씻은 듯이 나았고 흉터조차 남지 않았다. 다리의 붓기도 완전히 빠졌다. 정말 부사의한 일이었다.) 정념正念 또한 분명했으며, 염불하는 가운데 조용히 눈을 감으시고 편안하게 가셨습니다. 가시는 모습이 소탈하셨고, 환희심에 가셨습니다. 향년 90세였고, 마침내 밤낮으로 그리시던 극락정토에 도달하셨으며, 염불로 극락에 왕생하셨습니다!

어머님께선 왕생하시기 한 달 전에 정공스님께서는 미국에서 빠른우편으로 《칙종수지飭終須知》 한 권을 보내 오셨는데, 아마도 (어머님께서 왕생하시리라는) 예감이 있으셨던 모양입니다. 이 책은 저에게 매우 중요하였는데, 다 보고난 후 왕생하기 전후에 주의해야 할 사항들을 알 수 있었습니다.

어머님께서 왕생하시던 날, 몇 분의 거사님들께서 집으로 오셔서 끊임없이 염불하셨습니다. 한밤중이 되자 갖가지 서상이 나타났습니다.

거사님들은 어머님의 머리 부위에서 방광을 보았는데, 어떤 이는 천연색을 보았고, 어떤 이는 황금색을, 어떤 이는 정수리에서 수증기를 보았습니다. 실내에서는 늘 이따금 기이한 향기가 가득하였고, 어머님의 얼굴색은 생전과 같았으며, 편안히 잠자는 모습 같았습니다.

이튿날(5월 30일), 거사님들은 번갈아가며 계속해서 주야로 염불하고, 요불(繞佛: 돌면서 염불) 하셨습니다. 오후 6시경(왕생 24시간 후) 거사님들이 어머님을 목욕시키고 옷을 갈아입혔습니다. 몸은 깨끗하여 불결함이 없었고, 얼굴색은 불그레 광택이 있었으며, 몸은 유연하기가 솜털과 같았습니다(목과 수족, 관절이 다 생전보다 유연하였다). 이를 본 거사님들은 환희심이 넘쳐흘렀고, 찬탄하지 않는 이가 없었습니다!

3일째 되던 날(5월 31일), 오전 9시쯤 장엄한 염불 속에서 장례식장 직원들이 영접하였습니다. 운반을 할 때도 몸은 유연하기가 평소와 같았습니다. 그 직원들은 모두 다 일찍이 이런 일은 한 번도 본 적이 없다고 말했습니다. 거사님들은 이것이 염불수행을 한 결과라고 일러 주었고, 직원들에게 불서와 법문 테이프를 드렸습니다. 아미타불! 그들도 환희심이 넘쳐흘렀습니다. (두 시간 다비 후에 유골 중에서 크고 작은 각색의 사리와 지골사리指骨舍利 등 수백과가 나왔습니다.)

어머님께선 비록 글을 모르셨지만 스님의 법문을 스스로 듣고 불법을 들었습니다. 정토법문에 대한 신심이 아주 돈독했으며, 큰 서원을 세우시고, 한마음 한뜻으로 오로지 정성을 다해 염불하셨습니다. 미리 때가 이르렀음을 알았으며 마침내 염불 소리가 가득한 가운데 극락에 왕생하셨습니다. 환희심에 가셨습니다! 어머님의 왕생은 저희 집안에 모범을 세워주셨습니다. 어머님께서 염불왕생하는 모습을 직접 지켜 볼 수 있었습니다. 차후 저희들이 더욱 더 열심히 부처님 공부를 할 수 있도록 격려해 주셨습니다.

악을 그치고 선을 닦아야 합니다. (부처님께서는) 모든 악을 짓지 말고 온갖 선을 받들어 행하라(하셨습니다). 불교는 "부처님께서 베푸신 지극히 선하고 원만한 가르침"으로 이를 통해 가정이 원만하고 국가가 안정되며 세계가 평화로울 수 있습니다. 여러분들은 부처님을 공부하여서 세상을 구제하고 인간을 이롭게 하며, 사회를 행복하게 하는 등 국가를 이롭게 하는 건설 사업을 많이 하셔야 합니다.

손가락으로 서쪽을 가리키며 왕생한 어머님

곽정암郭靜岩거사

저의 어머니께서는 갑술생으로 2013년 올해에 연세가 80세인데, 올해 5월부터 건강이 나빠져서 여러 병원을 전전하며 입원과 퇴원을 반복하셨는데 차도가 없이 점점 상태가 안 좋아져서 요양병원에 모셨습니다. 10월 22일 밤 11시 30분 쯤 요양병원에서 저에게 전화가 와서 어머니의 상태가 좋지 않으니 와 보라고 하였습니다. 즉시 병원으로 가 보니 어머니는 산소를 코에 달고 있었으며 폐에서 물이 올라와서 입에서 흡인기로 물을 수시로 뽑아내는데 어머니는 몹시 고통스러워 보였습니다.

병원에서 이제는 더 이상 가망이 없다고 하시기에 "임종 후 10시간은 염불을 해 주어야 되는데, 요양병원에서 가능하겠느냐?" 고 병원장 선생님께 물으니, 병원에서는 법적으로 2시간을 넘길 수 없다고 하면서 시신의 부패나 감염 등 문제점이 제기 될 수 있으므로 곤란하다고 하며 "임종하고 2시간이 지나면 물이 됩니다." 라고 하셨습니다. 즉 시신의 부패가 시작되어 물이 나온다는 뜻으로 말씀하셨습니다. 임종까지의 시간이 얼마나 남은 것 같으냐고 물으니 그것은 아무도 알 수가 없다고 하며 며칠이 갈지, 바로 임종할지 알 수 없다고 하였습니다.

그래서 어머니를 집으로 모시겠다고 하니 구급차를 불러주겠다고 하였습니다. 저는 집으로 와서 「나무아미타불」 염불CD와 카세트, 옷가지 등을 챙기고 처와 같이 요양병원으로 가면서 두 동생들에게도 연락을 하여 요양병원으로 오라고 하고 요양병원에 도착하니, 벌써 구급차가 와서 대기를 하고 있었습니다. 동생들은 각자 시골집으로 출발하라 하고 저와 처는 어머니를 구급차에 모시고 산소를 코에 연결하고 시골집으로 가면서 「나무아미타불」 염불을 계속하면서 어머니의 상태를 지켜보았는데 계속 폐에서 물이 올라 와서 구급차에 같이 타고 있던 간호사가 수시로 흡인기로 폐에서 올라오는 물을 빼 주었습니다.

30분 정도 달려서 시골집에 도착하여 평소에 부모님께서 사용하셨던 온돌방이 차가워서 방바닥에 이불 3개를 깔고 하나는 덮어서 어머니를 모셨습니다. 어머니는 입에 고이는 물을 빼내기 위한 호스를 넣을 수 있는 마우스피스 같은 것을 반창고로 붙이고 계셨는데 방향이 입의 왼쪽 방향이라서 머리를 북쪽으로 하고 서쪽을 바라볼 수 있도록 하려고 보니 마우스피스가 입의 높은 쪽에 위치하여 입에 고이는 물이 나오기가 어려워 보여서 머리를 남쪽으로 발이 북쪽을 향하도록 눕혀 드리고 서쪽을 바라 볼 수 있도록 베개를 베어 드리고 얼굴이 서쪽으로 향하도록 해 드렸습니다.

그리고 저의 처와 두 동생 부부에게 두 마디씩 교대로 염불하는 방법을 간단히 설명하고 어머니가 임종하시면 절대 울지 말고 8시간에서 10시간을 염불할 것이며, 임종하신 후에는 절대로 어머니의 몸을 만지지 말 것 등의 주의사항을 알려주고 시간을 보니 새벽 2시였습니다. 시간이 너무 늦어 스님께 연락을 드릴 수가 없어서 아쉬운 마음이 들었지만 모든 것은 인연에 맡기고 오직 조념염불에 집중하기로 마음을 먹었습니다.

「나무아미타불」 염불CD를 카세트에 넣고 스님께서 '나무아미타불

나무아미타불' 두 마디 염불을 선창하실 때 듣고 후렴에 맞춰서 '나무아미
타불 나무아미타불' 두 마디 염불을 하며 저의 삼형제 부부가 어머니의
조념염불을 시작하였습니다. 조념염불을 하면서 어머니를 계속 지켜보
았는데 구급차에 실려 오실 때까지는 산소를 코에 연결하고 왔지만
집에서는 산소를 뺀 상태라서 호흡이 더 가빠진 것 같았고 입에서는
폐에서 올라오는 피가 섞인 물이 수시로 숨을 내쉴 때마다 넘어와 입
아래에 휴지를 대 놓고 휴지가 젖으면 갈아드리곤 하였습니다.

동생들에게는 시간이 늦어 피곤한 것 같아 2~3명이 지키며 조념염불
을 하고, 다른 방에 가서 좀 쉬고 교대로 조념염불을 하자고 하였습니다.
어머니는 조념염불을 하기 전에는 곧 임종할 것 같이 호흡이 가쁘고
입에서도 계속 피가 섞인 물이 넘어 오더니, 조념염불을 시작하고 얼마
지나지 않아서 점차로 숨이 편안해졌고 새벽이 가까워질 때쯤에는 입에서
피가 섞인 물도 거의 넘어오지 않고 멈춰 편안해 보이며 고통이 없는
것으로 보였습니다.

어머니의 상태를 계속 지켜본 저로서는 「나무아미타불」 염불을 하니
아미타부처님께서 함께 하신다는 것을 그대로 느낄 수 있었습니다. 저는
「나무아미타불」 염불을 듣고 어머니가 위급한 상황에서 벗어나 임종하시
기까지 며칠이 걸릴 수도 있겠다는 생각을 하였습니다.

그리고 스님께 전화를 드려서 어머니께서 병원에서 위험한 상황이었
는데 집으로 모셔서 조념염불을 해 드리니 상태가 위급한 상황을 벗어난
것 같다고 말씀드리고, 어머니께서 임종이 임박하지 않은 것 같은데
어떻게 하면 좋을지 여쭈어 보았습니다.

스님께서 말씀하시기를

"지금이 가장 중요한 순간으로 의식이 없으시더라도 아미타부처님께서 본래 세우신 원력에 의지하고 염불해 드리는 것이 급선무이며 최선입니다."

"예, 스님 잘 알겠습니다."

"제가 도와 드릴 일이 있습니까?"

"스님께서 지금 오셔서 조념염불을 해 주시면 감사하겠습니다."

"예, 알았습니다."

시골집까지는 승용차로 1시간이 넘게 걸리는 거리인데, 스님께서는 모든 일정을 취소하시고 불자님들에게 전화를 드려서 저의 어머니 조념을 하러 가는데 동참할 수 있는지 여쭈어 보았다고 합니다. 다른 스님께서는 예불도 뒤로 미루고 두말없이 승낙을 하셨고 스님의 승용차로 보살님들을 절과 직장과 집으로 찾아가서 차에 태워서 신속하게 저의 집으로 출발을 했다고 하셨습니다.

모든 일정을 취소하고 오신 스님과 처음 뵙는 두 분의 보살님께 감사의 인사를 드렸습니다. 스님의 주재로 방 앞쪽에 아미타부처님의 불화를 모시고 향을 올리고 삼귀의로 예불을 올린 후 바로 조념염불을 시작하였습니다.

스님께서는 조념염불을 하시며 중간에 저의 어머니가 사바세계의 모든 애착을 놓고 염불하여 극락왕생 하시기를 권하는 법문도 해 주셨습니다. 법문을 들으신 어머니께서는 눈을 뜨거나 움직이지는 못하였지만 눈물을 흘리는 것을 보았다고 스님께서 말씀하셨습니다. 그리고 스님께서는 제가 예전에 지장보살님께 기도한 인연을 아시기에 「나무아미타불」 염불 도중에 「나무지장보살」 염불도 해 주셨습니다.

스님과 두 보살님의 순서로 저의 어머니 앞에 앉아서 조념염불을 하셨는데 도중에 보니 저의 어머니가 다시 폐에서 올라오는 피가 섞인 물이 숨을 내쉴 때에 수시로 올라와서 법요집의 표지에 피가 섞인 물이 튀고 법복에까지 튀어도 태연하고 온화한 모습으로 조념염불을 하시어서 제가 너무 죄송했지만, 기도 중에 말씀도 드리지 못하고 어머니의 입 앞에 휴지통을 놓아서 더 이상 피가 섞인 물이 튀지 않도록 해 드렸습니다.

스님께서는 오전 11시에서 오후 3시까지 저의 어머니를 위하여 지극한 정성으로 조념염불을 해주시고 두 분 보살님이 일이 있어서 3시에 가보셔야 한다고 하셨습니다. 스님께서 가시기 전에 저에게 법요집을 1권 주시기에 "조념염불 중에 피가 섞인 물이 튄 법요집을 저에게 주십시오." 라고 말씀드리니 "그것은 스님용이라서 줄 수 없습니다."라고 하시며 전혀 개의치 않으시는데 그저 죄송한 마음뿐이었습니다.

나중에 보살님이 카페에 올린 글을 보았습니다.

'저희가 첨에 뵈었을 때 창백한 모습이었는데 중간에 염불하다 보니 복수를 토혈하는 고통스런 광경에서도 얼굴빛이 연분홍색을 띠며 본얼굴색으로 되돌아와 있었습니다. 저는 그 모습이 얼마나 예뻐 보이는지 기쁨이 넘치고 신심이 넘쳐 염불하는 내내 부처님이 나투시어 계심을 느꼈습니다. 환희심이 솟구치어 지금 생각해도 구름 위에 앉아있는 듯한 묘한 기분입니다.'

글을 보고 나니 법요집에 피가 섞인 물이 튀고 입고 오신 법복에까지 튀어도 태연하고 온화한 모습으로 조념염불을 하신 그 상황이 이해가 되었습니다.

그리고 어머니 천도식에 참석하러 갔을 때 스님께서 **법요집은 표지를 닦지 않았는데도 피가 섞인 물이 튄 얼룩이 말끔히 지워졌다**고 하시며 저에게 보여 주셨는데 아무리 자세히 살펴보아도 얼룩의 흔적을 전혀 찾아 볼 수 없었으며 표지가 깨끗하였습니다.

저의 아버지께서도 건강이 위중하시고 병원 약을 드시고 계신데 마침 약이 다 떨어져 가고 어머니가 임종직전이라 아버지까지 신경 쓰기가 어려워서 저의 처에게 아버지가 다니시는 병원에 들러서 약을 타고 아버지는 어머니가 계시던 요양병원에 잠시 모셔다 드리고 오라고 하였습니다.

막내 동생 부부와 저의 처는 볼일을 보러 나가고 바로 아래 동생과 제수씨하고 셋이서 조념염불을 계속하다 보니 방이 조금 더운 듯하여 어머니를 보니 얼굴에서 땀이 났습니다. 몸을 만져보니 몸에서도 땀이 나서 어머니를 이불채로 윗목으로 이동하고 덮은 이불을 조금 벗겨드리고 아궁이에 가서 타고 있는 장작을 꺼내서 물을 붓고 아궁이에도 물을 조금 뿌려서 불이 꺼지도록 하였습니다.

아궁이에 불을 끄고 나오는데 스님께서 전화가 와서 통화가 조금 길어졌습니다. 통화를 마치고 현관으로 들어가서 방으로 들어가려고 하는데 제수씨가 방문을 열고 나오며 오라고 손짓을 하는 것이었습니다. 바로 방으로 들어가서 보니 **동생은 조념염불을 하고 있고 어머니는 왼손을 들어서 서쪽을 가리키고 있는 것**이었습니다. 저는 깜짝 놀라서 염불을 하며 어머니를 보고 있었는데 숨은 멈춘 상태였습니다. 어머니의 임종도 지키지 못한 것이 아닌가 하여 가슴이 철렁하였습니다. 잠시 후에 어머니께서 '후' 하고 숨을 내쉬며 왼손을 내려놓았습니다. 그러고는 다시는 호흡을 하지 않으시어 마지막 임종의 순간이었습니다. 핸드폰의 시간을 보니 어머니의 임종시각은 10월 23일(음력 9월 19일) 오후 6시 2분이었습니다.

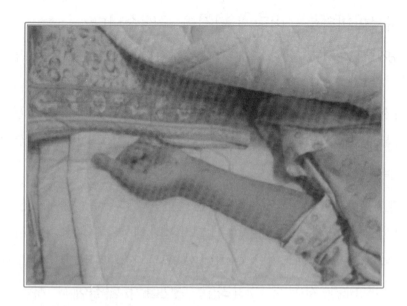

어머니께서는 요양병원에서도 눈을 뜨지 못하고 몸을 스스로 움직이지 못하며 말을 하면 알아듣고 간신히 대답하는 정도로 의식만 깨어있는 상태였는데 '어떻게 임종직전에 손을 들어서 서쪽을 가리킬 수 있었을까?' 이렇게 생각하며 조념염불을 계속하다가 내려놓은 어머니의 손을 보니 왼손 두 번째 손가락으로 서쪽을 가리키고 있는 것이 아니겠습니까!

업장이 두터운 미욱한 중생은 어머니께서 임종하시며 아미타부처님의 접인을 받아 서방극락정토로 왕생하시는 순간을 눈을 뜨고도 알지를 못하였습니다.

저는 스님께 즉시 문자로
"스님, 어머니께서 지금 편안히 임종하셨습니다. 나무아미타불_()_"
이렇게 알려드리고, 조념염불을 계속하다가 내려놓은 어머니의 손을 보고 "스님, 저의 어머니께서 왼손 둘째 손가락으로 서쪽을 가리키며 임종하셨습니다. 나무아미타불_()_"
이렇게 다시 문자를 드리니 '나무아미타불 부처님 감사합니다. 염불해

주세요 나무아미타불.' 이렇게 답신을 주셨습니다.

저는 당시에 경황이 없어 검지가 생각이 안 나서 문자에 둘째 손가락이라고 하였습니다.

스님께서는 오후 3시까지 조념염불을 해 주시고 5시 반 쯤에 도착하시어 조금 후에 저의 문자를 받으시고는 쉴 틈도 없이 다시 출발하신다고 문자를 주셨습니다.

나중에 임종직전, 어머니께서 팔을 들어서 서쪽을 가리키는 순간을 제수씨에게 자세하게 물어 보았는데, 어머니께서 호흡이 가빠지고 손을 힘들게 들어 올려서 제수씨가 어머니의 손을 잡아드렸다고 하였습니다. 그리고 밖에 나간 저에게 알리려고 나오다가 거실에서 저를 만나서 저는 바로 방으로 들어가서 어머니께서 왼손을 들어서 서쪽을 가리키고 있는 장면을 목격하였습니다.

동생은 잠이 부족하여 졸려서 눈을 감고 염불을 하고 있었는데 제수씨가 알리는 소리에 눈을 떠보니 어머니는 왼손을 들어서 서쪽을 가리키며 감고 있는 눈에서 눈물을 흘리고 있는 모습을 보았다고 하였습니다. 어머니께서 임종직전에 왼손을 들어서 서쪽을 가리키고 있는 장면은 저와 동생 그리고 제수씨 이렇게 3명이 목격한 사실입니다.

스님께서 불자님과 같이 다시 오시고 스님의 주재로 조념염불을 시작하고 저의 처와 막내 동생 부부도 모두 돌아와서 같이 조념염불에 동참하였습니다. 아미타부처님의 접인을 받아 서방극락정토로 왕생하시는 순간을 눈을 뜨고도 알지를 못한 눈 뜬 장님인 저는 조념염불 도중에 태산 같은 업장을 탄식하며 서러워서 흐르는 눈물을 감추지 못하였습니다.

이후에 도착하신 스님들과 불자님들 그리고 저의 가족들이 모두 모여서 조념염불을 하고 새벽 3시에 조념을 마치고 조념염불을 해 주신 두 분의 스님과 거사님, 보살님들이 떠나신 후에 서쪽을 가리키고 계신 어머니의 왼손을 핸드폰으로 사진을 찍으며 다시 보니 엄지와 검지로 서쪽을 가리키고 계시는 것이었습니다.

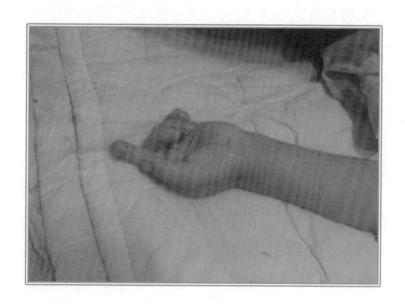

어머니께서 임종하신지 12시간이 지나서 어머니의 손 곁에 있던 베개를 치우고 한 번 더 핸드폰으로 사진을 찍어 두었습니다. 아침이 되어서 가까운 친척 분들에게 전화를 드려서 어머니께서 23일 오후에 임종하셨다고 알려드렸습니다.

24일 아침 8시쯤에 구급차가 와서 어머니를 장례식장으로 모시기 전까지도 물이 나오거나 그런 문제는 전혀 없었습니다. 계절이 10월 하순이라 덥지가 않아서 그랬는지는 모르겠습니다.

장례식장으로 떠나면서 동네의 이장님께 전화를 하여 저의 어머니의 임종소식을 방송해 달라고 하고, 어머니를 장례식장에 모셨습니다. 장례식장에서 오후 3시쯤 장례지도사가 어머니의 염을 해 드리는데 가족이 모두 동참하여 염이 끝날 때까지 염불을 해 드렸습니다. 장례식장이 조금 외진 곳이었고 마침 다른 일행이 없어서 염불을 하는데 눈치를 보지 않고 마음 편하게 할 수 있었습니다. 저녁에 장례지도사에게 저의 어머니 염을 하는데 문제가 없었는지 물어 보았는데 염을 하는데 몸이 굳지도 않고 관절이 부드러워서 아무 문제가 없었다고 하였습니다.

장례식장에서 어머니께 올리는 상식은 모두 채식으로 하고 술 대신에 음료수를 올렸습니다. 조문을 오시는 분들께도 모두 채식으로 하려고 하였지만 가족들의 반대도 있고 채식으로 하면 조문을 오시는 분들이 먹을 것이 없다고 하실 것 같아서 어머니께 올리는 상식과 저만 채식을 하는 것으로 하였습니다.

마침 25일에 김천의 시립 화장터가 수리를 한다고 하여 가까운 화장터는 모두 예약이 불가능하고 문경의 시립 화장터가 예약이 되어서 10시에 발인하여 11시에 도착, 어머니를 화장실로 모시며 "어머니, 불 들어갑니다. 나오세요." 이렇게 3번을 말씀드리고, 옆에 있는 제를 지낼 수 있는 곳에 가서 준비를 하는 동안에 마침 먼저 화장을 마친 일행이 계시다가 제를 마치고 나가시어 다른 일행이 아무도 없어서 여기서도 마음껏 1시간 가까이 고성으로 염불을 해 드렸습니다.

화장이 끝나고 ○○납골당에 어머니를 임시로 모시고 어머니께서는 왕생하셨지만 마지막까지 최선을 다하여 어머니께 공덕을 지어 드리고 싶은 마음으로 절에서 49재를 모셨습니다.

스님께서 차를 대접하시며 말씀하시기를
"거사님의 어머니께서 눈도 뜨지 못하고 몸을 움직일 수도 없었는데 임종직전에 손을 들어서 서쪽을 가리키며 '지금 여기에 부처님께서 오셨다. 부처님께서 오셨다. 나는 서방정토로 간다.'고 알려주고 임종하시며 서상을 보여주신 것은 2013년(불기 2557년) 한국 불교사에 획기적이고 불가사의한 사건입니다." 라고 하셨습니다.

그리고 『임종염불과 극락왕생』에도 보면 대만에서는 임종하기 전에 조념염불을 7일간이나 해 드린 사례들도 있으며 사후 조념도 중요하지만 임종전의 사전 조념이 매우 중요하다고 하셨습니다.

나무아미타불 _()_
나무아미타불 _()_
나무아미타불 _()_

서방정토 극락세계 아미타부처님께 오체투지 하오며 감사의 삼배를 올리옵니다.

저의 어머니께서 극락왕생 하실 수 있도록 저를 바른 가르침으로 인도하여 주신 스님들께 감사의 삼배를 올립니다. 그리고 조념염불에 동참해 주신 도반님과 멀리서 마음으로 조념염불을 해 주신 도반님들께도 감사의 인사를 올립니다.

어머니의 임종시에 지킨 것입니다.

1. 어머니께서 임종하시기 전에 집으로 모셨습니다.
2. 임종하시기 전에 스님을 모시고 조념염불을 해드렸습니다.
3. 임종하신 후에도 곡을 하지 않고 조념염불을 하며 12시간이 지나기 전에는 어머니의 몸을 만지지 않았습니다.
4. 친척들에게는 임종 후 12시간이 지난 후에 연락을 드렸습니다.
5. 운명 시 머리는 북쪽으로 얼굴은 서쪽으로 해야 한다는 것에 얽매이지 않고 어머니께서 폐에서 올라오는 물을 올리기 편하도록 머리를 남쪽으로 하고 얼굴은 서쪽으로 향하도록 해 드렸습니다.

6. 장례식장에서 상식은 채식으로 올리고 술 대신에 음료수로 올렸습니다.

어머니의 임종시에 느낀 아쉬운 점입니다.

1. 어머니를 임종하시기 전에 집으로 모셔서 바로 방을 따뜻하게 해 드리지 못한 것이 아쉬움으로 남습니다. 스님께 여쭤보고 바로 방에 불을 지펴서 따뜻하게 해 드렸는데 임종하시기 전에 땀을 흘리시기에 윗목으로 옮겨드리고 아궁이의 장작불을 꺼내어 물로 끄고 방에 들어와서 임종하실 때에 뵌 어머니는 얼굴에서 땀이 다 말라 있어서 임종시에는 춥지도 덥지도 않은 편안한 상태에서 임종하신 것으로 생각되어 그나마 위안을 삼습니다.

2. 임종을 지키는 염불행자는 꼭 필요한 전화라도 1분 이내로 간단명료하게 하고 빨리 끊는 것이 좋을 것으로 생각됩니다. 어머니께서 임종하시기 전에 땀을 흘리시기에 아궁이의 장작불을 꺼내어 물로 끄고 나오다가 조념염불을 해 주시고 절로 돌아 가셔서 전화를 주신 스님과의 통화가 길어져서 어머니의 임종을 가까스로 지킨 것은 아쉬움으로 남습니다. 그리고 가능하면 밖의 일은 다른 분에게 맡기고 자리를 지키며 조념염불에 전념하는 것이 좋으리라고 생각합니다.

3. 저는 어머니의 임종시에 아미타부처님의 접인을 받아 서방극락정토로 왕생한다고 알려 주시는데도 눈 뜬 장님인 저는 눈을 뜨고도 알지를 못하고, 임종하시며 내려놓은 손을 보고 왕생하셨다는 사실을 알고 태산 같은 업장을 탄식하며 서러워서 며칠 동안 가끔씩 혼자 서러워서 울었습니다.

『정토삼부경』에서 3구절을 모셔왔습니다.

- 『무량수경』 상권 법장비구의 48서원 중에서 -

18. 제가 부처가 될 적에, 시방세계의 중생들이 저의 나라에 태어나고자 신심과 환희심을 내어 제 이름(아미타불)을 다만 열 번만 불러도 제 나라에 태어날 수 없다면, 저는 차라리 부처가 되지 않겠나이다. [십념왕생원]

19. 제가 부처가 될 적에, 시방세계의 중생들이 보리심菩提心을 일으켜 모든 공덕을 쌓고, 지성으로 저의 불국토에 태어나고자 원을 세울 제, 그들의 임종시에 제가 대중들과 함께 가서 그들을 마중할 수 없다면, 저는 차라리 부처가 되지 않겠나이다. [임종현전원]

『관무량수경』 제16절 하배관(下輩觀)

3. 하품하생(下品下生)에서

그래서 이 사람이 지성으로 소리를 끊이지 않고 아미타불을 열 번만 온전히 부르면, 그는 부처님의 명호(이름)를 부른 공덕으로, 염불하는 동안에 80억겁 동안 생사에 헤매는 무거운 죄업을 없애느니라.

그리고 목숨을 마칠 때는 마치 태양과 같은 찬란한 황금의 연꽃이 그 사람 앞에 나타나, 그는 순식간에 바로 극락세계의 보배 연못 연꽃 속에 태어나느니라.

『무량수경』 하권에서

부처님께서 미륵보살에게 말씀하시기를

"부처님이 이 세상에 출현함을 만나기는 참으로 어려운 일이니라. 또한 여러 부처님의 경전을 얻는 것도 어렵고 설법을 듣는 것도 어려우니라. 그리고 보살행의 위대한 법인 육바라밀을 듣는 것도 또한 어려우며, 선지식을 만나서 법문을 듣고 능히 수행하는 것도 역시 어려운 일이니라. 그러나 만약 이 무량수경의 진리를 듣고 환희심으로 믿고 지니어 기억함은 참으로 어려운 가운데서도 더욱 어려운 일로서, 이보다 더 어려운 일은 없느니라.

그러므로 나는 무량수경의 법문을 진리 그대로 이와 같이 마련하고(如是作), 진리 그대로를 이와 같이 말하여(如是說), 진리 그대로 이와 같이 가르치는(如是敎) 것이니, 그대들은 마땅히 믿고 의지하여 가르침과 같이 수행해야 하느니라.”

2013년 음력 9월 초하루에 『정토삼부경』을 부처님 전에 올리고 회향하며 저의 부모님의 업장소멸과 극락왕생을 발원하였습니다.

부처님께서도 “《무량수경》의 진리를 듣고 환희심으로 믿고 지니어 기억함은 참으로 어려운 가운데서도 더욱 어려운 일로서, 이보다 더 어려운 일은 없느니라.” 이렇게 말씀하셨기에, 《정토삼부경》의 진리를 듣고 누구나 환희심으로 믿고 받들어 지닐 수 있도록 《정토삼부경》의 좌보처로서 인광대사님의 정토법문 《단박에 윤회를 끊는 가르침》을 음력 9월 18일 지장재일에 부처님 전에 올리고 회향하였습니다.

그리고 지장재일 밤에 요양병원에서 어머께서 위독하다고 연락이 와서 바로 시골집으로 모시고 어머께서 임종하시기 전에 『임종염불과 극락왕생』의 법공양을 발원하고 저의 부모님의 업장소멸과 극락왕생을 발원하였습니다.

《정토삼부경》에서 아미타부처님께서 임종시에 아미타불을 열 번만 불러도 대중과 함께 마중하러 오신다고 하셨습니다. 《정토삼부경》 어디에도 임종 후에 마중하러 오신다는 말씀은 찾아보지를 못하였습니다.

아미타부처님의 48서원을 믿고 임명종시에 조념을 받으며 「나무아미타불」을 염불한다면 결정코 왕생할 것이므로 **임종 전의 조념은 임종 후의 조념에 비한다면 백 천만배로 수승하다**고 저는 생각합니다. 임명종시에 조념을 받으며 「나무아미타불」 염불한다면 아미타부처님의 접인을 받아 서방정토 극락세계에 왕생하여 누구나 반드시 결정코 윤회를 벗어나는 방법이 아니겠습니까!

저의 아버지께서는 지난해 가을부터, 저의 어머니는 올해 봄부터 건강에 문제가 생겨서 절에서 하는 매달 초하루 방생에 저의 딸이 사불寫佛을 3번씩 하여 부모님 이름으로 부처님 전에 올리고 부모님의 연금으로 방생에 동참시켜 드렸습니다.

저는 부모님을 이번에 결정코 왕생하도록 해 드리지 못한다면 다음에도 또 다시 빚을 갚으러 와서 한 생을 헛되이 보낼 수밖에 없다고 생각하였습니다. 저는 비록 최선을 다 하지는 못했지만 최선을 다하려고 노력하였습니다.

저의 어머니께서 임종직전에 왼손을 들어서 서쪽을 가리키며 서상을 보여 주시고 왕생하신 것은 아미타부처님의 가피이며, 서상을 보여 주신 것이 아미타부처님께서 저의 발원을 섭수하신 것이라고 생각하기에 이 인연공덕을 모든 대덕 스님과 불자님들께 회향하오며 법공양을 삼가 받들어 올립니다.

나무아미타불 _〇〇〇_

거사 곽정암郭靜岩 공경 합장

故김선일씨, 염불법문을 만나 극락에 왕생하다

임심윤 거사(대만)

2004년 7월 3일(토요일) 새벽 2시 지나서 나는 꿈을 꾸었는데, 남편과 어떤 공원의 긴 의자에 앉아 있었다.

(그때) 갑자기 한 남자가 울면서 다가오는 것을 보았는데, 그가 나에게 말하였다.

"저를 구해 주세요!"

나는 그에게 물었다. "도대체 무슨 일이 있었습니까?"

그가 대답하였다. "저는 이라크에서 테러분자한테 참수 당한 한국인질입니다."

다시 그에게 물었다. "성함은 어떻게 되세요?"

그는 왼쪽 손을 들어 올렸다. 그리고 손바닥을 펴서 나에게 보이는데, "김선일" 세 글자가 쓰여 있었다.

나는 계속해서 질문을 했다. "내가 어떻게 당신을 구할 수 있습니까?"

그는 여전히 울면서 말했다. "저를 꼭 구해 주세요!"

이때 나는 그의 어깨를 툭툭 치면서 말했다. "울지 마세요, 천천히 이야기 해 보세요, 내가 당신을 구할 수 있는 유일한 길은 바로 당신에게 염불을 가르쳐 드리는 것입니다. 지금 자세히 들어 보세요. - 아미타불, 아미타불, 아미타불!"

내가 이렇게 소리내어 염불을 그에게 들려주고는 다시 물었다.

"이렇게 염불 할 수 있습니까?"

그는 곧 대답하였다. "할 수 있습니다. 저도 지금 염불을 하겠습니다."

그러면서 그는 정말로 "아미타불"을 염송하기 시작했다.

그리고 나는 꿈을 깨었다. 일찍이 이런 꿈은 꿔본 적이 없어서, 그대로 일어나서 거실의 소파에 앉아서 다시 생각해 보았다. 나는 평소에 정공淨空 노스님의 가르침에 따라 "신문이나 TV를 보지 않으며, 라디오도 듣지 않는다." 그래서 바깥세상에서 발생하는 일은 조금도 모른다. 당시에 벽에 걸린 시계가 새벽 2시15분을 가르치고 있는 것이 눈에 보였을 뿐이다.

나의 큰아들이 이때 방에서 화장실에 가기 위하여 나오다가 내가 자지 않고 있는 것을 보고는 소파의 내 옆자리에 앉아서 이상하다는 듯이 물었다.

"엄마 무슨 일이 있어요? 왜 한밤에 혼자서 이렇게 앉아 있어요? 주무시지도 않고?"

나는 곧 아들에게 조금 전에 꾸었던 꿈 이야기를 해 주었다.

아들은 말했다. "엄마는 평소에 신문도 안 보는데 한국인이 이라크에서 참수 당한 것을 어떻게 알아요?"

나는 말하였다. "그가 꿈속에 나에게 와서 말해준 거야. 나도 이게 무슨 일인지 몰라!"

아들은 즉시 그의 방에 가서 영자 신문을 갖고 와서 나에게 보여주는데, 신문 위에 김선일의 사진을 보고 나는 깜짝 놀랐다.

"이런 일이 정말 있다니…!"

꿈속에서 보았던 그 한국인과 신문상의 사진은 똑같았다. 게다가 나는 그에게 중국어로 말했다니, 나는 즉시 향을 세 개 피워 올리고 밖으로 나가서 허공을 향하여 그에게 말했다.

"김선일씨, 오늘 아침 내가 시드니 정종학회淨宗學會에 갑니다. 우리가 오늘 토요일 12시간의 염불법회가 있는데, 아주 많은 사람들이 와서 염불합니다. 당신도 오셔서 동참 하시기를 바랍니다. 나 한 사람의 힘은 부족해서 많은 분들의 힘을 모아야만 당신을 천도(薦度)할 수 있기 때문입니다. 시드니 정종학회의 주소는 Shop1 150 Woodburn Road Berala입니다. 염불법회 꼭 오셔서 동참하시기를 희망합니다."

이런 꿈을 꾼 후부터, 나는 매일 아침 2시 넘어서 자연히 잠을 깨게되었다. 속으로는 그를 위해 염불을 하여서 그가 해탈할 수 있게 도울 수 있기를 바라는 강한 생각이 들었다. 그래서 그의 고통을 몰아내고 평온한 마음을 갖기를……

나는 12일 동안 염불을 하였는데, 13일째 아침 다시 꿈을 꾸었다. 김선일씨가 풋사과 같은 녹색의 큰 연꽃에 앉아 있는 것을 보았는데, 미풍이 연꽃을 부드럽게 감싸고, 꽃잎은 미풍에 흔들리는데,

김선일씨가 합장하고 웃으며, 나에게 말하였다.
"대단히 감사합니다. 다음에 극락세계에서 다시 만납시다."
나도 또한 합장하고 웃으며 "아미타불 아미타불 아미타불!" 하고 그에게 세 번 말했다. 그리고 잠이 깼는데 새벽 2시 45분이었다.
그 후로 나는 염불하여 반드시 서방정토 극락세계에 태어날 것을 다시 한번 강하게 다짐했다. 단지 눈을 뜨거나 어떤 일이든지 할 때면, 가슴 속에서 자연히 "아미타불"이 용솟음쳐 나온다. 나는 고故 김선일씨의 출현을 매우 감사하게 생각한다. 지금, 그가 나에게 염불하여 왕생정토할 결심과 그 뜻을 더욱 굳게 하였기 때문에……

임종 때에 병고가 나타나는 것은 당신 자신이
세세생생 이래로 지은 악업이 감득한 것이거나
세세생생 이래로 당신에게 살해당한 원가채주가
일제히 와서 빚을 독촉하는 것입니다. 그래서
갖가지 병고가 나타나서 당신의 마음이 번뇌가
생겨서 당신이 염불하여 왕생할 수 없도록 가로막습니다.
당신이 이러한 뜻을 명백히 안다면 당신의 마음은
이러한 번뇌로 인해 구르지 않고 더욱더 지성심으로
간절히 염불하여 염념마다 느슨하지 놓지 않고
온 마음을 쏟아 이 한마디 「아미타불」 부처님 명호에
의지하여 서방극락세계에 왕생할 수 있습니다.
-칙종수지飭終須知

제4부 : 자재왕생自在往生 사례

1. 해현 노화상 자재왕생

묘음妙音

정종 제14조 해현 노화상 (1900-2013년)

2013년 무량수경 증명의 법륜을 굴리신 후 자재왕생하시다!

2019년 미타금신 금강법체를 나투시다!

조념助念은 확실하지 않으니, 자재왕생을 목표로 삼으라!

해현海賢 노화상께서는 당신이 극락세계에 왕생하는 것에 자신이 있어서 말씀하셨습니다. "내가 왕생할 때 조념할 필요 없이 나 자신의 염불에 의지할 것이다. 다른 사람이 조념하도록 하면 자신이 없고 확실하지 않다."

노화상께서 늘 가시던 남양南陽 육방불당六方佛堂의 언로鄢老 거사께서 노화상께 말했습니다. "제가 조념 해줄 사람을 찾도록 언제든지 왕생하시거든 저에게 말씀해주십시오."

해현 노화상께서 대답하셨습니다. "사람들에게 조념하게 하면 그가 떠났다고 믿지 않을 것이다. 나는 이렇게 조념할 필요 없이 나 스스로 떠날 것이다."

부처님을 배우고 정토종을 배움에 있어 해현 노화상께서는 가장 좋은 모범이십니다. 노화상께서는 일생의 염불로 자재왕생하여 성불할 수 있었습니다. 때가 이름을 미리 아시고 어느 날 떠날지 아셨으니, 아미타부처님께서 그에게 잘 약속하셨고 때에 이르러 부처님께서 나타나시어 그를 접인해 왕생하게 하셨습니다. 노화상께서는 몇 마디 매우 중요한 말씀을 하셨으니, **"조념에 의지하지 말라. 조념은 확실하지 않으니(자재왕생을 목표로 삼으라)…."**

반드시 스스로 자신이 있어야 합니다. 다른 사람의 조념에 의지하면 정말 자신이 없습니다. 만약 당신이 죽는 중요한 시각에 전에 조념하러 온 사람이 당신이 이미 죽었는지, 어디로 갔는지 알아보려고 곧 당신의 머리를 만져 본다면! 이는 당신에게 방해가 되니 매우 불쾌할 것입니다.

당신은 다른 사람이 이렇게 방해할 때 마음속이 대수롭지 않고, 그에게 영향 받지 않을 자신이 있습니까? 염불공부에 득력에 있어야 괜찮을 것입니다. 만약 염불공부가 없다면 남이 폐를 끼치지 말아야 가장 좋습니다. 그렇지 않으면 서방극락에 갈 수 없습니다. 남이 폐를 끼치도록 내버려 두지 않으려면, 스스로 왕생을 해야 합니다. 부처님과 약속한 시간이 되면 부처님께서 앞에 나타나 당신을 접인할 것이니, 이는 정말 자신이 있고, 정말 믿을 만합니다. 부처님께서 접인하러 오시지 않으면 당신은 극락세계가 어디에 있는지 모릅니다. 그래서 반드시 부처님의 접인이 있어야 합니다.

임종시 마지막 일념이 아미타불이면 결정코 서방에 왕생합니다. 우리가 어떻게 해야 임종시 그 마지막 일념이 아미타불이고 다른 잡념이 없을 것이라 보증하겠습니까? 염불공부는 반드시 평상시에 힘을 키워야 합니다. 해현 노화상께서 공부를 키웠으니, 한마디 부처님 명호를 92년 간 염하여 이 한마디 부처님 명호가 무르익었습니다. 평상시 일상생활하는 가운데 그는 잡념이 없었으니, 옷을 입고 밥을 먹을 때 마음속으로 염불하셨습니다.

옷이 낡아도 기울 줄 몰랐고, 밥을 먹어도 음식 맛을 몰랐습니다. 노화상께서는 이것이 맛있는지, 저것은 맛이 없는지, 이런 일들에 전혀 마음을 두지 않았습니다. 생활이 이와 같아, 일을 하고 사람을 대하며 사물을 접촉함에 있어 모두 이와 같았습니다. 공부가 무르익어 노화상께서는 왕생할 때 다른 사람이 도움을 필요로 하지 않고 자재할 수 있었으니, 이런 공부는 대단히 중요합니다! 마지막 이 일념은 무엇보다도 중요하니,

그것은 내생에 관련됩니다.

떠날 때, 조금도 병으로 인한 통증이 없었습니다. 해현 노화상께서 떠나시기 하루 전날 오후 여전히 사원 앞 채소밭에서 제자들과 함께 채소밭을 갈아엎었는데, 날이 저물 때까지 일했습니다. 사람들이 "노화상님, 하루 종일 일하셨으니, 일을 끝내고 그만 쉬시죠. 더 일을 하시지 말고."라고 말하자 노화상께서는 "이 일은 내가 다 하고, 이후로는 나는 하지 않을 것이다."고 답하셨습니다. 노화상께서는 밤에 일을 끝마치고 밤에 염불하면서 왕생하셨습니다.

노화상께서는 우리를 위해 표법表法하셨으니, 하루 살 때는 하루 일하고, 한 시간 살 때는 한 시간 일하고자 하셨습니다. "내려놓는다!" 말씀하시고 떠나시니, 대자재를 얻었습니다! 그의 어머님도 이렇게 가셨고, 그의 스승인 해경법사도 이렇게 가셨으니, 모두 다른 사람의 조념을 받지 않았습니다. 이런 자신감은 어디에서 올까요? 내려놓음(放下)입니다. 일반인의 병통은 내려놓지 못함에 있습니다. 욕망이 너무 많아서 매우 힘들고 생각이 너무 많습니다.

그래서 진정한 왕생은 결정코 자신에게 있습니다. 떠난다 말하면 떠나고 머무른다 말하면 머무를 수 있으니, 생사가 자재합니다.

갈 때가 이름을 미리 아시다!

해현海賢 노화상께서는 때가 이름을 미리 아셨습니다.

노화상께서 왕생하시기 전 28일, 사기현社旗縣의 한 거사가 내불사에 와서 그를 찾아뵈었습니다. 어르신은 정신이 고요하고 평정한 상태에서 이 거사에게 말씀하셨습니다.

"기억하게나, 열심히 염불해야하네!"

"잘 살아봐야 70, 80세이지. 나는 이미 1백여 세를 살았네. 곰곰이 생각해보니, 나도 그렇게 많은 나이를 살지를 못했네 ― 진심으로 왕생하길 원하네. 왕생한 이후 자네가 잘 닦으면 자네의 영혼이 성불함을 전 세계 사람이 모두 알 걸세!"

왕생하기 28일 전에 노화상께서는 사원 내 몇 명의 제자에게 말씀하셨습니다. "나는 이번 해를 넘기지 못할 걸세." 제자들은 모두 그럴 것이라 여기지 않았습니다. 왜냐하면 눈으로 보기에는 스승님의 몸은 지극히 건강하여 조금도 이상이 없었기에 어떻게 떠난다 말씀하시면 떠날 수 있겠습니까?

왕생하기 전 10~20일 사이에 노화상께서는 그의 옛 친구와 옛 도반을 찾아뵈었는데, 이는 노화상 일생 가운데 흔히 보지 못한 일입니다.

노화상께서는 먼저 동백현桐柏縣 평씨진平氏鎭의 고봉사孤峰寺에 가서 그와 함께 여러 해 닦은 옛 벗인 「무쇠다리 스님」인 연강演強스님을 찾아뵈었습니다. 노화상을 모시고 함께 간 분은 내불사의 왕춘생王春生 호법거사로 그는 「문화혁명」 후 바로 자전거를 타고 해현 노화상에게 찾아가 이전에 도량에 주지할 것을 청한 분입니다.

길 위에서 노화상께서는 왕 거사의 손을 당기며 말씀하셨습니다. "나는 이번에 오면 영원히 오지 않을 걸세."

"스승님, 왜 안 오십니까?"

노화상께서는 명확히 말씀해주셨습니다. "가까운 시일 내로 가야만 하네. 나는 너희 두 사람에게 이 사실을 알리려고 불렀네."

왕 거사는 말했습니다. "아닙니다. 지난번에 말씀하시길, 부처님께서 스님에게 떠나지 말고 여기서 2년 더 머물러 있으라고 하셨는데, 현재 왜 또 가신다고 하십니까?"

"자네는 모르네. 부처님께서 요 며칠 또 나에게 곧 떠나라고 분부하셨네. 한 달을 넘기지 않고 갈 것이네."

왕 거사는 스승님의 이러한 말씀을 듣기를 원치 않고 곧 말머리를 차단하여 노화상께서 다시 계속해서 말씀하시도록 허락하지 않았습니다.

「무쇠다리 스님」 연강스님께서는 자신에게는 "조금 경계가 있어", 3일 전에 노화상께서 (고봉사에) 오시는 것을 보았는데, 그에게 종려나무 포단(蒲團; 좌복) 하나가 필요한지 물었다고 합니다. 3일 후 해현 노화상께서 과연 오셨습니다.

점심을 먹고서 연강스님은 노화상께서 쉬게 하려고 하였는데 노화상은 응답 없이 바로 차를 타고 가셨습니다. 연강스님은 마음속으로 늘 노화상께서 포단을 줄걸 그랬나, 생각하였습니다. 그러나 며칠 지나지 않아 생각지도 못했는데, 어떤 사람이 그에게 해현 노화상께서 원적圓寂에 드셨다는 소식을 알려주었습니다. 연강스님은 듣고서 갑자기 마음속이 떨리며, 비로소 해현 노화상께서 그에게 포단이 필요한지 물은 것은 바로 그에게 "자신은 앉은 채 원적에 들겠다." 말씀하신 것임을 알았습니다.

고봉사를 떠나 노화상께서는 출가하여 삭발한 사원과 오래 머물면서 수행을 한 사원을 하나하나 한 차례씩 보고서 그곳의 제자들에게 "이후에는 나는 다시 오지 않을 것이다." 말씀하셨습니다. 제자들은 스승님 몸이 예전처럼 정정하게 보여 아무도 그의 말에 개의치 않았습니다.

노화상께서는 또한 인영印榮스님의 원명사圓明寺에 가셨습니다. 떠날 준비가 되었을 때 그는 자신의 지팡이와 옷 한 벌을 남겼는데, 인영스님이 이를 발견한 후 바로 가지고 가시라고 하자 노화상께서는 그를 향해 손을 흔들면서 "필요없네. 나는 쓰고 싶지 않아." 하셨습니다.

제자들은 모두 노화상의 이상한 거동에 대한 생각은 별로 없었는데, 내불사에서도 마찬가지였습니다.

대략 왕생하시기 전 1주일에 노화상께서 혼자서 묵묵히 탑 마당으로 통하는 길에 쌓아 놓은 옥수수 대를 탑마당 담장 모퉁이 쪽으로 조금씩 옮겼습니다. 인지印志스님은 이를 본 후 노화상께 말했습니다. "그것은 거치적거리지 않으니 옮길 필요가 없습니다." 그러나 노화상께서는 듣지 않으셨습니다. 인지스님이 건드리지 말라고 권하였지만, 부득이 모두들 와서 도와 달라고 할 수밖에 없었는데, 함께 이틀 동안 바쁘게 일한 후에야 전부 다 옮길 수 있었습니다. 옮기고 난 후, 노화상께서는 스스로 노면을 깨끗이 청소했습니다.

제자들은 모두 노화상의 거동에 대해 전혀 이해하지 못하여, 노화상께서 쓸데없는 일을 하신다고 생각하였습니다. 노화상께서 왕생하신 후, 제자들이 그의 법체를 들고 탑마당으로 갈 때 그것은 원래 노화상께서 "스스로 도로를 청정히 하는데 있었구나!" 문득 크게 깨달았습니다.

2, 3일 후에 노화상께서 왕생하시기 전 4, 5일 동안 거사 한 명이 탑마당에 가서 노화상께 점심공양을 청할 작정이었습니다. 그가 탑마당에 왔을 때, 노화상께서 마침 정원 담장가의 벽돌 한 더미를 깨어 자신의 묘탑 쪽으로 옮기고 다시 땅을 골라 놓는 모습을 보았습니다. 노화상께서는 그가 걸어오는 모습을 보고 그에게 "빨리, 나를 도와 벽돌조각을 옮겨서 늘어놓으시게."라고 말씀하셨습니다. 거사는 고분고분 노화상과 함께 일하기 시작했습니다.

그 두 사람이 벽돌을 옮기는 동안, 인지스님도 또한 몇 차례 사람을 보내어 노화상에게 식사를 청했지만, 노화상께서는 아무런 응답도 없이 여전히 그의 일을 했습니다. 비록 이 일손을 도운 거사가 노화상을 알게 된 지 얼마 안 됐지만, 그도 벌써 3개월이나 사원에서 머물던 차였습니다. 그는 매우 답답해하였습니다. "노화상께서는 평소에는 이렇게 옹고집이지 않았는데, 요 며칠 동안 왜 이렇게 고집이 세지셨지?"

노화상께서 왕생하신 후 인지스님이 벽돌을 사서 노화상의 묘탑을 봉해주려 하자 그제야 비로소 노화상께서 마음 씀이 매우 깊었음을 알게 되었습니다. 원래 그 어르신은 낭비를 원치 않으셨는데, 그가 이렇게 부러진 벽돌을 옮긴 것은 자신의 묘탑을 봉하는 용도로 쓰고자 하신 것이었습니다. 노화상께서는 한결같이 다른 사람에게 폐 끼치는 것을 원치 않으셨고, 자기가 할 수 있는 일은 모두 자신이 하고, 사후의 일조차 모두 가능한 한 자신이 아주 잘 안배하였던 것입니다.

마지막으로 부촉하시다

해현 노화상께서 왕생하시기 4일전, 2013년 1월 13일 영榮 거사와 의오義烏 염불당 유劉 거사 등 일행 다섯 명이 남양에서 사기현 내불사에 가서 112세 해현 노화상을 예방하였습니다. 이날은 바로 노화상께서 『불법이 흥하려면 오직 승가가 승가를 찬탄함에 있다(若要佛法興 唯有僧讚僧)』 이 소책자를 본 날이었습니다.

헤어지려 할 때 노화상과 모든 사람은 이별을 아쉬워하였습니다. 차 앞까지 걸어갔고, 어르신 또한 차 앞까지 배웅해주셨습니다. 이때 몇 사람이 노화상을 향해 다시 한번 작별인사를 하였습니다.

노화상께서는 큰 소리로 그들에게 말했습니다.

"염불해야 하네. 다른 것은 모두 가짜야!"

그런 다음 노화상께서는 또 한번 번거로움을 마다하지 않으시고 당신이 어떻게 염불하는지 자세히 말씀하셨습니다.

"나는 매일 새벽 3시 잠자리에서 일어나 부처님께 절을 하네. 어느 때에는 밤 1시에 일어나 염불할 때도 있고, 불상 앞에서 20분간 염불하고 뒤이어 돌면서 요불繞佛을 한 다음 다시 앉아서 염불하네. 때로는 소리를 내어 염불하고, 때로는 소리내지 않고 염불하지만, 소리내지 않고 염불할 때가 더 많아. 부처님께서는 언제나 마음속에 계시네."

노화상께서는 계속해서 그들에게 신신당부하셨습니다.

"어느 때든 다른 사람을 성가시게 하지 마시게! 평상시 그들이 내게 밥을 담아줄 때 많아도 좋고 적어도 좋으니, 나는 아무 말도 하지 않고 많건 적건 담아주는 대로 먹게나. 그렇지 않으면 사람들이 이곳저곳 뛰어다녀야 할 게야. 난 다른 사람을 성가시게 하는 것을 원치 않네!"

노화상께서 모두에게 부촉하셨습니다. "염불해야 하네. 다른 것은 모두 가짜야!" 이 말씀은 해현 노화상 당신을 묘사한 것입니다. 마음속에 오직 한 분 아미타부처님만 계셨으니, 아미타부처님을 제외하고 어떤 일도 마음에 두지 않으셨습니다. 이런 사람을 진정한 염불인이라 합니다.

해현 노화상께서는 언제든지 사람들에게 가르치셨습니다. "열심히 염불하시게. 성불이 진짜이고, 다른 어떤 것도 모두 가짜야." 이는 해현 노화상께서 우리들에게 남겨주신 가장 좋은 말씀으로 우리들이 열심히 학습할 가치가 있는 말씀입니다. 오직 염불만이 진짜이고, 오직 극락세계에 왕생해서 부처가 되는 것만이 진짜이고, 다른 것은 전부 가짜이고 한 가지도 진짜는 없습니다. 《금강경》에서 이르시길, "무릇 모든 상은 모두 허망하다." "일체 유위법은 꿈 같고 환 같고, 포말 같고 그림자 같다." 하셨습니다. 《반야경》에서는 이르시길, "일체 법은 있는 바가 없고, 필경 공이며, 얻을 수 없다." 하셨습니다.

정공법사께서는 일찍이 이렇게 말씀하신 적이 있습니다.

"반드시 가짜는 얻을 수 없고, 진짜도 얻을 수 없음을 알아야 합니다. 왜 그런가? 진짜 안에는 상이 없고 물질현상이 없기 때문이니, 이는 자성은 청정하여 상이 없음을 말합니다. 즉 자성은 생함도 멸함도 없으니, 그 안에는 물질현상도 없고, 정신현상도 없으며(바로 생각이 없다), 자연현상도 없으므로 얻을 수 없습니다."

자성은 만법을 현현할 수 있음을 혜능대사께서는 가장 또렷하게 말씀하셨습니다. "어찌 자성이 만법을 냄을 알았으리까?" 당신이 이를 진정으로 이해하면 염불할 것입니다. 단지 「아미타불」이 명호만 마음속에

두어 잡념이 없고 망상이 없어야 합니다. 왜 그럴까요? 망상 잡념은
모두 육도를 윤회하게 함을 알아야 합니다. 망상 잡념이 끊어지지 않으면
육도윤회도 끊어지지 않아 당신은 벗어날 수 없습니다. 망상 잡념이
없으면 당신은 언제라도 가고 싶으면 언제라도 갈 수 있어 진정으로
자재하고 가는 때에 맑고 깨끗합니다."

땔나무를 옮기고 물을 긷는 것이 도道가 아닌 것이 없으며,
거친 찻잎과 변변치 못한 밥을 먹음이 모두가 수행이다.
열심히 염불(아미타불)하여 부처가 되는 것이 대사이며,
다른 것은 그 어느 것도 거짓인 것이다!

- 해현海賢 큰스님(왕생극락 후 등신불이 되어 정토종 제14조로 추대됨)

모든 거짓을 내려놓고, 집착과 분별을 내려놓고서
일심一心으로 염불(아미타불)하여
한마디 참되고 정성스런(眞誠) 부처님 명호 속에
위없는 공덕을 원만하게 해야 한다

- 정공淨空 큰스님

112세, 평생의 염불로 자재한 왕생을 보이시다!

2013년 1월 17일은 해현 노화상께서 왕생하시기 전 마지막 날입니다.

이날, 해현 노화상께서는 거사 한 분에 대해 말씀하셨습니다. "그는 그의 큰형이 찾아와 천도를 해서 유골을 고향에 안장하기를 바라는 꿈을 꾸었다."

오후에 노화상과 제자들은 함께 사원 문 앞에서 채소밭을 갈아엎는 일을 날이 저물 때까지 하자 모두들 그에게 쉴 것을 권했습니다.

인천印川스님이 물어보길, "스승님 여전히 일하십니까?"

노화상께서 대답하시길, "나는 그리 오랜 시간 일하지 않고, 곧 일을 다 마칠 것이네."

그가 일을 다 마치고 또 말씀하시길, "이 일은 내가 다 마치고, 이후로는 하지 않을 것이네."

다른 사람들은 이 한마디가 아주 평범한 말씀인 것처럼 들었으나, 그날 밤 스님께서 떠나실 거라 생각지도 못했는데, 나중에 생각해 보니 노화상의 이 한마디에 특별한 말씀이 있는 줄 알게 되었습니다.

저녁 무렵, 인지스님과 몇몇 거사는 강경당講經堂에서 마침 정공법사가 강해하신 《대경해연의大經解演義》비디오를 보고 있는데, 노화상께서는 자신의 승방에서 인경을 치면서 염불하고 계셨습니다. 이때에도 평상시처럼 노화상께서는 승방에서 향을 피우고, 부처님께 절을 올리고, 인경을 치며 염불을 하셨습니다. 그러나 인경을 치는 시간은 모두 매우 짧았는데,

그날은 그 시간이 평상시 보다 훨씬 초과하였습니다.

마침 강경설법을 듣고 있던 거사 한 분이 호기심이 생겨 옆에 있던 다른 동수同修에게 "노화상께서 오늘 왜 줄곧 인경을 치며 염불하십니까?" 라고 물었습니다. 말은 이렇게 해도 여전히 이러한 이상에는 너무 신경 쓰지 않았습니다. 저녁을 먹고 난 후, 노화상께서는 평상시와 마찬가지로 일찍 쉬었습니다.

한밤중 새벽 1시가 조금 넘었는데, 사원에 상주하던 어떤 노인이 일어나 화장실로 가니, 노화상의 승방에 등불이 벌써 켜져 있었습니다. 다음날 아침, 모두가 아침 예불을 다 마친 후 인전印栓스님이 노화상에게 아침 식사를 들고 가 문 밖에서 노화상을 불렀으나 응답하지 않아 문을 밀고서 보니, 노화상께서 침대에 누워 계셨고, 옷이 매우 가지런히 개여져 침상 위에 놓여 있었습니다. 노화상께서는 평상시에 절대 늦잠을 주무시지 않았고, 옷가지도 지금까지 이렇게 가지런히 개어 놓은 적이 없었습니다.

인전스님이 여러 번 불러도 노화상께서 응답하시지 않자 그는 다가가 보니 노화상께서 벌써 안상히 왕생하셨음을 발견하였습니다. 인지스님 의 말씀으로는 노화상의 얼굴에 나타난 것은 "기쁜 상(可喜像)이었고 얼굴 도 불긋불긋했다"고 했습니다.

노화승의 요강이 이미 화장실에 놓여져 있었기 때문에 노화상께서 당연히 침상에서 일어나 아침 예배를 다 마친 뒤 다시 침상에 누운 것으로 추정됩니다.

112세의 해현 노화상께서는 2013년 1월 17일, 아무런 고통 없이 안상히 열반을 보이셨습니다.

노화상께서는 가는 때에 이름을 미리 아시고 비록 명백히 말씀하시지는 않았지만 여전히 내불사를 호법하시는 왕 거사에게 소식을 드러내셨습니다. 노화상께서 왕생하기 며칠 전에 그에게 말씀하셨습니다. "부처님께서 이삼일 전에 또 나에게 곧 떠나라고 분부하셨네." 어느 날이라고 말씀하시지 않았지만, 실제로 알고 있었고 말씀하시지 않았을 뿐입니다. 어떤 거사가 그를 도와 조념하겠다고 하자, 노화상은 조념이 필요 없고, "스스로 떠날 것이네."라고 말씀하셨습니다. 그는 다른 사람이 조념하여 그를 장애하지 않도록 하셨습니다. 임종시 정념正念을 어지럽힐까봐 가장 두려워하셨습니다.

"하루 일하지 않으면 하루 먹지 않는다(一日不作 一日不食)"는 정신으로 노화상께서는 진실로 책임을 지셨습니다. 저녁이면 곧 극락세계에 이르고 낮에는 하루의 일을 하여 중생을 이롭게 하셨습니다. 아무도 그가 왕생할 것이라고는 생각하지 못했습니다. 그의 몸 상태는 매우 좋았고, 머리도 맑아서 조금도 흐리멍덩하지 않았습니다.

해현 노화상께서는 20세에 출가하셨습니다. 스승님께서는 그에게 단지 한마디 「아미타불」만 가르치시고 줄곧 염불하라고 가르치셨습니다. 그는 「착실히 청정한 마음을 이어가고(老實)[49], 말씀을 잘 듣고(聽話), 진실로 실천하여(眞幹)[50]이 한마디 부처님 명호를 92년간 염하였습니다.

---

49) 어떠한 것을 「노실老實」하다고 합니까? 대세지보살께서 《능엄경》에서 우리들에게 염불하는 방법을 가르쳐 주셨습니다. "도섭육근都攝六根 정념상계淨念相繼" 이 여덟 글자입니다. 이 여덟 글자를 실천하는 것이 바로 표준적인 노실한 사람입니다. 《당생성불》
50) 진실로 함(眞幹)이란 무엇입니까? 바로 방금 말씀 드린 세 마디, 의심을 품지 않고(不懷疑), 뒤섞이지 않으며(不夾雜), 중간에 중단하지 않는(不間斷) 것입니다. 《불설아미타경요해》

2009년 가을, 저는 스승님(해현海賢 큰스님, 1909~2013)과 함께
들에서 땅콩을 캐내고 있었을 때였습니다. 저는 스승님께서
땅콩을 캐내시면서 입을 여전히 조금 살짝살짝 움직이고 계시는
것을 보고는 참을 수가 없어서 스승님께 여쭙길,
"스승님, 입을 늘 움직이고 계시는데, 무슨 말씀을 하고 계시는 것입니까?"
그러자 어르신께서 "아미타불!" 하셨습니다.
저는 그때서야 원래 노화상께서는 평소에 언제나 염불하고 계시며,
지금까지 중단한 적이 없으시다는 것을 알았습니다!
- 래불삼성영사집來佛三聖永思集

114세로 왕생극락하신 후 6년만에 등신불로 화현하여
정토종 제14조로 추대된 해현 큰스님

2. 유소청 거사 자재왕생

유소청劉素靑 거사居士(1941년-2012년)

2012년 상품상생으로 자재왕생함을 표법하시다!

2019년 동생 유소운 거사는 정종학회에서 《무량수경》을 강설하고 계시다!

고향집으로 돌아가는 언니를 기쁘게 배웅하다

유소운 거사

제1편 : 아미타불로부터 사명을 부여받으시다

🪷 유소청 대보살 : … 나는 태어나면서부터 지금까지 말을 참 잘 들었단다. 어려서는 어머니 말씀을 잘 들었고, 지금 부처님을 공부[51]하면서는 부처님 말씀을 잘 들었지. … 그렇게 하여 이제 두 글자를 얻었으니, 바로 '환심換心[52]'이란다. … 내가 스스로 성취하여야만 비로소 다른 사람을 성취시킬 수 있단다. 그런데 내가 왜 매일 하하 웃고 있겠니? (그것은) 내가 감사하면서 세상 한가운데 살고 있기 때문이란다. 내가 너희들한테 말했었지. 엄마가 이번 생에 여한이 없는 것은 이번 생에 대해 아주 만족하기 때문이라고 말이야. 나는 웃으면서 왕생할 것이고 자재하게 왕생할 것이다. 사실 (아미타불께서) 이미 연품蓮品[53]까지도

---

51) "'학불學佛'과 '불학佛學'은 서로 다른 일이다. '불학佛學'은 불법의 학설을 연구하는 것으로, 이는 생사윤회를 벗어나는 것을 배우는 것과는 전혀 상관이 없다. '학불學佛'은 부처님을 모범으로 삼아 신·구·의 세 가지 업을 부처님과 같아지도록 공부하는 것이다." 정공법사, 『무량수경친문기』

52) 환심(換心)은 사바세계의 마음을 극락세계의 마음으로 전환시키는 것을 뜻한다. 환심換心과 관련하여 우익대사께서는 '염불행자의 심식心識은 (극락세계에) 가지 않으면서도 또한 가서 보배연꽃에 몸을 의탁하게 된다.'라고 말씀하시고, 철오선사께서는 "몸을 돌려서 아버지 앞에 선다(轉身就父)."라고 말씀하신다.

53) 극락왕생의 품위를 말하는 것으로 상품상생에서 하품하생까지 아홉 가지 품위가

말씀해 주셨단다. … 나는 조념助念 염불54) 없이도 순식간에 떠날 수 있지만, 다만 중생을 제도하기 위하여 이러한 형식을 밟아서 가려고 한단다.

🌸 **넷째 딸** : 어머니는 신심이 굳고 강하시니 서방 극락세계에 왕생하실 거예요.

🌸 **유소청 대보살 법어 초록** : 얘야, 안심하렴. 나는 반드시 할 수 있단다. 그냥 할 수 있는 것만이 아니라 아주 잘 해낼 거란다. … 나는 우선 서방세계의 그 아름다운 풍경과 내가 왕생하기 전후의 상서로운 모습들을 미리 써놓을 것이다. 나는 이와 같은 형식으로 표법表法55)해야 한단다! 후세 9천 년 동안 고난 받는 중생들이 이것을 보고, 아, 아미타불 염불만 하면 공덕을 이룰 수 있구나, 생각하도록 하려고 한다. … 나는 어떤 독특한 방법을 써볼까? 나는 지금 아직 이렇게 숨 쉬고 있고, 이렇게 원기왕성하게 앉아 있지 않니? 왕생하기 전에는 게송의 방식으로, 우리들 극락고향의 아름다운 풍경과 내가 왕생하는 형식을 전부 게송의

있다. 이를 구품연화대라고 한다. 인광대사께서는 "왕생하는 여부는 오직 믿음과 발원 유무에 달려 있고 품위의 높고 낮음은 오직 지명의 깊고 얕음에 달려있다."고 말씀하신다.
54) '조념助念'이라는 것은 임종에 다다른 사람을 향하여 대중들이 모여서 나무아미타불(혹은 아미타불)을 함께 합창하여 운명할 사람의 혼미한 정신을 일깨워, 아미타부처님을 잊지 않고 극락세계에 왕생하도록 도와주는 것을 말한다.
55) 이 법문에서는 표법表法을 '법을 몸으로 보여준다'는 뜻으로 사용한다. 또한 원만함을 표시한다는 뜻도 가지고 있다. 『화엄경華嚴經』은 불교의 구경 원만한 교학으로 그래서 그 속에는 대승 소승의 열 개 종파·사상·방법·경계가 원만히 구족되어 있다. 현교 안에서 우리들은 열가지 표법表法, 즉 열 가지 대표원만을 사용하여 화엄경을 보는데 이것이 현교의 원만이다. 『무량수경無量壽經』에서 「21구지 불토二十一俱胝佛土」는 바로 21표법을 사용한다. 16, 21은 밀종에서 대원만을 대표한다. 그래서 『화엄경』 속에는 현顯도 있고 밀密도 있으며, 선禪도 있고 정토淨도 있으며, 계戒도 있고 교教도 있어 불법佛法의 열 가지 종파를 모두 다 구족하니 「원만한 교학圓滿的教學」이라 부른다."

방식으로 쓸 것이고, 내가 떠나기 전에 이러한 방식으로 중생을 제도할 것이다. 내가 떠난 이후에는 내가 생전에 썼던 게송과 내가 왕생할 때의 갖가지 상서로움을 서로 비교하면서, 너는 믿을까 안 믿을까? 하나 하나 사실을 들어 검증할 것이다! 나는 『무량수경대경해无量寿经大经解』6백집56)을 다 보았고, 『망진환원관妄尽还源观』57)은 한번 훑어보았다. 그리고 『대경과주大经科注』58)를 보았는데 『대경과주』는 다 보지 못했다. 이 비디오CD들을 보고 난 다음에도 (그 내용이) 많아서 다 기억하지 못하고, 난 딱 두 글자 환심换心만 기억하고 있단다.

나는 본래 이름도 모르는 한 포기 작은 풀이란다. 나는 대자연 속에서 나와서 대자연 속으로 돌아가려고 했단다. 나는 조용히 왔다가 조용히 떠나가려고 했단다. … 그런데 지금 아미타불 노자부老慈父께서 나에게 이런 중대한 임무를 주셨다.

"하련거 노거사의 『무량수경』 선본善本에 대해 증명하고 전하며, 황념조 노거사의 『대경해』에 대해 증명하고 전하며, 또한 정공 노화상이 고구정녕 노파심으로 (가르치고 타이름에 대해), 86세 의 고령에도 불구하고 아직도 중생을 가르치고 인도하시는 그러 한 자애심에 대해 (증명하고 전하라.)"

중생들은 미혹하여 이를 이해하지 못하니, 내가 이 세 분의 스승님(老 师)을 위해서 증명하고 전하여야만 한다!!!

---

56) 정공법사净空法师께서 2010.4.5 홍콩 불타교육협회, 오세아니아 정종학원(澳洲净宗学院)에서 강설한 『정토대경해연의(净土大经解演义)』(全600集) 를 말한다.

57) 정공법사께서 강설한 2008.11.14. 만화장 TV방송국(灣華藏電視台)에서 갈설한 『수화 엄오지망진환원관(修华严奥旨妄尽还源观)』共108集를 말한다.

58) 정공법사께서 강설하시고 계시는 『정토대경과주净土大经科注』를 말한다.

2편 ; 언니가 서방세계로 떠나니 동생이 언니를 배웅하다

존경하는 세계 각지와 전국 각지의 법우 여러분, 존경하는 허공법계 전체에 두루 계시는 일체의 고난 중생 여러분!

아미타불!

오늘 저는 여기서 여러분께 좋은 소식, 또한 기쁜 소식을 전하려고 합니다. 저의 언니인 유소청(劉素青) 거사居士59)가 미리 알고 있던 시간에 이르러 상품상생上品上生60)으로 서방극락세계에 왕생작불作佛61)하시고 가셨습니다. 언니는 살아서 왕생을 하였기 때문에 우리에게 좋은 본보기가 됩니다. 언니가 왕생한 정확한 시간은 2012년 11월 21일 정오 12시 정각으로, 1분 1초도 틀리지 않았습니다. 저에게 이처럼 좋은 언니가 있다는 것이 너무나 기쁘고 자랑스럽습니다! 오늘 저는 여러분에게 저희 언니가 왕생표법往生表法한 인연 및 구체적인 사정과 왕생의 과정에 대해 잠깐 보고하려고 합니다. 연우 여러분께서는 나중에 비디오 CD를 봐주시길 바랍니다. 우선 연우 여러분께 저희 언니가 왕생하는 5일간의 표법表法이 어떤 인연 때문인지 잠깐 말씀드리겠습니다.

🪷 왕생표법往生表法의 인연

이 이야기는 금년 6월부터 시작하여야 합니다. 금년 6월에 저는

---

59) 중국에서는 재가 수행자를 남녀 구분없이 거사居士라고 부른다.

60) 상품상생上品上生: 극락에 왕생하는 구품九品 가운데 하나이다.

61) 작불作佛이라 함은 부처의 인因을 심는다는 뜻으로 그 과보로 극락세계에서 성불成佛한다. 정공법사께서는 "사람들에게 왕생작불往生作佛을 권하고 다음 생에 인간으로 법사가 되길 구하지 말라"고 말씀하셨다.

홍콩에 가서 『대경해연의大经解演义』 학습을 함께 나누는 보고회에 참가하였습니다. 그 회의에서 많은 동수님(同修)62)들께서 수많은 질문 쪽지를 건네주며 저에게 질문에 답해달라고 하였습니다. 그 가운데 많은 부분은 극락세계 왕생에 관한 걱정이었습니다. 특히 많은 동수님들이 제시한 것은 정말 살아서 왕생할 수 있을까? 라는 걱정이었습니다. 이 걱정이 너무너무 많았습니다! 제가 당시 동수님들에게 강의를 할 때에 이런 말을 했던 것을 기억합니다. 만약 아미타불께서 허락해 주신다면 저는 지금 이 강단 위에서 살아서 왕생한다는 것이 어떻게 하는 것인지 여러분에게 한번 시연表演63) 해 드리겠습니다. 그러나 아미타불께서는 허락해 주시지 않으시니, 그렇다면 어떻게 할까요? 그럼 나중에 다시 기회를 찾아 봐야겠죠. 홍콩에서 하얼빈으로 돌아간 후 제가 언니와 이야기하는 중에, 아마 전화상이었던 것으로 기억됩니다. 왜냐하면 저와 언니는 한 집에 살지 않았으니까요. 전화를 하면서 저는 이번 홍콩에 가서 몇 가지 느낀 점에 대해서 말했습니다. 제가 말했습니다.

"언니, 지금 가장 급히 필요한 것은 법을 보여줄 사람이예요!"
저희 언니가 말하더군요. "소운아, 무슨 법을 보여주자는 거니?"
저는 말했습니다. "살아서 왕생하는 법을 보여주는 거예요."
저는 말했지요. "아미타불께서 허락해 주신다면 내가 몸으로 보여줄

---

62) 육화경의 하나인 계화동수戒和同修의 약어로 '계행으로 화합하여 함께 닦음'을 뜻한다. 정공 법사께서는 "매일 무량수경(또는 아미타경)을 독송·수지함으로써 아미타불 성호를 일과로 삼고 오랜 시간 몸에 배게 닦아, 의심하지 말고 뒤섞지 말고 중단하지 않으며, 오롯이 뜻을 모아 허공법계의 고난 중생에게 회향하여 극락세계에 왕생하길 발원하고 아미타불을 가까이 모신다."라고 말씀하셨다.

63) 표연(表演)이란 동작을 보여준다는 뜻이다. 중국전통 무술에서 표연(表演)이라고 하는 분야가 있는데 이는 체조처럼 화려한 동작을 보여주는 갈래로 형식화된 동작들을 연속적으로 보여준다.

텐데, 아미타불께서 허락해 주시지 않으시네요. 누구를 찾아서 몸으로 보여주게 할까요?"

그때 저희 언니가 바로 말했습니다. "소운아, 네가 몸으로 보여줄 수는 없단다. 너는 아직 다른 임무가 있어! 내가 보여주도록 할게!"

언니가 이렇게까지 말했을 때 저는 언니가 하는 말을 믿었습니다. 왜냐하면 저희 언니는 저보다 네 살 위로 우리는 어려서부터 함께 자랐기 때문에 저는 저희 언니의 성품과 천성을 너무나 잘 알고 있었기 때문입니다. 제 생각에 언니는 말을 했으면 책임지는 사람이거든요!

"내가 보여주도록 할게."라는 이 한 마디가 바로 저희 언니가 이번에 왕생표법하는 최초 인연이었습니다. 언니가 표법表法을 하겠다고 말을 했지만, 사실 언니가 최근 몇 달 동안 계속 이 일의 준비 작업을 해왔는지는 저는 모르겠습니다. 저희 둘은 서로 교류를 한 적은 없으니까요. 다만 이번에 초읽기에 들어간 5일간 차근차근 왕생을 몸으로 보여주는 일은 언니가 준비를 한 것이 분명해 보입니다. 언니는 반드시 해내고야 말겠다는 신념을 품고 이번 왕생을 잘 시연하려고 하였던 것이 확실합니다. 언니는 책임감을 가지고 있었습니다!

🪷 첫 번째 왕생소식

제가 처음으로 언니가 왕생할 시간을 알게 된 것은 금년 11월 8일이었습니다. 11월 7일, 저는 단층집을 찾아가 저의 오랜 동창을 만났습니다. 그리고 또 저의 선생님 한 분도 있었고요. 제 오랜 동창은 위장병을 앓고 있었는데 수술을 받고 위를 3분의 2나 잘라 냈습니다. 수술 후 처음 며칠 사이에 그녀와 전화 통화를 했을 때, 저는 그녀에게 상황이 어떠냐고 물었습니다. 그녀는 좋지 않다고 말했어요. 수술을 하고 두 달이 지나도록 수술 부위가 아물지 않았다고 했습니다. 제 기억에 당시에는 저는 그래도 그녀와 농담조로 말했던 것 같습니다.

"아물지 않는 게 좋지 않아요? 공기가 잘 통하잖아요! 선루프64)를 열어 놓는 거죠."

그런 말을 하면서 우리 둘은 함께 웃었지요. 제가 뵈러 갔던 다른 한 분은 저의 초등학교 3학년 때 담임 선생님이었습니다. 선생님의 건강 상태가 좋지 않다는 말을 듣고 저는 꼭 선생님을 찾아뵈어야겠다고 생각했습니다. 왜냐고요? 저의 또 다른 담임 선생님이었던 거귀선擧貴先 선생님께서 작년에 왕생을 하셨는데, 선생님께서 왕생할 때에 다른 선생님께서 제게 말씀하시기를,

"거 선생님이 왕생하실 때에 꼭 하나 여한으로 여겼던 것이 마지막으로 너를 한 번 보지 못한 것이었단다."라고 하셨기 때문입니다. 사실 제가 시간을 따져보니 당시에는 제가 이미 하얼빈에 돌아가 있었습니다. 그런데 저는 선생님께서 세상을 떠나시려고 한다는 소식을 알지 못했고, 그래서 선생님은 저를 마지막에 한 번 보지 못하신 것입니다. 그렇기 때문에 저는 이번에 선생님이 - 조 선생님이라는 분입니다 - 건강이 좋지 않다는 말을 듣고는 생각했습니다.

"나는 더 이상 여한을 남길 수 없다!"

그날이 바로 11월 7일이었습니다. 저는 오전에 먼저 친구를 보러 가고, 오후에는 선생님을 뵈러 가려고 생각했지요. 왜 오후에 선생님을 뵈러 갔냐고요? 그래야 선생님 계시는 곳에 좀 더 오래 있을 수 있을

---

64) 승용차에서, 바깥의 빛이나 공기가 차 안으로 들어올 수 있도록 조절할 수 있는 승용차의 지붕을 가리킨다.

테니까요. 왜냐하면 아주 오랜 시간을 한 번도 뵙지 못했었거든요. 그렇기 때문에 점심은요, 저는 제 동창을 귀찮게 하고 싶지 않았고, 그녀도 몸이 좋지 않아 그녀와 같이 점심식사를 할 수는 없었고, 또 곧 팔순이 되시는 선생님을 귀찮게 할 생각도 없었습니다. 우리 때문에 부산히 서둘러 다시 점심밥을 짓게 할 수는 없으니까요. 그래서 저는 저희 언니에게 가서 점심을 얻어먹을 생각을 하게 되었습니다! 전화를 했더니 마침 저의 넷째 조카딸이 집에 있더군요. 왜냐하면 저희 언니는 (다리가 아파서) 문을 열어 줄 수 없었거든요. 조카가 집에 있기에, 우리는 밥 먹으러 가겠다고 말해놓고 점심시간이 되어 언니네 집에 도착했습니다. 도착해서 문을 들어서서 저희 언니를 보니 조금 말랐더라고요. 저는

"노보살님, 어째 좀 마르셨네요? 집으로 돌아가려고 하시는 거 아녜요?"

저희 언니는 쾌활하게 웃으며 말했습니다.

"곧 돌아갈 거야!"

이 일이 11월 7일, 바로 그날입니다. 언니네 집에서 점심을 먹는 데 대충 30분 정도의 시간이 걸렸지요. 밥을 먹고 우리는 비로 선생님 댁으로 갔습니다. 선생님 댁에서 3시 조금 지나 4시가 되기 전에 우리는 하얼빈으로 돌아왔습니다. 이날이 바로 11월 7일입니다.

11월 8일, 바로 제가 언니를 본 다음 날 새벽, 절을 할 때는 - 매일 새벽 일어나면 저는 세 시간 동안 절을 하였죠 - 일종의 기별이라 해도 좋고, 아니면 다른 무엇이라 해도 좋을, 분명히 말할 수 없는 무언가가 있었습니다. 2003년부터 지금까지 저는 줄곧 이와 같은 상태였습니다. 보지도 못하고 듣지도 못하지만 그러나 저는 바로 알았습니다. 이것이 어떤 상황인지 저는 지금까지도 자신에게 조차 분명히 말할 수 없습니다.

그날 제가 무엇을 알게 되었냐고요? 저에게 이 말들이 알려주는 뜻은 이러합니다.

"너희 언니는 비범한 사람이다. 그녀는 보살로서 중생을 제도하러 오신 분이다. 이제 그녀는 원만圓滿해지려고 하니, 왕생할 시간이 한 달 내로 올 것이다. 조념염불도 할 필요 없이 자재하게 왕생할 것이며, 모든 일은 불보살께서 오셔서 안배安排하실 것이다!"

그때 제가 시간을 보았더니 새벽 6시 15분쯤 되었습니다. 저는 나중에 잊어버릴까봐 걱정이 되어 작은 종잇조각에 이 말들을 그대로 적어 놓았습니다. 이날이 11월 8일에 제가 처음으로 언니의 왕생 소식을 들은 것입니다. 그렇다면 이 시간에 따른다면 아직 한 달의 시간이 있는 것이지요. 11월 8일에서 12월 8일까지의 이 시간 말입니다. 이것은 그저 대강의 시간일 뿐 특별히 정확한 시간은 아니었습니다.

☸ 두 번째 왕생소식

두 번째로 제가 언니의 왕생 소식을 얻은 것은 11월 15일, 역시 새벽으로, 제가 예불을 올리고 있을 때 얻었습니다. 이번에 제가 얻은 것은 한 줄의 비밀번호로, 그 비밀번호는 2012112112이었고 뒷면에는 유소청이라고 저희 언니의 이름이 쓰여 있었습니다. 저는 작은 종잇조각에 이 숫자들을 써놓고 내 주머니 속에 간직하고 있었습니다. 저는 어떤 누구에게도 말하지 않았고 또한 저희 언니에게도 말하지 않았으며, 딱 저 혼자만 이 비밀번호를 알고 있었습니다. 저 혼자서 이 비밀번호를 해독한 것으로는, 2012는 해를 표시한 것이고, 11은 11월, 즉 월을 표시한 것이며, 21은 일을 표시한 것이니, 11월 21일입니다. 뒤의 12는 몇 시인지를 표시하는 것으로 그렇다면 정오 12시 정각입니다. 연결하면 바로 2012112112이 되는 거지요. 저는 이것을 비밀번호로 여기고, 이것을 추측해보니 나중에 이것을 가지고 검증하고 검증해서 정말 이 뜻인지 아닌지 살펴보아야겠다, 생각했습니다. 이것이 바로 11월 8일과 11월 15일, 두 번에 걸쳐 언니의 왕생 소식을 얻은 것입니다. 경과는 이러했습니다.

11월 16일 정오, 저의 언니가 저에게 전화를 했습니다. 아주 간결하게 말했지요. 말한 그대로 옮기면, 바로 이렇습니다.

"소운아, 위급해! 서둘러! 알아들었니?"

제가 말했지요.

"알아들었어."

그러자 저쪽에서 전화가 끊어졌습니다.

첫날에 저는 이미 언니가 왕생할 정확한 날짜를 알고 있었기 때문에 그래서 언니의 이 말을 제가 틀림없이 알아들었다고 생각합니다. 왜냐하면 "위급해! 서둘러!"라고 하면서 저에게 분명히 들었는지 못 들었는지 물었기 때문입니다. 어째서 "위급해! 서둘러!" 이런 말씀을 하셨을까요? 이 일을 여러분께 말씀드리겠습니다.

금주錦州에 사는 나이가 40세인 남자 동수님 한 분이 계셨는데, 말기 암으로 온몸에 암이 번졌는데 그가 저를 보기를 희망하였습니다. 그의 아내가 홍콩불타교육협회로 편지 한 장을 보내왔었습니다. 그녀의 남편이 나이가 겨우 40세 밖에 되지 않았는데, 지금 이미 온몸에 암이 번져서 남은 시간이 별로 많지 않아 그가 특별히 유 선생님을 뵈었으면 하고 바란다고 말했습니다. 불타교육협회에서는 이 편지를 저에게 전해 주었지요. 저에게 전해준 다음, 그때는 마침 제가 막 홍콩에서 하얼빈으로 돌아온 지 열흘쯤 되었을 때였는데, 그때 저는 대운大云에게 당장 표를 사라 하고, 우리 둘이 가서 보자고 하였습니다. 그리하여 대운과 저, 우리 두 사람은 금주로 가서 그 법우佛友를 만났습니다. 그 법우는 비교적 젊은 사람으로 지금 막 40세가 되었고 게다가 부처님 공부를 한 시간도 별로 길지 않았기에 이 죽음이란 것에 대해서 아직도 비교적 공포심을 가지고 있었고, 이 왕생이라는 것에 대해서도 믿음이 단단하지 않다고 딱 잡아서 말할 수는 없는데다 어느 정도의 신념을 가지고 있다고 말하기도 어렵습니다. 그는 이러한 수준에 속했습니다.

제가 그를 보고 돌아온 후로 그는 저에게 일종의 의지하는 마음 같은 것을 갖게 되었습니다. 그래서 그는 온통 이모님(유소운 거사)이 있어야만 내가 서방극락세계에 왕생할 수 있다는 생각에 사로잡혀 있었습니다. 몇 차례 저에게 전화를 걸어왔는데 나중에는 제가, '안되겠다, 이렇게 의지하여서는 그가 왕생하는 데 나쁜 영향을 미치겠구나.' 하는 생각이 들었습니다. 저는 바로 그에게 말했습니다.

"나는 전화를 끊을 거다. 이후로는 너와 전화통화를 할 수 없으니, 이후로 너는 아미타불만을 생각하여야 한다."

그의 이름은 유건지劉建志라 하는데, 건지는 전화통화에서 말했습니다. "이모님, 저는 아미타불을 생각하지 않아요. 저는 당신, 이모님만을 생각합니다."

제가 말했습니다. "이모를 생각해서는 서방 극락세계에 갈 수 없고 작불作佛을 할 수 없다. 아미타불을 생각하여야만 극락세계에 갈 수 있고 그래야만 작불을 할 수 있다."

그는 받아들였습니다. "이후로는 저는 아미타불을 생각하고 이모님을 생각하지 않겠습니다.”

그렇지만 그의 전화 속에서 그가 하는 말을 들으면서 저는 그가 저를 생각하고 저에게 집착하고 있음을 여전히 느꼈습니다. 나중에 또 한 번 전화가 왔을 때에 그는 나에게 이러한 사정을 말했습니다. 그가 말했습니다. “제가 두 번 아미타불을 뵈었지만 저는 아미타불을 따라 가지 않았습니다.”

제가 말했지요. “두 번이나 아미타불을 뵈었는데, 어째서 가지 않았느냐?”

그가 말했습니다. “그건 제 생각에, 저는 아직 당신을 뵙지 못했는걸요? 아미타불을 뵙기는 했지만 이모님을 뵙지 못하였기에 두 번 다 가지 않았습니다!”

제가 말했지요. “이 어리석은 어린애 같으니라고! 절대 세 번째 기회는 놓쳐서는 안 된다! ”만약 세 번째 기회까지 놓치게 된다면 아미타불께서는 너를 맞이하지 않으실 거야! 너는 그럼 고향집으로 돌아가지 못하게 되는 거야!”

그 일이 있은 후로 그는 또 전화를 걸어와서 또 그의 생각을 말했습니다. 나중에는 제가 그에게 이렇게 말을 했습니다.

“건지야. 그렇다면 이제, 네가 우리 언니하고 통화를 하도록 해야겠다. 우리 언니는 골암 말기로 암이 온몸에 번져 있다. 네가 그 노인네는 어떤 마음가짐을 가지고 있는지, 극락에 왕생하는 일에 대해서 어떻게 보고 있는지 살펴보면 어떻겠니?”

그리고 저는 우리 언니의 전화번호를 그에게 알려 주었지요.

“내가 먼저 언니에게 연락을 해 놓을 테니, 10분 후에 네가 다시 우리 언니와 전화 통화를 하도록 해라.”

그는 “그렇게 하면 되겠네요.”라고 말했습니다.

저는 말했지요. "그럼 넌 언니를 큰 이모님이라고 하고 나는 작은 이모님라고 부르도록 해라. 우리 언니가 너의 큰 이모님이 되는 거다."

이렇게 말하고 전화를 끊은 후에 바로 언니에게 전화를 했습니다. 제가 말했습니다. "언니, 조금 있다가 금주에 사는 동수同修 한 분이 전화를 할 거예요. 언니가 잘 가르치고 일깨워 주세요."

언니가 좋다고 했고 곧 이어서 유건지가 저의 언니에게 전화를 걸었습니다. 제가 듣기로 두 사람은 전화를 1시간이나 했다고 합니다. 저의 언니는 전화로 그에게, 어떻게 하여야 신념을 굳건히 할 수 있는지, 어떻게 왕생을 구해야 하는지와 반드시 집으로 돌아가 아미타불 인자한 아버님을 뵈어야 한다는 것을 알려주었다고 합니다. 뒷부분에 그는 아마도 별로 신념이 굳지 못한 몇 가지 말들을 하였을지도 모르고, 여전히 의혹이 있었던 모양입니다. 저의 언니는 말했답니다.

"이렇게 하면 어떻겠니? 건지야. 큰 이모가 너를 데리고 함께 집으로 돌아가도록 하마."

그제야 그가 기뻐했다고 합니다! 나중에 그가 또 한 번 저에게 전화를 했는데, 이렇게 말을 했습니다.

"이모님, 우리 큰 이모님께서 말씀하시기를, 저를 데리고 함께 집으로 돌아간다고 하셨어요. 이번에는 저도 믿음이 생기고 자신이 생겼어요."

이 일은 이렇게 지나가나 보다 했지요. 그런데 또 며칠이 지나자 그의 아내가 또 저에게 전화를 걸어서 말하는 것이었습니다.

"이모님, 저희 집 건지 씨 말인데요. 그의 이런 상황이 정상인가요? 아닌가요?"

제가 물었지요. "어떻게 되었느냐?"

그의 아내가 말했습니다. "건지 씨는 내내 의식이 혼미한 거 같아요."

저는 그가 의식이 혼미한 것이 아니라고 말했죠.

"절대 그의 말에 응대하지도 말고 그에게 세상이야기도 하지 말고 이것저것 묻지도 말아라. 너희가 보기엔 그가 의식이 혼미한 것 같겠지만 나는 그가 의식이 혼미한 것이 아니란 걸 안단다."

그녀가 말했습니다.

"하루는 남편이 우리에게 말을 걸었어요. 남편의 어머니와 동생과 제가 남편 발꿈치 아래에 있었는데요. 건지 씨가 말하기를,

'나는 이미 왕생을 했는데, 여러분은 알고 계시나요?'

저희들 몇 사람은 서로서로 쳐다보면서 대답을 했지요.

'아뇨, 모르는데요. 언제 왕생을 했는데요? 여기 침대 위에 누워 있는 거 아녜요?'

남편이 말했어요.

'나는 왕생을 했는데 여러분은 어째서 아무도 모르고 있는 거죠?'

나중에는 남편이 그의 동생을 가리키면서,

'저 애는 알고 있어.'라고 말했어요.

그때에 그의 아내가 작은 도련님에게 물었대요.

'말씀해 보세요. 도련님은 알고 계셨어요?'

그러자 작은 도련님이 말했답니다.

'저도 몰라요. 그렇지만 어젯밤에 제가 꿈을 하나 꿨는데요. 꿈속에서 우리 형이 연화좌 위에 서있는 것을 봤어요. 그런데 형은 우리가 사는 이 땅에 서있지를 않고 허공 속에 서있었어요.'

그의 이 동생은 부처님을 믿지 않기 때문에 이해를 하지 못했던 겁니다. 그래서 그는 자기 형이 연화좌 위에 서 있는 것을 보았지만 허공 속에 서 있었다고 말하였는데, 혼자만 있었고 곁에 다른 사람이 없었다고 말했습니다. 나중에 제가 말했습니다.

"건지 그 사람이 아직도 큰 이모를 기다리고 있는 거 아닐까요? 그것이

혼자서 그렇게 기다린 이유일 것입니다."

제가 말했죠. "건지에게 알려주세요. 작은 이모 말이라고 하고요. '너는 큰 이모를 기다리지 말아라. 네가 먼저 극락세계에 갔다가 다시 돌아와서 큰 이모를 맞으면 마찬가지 아니겠니? 더 이상 그렇게 바보같이 기다리고 있지 말아라!'"

이것이 제가 그의 아내와 그때 통화한 내용입니다. 그 후에 저는 저의 언니에게 전화로 말했습니다.

"금주에 사는 건지 말인데요. 아미타불을 보고도 가지 않았대요. 원래는 나를 못 봐서라고 말했었는데, 지금은 또 큰 이모를 뵙지 않고는 갈 수 없다고 하고 있네요."

저의 언니가 말했습니다.

"이 아이가 나를 기다리고 있다니, 그렇다면 나도 빨리 해야겠네."

그래서 저의 언니가 16일의 전화에서 저에게 "서둘러!"라고 말한 것이 바로 이 인연을 가리킨 것이 아닐까 합니다. 그렇지만 지금은 고증할 방법이 없습니다. 언니는 벌써 왕생을 하셨으니까요. 제 느낌에는 이 인연 때문인 것 같습니다. 왜냐하면 언니는 건지가 자기를 기다리고 있다는 것을 알고 있었으니까요. 이것이 첫 번째 인연입니다.

두 번째 서둘러야 했던 인연은 바로 언니가 또 새로운 사명이 있었기에 즉시 돌아가야 했고 또 즉시 돌아와야 했기 때문입니다. 돌아와서 무엇을 하냐고요? 여러분은 모두 분명히 이해하게 될 것입니다. 여러분이 저의 언니가 왕생하는 이 비디오 CD를 보시면 저의 언니가 왜 시간을 앞당겨 왕생하였는지를 아실 것입니다. 저는 여러분에게 우리 언니의 이번 왕생은 10년의 수명을 포기하고 왕생한 것이라는 것을 말씀 드릴 수 있습니다. 이 부분은 제가 일찍부터 알고 있었던 일입니다. 언니에게 아직 10년의 수명이 남아 있다는 것을 말입니다. 말하자면 인간세상에서의 수명이 아직 남아 있는데 앞당겨서 왕생을 한 것입니다. 집으로 돌아갔는데, 돌아가서 무엇을 할까요? 새로운 사명을 받는 것입니다. 이 사명은 여전히 사바세계와 연관이 있는 것입니다. 그러므로 언니에게, 제가 한 말은 그저 이 말뿐이었죠.

"빨리 갔다가 빨리 돌아오세요."

지금 언니는 서둘러 떠났습니다. 그렇다면 서둘러 돌아왔을까요? 그건 제가 보지 못했습니다. 다만 저는 느낄 수 있습니다. 언니는 이미 벌써 돌아왔다는 것을요! 이것이 또 하나의 인연입니다.

이제 저는 다시 여러분에게 이야기를 하듯이 말씀 드리겠습니다. 바로 16일 정오, 제가 언니에게 그 급하다고 하는 전화를 받았을 때 곧바로 저에게 어떤 생각이라고 할지, 아니면 뭐라고 해야 할지 모를 그런 것이 떠올랐는데, 지금도 뭐라고 분명하게 말하기 어렵습니다만, 그것은 반드시 언니에게 영상을 녹화해 주어야 한다는 것이었습니다. 저는 이전에 이런 일을 해본 적도 없습니다. 누구에게도 영상을 녹화해 준 적이 없으며 누구에게도 영상 녹화를 하도록 안배해 준 적이 없었습니다. 그냥 머릿속으로 스쳐지나 가듯, 언니에게 영상 녹화를 해 주어야겠다고 생각한 것입니다. 그때에 저는 바로 소송小宋에게 전화를 걸었습니다. 소송이란 분이 누구인가? 하면 바로 저의 그 비디오 CD 「신념信念」편에서 말했던 사람입니다. 저와 함께 장영진張榮珍거사의 왕생을 배웅한 사람인데, 그 일이 2003년이었습니다. 바로 그 소송입니다. 저는 그에게 전화를 걸었고, 소송은 전화를 받고 아주 기뻐하였습니다. 왜냐하면 저희 두 사람은 아주 오랜 시간 동안 서로 연락이 없었거든요. 저야 은거하는 거나 마찬가지 아니겠습니까? 그리고 그녀 쪽도 자기 일로 바쁘게 살고 있었으니까요. 그녀는 저의 전화를 받고 아주 기뻐하며 저에게 두 가지 일을 얘기 했습니다. 첫 번째 일에 대해 그녀가 말했습니다.

"앞서 제가 노보살 한 분의 왕생을 배웅하였습니다."

바로 그녀 자매의 어머니인 왕조봉王照凤보살이었답니다.

"노인네가 떠나시는 것이 특별히 수승하였어요!"

그녀가 특별히 수승하다고 말하는 순간, 저는 곧바로, 즉시 이어서 한 마디 했습니다. "더욱 수승한 일이 뒤따를 거예요!"

제 자신도 저의 이 말이 어쩌다 튀어나왔는지 모르겠습니다. 그러자 소송 쪽에서도 곧바로 나에게 한 마디 되돌아 왔습니다.

"큰 언니요?"

저는 말했지요. "너무 지혜로우십니다!"

이것이 우리 두 사람이 전화로 나눈 대화입니다. 그렇게 오랫동안 우리 두 사람은 서로 연락도 없이 지냈는데, 설마 우연의 일치였던 걸까요? 그녀 쪽에서 말을 하면 제가 이어서 말하고 제 쪽에서 말을 하면 그녀가 이어서 말하였으니, 참으로 기묘하기 짝이 없었습니다! 이것이 그녀가 저에게 말한 첫 번째 일이었습니다.

두 번째 일은, 그녀가 말했습니다.

"저는 지금 아마도 또 새로운 임무가 있는 것 같아요."

제가 물었지요. "어떤 임무가 있나요?"

그녀가 말했습니다. "어제 말인데요. 제가 지금 흑룡강성 쌍성双城에 있는데요."

왜냐하면 그녀는 하얼빈 이쪽에서는 아들과 함께 살고 있어서 이쪽에도 집이 있고, 쌍성에는 남편인 노왕老王과 같이 사는 집이 또 그쪽에 있거든요. 소송은 쌍성과 하얼빈, 양쪽을 오가며 살고 있지요.

그녀가 말했습니다. "저는 어제 쌍성에 있었는데요. 노왕이 있는 그쪽에서 한 가지 기별을 받았어요."

제가 물었지요. "무슨 기별이었나요?"

그녀가 말했습니다. "위타^{韋馱}보살께서 오셔서 저에게 한마디 말씀하셨습니다."

제가 말했지요. "정말 신비롭네요. 위타보살께서 말씀하신 한 마디는 어떤 말이었나요?"

그녀가 말했습니다. "보살의 뜻(意旨)을 받아 행장을 갖추고 출발을 기다려라."

딱 이렇게 한 마디였어요. 저는 뜻이라는 것이 무엇을 말하는지 이해가 되지 않았는데, 노왕이 간단하게 설명을 해주더군요.

"그 일이 고차원적인 일이라는 것이지. 말하자면 다른 사람의 부탁을 받는다든지 말이야. 그 일이 저차원적인 일이라면 하기야 어쩌면 해석할 수도 있겠지."

그렇게까지 딱 맞게 말한 것은 아니지만 하여간 이렇게 소송에게 해석을 해주었답니다. 행장을 갖추고 출발을 기다린다는 것은 무슨 뜻일까요?

노왕은 이렇게 그녀에게 해석해 주었답니다. "행장을 갖추고 출발을 기다린다는 것은 당신에게 준비를 차질없이 해놓으라는 뜻이야! 당신에게 아마도 무슨 임무가 주어질 모양이야. 준비를 다 하고 있다가 명령이 오면 언제라도 즉시 출발을 하라는 거야."

그녀가 말했습니다. "큰 언니가 이 뜻이 아닐까요?"

제가 대답했습니다. "그래요. 이 뜻이지요."

그녀가 말했습니다. "보세요. 제가 어젯밤에 막 하얼빈으로 돌아왔는데, 오늘 바로 선생님께서 저에게 전화를 하셨네요. 그런데 선생님께서 제게 전화를 한 뜻은 무엇인가요?"

제가 말했습니다. "오늘 밤 우리 집에 와서 자고 내일 아침에 둘이 같이 단층집으로 가서 언니의 영상을 녹화합시다."

그녀가 말했습니다. "아이고, 언니, 그게 바로 행장을 갖추고 출발을 기다리는 거 아니겠어요?"

제가 말했습니다. "아마도 그렇겠지요? 그럼 이대로 합시다."

소송은 그날 밤 우리 집에 와서 하룻밤을 묵었습니다. 다음날 11월 17일, 우리 두 사람은 함께 단층집으로 가서 저의 언니 영상을 녹화하였습니다. 이렇게 하여 5일간의 왕생표법往生表法이 시작됩니다. 여러분이 보시듯이 11월 17일에서 11월 21일까지가 5일간의 시간으로, 이 5일간의 표법은 훌륭하기 그지없습니다. 나중에 여러분이 비디오 CD를 보시면 분명하게 알게 되실 겁니다. 그런 연 후에 해석이 필요한 것은 제가 여기에서 간단하게 여러분에게 약간의 해석을 해드리겠습니다. 여기까지 제가 여러분에게 말씀드린 것이 바로 언니가 왕생표법한 인연입니다. 어떻게 일어난 것이냐? 하면 바로 이렇게 일어난 것입니다.

🪷 5일간의 표법

11월 17일, 소송과 저 두 사람이 저희 언니가 있는 곳으로 갔을 때, 저희 언니의 어떤 상태를 보았겠습니까? 붉은 혈색이 얼굴에 가득하고 원기가 왕성하며 풍채가 늠름해 보였습니다! 저는 생각하였죠.

'이 노보살님은 참으로 말씀하신대로 해내시는구나! 이 표법表法을 통해 참으로 중생들로 하여금 모두 완벽한 표법의 형상 하나를 보도록 하시는구나!'

이것은 제가 마음속으로 한 말입니다. 그러나 언니와 더 이상 말을 할 만큼 한가한 시간이 없었습니다. 표법은 이렇게 시작되었습니다. 그래서 이 5일간의 시간을 이제 되짚어 보면서 저는 그것을 종결지어야 합니다. 이 5일간의 표법을 기록한 것은 역사적인 기록이라고 할 수 있습니다. 후대의 사람들에게 영원한 기념이 될 것이며 영원한 계도(啓導: 깨우침을 주어 인도함)가 될 것이니, 그 영향은 짐작할 수조차 없습니다. 그렇다면 어떤 동수님들께서는 물을 수도 있을 겁니다.

"도대체 그 5일간에 우리에게 어떤 법을 보여주신 겁니까?"

비디오 CD를 보기 전에 저는 먼저 여러분에게 간략하게 개요를 말씀드리고자 합니다. 이것이 저의 종결終結입니다. 이 5일 동안, 언니는 어떤 법을 보여 주었을까요?

보여준 **첫 번째 법은, 부처님 공부를 즐겁게 하는 법(快樂學佛)**입니다. 뒤집어 말하면 바로 즐겁게 부처님 공부를 하는 법이지요. 제가 예전에 홍콩에 있던 시절에 저도 그런 말을 했던 기억이 있습니다.

"우리들이 부처님 공부를 할 때는 즐거워야 합니다. 하나하나 배울 때마다 패기가 없고 무기력해서도 안 되고 오만상을 찌푸려서도 안 됩니다."

그렇다면 아마도 부처님 공부가 궤도에 오른 것이 아니겠지요? 제 생각에 부처님 공부는 즐거워야 합니다. 여러분이 보기에 부처님 공부를 하면서 아무리 공부를 하고 또 공부를 해도 즐겁지 못하고 건강하지 못하다면, 누가 배우려고 하겠습니까?

그러므로 언니가 이번에 보여준 법은 바로 즐겁게 부처님 공부를 하는 법입니다. 어떤 즐거움이냐고요? 여덟 글자로 표현하면 이렇습니다. '기쁘게 웃으면서 이야기꽃 피우자(談笑風生 歡聲笑語)!' 어쨌든 언니가 왕생하기 전까지 언니와 동수님들과의 만남은 이 여덟 글자로 요약하는 것이 가장 적절한 표현인 것 같습니다. 한 점 미련이나 근심도 없고 어떤 이별의 슬픔과 근심도 털끝만큼도 없었습니다. 모두가 함께 이야기 꽃 피우면서 그렇게 기뻐하고 그렇게 즐거워했습니다. 이것이 첫 번째 법, '즐겁게 부처님 공부를 하는 법'입니다.

두 번째 법은, 모든 인연을 내려놓는 법(萬緣放下)입니다. 어떤 동수님이 당시에 저의 언니에게 물었습니다.

"노보살님, 보살님은 지금 모두 내려놓았습니까?"

저의 언니가 대답했습니다. "여러분은 저를 시험하는 건가요? 그렇다면 여러분들이 보시기에 제가 내려놓았습니까, 놓지 않았습니까? 여러분들이 보시기에 저의 말과 행동을 내려놓았습니까, 놓지 않았습니까? 저에게 아직 근심거리가 있습니까, 없습니까?"

언니는 이런 실제의 행동으로 이 모든 인연을 내려놓는 법을 보이셨습니다. 여러분, 보십시오. 언니도 집이 있고 남편이 있고 아들 딸이 있었습니다. 언니는 딸 셋에 아들 하나를 두었습니다. 며느리가 있고 또 사위가 있었습니다. 이 정도면 큰 무리지요! 안 그렇습니까? 게다가 집도 있고 일도 있지요. 우리들과 똑같습니다! 이 노인네는 내려놓았습니다. 그런데 왜 무엇이 부족하여 (인연과) 뒤엉키겠습니까? 완전히 내려놓았습니다! 이것이 두 번째 법입니다.

세 번째 법은 염불로 성취하는 법(念佛成就)입니다. 이건 아주 아주 중요합니다. 저의 언니는 아미타불 한마디 부처님 명호 하나만 염불하여 성불왕생成佛往生하셨습니다. 제가 알기로 저의 언니는 경전을 많이 읽지 않았고, 저의 언니는 『무량수경』을 읽었기 때문입니다. 언니네 집은 그럴만한 처지가 못 되었거든요. 언니네 집은 비교적 작은 편이었는데 대가족이라, 언니는 경전을 읽을 시간이 전혀 없었습니다. 또 하나는 저의 언니가 이전에 저한테 왔을 때에, 두 번 와 있었는데, 두 번을 합해서 약 10개월 정도 되었을 겁니다. 한 번 와서 다섯 달 가량 있었고 또 한 번 와서

5개월가량 있었지요. 두 번을 다 합해서 약 10개월이 되는 겁니다. 그 10개월 동안 우리 집에 머물면서 언니는 『무량수경』을 읽었는데, 매일 그 책을 1부씩 읽는 외에는 다른 경전은 읽지 않았습니다. 경전을 듣는 것도 지금까지 거의 2년의 시간이나 걸렸을 겁니다. 노화상께서 강의하신 『대경해연의』를 언니는 전체를 한번 다 들었습니다. 『대경과주』는 전체를 다 듣지는 못했습니다. 따라서 종합하여 결론을 내리자면 언니가 경전을 들은 것이나 읽은 것이 모두 얼마 되지 않는다는 겁니다. 유일하게 한 일은 바로 한마디 「아미타불」을 끝까지 염불하는 일이었습니다. 언니는 염불로 성불한 사람입니다. 이것은 가장 전형적인 본보기입니다.

그리고 또 하나는 자재하게 왕생하는 법(自在往生)입니다. 이것이 표법 가운데에서 가장 중요한 일환입니다. 왜냐하면 제가 홍콩에서 돌아와서 저의 언니에게 "살아서 왕생하는 모습을 시연할 사람 한 분이 필요하다."고 말하지 않았습니까? 저의 언니가 "내가 시연할게."라고 하지 않았습니까? 그래서 이번 언니의 시연이 가장 성공한 것은 바로 이 자재하게 왕생하는 법이 조금도 부족함이 없었다는 것입니다. 17일부터 언니의 영상을 녹화하기 시작하여 언니가 왕생하는 그 순간까지, 1분 1초도 틀림이 없는 바로 그 순간까지, 생생하게 드러내어 표현[65]하였습니다. 저는 여기서 다만 간단하게 두 마디의 말로 밖에 표현할 수 없습니다. 바로 저의 언니의 시연이 어느 정도에 이르렀느냐? 하는 것입니다. 몇 분을 남겨놓고 저의 언니는 언어로 표현했습니다.

"여러분에게 말하는데, 아직 몇 분이 남았어요."

---

[65] "보살은 빛으로 도리를 강설하는 것이 아니라 자비지혜를 표현하여 중생을 제도한다. 사람들의 고통을 마치 자기의 고통으로 보는 것이 바로 대비심이다. 결코 범부가 집착하는 것과 같지 않음이 대지혜이다." 인해장로(印海長老)

그런 후에 두 손으로 합장하고 말했습니다.

"여러분들이 오셔서 저를 배웅해 주셔서 감사합니다. 고맙습니다. 감사합니다."

그 말을 마친 후에 또 말했습니다.

"나는 이미 연꽃 위에 앉았습니다."

또 그렇게 잠깐 시간이 지나자 또 한 마디를 했습니다.

"나는 이미 아미타불 노자부의 옆에 섰습니다."

이런 말들을 다 언어로 표현하였습니다. 이 시간은 저의 언니가 왕생한 시간으로부터 아마 2-3분 정도 될 겁니다. 이렇게 짧은 시간에 저의 언니는 언어를 사용하여 아주 분명하게 표현했습니다. 그런 후에 몇 가지 손짓을 했는데, 이 손짓 가운데 첫 번째 손짓은 엄지손가락 하나를 내미는 것이었습니다. 이것이 무슨 뜻일까요? 여기에서 제가 먼저 여러분에게 한마디 말씀 드리겠습니다. 여러분이 비디오 CD를 볼 때에 크게 주의를 기울이지 않았을 수도 있고 잘 이해를 못하셨을 수도 있을 겁니다. 이렇게 엄지손가락을 내미는 것이 무슨 뜻이냐? 하면, 바로 저의 언니가 왕생하던 그 첫째 날이나 둘째 날 쯤 되었을 때, 제가 언니에게 말했던 것입니다.

"언니, 언니가 왕생할 때에 연화좌 위에 서있거나 아니면 연화좌에 앉아 있더라도 나는 볼 수도 없고 알 수도 없잖아요. 언니는 어떤 방식으로 그걸 표현해 줄래요? 언니가 연꽃 위에 앉은 것을 저에게 알려 주어야지요. 그때가 되었을 때 언니가 언어로 표현할 수 있을지 알 수 없으니까요. 많은 사람들이 왕생할 때는 말을 하지 못하더라고요."

제가 말했습니다.

"그때가 되었을 때 언니의 상태가 어떨지 제가 지금 말할 수 없으니까, 만약 언니가 말로 표현하지 못하겠으면 손짓을 써서 표현해 주면 안

될까요?"

나는 엄지손가락을 내밀면서 말했습니다.

"우리 약속을 해요. 암호를 정하는 거예요. 언니가 엄지손가락을 내밀면 나는 언니가 연화대에 올랐다고 알게요."

"그러자."라고 저의 언니가 말했죠.

그렇기 때문에 저의 언니는 그 손짓을 진짜로 저에게 해준 것입니다. 비록 앞에서 언어로 이미, 연화좌에 올랐다, 아미타불의 옆에 서있다, 표현을 했지만 말입니다. 이 사람이 신용을 이렇게 잘 지킵니다!

'내가 내 동생하고 약속을 했으니까 나는 반드시 엄지손가락을 내밀어서 동생에게 내가 연화좌에 오른 것을 알려 주어야겠다.'

그래서 언니는 연화좌에 오르고는 굳이 엄지손가락을 나에게 내밀어 주었던 것입니다! 손짓을 보고 저는 바로 알아차렸습니다. 그것은 곧 저의 언니가 연화좌에 올랐다는 표시라는 걸 말입니다. 이것이 첫 번째 손짓이었습니다.

두 번째 손짓은 두 손바닥을 맞댄 후에 천천히 양쪽으로 향하여 '화개견불(化開見佛; 연꽃이 피어 부처님을 친견함)'의 손짓을 만들었는데, 이것이 두 번째 손짓이었습니다. 또 하나의 손짓은 이렇게 OK 신호를 한 것입니다. 언니는 오른쪽 옆으로 누워 있었는데 이쪽 팔을 이렇게 높이 들어 올려서 최소한 5분은 내리지 않았을 겁니다. 나중에야 제가 '내가 잘못 본 줄 알고 그러는 게 아닐까?' 생각하고 한마디 했습니다. "원만합니다." 라고 말했더니, 내가 이 말을 마치자 저의 언니는 그제야 천천히 천천히 이쪽 손을 내려놓았습니다.

이런 동작이 하나 있었고, 또 하나의 동작은 모두를 향해 손을 흔든 겁니다. 우리가 이해한 뜻으로는 모두와 이별을 고하고 극락세계에서 만나자는 것이 아닌가, 이해했습니다. 이건 언니가 그냥 손짓으로만 하고 말로는 하지 않았습니다. 이렇게 하여 12시 정각에, 1분 1초도 틀리지 않게, 저의 언니는 살아서 왕생하였습니다. 여러분이 비디오 CD를 볼 때에 부디 마지막 그 장면을 주의해서 보아 주십시오. 언니는 머리를 비스듬하게 기울였는데, 여러분이 언니의 목을 자세히 보시면, **언니의 동맥이 아직 뛰고 있으며 숨이 끊어지지 않은 것을 볼 수 있을** 겁니다. 이것이 바로 여러분에게 시연한 살아서 왕생하는 모습입니다. 숨이 끊어지지 않은 채 그대로 떠난 것입니다.

나중에 또 하나의 법이 있었으니, 다시 말해서 보살의 표법은 자비하기 그지없습니다. 여기서 보여준 것은 **극락세계에 자재하게 왕생하는 법**이었습니다. 믿을지 안 믿을지 여러분이 한번 보세요. **떠날 때의 얼굴 표정을 보면 얼굴에 웃음이 가득했습니다!** 여러분들도 비디오 CD에서 볼 수 있을 겁니다. 이것이 자재하게 왕생하는 법을 보여준 것이 아니겠습니까? 그리고 접인(接引)하는 순간에 바로 돌아왔고, 돌아와서 여러분에게 뭐라고 했습니까? 여러분에게 그녀는 시간 맞춰 고향집으로 돌아갔다가 서둘러 사바세계로 돌아왔다고 알려주십니다. 그분은 한 순간에 돌아갔고, 한 순간에 또 돌아왔습니다! 무엇을 하려고 돌아온 걸까요? 아직 시연을 완료하지 않았기 때문입니다. 아직 하룻밤이 끝나지 않았거든요. 아직 하룻밤 묵을 시간이 남아 있는 겁니다. 북쪽 지방에서 일숙一宿이라고 하는 것은 하룻밤이라는 뜻입니다. 아직 끝나지 않은 하룻밤이 있었기에, 그러니까 그분은 12시부터 이미 시간 맞춰 고향집으로 돌아갔던 겁니다. 그리고 다시 서둘러 사바세계로 돌아온 겁니다.

그렇다면 다음 시연을 보일 것은 무엇일까요? 바로 **육도윤회의 고통스런 죽음의 법입니다.** 사대가 분리되는 것을 시연하는 겁니다. 이것은 돌아와서부터, 그러니까 바로 12시 넘으면서부터 다음날 아침 8시 45분까지의 이 일정 시간입니다. 시연한 것은 이 고통스런 죽음의 법입니다. 나는 당시에 그 자리에 있었다고 기억합니다. 왜냐하면 어떤 동수님들이 거기서 염불을 하고 있었고 나는 마치 현장에서 강의를 하는 것과 같이 말하고 있었습니다.

"여러분은 보았습니까? 오전에 여러분에게 시연한 것은 자재하게 왕생하는 법이었습니다. 이제 저의 언니가 여러분에게 시연할 법은 사대가 분리되는 법입니다. 바로 육도를 윤회하는 고통스런 죽음의 법입니다."

당시 십여 명의 동수님들이 그곳에서 염불을 하고 있었고 나는 현장에서 그들에게 강의를 하고 있었습니다. 저의 언니는 시연을 하고 있었고 저는 사람들에게 강의를 하고 있었습니다. 보기에 저의 언니와 저, 우리 두 사람은 그날 호흡이 아주 잘 맞았습니다! 그러나 솔직하게 말해서 그 법을 시연해 보이는 것은 차마 보기 어려운 것입니다. 저는 법을 시연하는 자리에서 해석을 하였기에 그 고통이 어느 정도인지 잘 알고 있었지만, 동생인 저로서도 마음이 흔들리고 참기 어려웠습니다. 나중에는 소송小宋이 저에게 말했습니다.

"언니, 언니하고 넷째는요." 저의 그 조카딸 말입니다. 저의 언니의 넷째 딸이요.

"두 분은 집으로 올라가세요. 여기 이렇게 발밑에 앉아 있지 말고요."

나중에 그녀가 말하더군요. "언니, 내가 보기에 아주 견디기 힘들어하시는 것 같았어요."

제가 말했습니다. "아이고, 이 고통스런 죽음의 법이라는 건 참으로 너무나 고통스럽구나! 정말 차마 앞에서 보고 있을 수가 없다."

그렇지만 보살께서는 여러분에게 남김없이 드러내어 생생하게 시연하여 주셨습니다. 그러니까 오전의 그 법과 오후의 또 다른 법, 두 가지 법을 모두 여러분에게 시연하여 주어 여러분으로 하여금 서로 비교하여 보도록 한 것입니다. 여러분은 구경에 어떤 왕생법을 선택하시겠습니까? 바로 이러한 점에서 저는 참으로 대자대비를 느낍니다! 자비롭기 그지없습니다! 보살이 다시 돌아오지 않고서야 시연할 수 없었던 것입니다! 우리가 이런 비디오 CD를 보고 있는데도 아직도 여전히 어떤 사람들은 믿지 못하다니, 참으로 어리석기 그지없습니다!

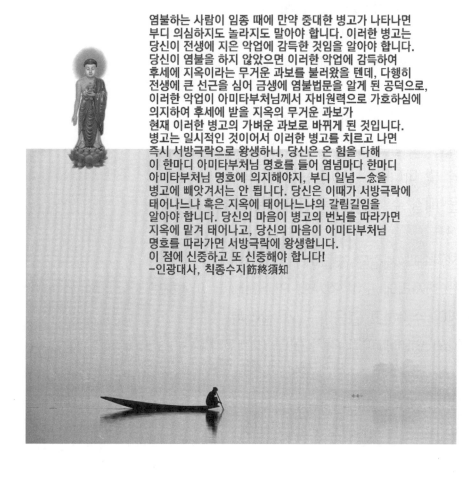

염불하는 사람이 임종 때에 만약 중대한 병고가 나타나면 부디 의심하지도 놀라지도 말아야 합니다. 이러한 병고는 당신이 전생에 지은 악업에 감득한 것임을 알아야 합니다. 당신이 염불을 하지 않았으면 이러한 악업에 감득하여 후세에 지옥이라는 무거운 과보를 불러왔을 텐데, 다행히 전생에 큰 선근을 심어 금생에 염불법문을 알게 된 공덕으로, 이러한 악업이 아미타부처님께서 자비원력으로 가호하심에 의지하여 후세에 받을 지옥의 무거운 과보가 현재 이러한 병고의 가벼운 과보로 바뀌게 된 것입니다. 병고는 일시적인 것이어서 이러한 병고를 치르고 나면 즉시 서방극락으로 왕생하니, 당신은 온 힘을 다해 이 한마디 아미타부처님 명호를 들어 염념마다 한마디 아미타부처님 명호에 의지해야지, 부디 일념一念을 병고에 빼앗겨서는 안 됩니다. 당신은 이때가 서방극락에 태어나느냐 혹은 지옥에 태어나느냐의 갈림길임을 알아야 합니다. 당신의 마음이 병고의 번뇌를 따라가면 지옥에 맡겨 태어나고, 당신의 마음이 아미타부처님 명호를 따라가면 서방극락에 왕생합니다. 이 점에 신중하고 또 신중해야 합니다!
-인광대사, 칙종수지飭終須知

유소청 거사 자재왕생 게송

《일생의 사명으로 중생을 제도하시고, 자비로 후세에 게송을 남겨주시다》

[1일차 게송]
2012년 11월 8일 (5수)

1.
보통의 평범한 노부인이,
72세 동안 봄가을을 보내면서
한 걸음마다 한 발자국 옮겨
걸음걸음 발자국을 후세에 남긴다.

평소 내가 한 담담하고 잔잔한 말들
아마도 그 말뜻 새기는 사람 없겠지만,
만약 몇 마디라도 알아듣는 이 있다면
값을 매길 수 없는 보물이 임의롭게 유통되리라.

육친권속과 세간의 벗들이
오늘 한자리에 모여 각자의 연수(緣酬)를 파악해보니
인연이 수승하고 옅음이 각기 달라서
각각의 인연에 따라 각기 달리 받는구나.

인연이 수승한 이는
「아미타불」 부처님명호 스스로 믿어

이번 생에 필히 극락에서 함께 모여
미묘한 연꽃이 활짝 피어나는 날 기다렸다가
허공찰토虛空刹土에서 (자재하게) 노니리라.

석가여래께서 사바에 8천번 몸 나투시니
무수한 제자들은 걸음걸음 뒤를 쫓나니,
삼화용회三華龍會에 내 자리 있어
석가여래께서 웃으시며 손가락으로 가리키시네.

장하고 장하도다, 많은 이들 모여서
극락세계에서 다 함께 만나는구나.

2.
하얼빈시 정진수행 백 일이 되어가고
예전의 도반들이 오늘 같이 모였네,
사제(師弟)에게 방망이(棒)로 때리고
큰소리(喝)로 지른 말은 비록 거칠어도
사제의 영성을 제고시켜주기 위함이라.

깨달음이 있으면
이번 생에 극락에 돌아갈 것이고,
깨달음이 없어도
반드시 한 단계 승급하리라.

내 오직 간절히 서원함은
사형과 사제들 모두가
금생에 극락세계에 함께 모이는 것이라.

3.
내 일생에서 도를 말하지 않았는데,
중생들은 모두 나를 자상하다 말하고
할 말은 나에게 털어놓으려 하였으며,
내 평범한 생활은 일생동안 좋았어라.

늙어서는 복덕이 더욱 수승하여
경전 듣고 염불하여 청정함을 얻었구나.
널리 원하옵나니, 모든 중생 「아미타불」 염불하여
금생에 다함께 극락세계로 돌아갈지어다.

4.
어린 딸애의 영성靈性이 높지만
안타깝게도 지난 생에 도를 이루지 못했는데
금생의 인연이 지극히 수승하여
어미 따라 고향에 돌아와서 본령本領을 공부하여
세세생생 괴로운 중생을 제도하고,
육도윤회를 완전히 끝낼 것이다.

5.
모든 인연 내려놓고 「아미타불」 염불함에
내가 아미타부처님 생각하니
아미타부처님께서 나를 생각하시네

「아미타불」 「아미타불」
순일한 마음으로 「아미타불」

아미타부처님께서 나를 이끌어
극락으로 돌아가게 하시네.

(내가) 극락세계의 수승 경관
(여러분께) 알려드리오니
널리 발원하오니
모든 중생들이 극락에 돌아가기를!

[2일차 게송]
2012년 11월 10일 (4수)

1.
중생은
괴로운 사바세계 싫어하여 떠나려 하고
극락세계 많은 행복에 환희심을 내어라.

중생은
평등하게 묘법을 듣고
지혜를 크게 열어 찬불가를 노래하여라.

2.
거짓을 내려놓고 진실을 추구하고,
괴로움을 내려놓고 즐거움을 추구하여라.
어떤 것이 괴로움이고 무엇이 즐거움인가
상락아정(常樂我淨)이 바로 참된 즐거움이어라.

3.
자식들아 울지 마라,
자비하신 아버지께서 보살펴주시니
떠날 때는 바로 떠나기에
고통이란 아예 없단다.

빠른 소식을 수시로 전해주며
연우들을 위로하고
상서로운 현상이 수없이 일어나서
사람들을 감복케하고,
금생에 서원을 이루어 고향땅에 돌아가네

대천세계에 다시 돌아와서 무수 분신 나투어
인연따라 제도하니 모든 중생이 성취하리라.

4.
묘련보살이 금빛 연화대에 앉으시고
서방삼성(西方三聖)께서 마중 나오시며,
묘법연화가 극락에서 활짝 피어
연우들이 성불하여 오심을 환영하여 주시네.

염불하여 성불함은 쉬운 일이라
아미타부처님께서 큰 서원으로 반야선에 태우시니
큰 재앙과 재난에도 두려움을 모르며
다함께 아미타부처님 본원의 바다에 들어가네.
(홍위란 노보살 왕생에 즈음하여)

[3일차 게송]
2012년 11월 12일 (7수)

1.
뛰어난 인물들이 모여서
부처님과 불법을 생각하니
보배 연못에는 묘법연화가 활짝 피었네.

연우들이 한 몸이듯 모든 중생이 평등하니
서방극락세계의 고향으로 함께 돌아갑시다.
(5명의 연우들이 찾아옴)

2.
"거창한 말"이 아니라 "참다운 말"로
행주좌와(行住坐臥)에 법을 드러내니,
곧바로 아미타부처님의 큰 심량이라.
사유할 필요조차 없이 거짓이 없도다.

3.
겉으로는 늙은 할머니의 모습이지만
내면으로는 도리어 진짜 보살이라네.

동생은 큰 법을, 나는 작은 법을 나타내지만,
큰 법과 작은 법이 모두 큰 진리이니
중생이 믿으면 큰 이익 받겠지만,
만약 믿지 않는다면 흙덩어리(어리석음)에 불과하네.

4.
진저우(錦州)에서 전해 온 소식에는
연우들의 신심이 아직 완전치 못하다 하니
많은 말로 굳건해지길 격려하고
연우들이 연화대에 오르기를 축원합니다.
서방세계에 불보살이 한 분 더 계시면
허공법계가 더욱 이채롭게 빛나리라.

5.
중생은 상에 집착하여 가짜를 진짜로 여기지만
보살은 상이 없이 티끌세상에 내려오셔서
53선지식을 뵙고 온갖 상(相)을 배우니
누가 부처이고 누가 평범한 사람인지 어찌 알리오.
근기에 따라 중생을 제도하며 본분을 다하니
천지인(天地人) 3재(三才)가 나와 본래 한 몸이로다.

6.
《고향창상故乡暢想; 고향생각》

극락세계 아름다운 우리 집에는
사방 널리 미묘 연꽃 활짝 피었고,
보배 연못의 팔공덕수, 나무숲, 새들
모두 미묘한 법음 연설하고 광명 꽃 놓아라.

모든 상선인 연우들과 항상 함께 모여
연지해회에서 법의 꽃을 받고

모든 대보살과 도반이 되어서
부처님의 법음을 듣고 묘법을 선설하네.

중생과 부처님 평등하여 한 몸이니
극락 불국토는 다른 국토보다 수승하여라.
함께 수행하는 연우님들, 부처님 말씀 듣고
영원히 윤회 벗어나 결정코 고향집 돌아가기를 축원합니다.
(묘음이 집에 돌아가다)

7.
남편이 나를 제도하여
극락가서 성불하게 하심에 감사드립니다.
부부의 연분을 영원히 끊고
영원한 도반 되어 "애욕의 강" 벗어났네.

[4일차 게송]
2012년 11월 13일 (6수)

1.
창밖의 나뭇가지는 은색 옷을 둘렀고
자연의 아름다운 풍경이 이채롭게 빛나네.
사람의 마음은 마치 눈처럼 청결하고 흠집 없으니
겨울이 가고 봄이 오면 백화가 만발하네.

2.
성스러운 책 《제자규弟子規》가 중화를 구제하고

아미타부처님 "사십팔" 홍원을 두루 내포하니
만약 그 속의 깊은 뜻을 이해한다면,
나라를 다스려 흥륭하며 집안이 번성하리라.

3.
신체활동은 점차 느려지지만
마음에는 오직 아미타부처님만 계시네
모든 것을 다 부처님께 맡겼으니,
마음이 자유롭고 정말 즐겁구나.

4.
인생 잠깐 사이 몇 십 년이 흘렀는데,
다행히 정토법문 만나 즐거움 길고 길어라.
금생에 집으로 돌아가는 증명서를 갖췄으니
아미타부처님께서 나를 영접하심에 연꽃이 피어나네.

5.
딸아이의 점 세 개 이어져서 작은 연꽃 되었으니
금생에 결정코 집으로 돌아감을 미리 알려주심이라.
굳건한 신심으로 부처님 생각 굳게 지녀
진실한 것 잡아 쥐고 거짓된 것 놓아버려라.

진허공 변법계에 엄마는 두루하고
미소지어 천하에 두루 보내네.
이른 새벽에는 아침 안개와 이슬을 보고
해질녘에는 오색 노을을 바라보며

늦은 밤에는 저 하늘의 별들을 쳐다보면
극락세계 고향이 바로 눈앞에 있구나.

6.
아들, 딸들아! 감사하노라.
너희들은 내가 성불하여 고향땅에 가도록 도와주었구나.
너희들의 공덕이 원만해지는 날을 기다렸다가
나는 부처님을 따라 앞에 와서 너희들을 접인하리라.

지난 날의 서원이 틀림없이 실현되어서
앞뒤 논할 것 없이 우리 모두 함께 만나리라.
축원하건대 아들, 딸들아! 많이 깨달아서
염불하여 고향집 돌아감에 자신이 생기리라.

축원하건대 허공계 고통 받는 중생들이여!
어서 빨리 깨달아서 극락의 열반성에 돌아오고
진허공 변법계 빠짐없이 상서와 평화
중생과 부처님 평등하게 경사스런 태평 누리리라.

[5일차 게송]
2012년 11월 14일 (5수)

1.
창밖으로 보이는 은세계는
자연의 아름다움으로 고운 빛을 발하네.
은빛 세계가 금빛 세계로 바뀌더니만

유리와 마노의 빛이 바다를 이루네.

극락왕생한 보살이 웃는 얼굴로 마중오셔서
나를 맞아서 아미타불 연지해회로 함께 들게 하니
고향의 아름다운 풍경은 이루 말로 다 할 수 없고
연우님들은 내가 고향에 돌아옴을 환영해 주시네.

2.
만 가지 인연을 내려놓고 마음 반연도 고요하게
마음 반연 청정해짐에 잡된 오염이 없구나.
마음 다스려진 그 자리에 마음 고요 지극하니
지혜가 드러나 일대사인연을 원만히 마쳤도다.

3.
자애로운 아버지(부처님)께서 금빛 팔을 드리우시니
기특한 자식들은 얼른 뒤따라갑니다.
아버지와 같은 미음의 원력으로
아버지와 같은 덕목을 실행하겠나이다.

4.
(내가) "대원"보살을 모범으로 삼아서
십년 목숨 내놓음은 겁난을 구하고자 함입니다.
오직 원하오니 중생들이 고난에서 벗어나고
우주에 평화와 행복이 가득하여지이다.

목건련보살께서 제게 다가 오시어

저를 고향집 정원으로 돌아가게 도와주시며,
하시는 말씀마다 「무량수불」, 벗어남이 없으시네.
보살께서 널리 괴로운 중생 제도하시는 공덕은 무변합니다.
(인간세상의 유마힐)

5.
아미타부처님께서 한밤중에 소식을 전하시니
이번에 주신 소식은 진실함이 분명하네.
이전 소식도 거짓됨은 없었으나,
자식이 돌아가지 못함에는 두 가지 뜻이 있었으니
하나는 자식의 자비심이 무거워서
중생을 가엾게 여기어 차마 내치지 못함이고.
둘은 자식이 아직 임무를 다하지 못해서
몇 년을 늦게 돌아가도 지체된 것은 아님이라.

이제는 나의 사명이 완성되어
자비하신 아버지께서 자식을 맞이하신다.
자식은 본래 서방세계의 불자인데,
세간에 와서 곤란을 해결하고자 하였네.

평범하게 자연스레 칠십여 세월을 보내면서
드러내지도 나타내지도 않으면서 자연스럽게
생각하고 행하는 것 모두가 불법佛法이었네.

부처님께 누를 끼친 적이 없었고
일생 동안 청빈하여 탐욕이 없었네.
자녀를 교육하여 사람노릇 시키고

모친의 가르침을 항상 기억하여
자손에게 전하여 크게 이롭게 하라 하였네.

번잡한 세상살이에도 물들지 않고
가정이 화목하고 자손은 효순하니
이제 더 이상은 걸림이 없어서
아버지와 함께 집으로 돌아가 효심을 다하고자 합니다.

위로는 네 가지 은혜에 보답하고
아래로는 삼악도를 구제하니
진허공 변법계가 다 불국정토 사람일세.

[6일차 게송]
2012년 11월 16일 (한 수)

푸른 하늘 만리 부처님 자비광명 비추고
처처에 연꽃피어 부처님께서 맞아주시네.
하늘사람은 꽃 뿌리며 배웅하는데,
극락세계의 아름다운 경관이 나타나도다.

겹겹이 화현하신 불보살님 무한하지만
인연 있는 연우들에겐 분명하게 보이네.
세상사람들 부처님 뜻 믿기 어렵지만,
제도받은 사람은 영원한 삶 누리리라.

[7일차 게송 : 왕생게]
왕생 첫 날 11월 20일

1.
자비하신 아미타부처님께서 진실한 법음 전하시니,
우리 불자는 하나 둘 집으로 돌아가네.
서방삼성께서 마중 나오시고
무량한 보살께서 그 뒤를 촘촘히 이으셨도다.
위아래로 널리널리 줄서 오심은
금생의 부모가 자식 마중하는 기쁨과 같네.

사위가 직접 늙은 장모를 마중 나왔으니
사실이 이와 같아 모든 것이 진실이라네.
왕생을 맞이하는 큰 대열이 길게 줄로 늘어서고
돌아와서 연우를 맞이함에 기쁨이 가득해라.

혼자서 집으로 돌아감이 아니라,
무량한 대중과 함께 일진법계에 돌아감이라.

극락세계 성스러운 광경이 공중에 나타나고
송이송이 핀 연꽃이 마치 수레바퀴 같으며
(극락에) 돌아가는 사람
주변에선 신이한 향 내뿜고
온몸의 투명함이 수정과 같아라.

「아미타불」부처님명호를 크게 부르며 집으로 돌아가니
헛된 것이 다하여 근원에 돌아가 일진법계로 돌아가네.

생전에 소원하던 것을 모두 이루니
본래 보살이지만 세상에 다시 옴이어라.
평범한 일생동안 고통받는 중생 제도함에
조사께서 남기신 가르침이 아니었도다.

평민 백성과 비범한 사람들의
한바탕 인생놀이가 실로 진짜 같구나.
이번에 연지국토 극락으로 돌아가는데,
그 이름이 바로 「관세음」이라네.

몸을 나투어서 사바세계에 와서
대자대비로 고통받는 중생 구제하였다.
이 인생놀이를 원만하게 마치고
거짓 몸을 버려 금빛 몸으로 바꾸니
금빛 몸이 처처에 있어 없는 곳이 없으며
때때로 금빛으로 중생을 비춘다.

소탈하게 집으로 돌아가며 뒤돌아보고 웃음은
세간의 미혹 중생에게 경각심을 주기 위함이다.
특별히 기이한 훈련의 현장을 보임은
내가 사제를 마중하여 원만하게 돌아오려 함이다.

진불성眞佛性을 설하고 행할지니,
부처님은 망어가 없어 진실하다네.
내가 무량중생을 위해 증명을 보임은
아미타불께서 전하신 진실한 법음을 위한 것이라네.

말법 9천년에는 이 경(무량수경)과
한마디 「아마타불」 명호가 건곤乾坤을 획정하리니,
그대들이 믿든 안 믿든 상관없이
후세의 자손이 평가하도록 하라.

이후에 오늘 일을 다시 말하지 않고
게송을 남겨서 후세 사람들에게 전하나니
후세 사람이 만약 이를 참다운 보물로 안다면,
보물창고는 무진장하여 우주에 새로운 장이 열리리라.

허망한 육신의 가짜 껍질은
지금 병고를 보이고 있지만,
웃으며 말하는 가운데
생명의 바람이 생기듯 세상사람 제도한다네.
정해진 정오시간에 (고향 집에) 돌아가면서
손을 흔들며 미소 지으며
가까운 사람들과 작별하리라.

서방삼성께서 위신력을 나타내시고
크게 내뿜으시는 광명은 허공에 밝게 비추며
천인天人이 뿌리는 꽃들 분분히 내리고
공중에는 신이한 향기가 가득하여 대중이 감지한다.

말법시대의 중생은 교화하기 너무 어려워
갖가지 기이한 현상으로 세상 사람을 교화할 수밖에 없으니
권하건대, 그대들은 하루빨리 깨달으시어
성현처럼 밝고 맑은 사람 되길 서원할지라!

2.
하얼빈시에 가서 염불하니
(왕생을 위한) 기특한 염불 훈련소이네
나의 둘째 사제는
기꺼이 시간 내어 나와 함께 하네.

인욕하며 탁마와 격려 받으며
이 난관을 이미 거쳤으나
일상에서의 체능이 떨어지니
그 사람은 알고 아주 의아해 하네.

예불하여 원력을 세우고
세심하게 보살피며 받쳐주니
그 사람이 누구든 간에
금생에 필히 집으로 돌아가리라.

두 번이나 왕생을 말하였는데
보살핌에 항상 그 사람이 있으니
어찐 된 일이냐고 물어본다면
나중에 그 사람이 대답해주리.

3.
모든 사형사제 노보살님께 감사함은
수시로 함께 모여 절차탁마하면서
함께 법희에 젖어 법의 맛을 보았음이라.
금생에 틀림없이 고향 집으로 돌아가리라.

4.
제불선신 호법신장님들이시여!
자비로 호지하시는 위신력이 크고 크나이다.
3일 동안 곡기를 끊었어도
정신은 더 밝아지고 몸은 피곤 모르도다.

불법의 강의를 끊임없이 세차게 이어가니
대중의 정서는 격앙되고
부처님에 대한 찬탄은 드높아지네.

사면팔방에서 모여들면서
유정, 무정 중생들의 받는 이익이 커진다.
최후의 날에는 대중들을 제도하여
많은 사람들이 연화대에 오르기를 축복하노라.

5.
자신이 불법을 배움에 부족함이 있으면
왕생할 즈음 시험에 자주 부딪치기 마련이다.
하지만 어떠한 방식의 시험이든지
여여하게 흔들림 없으면 장애가 되지 않는다.

솔직하게 시키는 말 잘 따르고
진리의 근간 알았다면
극락의 고향으로 돌아감이 결정되리라.

중생은 상에 집착하므로
상을 보여주어야 하니

현상을 보고나서야
중생은 마음으로 승복하리라.

내가 왕생하는 날에
많은 상서로운 모양 있으리니,
부처님께서 빛을 놓으시어
중생을 훤히 비출 것이다.

믿지 않는 중생은
부처님 나투신 광경 보게 되어
해석할 필요도 없고 애쓸 필요도 없이
자동으로 불문에 들어가
불법의 맛과 즐거움이 무궁하도다.

6.
고향의 연우 대중들께 감사드리고,
고향의 은혜에 보답하기 위하여
자비를 보이고자 합니다.

업보의 몸을 버리는 인생 최후의 날에
연지해회에 당도하여 가까운 가족을 만나리니.
이제 다시는 구속을 받지 않고서
자재하게 허공을 노닐면서
그 어느 곳 중생의 인연이 성숙하면
무수 분신 나투어 고난 중생 제도하리라.

미진찰토의 무량 중생이 원하면

필히 그곳에 응현하리라.
직접 아미타부처님을 따라 앞에 와서
극락왕생하는 이를 접인하여
왕생하여 성불하는 이가 헤아릴 수 없이 많아지고
보살이 무량하게 불경을 듣고
불국정토를 졸업하는 우수 학생들이
허공법계의 모든 불국찰토에
찰나간에 두루 다니면서
모든 부처님께 공양을 올리리라.

정토법문은 최고로 수승함은 물론이요,
그 방편이 온당하니 바로 첩경이라네.
다함께 극락의 네 정토에 올라서 불도를 이루니
시방세계 모든 부처님께서 다 함께 찬탄하시네.

(* 이상의 위 34수 게송은 저의 언니 유소청 거사가 11월 8일부터 11월 20일 14일간에 수행도반들에게 남겨주신 시집입니다.)

유소청 거사 왕생 2주년 법문

정공 큰스님

(2014년) 11월 21일, 이날은 유소청劉素靑 거사께서 왕생하신지 2주년입니다. 유소청거사의 왕생이 수승함은 생각건대 동학 여러분들께 분명히 기억이 새로울 겁니다. 그분께서는 수명이 10년 남아 있었는데, 우리들을 위해 자재왕생을 표연表演하기 위해 왕생을 앞당겼습니다. 법륜을 세 번 굴림(三轉法輪)으로써 거사께서는 여러분을 위해 증명의 법륜을 굴리러(證轉) 오셨습니다.

기억하건대, 유소운 거사는 그녀의 언니 유소청 거사와 이야기를 많이 나누었습니다. "만약 어떤 사람이 증명의 법륜을 굴린다면 수많은 사람들에게 염불법문에 대해 신심을 일으키도록 할 것인데, 사람을 발심하게 할 만한 감탄이 이리도 없나?" 라고 말했습니다. 이 말을 듣고서 유소청 거사가 말하길, "내가 발심해보지!"라고 외쳤습니다. "내가 발심해보지"라고 말한 때로부터 대략 1개월이 지나 그녀는 왕생하셨습니다. 거사는 진성심真誠心을 내셨습니다.

유거사의 언니(유소청 거사)가 왕생하기 전 8일째 날, 바깥으로 전해지는 소리는 한 세트의 숫자가 「201211 2112」이었습니다. 11은 월로 11월이고, 21은 21일, 12는 정오 12시입니다. 그녀는 이 숫자를 한 장의 종이 위에 쓰고, 유소청 거사가 보도록 건네주었습니다. 유소청 거사는 그것을 보고서 웃음을 짓고는 아무 말 없이 정리하였다고 합니다. 바로 그날, 시간에 맞추어 조금도 틀리지 않았습니다.

　　친한 친구들을 불러 모아 같은 곳에서 이야기를 나누었고, 이야기로 웃음꽃을 피웠습니다. 시간이 되자 그녀는 사람들을 향해 "나는 가겠다!" 선포하였습니다. 그녀가 어떻게 연화대 위에 올라서는지 사람들에게 주의해서 그녀의 신체 동작을 보게 하였습니다. 왜냐하면 이러한 경관은 다른 사람에게 보이지 않고 그녀에게만 보이기 때문입니다. 아미타부처님께서 연화대를 가지고 그녀를 접인하실 적에 그녀가 연화대 위에 올라서면 이 동작을 지어서 사람들에게 보이게 했습니다.

　　정토법문은 지극히 미묘하여 진정으로 왕생하고 싶으면 비록 수명이 남아있더라도 상관없이 아미타부처님께서 당신을 접인하시러 오십니다. 저는 이러한 사례가 매우 많이 있다고 믿습니다. 『왕생전往生傳』 속에서나 『정토성현록淨土聖賢錄』 속에서 절대 다수가 염불한지 3년만에 왕생하셨다는 것을 알고 있기 때문입니다.

　　젊었을 때 저는 대만에서 강경講經할 때 연령이 저와 많이 차이가 나지 않는 덕융德融스님께서 지릉(基隆)에 머물러 계셨습니다. 그는 항상 저의 강경을 듣고는 이 문제를 꺼내어 저에게 물으신 적이 있었습니다. 그가 묻기를, "왕생하신 분들은 염불한지 3년만에 임종에 이릅니까?"

　　당시 저는 이렇게 답했던 것으로 기억이 납니다. "이런 설법은 논리에 맞지 않습니다. 어찌 그렇게 공교로울 수 있겠습니까? 이렇게 많은 사람이 1년 2년 3년에 왕생한다고 혹시 말할 수 있다면 그 원인이 무엇이겠습니까? 마땅히 그들은 부처님을 친견한 후 마음이 확 트여서 아미타부처님을 향해 구할 것입니다. 저 또한 수명에 전혀 상관없이 지금 왕생할 수 있습니다." 이제 비로소 말할 수 있습니다.

우리들이 고개를 돌려 『아미타경』에서 "만약 1일나 2일이나 7일이냐" 란 문구를 보게 되면, 이것이 정말 말하는 것은 날짜입니다. 뒤쪽 말미의 "7일"에서 7은 숫자가 아니라 7은 원만을 대표합니다. 원만이란 무엇입니까? 최소한 당신의 공부가 한 덩어리(成片)를 이루어야 합니다.

공부가 한 덩어리를 이루면 『능엄경』에서 대세지보살께서 말씀하신 것처럼 "부처님을 그리워하고 부처님을 생각하면 현전이나 당래에나 반드시 부처님을 친견하고(憶佛念佛 現前當來必定見佛)"라는 문구에서 현전에서 부처님을 친견하는 것(現前見佛)입니다. 당래當來는 극락세계에 왕생함을 말하고, 극락세계에 도착하지 않은 이전 단계를 모두 현전에서 부처님을 친견함이라 합니다.

꿈속이건 선정이건 현전에 존재하므로 다른 사람에게는 보이지 않습니다. 그 일을 당하는 사람 그에게만 보이고, 다른 사람에게는 보이지 않습니다. 부처님께서는 그에게, "너의 수명이 아직 많이 길게 남아있지만, 목숨이 다하는 때 내가 와서 너를 접인할 것이다." 라고 일러 주시면서 그에게 염불을 잘 하라고 권하십니다. 현교顯教에서 말하는 수기授記나 매한가지로 아미타부처님께서 오셔서 당신에게 수기를 주십니다.

만약 당신이 가기를 바라지 않는다면 당신은 지혜롭습니다. 왜냐하면 이 세간에서의 수행은 극락세계의 수행에 비해 빠르기 때문입니다. 경전에서는 말하지 않았을 뿐, 여기서 하루 수행하는 것은 극락세계에서 100년을 수행하는 것이나 매한가지입니다. 이는 어떤 이유 때문일까요? 이곳은 장애되는 인연이 너무 많고, 유혹이 너무 많아서 당신은 마음이 흔들리지 않을 수 없고 마음을 가라앉힐 수 없습니다. 당신이 이곳에서 사일심事—心과 이일심理—心을 모두 빨리 성취하려고 하면 같지 않습니다. 이것도 교리에 대해 매우 명백히 이해하여야 하고 공부가 한 덩어리를 이루어야 합니다. 빨리 가는 것을 바라지 말고 여기서 빨리 향상되길 희망하십시오. 대략 얼마나 걸릴까요? 믿으십시오.

공부가 한 덩어리를 이룬 후에는 반드시 3년 내지 5년 동안 능히 일심불란—心不亂에 도달할 수 있고, 그러면 방편유여토方便有餘土에 왕생하게 됩니다. 다시 3년 내지 5년이 있다면 그는 이일심불란에 도달할 수 있습니다. 이일심불란이란 바로 확철대오(大徹大悟), 명심견성明心見性을 말하고, 자기 공부에 의지하여 극락세계에 왕생하면 실보장엄토實報莊嚴土에 태어납니다.

경전의 가르침에 매우 익숙하여 설령 범성동거토凡聖同居土 하하품下下品에 왕생할지라도 극락세계에 도착해 꽃이 피고 부처님을 친견하여 아미타부처님 본원의 위신威神 가지加持와 아미타부처님의 무량한 수행 공덕의 가지를 입어서 아미타부처님께 당신을 아유월치(阿惟越致; 불퇴전지)로 향상시킵니다. 아유월치는 곧 이일심理—心입니다.

극락세계에는 사토삼배四土三輩 구품九品이 있습니다. 이런 일이 없는 것이 아니라 진실로 있습니다(真有). 단지 실제상으로 전체 그대로 실보토實報土의 평등경계平等境界입니다. 이것은 시방세계에는 없는 것입니다. 그래서 무슨 법문을 선택하든 상관없이 곧장 불법의 말씀대로 수행하면 모두 지혜의 선택입니다. 아직도 수명이 남아있어도 10년, 20년이 남아있습니다. 20년 동안 자신을 이일심불란에 몰아갈 수 있습니다.

지혜의 선택은 완전히 개인의 공부에 의지합니다. 중요한 것은 모든 인연을 내려놓아야 한다는 것입니다. 세간 출세간의 일체법을 모두 마음에 담아 두어서는 안 됩니다. 해현 노화상님처럼 마음속에는 오직 아미타불만 있고 하루종일 잃어버린 적이 없어야 합니다. 염불공부를 잘 하는 사람은 잠을 자면서 꿈을 꿀 때도 여전히 염불합니다. 이것은 무엇을 설명합니까? 그의 마음에 진실로 부처님이 계시고, 부처님을 제외하고는 일체의 것을 모두 내려놓은 것입니다.

유소청 거사께서는 우리들에 표법하여 주셔서 우리들이 염불하여 정토에 태어나길 구하는 신심을 확고히 하고 다시는 의심을 품지 않게 하셨습니다. 『아미타경』에서 말한 것처럼, 만약 1일이나 2일이나 모두 진실하고 최후에 한마디를 7일 동안 - 7은 원만으로 숫자를 가리키는 것이 아닙니다 - 공부가 원만하고, 3년 동안 원만한 경우가 많아져서 3년간 염불 공부가 한 덩어리를 이루면 부처님께서 오셔서 당신에게 수기주심을 목격하게 될 것입니다.

일반적으로 『왕생전』으로부터 염불해서 왕생한 사람들을 각각 세심하게 관찰하면 하나의 결론을 도출할 수 있습니다. 그것은 바로 **왕생하는 사람들은 각자 적어도 부처님을 세 차례 친견한다**는 점입니다. 1차로 공부가 한 덩어리를 이루면 마음속에 정말 부처님이 계시고 아미타부처님께서 오셔서 당신과 만납니다. 2차로 왕생의 시간이 이르면 부처님께서 1주일 전에 당신에게 알려주시는데 어떤 사람은 3개월인 경우도 있습니다.

과거 싱가포르에서 거사림居士林의 노임장老林長인 진광별陳光別 노거사께서 3개월 전에 이런 정보를 얻는 것을 보았습니다. 그는 사람들에게 알리지 않고 긴 종이에다 예컨대 "팔월 초이렛날"이라고 썼는데, 기억이 안 납니다. 그가 "시월 내지 팔월 초이렛날", "팔월 초이렛날"이라고 쓰든, "시월 내지"라고 쓰든 그에게 감히 묻는 사람이 없고 그 자신도 말하지 않았지만, 바로 그날 떠나가셨습니다.

말하자면 3개월 전이라고 아미타부처님께서 그에게 일러주셨습니다. 이것은 왕생 전, 현세에서 부처님을 친견하는 것(現前見佛)입니다. 아미타부처님께서 그를 접인하러 오시는 바로 그날 그는 숨이 끊어지지 않고 (접인하러 오시는 것을) 보게 되는데, 이것으로 모두 현세에서 적어도 세 차례 부처님을 친견하는 셈입니다.

우리들이 전기傳記에서 보았듯이, 정종의 초조이신 혜원대사께서는 왕생하실 때 사람들에게, "이전에 세 차례 서방극락세계를 본 적이 있었고 이번이 네 번째이다"라고 알렸습니다. 다른 사람이 그에게, "극락세계는 어떤 모양과 같습니까?"라고 물었는데, 경전 상에서 설명한 것과 완전히 같았습니다. 그때는 『무량수경』『관무량수경』『아미타경』이 모두 번역되어 나오지 않았습니다.

그래서 혜원대사께서는 여산연사廬山蓮社 동림염불당東林念佛堂을 건립하셨고 123명이 다 같이 함께 닦아 뜻을 같이하고 도를 합하여 왕생하길 구해서 각자 모두 왕생하셨으니, 이는 너무나 수승하였습니다. 혜원대사께서 왕생하시고 연사에서 먼저 왕생한 사람들은 모두 아미타부처님 곁에서 다 같이 마중 나와 그를 접인하여 왕생하는 것을 보았습니다. 이것도 우리들에게 가장 좋은 증명을 선사하는 것입니다.

우리들이 극락세계에 왕생할 때 우리들과 서로 아는 연우는 먼저 왕생하신 분으로 반드시 그들 모두 아미타부처님 곁에 있는 것을 볼 것입니다. 그래서 극락세계에 이르러도 생소하지 않고 친숙한 사람이 너무나 많이 있습니다. 이번 일생에 아는 사람들뿐만 아니라 세세생생 아는 사람들이 모두 와서 당신을 접인하십니다.

　우리들은 이번 일생에 너무나 운이 좋아 사람 몸을 얻어, 불법을 듣고 정토법문을 경청하게 되었습니다. 또한 하련거 거사님의 회집본을 만나게 되었고, 황념조 거사의 집주集註를 만났는데, 이 모두가 보살님께서 다시 오신 것입니다. 어떤 사람이 저에게 말해주었습니다. "하련거 노거사님은 보현보살께서 다시 오신 것이고, 황념조 노거사님은 관세음보살께서 다시 오신 것이다."

　우리들은 믿습니다. 이와 같은 분이 아니고는 이러한 불사를 할 수도 없고, 쉽지도 않아서 우리들은 은혜에 감사하는 마음을 간직하고 있습니다. 우리들이 앞으로 왕생할 때 유소청 거사님이 반드시 아미타부처님 면전에서 함께 접인하러 오실 것입니다. 우리들은 은혜에 감사하는 마음으로 유 거사님께서 우리들에게 표법表法해 주신 것에 대해 수희찬탄합시다!

3. 땜쟁이 염불화상, 폐관염불 중 선 채로 왕생하다[66)]

　체한 노화상께서 말씀하셨습니다. 이전에 나는 제자가 한 명 있었는데 이 사람은 손기술자(手藝人)였습니다. 속어로 「땜쟁이(鍋漏匠)[67)]」라고 하는데 쟁반, 접시, 그릇, 자기 등이 부서지고 깨어져도 톱(鋸)[68)]으로 잘 수리하여 다시 사용하도록 하는 기술자인데, 요즘은 없습니다. 옛날에는 그릇이 세 조각, 네 조각으로 깨어져도 톱 위에 올려놓으면 똑같이 사용할 수 있었습니다. 외국인들은 중국에서 톱 위에 올린 그릇, 대야를

66) 《반주삼매경 심요》(비움과소통)에서 발췌
67) 땜일(쇠붙이에 땜질하는 일)을 업으로 하는 사람을 말한다.
68) 일종의 특수 제작된 다리가 둘인 갈고리못(鉤釘)으로 파열된 도자기 등 기구를 꿰매고 보완해서 붙이는 것을 말한다.

보면 이것이 무엇인지? 모릅니다. 이 톱 위에 올려놓으면 사용할
수 있습니다. 이전 사람들은 모두 물건을 아껴 썼습니다.

그 당시 체한 노화상께서는 금산에서 참선을 하고 계셨습니다.
오래 전에는 경전을 강설하셨습니다. 몇 년 동안 경전을 잘 강설하셨
지만, 사람들은 모두 스님이 참선을 한 적이 없어 그의 설법은
득력得力을 하지 못했다고 말했습니다. 노화상께서는 참선을 무엇이
라고 느꼈을까요? 노화상께서는 금산에 여러 해 머물면서 그곳에서
참선을 하셨습니다. 이후 경전을 강설하면서 비로소 믿는 사람도
있었고, 듣는 사람도 있었습니다.

그가 금산에 머물 때 지객知客69)을 담당하였습니다. 어느 날 고향으로부
터 고향사람 한 분이 오셨는데, 그의 어릴 적 소꿉동무였습니다. 체한
노화상께서는 원래 상인으로 그의 외삼촌을 따라서 의학을 배운 적이
있습니다. 이때 금산에서 지객을 담당하고 있을 때 고향사람이 그를
찾아온 것입니다. 그릇을 수선(鍋)하는 손기술자가 그를 찾아와서 출가를
하고자 하면서, 스승이 되어달라고 말했습니다. 체한 노화상께서는 말씀
하셨습니다. "자네는 안 되네! 출가하기에는 나이가 너무 많아! 40여
살이라니! 책도 못 읽으니, 경전과 교법을 배워야 하는데 배울 수가
없을 것이고. 게다가 고행 또한 참아낼 수 있겠는가. 출가는 번뇌를
찾는 일이 아니지 않은가?" 그에게 여러 차례 권했지만, 그는 출가를
하지 않을 수 없다고 고집을 부렸습니다. 어릴 때부터 알고 있었고,
또 고향사람이고 해서 체 노화상께서는 어쩔 수 없이 말씀하셨습니다.
"자네가 그래도 출가하고자 한다면 나의 말을 들어야 할 걸세. 나는
자네를 거두어 제자로 삼을 것이야." 그는 말했습니다. "그것은 당연하지.

---

69) 사찰에 오는 손님을 다른 승려들의 수행에 방해가 되지 않도록 손님을 보살피고
   배려하는 직무.

자네를 사부로 인정하겠네. 자네가 무슨 말을 해도 반드시 듣겠네.”

노화상께서 “자네가 내 말을 듣는다니, 자네 나이가 얼마나 많은데! 경전과 교법을 배워도 늦을 것 같고. 자네가 직접 수행하려면 나의 말을 듣게나.”라고 말씀하자, 그는 “자네가 무슨 말을 해도 다 듣겠네. 나를 출가시키기만 하면”이라고 말했습니다.

또 노화상께서는 말씀하셨습니다. “예전에 땜질하는 한 손기술자가 있었는데 출가 수행하여 도를 성취하였지. 자네도 그를 따라 배우고 또 배우시게.” 그도 말했습니다. “자네가 나를 거두어 제자로 삼기만 한다면 무슨 말을 하더라도 다 듣겠네.”

이에 체한 노화상께서는 그를 제자로 받아들이며 말씀하셨습니다. “자네가 출가한 이후에도 계를 받을 필요가 없네. 내가 자네에게 작은 절을 구해줄 테니, 자네는 절문을 나서지 말고 노실老實하게 염불하시게. 내가 자네에게 몇 명의 공덕주를 구해 줄 테니, 자네를 호지護持하고 식사를 공양할 걸세.”

당시에 남방 영파寧波에는 부처님을 믿는 사람이 매우 많아서 웬만한 마을마다 작은 절이 있었고, 모두 부처님께 절하고 부처님을 믿는 사람들이 있었습니다. “나도 가본 적이 있는데, 그곳에서 3년 내내 머물렀었지. 내가 자네에게 작은 절을 구해주겠네. 그 안에서는 아무것도 필요하지 않네. 자네는 단지 「나무아미타불」이 여섯 글자를 염하기만 하면 되네. 염불하다 지치면 쉬고, 잘 쉬었다가 다시 염불하여 깜깜한 밤이나 대낮에도 중간에 끊어짐 없도록 염하시게. 어떤 일에도 관여하지 말고 때가 되면 두 끼 식사를 하시게. 나는 자네에게 좋은 공덕주를 구해 주겠네.”

체 노화상께서는 그때 명성과 인망이 매우 높으셔서 신도가 매우 많아 사람들에게 이런 일을 잘 처리할 것을 부탁하셨습니다. 그에게 수행방법을 가르치셨는데, 바로 폐관閉關으로 이를 방편관方便關70)이라고 합니다. 작은 사찰에 한 사람이 머물게 하고, 매일 노보살(老太婆)이 때에 맞춰가서 두 끼 밥을 지어 주러 옵니다. 그는 땜질 기술을 팔지 않아도 됩니다. 체한 노화상께서는 그에게 이 수행법을 일러주셨습니다. 반드시 이 좋은 도를 닦으면 틀림없이 이익이 있을 것인데, 그도 장래에 어떤 이익이 있는지 몰랐습니다. 체한 노화상께서는 곧 금산으로 돌아갔습니다.

이후 그는 3, 4년 염불 공부만 하였고, 어디로 가지 않았습니다. 그는 그때 처음 발심한 때라 용맹 정진하였습니다. 속담에 "출가 1년에는 부처님께서 눈앞에 계시고, 출가한지 3년이 지나면 부처님께서는 영산(靈山; 기사굴산) 저 멀리 떨어져 계신다."는 말이 있습니다. 사람들은 초발심 때 오직 이 법문만 말하면서 정성스러운 마음으로 끝까지 하나의 법문을 닦다가 시간이 길어지면 게을러지고 대단하게 여기지 않습니다.

그는 상세히 노화상의 말을 들었습니다. 단지 잠에서 깨어나기만 하면 염불하였습니다. 그는 종전에 땜질을 하면서 물건을 어깨에 메는 일을 하여 두 다리에 힘이 있으면 요불하면서 염불하였고 지치면 앉아서 염불하였습니다. 체한 노화상께서도 그의 염불이 어떠했는지는 모르셨습니다. 단지 이렇게 3, 4년을 염불했을 뿐입니다. 어느 날, 그는 밥 짓는 노보살에게 일러주었습니다. "내일 밥 지을 필요가 없어요. 저는

70) 폐관閉關에는 세 가지가 있다. 1) 방편관方便關으로 시일, 장소, 심리상태, 방법을 한정하고, 세상과 단절하며, 마음을 고요히 하고 수행함을 말한다. 2) 생사관生死關으로 생사를 끝마치기 위해 전일하고 순수하게 공부하되 일체를 내려놓고 마음을 장벽처럼 기한을 정해서 증득을 취하고 생사를 깨뜨릴 것을 서원함을 말한다. 3) 원만관圓滿關으로 육근의 문을 닫아걸고 육진에 떨어지지 말며 근진根塵을 멀리 벗어나서 동과 정에 평온함을 말한다.

점심밥을 먹지 않을 겁니다." 노보살은 내일 어떤 사람이 그를 초청한 것이 틀림없다고 여겼습니다. 3, 4년 동안 그가 어디로 가는 것을 보지 못했기 때문입니다. 그는 그 지방에 두 명의 친척 친구가 있다고 말했습니다. 그는 나갔다가 얼마 안 되어 돌아온 후 노보살에게 말했습니다. "내일 아침에 밥을 지을 필요가 없습니다." 노보살은 그가 한번 나가서 내일 어떤 사람이 그에게 식사 초청을 한 것이 틀림없다고 여겼습니다.

둘째 날, 노보살은 스승님이 염려가 되어 식사 때 작은 절에 가서 외출에서 돌아오셨는지 살펴보았더니 안 계셨습니다. 작은 절은 빈궁하여 도둑질 당할 걱정은 없었습니다. 비록 문은 있었지만, 열려 있었습니다. 노보살이 말했습니다. "스승님이 식사하시고 돌아오셨나?" 안에는 대답하는 사람이 없었습니다. 방안으로 들어가 보니, 그는 얼굴은 창밖을 향하고 염주를 손에 쥔 채 침상 아래쪽에 서 계셨습니다. 노보살이 살펴보고, 그에게 말을 걸어보니 그는 대답하지 않았습니다. 자세히 살펴보니, 스승님은 이미 돌아가셨습니다! 서서 돌아가셨습니다. 염불하다 선 채로 돌아가셨습니다. 노보살은 깜짝 놀라서 인근 사람들을 향해 말했습니다. "스승님께서 선 채로 돌아가셨어요!" 이러자 여러 사람들이 보러 왔습니다. 스승님이 한 손에는 염주를 쥐고 다른 손에는 재를 움켜쥐고 있었습니다. 손을 열어보니 그의 손에는 8, 9원의 은화가 있었습니다. 그 당시 남방인이 가래를 뱉은 타구는 법랑 그릇이 아니라 안에 약간 물이 들어 있었습니다. 그것은 모두 재 상자이고, 네모난 잔 그릇으로 상자 안에는 작은 재(小灰)가 놓여있었습니다. 사람들은 재에다 가래를 뱉었고, 격일로 새로운 재로 바꾸었습니다.

그 가래를 뱉는 재 상자를 보니, 안과 밖이 온통 작은 재였습니다. 그의 손에 작은 재 하나를 집어내니, 손에는 8, 9원의 은전이 쥐어져 있었습니다. 사람들은 그가 땜질을 할 때마다 반드시 몇 원의 돈을 모았음을 알게 되었습니다. 그 당시 은전은 매우 귀한 것으로 모은 돈을 궤 상자에다 넣지 않고 자물쇠도 없는 가래받이 재 상자에 묻어 두었습니다. 누가 물건을 훔쳐도 가래받이 재 상자를 훔치겠다고 생각이나 하겠습니까! 그는 사후에 다른 사람이 모를까봐 걱정한 것입니다. 그는 돈을 손안에 꽉 쥐고 선 채로 염불하다 왕생하셨습니다. 그는 이 돈을 손에 쥐고 사람들에게 보여서 뒷일을 잘 처리하라고 미리 준비하셨습니다. 마땅히 이러한 이치는 체한 노화상님께서 말씀해 주신 것입니다.

그 후 그의 몇몇 호법거사께서 체한 노화상에게 소식을 전해 주었습니다. "당신의 제자께서 선 채로 돌아가셨습니다!" 체한 노화상께서는 배를 타고 둘째 날에 오셨습니다. 바라보니, 그렇게 선 채로 이틀, 사흘을 이렇게 똑바로 서 있었습니다. 노화상께서는 비로소 그에게 뒷일을 마쳐 주었습니다. 노화상께서는 말씀하셨습니다. "그렇지! 자네의 이번 출가는 헛되지 않았네. 당대의 법사와 견주어도, 방장주지와 견주어도 매우 뛰어나오. 자네처럼 이렇게 성취한 사람은 많지가 않구려!" 노화상께서는 그를 매우 찬탄하셨습니다.

應當發願 願往生 客路崎嶇 由彼戀

自是不歸歸便得 故鄉風月有誰爭

업장을 짊어진 채
생사윤회 벗어나는 길

- 인광대사

감응이 나타나는 것이오.

마음이 서로 교류되어 빨리 깨달음을 이루는 자신의 간절한 믿음과 발원을 행하기 때문에 이는 부처님의 자비가 피력에 완전히 의지하여 극락정토에 왕생하기를 발원하는 거라오.

그래서 연화장세계의 모든 중생들이 한결같이 한번 왕생하면 생사윤회를 영원히 벗어나게 되오.

업장을 짊어진 채 극락정토에 왕생할 수 있으며,

믿음과 발원과 수행의 三요소만 갖추면

정토염불(나무아미타불 염불)은

출판 자금을 내거나
독송 · 수지하는 사람과
여러 사람 여러 장소에
유통시키는 사람들을 위해
두루 회향하는 게송

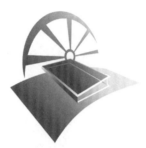

경을 인쇄한 공덕과 수승한 행과
가없는 수승한 복을 모두 회향하옵나니,

원하옵건대 전생 현생의 업이 다 소멸되고,
업과 미혹이 사라지고 선근이 증장되며,

현생의 권속이 안락하고, 선망 조상들이 극락왕생하며,
시방찰토 미진수 법계, 공존공영하고 화해원만하며,
비바람이 항상 순조롭게 불고 세계가 모두 화평하며,

일체 재난이 없어지고 사람들이 건강 평안하며,
일체 법계 중생들이 함께 정토에 왕생하게 하소서.

阿彌陀佛

오직 원하옵건대

천하가 화순하고, 해와 달이 청명하며, 비바람이 때에 맞추어 불고, 재난이 일어나지 않으며, 나라는 풍요롭고 국민은 편안하여 병사와 무기를 쓸 일이 없게 하옵소서. 또한 사람들은 도덕을 숭상하고, 인자한 사랑을 베풀며, 힘써 예절과 겸양을 닦아, 나라에 도적이 없으며, 원망하고 억울한 사람이 없으며, 강한 자가 약한 자를 능멸하지 않고, 각자 자신의 자리를 잡게 하옵소서.

그리고 원하옵건대 저희들이 수행한 공덕으로 법계의 일체중생과 모든 육도·사생 및 숙세의 원친채주와 현세의 업으로 지은 온갖 빚을 법력에 의지하여 모두 다 벗어나게 하시고, 현재 살아가는 자로 하여금 복을 증진하고 수명이 늘어나게 하시며, 이미 고인이 된 자로 하여금 정토에 왕생하여 다 같이 생사고통의 수레바퀴로부터 벗어나서 다 함께 깨달음의 언덕에 오르게 하옵소서.

나무아미타불 나무아미타불 나무아미타불

임종조념 왕생성불

1판 1쇄 펴낸 날 2019년 12월 11일(미타재일)

편역 무량수여래회
발행인 김재경 **편집** 허서 **디자인** 김성우 **마케팅** 권태형 **제작** 경희정보인쇄
펴낸곳 도서출판 비움과소통(blog.daum.net/kudoyukjung)
 경기 파주시 하우고개길 151-17 예일아트빌 103동 102호
 전화 031-945-8739 팩스 0505-115-2068
 이메일 buddhapia5@daum.net

© **무량수여래회, 2019**
ISBN 979-11-6016-058-1 03220